Kohlhammer

Anton A. Bucher

Psychobiographien religiöser Entwicklung

Glaubensprofile zwischen Individualität und Universalität

Unter Mitarbeit von
Micha Brumlik und K. Helmut Reich

Verlag W. Kohlhammer

Alle Rechte vorbehalten
© 2004 W. Kohlhammer GmbH Stuttgart
Umschlag: Data Images GmbH
Gesamtherstellung:
W. Kohlhammer Druckerei GmbH + Co. Stuttgart
Printed in Germany

ISBN 3-17-018225-0

Inhaltsverzeichnis

Fünftes Kapitel
„Aufwärts in Stufen?" – Psychobiographien zum religiösen

Danksagung

Zur Entstehung dieses Buches haben viele MitarbeiterInnen beigetragen. Frau Anna Steup, Bibliothekarin an der Universität Salzburg, hat, schnell und zuverlässigst, hunderte von Fernleihbestellungen durchgeführt. Frau Elke Schäfer, Sekretariat des Instituts für Praktische Theologie, hat viel Schreibarbeit geleistet.

Ohne die von Professor Dr. Fritz Oser, Fribourg, gewährte Möglichkeit, schon als Student an seinen Forschungsprojekten zur Entwicklung des religiösen Urteils mitzuarbeiten, wäre dieses Buch so nie entstanden. Prägend wirkten auch die Diskussionen mit Dr. Reto Fetz, jetzt Professor in Eichstätt, sowie Dr. Helmut Reich, Fribourg.

Einleitung

„Als ich klein war, glaubte ich, dass die vielen Flugzeuge Gott ärgern, weil sie so laut sind. *Natürlich glaube ich das nicht mehr, man entwickelt sich ja auch in diesen Dingen ....*"[1]

Entwicklung, auch religiöse, ist eines der faszinierendsten Phänomene des Lebens. Sie kann unterschiedlichste Wege einschlagen. Friedrich Nietzsche, als Junge so fromm, dass er mit dem Jesusjungen verglichen wurde, schrieb später den »Antichrist«. Francesco Bernardone, als Jugendlicher voller Lust auf Krieg, Frauen, Abenteuer, pflegte später Aussätzige und identifizierte sich dermaßen mit Christus, dass die Wundmale zu bluten begannen. Wird ein Kind geboren, kann niemand prognostizieren, ob seine Glaubensgeschichte ins Kloster oder in den Atheismus führen wird.

Religiöse Entwicklung lässt sich vielfältig untersuchen. Was aber ist Religiosität? Auch das frenetische Brüllen im Stadion, wenn die angefeuerte Mannschaft den Führungstreffer erzielt (Fußballreligion)?[2] Anders als so breite Konzepte wird in diesem Buch unter Religiosität die Beziehung zu einem Letztgültigen verstanden, das unterschiedlich konkretisiert sein kann: Gott, Schicksalsmacht, Zufall, Geist etc. Um von Religiosität zu sprechen, ist vorausgesetzt, dass dieses Letztgültige in die Transzendenz hineinreicht und mehr ist als eine innerweltliche Größe.

Eine angemessene, weil lebensnahe Methode besteht darin, Biographien darauf zu befragen, ob und wie sich Religiosität, speziell die Gottesbeziehung verändert. Dafür kommen Biographien einfacher Personen, von denen allenfalls Name, Geburts- und Sterbedatum bleiben, ebenso in Frage wie die von Persönlichkeiten, deren Namen Jahrtausende überdauern. Theologisch besteht da kein Unterschied. Gott, als dessen Ebenbild biblischer Glaube den Menschen begreift (Gen 1,26), beginnt mit *jedem/r* Gezeugten seine Geschichte neu, mit einem Theologen im Format eines Martin Luther oder einer Heiligen wie Katharina von Siena ebenso wie mit einem Campesino.

Dennoch haben sich Menschen schon immer für das Leben jener interessiert, die, aufgrund welcher Verdienste oder Schandtaten auch immer, in den Kreis der großen Heiligen bzw. Scharlatane der Menschheitsgeschichte eintraten. Biographien Hitlers werden regelmäßig neu geschrieben und finden ein breites Publikum, aber auch solche zu Gandhi, Mutter Theresa etc. Die Lektüre von Biographien bezweckt oft mehr, als bloß zu unterhalten oder Wissensdurst zu stillen. Sie kann LeserInnen anstiften, sich auf das eigene, oft weniger spektakuläre Leben zu besinnen. Gelegentlich er-

---

[1] Aus einem biographischen Interview, Archiv des Verfassers.
[2] Zur impliziten Religion und zum Religionsbegriff: Thomas 2001.

füllen Biographien eine Orientierungs- und Vorbildfunktion. Wer zählt die ChristInnen, die die Entbehrungen ihres Lebens leichter ertrugen, indem sie sich das Leben Jesu vor Augen hielten, speziell seinen geschundenen Gang zur Schädelstätte?[3] Wer zählt die begeisterten Jugendlichen, die zu dichten oder zu malen anfingen, um zu werden wie Hesse oder Van Gogh?

Von besonderem Interesse sind Biographien für die Psychologie, speziell die der Entwicklung und des Lebenslaufs.[4] Menschliches Verhalten und Erleben, das zu beschreiben und zu erklären ihr aufgetragen ist, wird in biographischen Studien besonders plastisch. Bedeutende PsychologInnen wie William James,[5] Charlotte Bühler,[6] Sigmund Freud,[7] Gordon W. Allport[8] und Erik Erikson[9] nahmen denn auch biographische Analysen vor.

Spätestens seit Erikson werden psychologische Analysen historischer Persönlichkeiten und / oder geschichtlicher Ereignisse als „psychohistorische Studien" bezeichnet.[10] Da dieses Buch den Schwerpunkt auf Biographien legt, wird der Begriff „Psychobiographie" dem umfassenderen Konzept der „Psychohistorie" vorgezogen, das auch auf Gruppenphänomene und Massenbewegungen bezogen werden kann[11] und besonders von Lloyd de Mause popularisiert wurde.[12]

Zur Anwendung von Psychologie auf Geschichte berechtigt, dass diese nicht von abstrakten Kräften gestaltet wird, nicht von einem „Weltgeist" (Hegel), sondern von Menschen, die Ziele anstreben, von Motiven getrieben und von Emotionen bewegt werden und Kognitionen entwickeln. Motive, Emotionen und Kognitionen sind *die* Themen der Psychologie.

---

[3] Thomas Kempis 1994.

[4] Zur Geschichte persönlicher Dokumente in der Psychologie: Paul 1979, Band 2; zur psychologischen Biographieforschung: Runyan 1984, Jüttemann 1987, Jüttemann & Thomae 1995, Fuchs-Heinritz ²2000, Rosenthal 2001.

[5] James 1979, 139, 171, 277 u.ö. in seinem Klassiker »Die Vielfalt religiöser Erfahrungen«; er analysierte vor allem (auto-)biographische Materialien.

[6] Bühler 1959 in ihren Lebenslaufstudien.

[7] Freud SA X, 87-159 zu einer Kindheitserinnerung des Leonardo da Vinci (Abschnitt 1.2.1), SA VII, 133-203 zur Paranoia von Daniel Paul Schreber (Abschnitt 1.2.1, Anm. 82), SA IX, 455-581 zu Moses (Abschnitt 1.2.3). Ohnehin ist die Psychoanalyse ein biographisch-hermeneutisches Verfahren: Weiß 1993.

[8] Allport 1942.

[9] Erikson 1975 zur Jugend von Martin Luther (Abschnitt 2.2), Erikson 1971 zu Mahatma Gandhi (Abschnitt 2.3), Erikson 1987, 320-392 zu den versehrten Kindheiten von Maxim Gorki und Hitler.

[10] Crosby & Crosby 1981, Anderson 1978, Adams 1977, 333; Johnson 1977, bes. 3, mit weiterführender Literatur; vgl. auch die annotierte Bibliographie von Gilmore 1976.

[11] Carroll 2001 untersuchte Pönitenten in New Mexiko, Lifton 1967 Überlebende in Hiroshima.

[12] de Mause 1980; 2000 in seiner psychogenetischen Geschichte der Kindheit, die zu weiteren Studien anregte, die sich zumeist autobiographischer Kindheitserinnerungen bedienten: Nyssen 1984, Nyssen & Janus 1997, Frenken 1998; 1999; 2000.

Psychobiographische Studien können zwei Stoßrichtungen verfolgen:

1. Sie versuchen, historische Ereignisse, kollektive Vorgänge ebenso wie individuelle Lebensläufe und Verhaltensweisen, mit zwischenzeitlich gewonnenen psychologischen Erkenntnissen ‚besser' zu verstehen.[13] Ein Beispiel: Aus welchen Motiven folterten die Vollstrecker der Inquisition Tausende der Hexerei angeklagte Frauen? Um, wie sie beanspruchten, Rechtgläubige vor weiterem Schadenszauber zu bewahren und die Seelen der Verurteilten im Feuer zu läutern? Oder nicht, weil sie eigene Schuldgefühle und verdrängte Probleme mit der Sexualität auf Frauen projizierten und diese an ihren wehrlosen Körpern abreagierten?[14]

2. Zum anderen kann die Geschichte dafür konsultiert werden, um psychologische Theorien zu prüfen. Lassen sich Biographien, bedeutender Persönlichkeiten ebenso wie ‚einfacher' Menschen, mit psychologischen Lebenslaufmodellen rekonstruieren? Oder müssten diese Modelle aufgrund faktischer Lebensläufe differenziert und verändert werden?

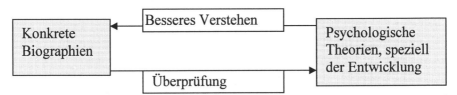

Dieses Buch verfolgt beide Stoßrichtungen. Zum einen präsentiert es Studien, die religiös bedeutsame Ereignisse im Leben früherer Persönlichkeiten mit psychologischen Theorien ‚besser' zu verstehen suchten. Vermag die Psychoanalyse zu erklären, warum Martin Luther im Kloster stärksten Anfechtungen ausgesetzt war, die er auf den Teufel zurückführte, der aber im modernen Weltbild als Hypothese ausgedient hat?

Zum anderen ist zu fragen, ob populäre Modelle der religiösen Entwicklung, speziell Stufentheorien, in religiösen Biographien verifiziert werden können. Führte auch die Glaubensentwicklung des schwedischen Sehers Swedenborg zu einem universalisierenden Glauben, wie ihn James W. Fowler beschrieben hat?[15]

Freilich waren und sind psychohistorische Studien umstritten. Verschiedene InterpretInnen würden ein gleiches Lebensereignis ebenso unterschiedlich deuten wie auch die konsultierten psychologischen Theorien differieren.[16] Lubin listet in seiner Psychobiographie von Van Gogh dreizehn psy-

---

[13] Vgl. Runyan 1984, 8; Anderson 1978, 2.
[14] Heinemann 1989, Suttie bereits 1932, 298. Ein weiteres Beispiel: Warum
[15] Fowler 1991, vgl. Kap. 6.
[16] Gergen 1977, 142; Kratochwill 1978, Runyan 1984, 42-59.

chologische Erklärungen dafür auf, warum sich dieser am 23.12.1888 in Arles das Ohr verstümmelte und das Läppchen einer Dirne als Geschenk brachte.[17] Weil ihn Gauguin so frustriert hatte, dass Aggression gegen sich selbst aufflammte? Oder symbolische Selbstkastration? Oder weil ihn eine Dirne wegen der abstehenden Ohren gehänselt hatte?

Diese Deutungsvielfalt kann als Schwäche kritisiert werden, aber auch als Stärke gewürdigt! Als Schwäche, sofern das Ideal ‚objektiver' Eindeutigkeit angezielt wird. Als Stärke, wenn man bedenkt, dass Lebensereignisse so facettenreich und multifaktoriell bedingt sind, dass sie vielen Deutungen offenstehen. Diese können sich korrigieren, ergänzen, bereichern.

Auch Religiosität ist dermaßen mannigfaltig, dass es *ihre* Theorie nicht gibt, auch nicht *die* Theorie der religiösen Entwicklung; vielmehr beanspruchen unterschiedlichste Theoreme, dieses Phänomen zu erklären, das in allen Kulturen besteht und der Moderne getrotzt hat.[18] Klassisch psychoanalytisch als Projektion des Vaterbildes in die Transzendenz; rollentheoretisch als Übernahme religiöser Rollen; strukturgenetisch als Bildung und Transformation kognitiver religiöser Strukturen.

Um religiöse Biographien zu rekonstruieren, empfiehlt sich, mehrere psychologische Theorien zu konsultieren. Am Anfang dieses Forschungsprojekts stand die Entwicklungstheorie des religiösen Urteils nach Fritz Oser und Paul Gmünder im Vordergrund.[19] Nachdem die beiden Autoren eine Stufenfolge der Gottesbeziehung beschrieben und in einer Querschnittstudie überprüft hatten, war die Frage naheliegend: Folgte auch die religiöse Entwicklung bedeutender Persönlichkeiten diesen Stufen? Sah, in seiner Kindheit, auch Dietrich Bonhoeffer in Gott ein allmächtiges Wesen, das konkret ins Weltgeschehen eingreift (Stufe 1)? Handelte er als Schüler mit ihm gemäß dem Do-ut-des-Prinzip (Stufe 2)? Trat Gott in seiner Jugend in den Hintergrund und entwickelte er eine deistische Weltsicht (Stufe 3)?

Im Rahmen eines vom Schweizerischen Nationalfonds geförderten Forschungsprojekts[20] wurden zahlreiche Kenner bedeutender Persönlichkeiten angeschrieben und gefragt, ob sie die religiöse Entwicklung ihrer Spezialperson daraufhin sichten würden, ob sich diese Stufen nachweisen lassen. Doch die Absagen waren zahlreich. Sie wurden teils damit begründet, Glaube lasse sich nicht psychologisieren, das sei Reduktionismus. Teils mit der Quellenlage. Bei Augustinus sei es unmöglich, seinen religiösen Werdegang zu psychologisieren. Die »Bekenntnisse« seien literarische

---

[17] Lubin 1972.
[18] Überblicke: Schweitzer 1987, Worthington 1989, Hyde 1990, Reich 1993, Utsch 1998, Reich 2000.
[19] Oser & Gmünder [4]1996, vgl. Kap. 5.
[20] Projekt 1.598.082, Leitung: Prof. DDr. Fritz Oser.

Gestaltung und widerspiegelten seine psychische Befindlichkeit, als er sie, knapp 50 Jahre alt, niederschrieb,[21] von der Kindheit, mit der er nichts mehr zu schaffen haben wollte, weit entfernt. [22] Er sei tot und könne sich bei keinem Psychoanalytiker mehr auf die Couch legen.[23]

Dennoch entstanden vier Studien: eine von Fritz-Peter Hager zur religiösen Entwicklung von Johann Heinrich Pestalozzi, die bereits veröffentlicht ist,[24] eine von Micha Brumlik zu Martin Buber (Abschnitt 5.5), sowie vom Verfasser zum jungen Friedrich Nietzsche (5.4) und zu Rainer Maria Rilke (5.6). Mit Ausnahme der Studie zu Buber gelangten sie zum Ergebnis, die religiöse Entwicklung dieser Persönlichkeiten sei den religiösen Urteilsstufen gefolgt. Sie plädierten aber auch dafür, diese strukturgenetische Theorie mit weiteren Theorien zu ergänzen.

Aus diesem Grunde vertritt dieses Buch einen mehrperspektivischen Zugang. Es präsentiert einen Überblick über so viele wie möglich auffindbare psychobiographischen Studien zur religiösen Entwicklung bedeutender Persönlichkeiten. Zudem führt es in gängige Theorien der religiösen Entwicklung ein, von der klassischen Psychoanalyse bis zu den strukturgenetischen Konzepten, und dies anhand konkreter Lebensgeschichten.

In Kapitel 1, „Vom Vater zum Gott" betitelt, werden Psychobiographien erörtert, die sich der Psychoanalyse bedienten. Psychoanalytische Biographien gibt es zuhauf;[25] allein zu Hitler liegen mehr als ein halbes Dutzend vor.[26] Auch die Entwicklung von Künstlern haben PsychoanalytikerInnen bevorzugt rekonstruiert,[27] so Freud selber die von Dostoevskij.[28] Nach einem Vorspann zu frühen psychiatrischen Studien über die religiöse Entwicklung von Jesus wird abgehandelt, wie die religiöse Entwicklung so unterschiedlicher Personen wie Leonardo da Vinci, Pharao Echnaton, Mar-

---

[21] Schon Girgensohn 1930, 8: „Die Bekenntnisse sind eine Rückschau über das Seelenleben aus späteren Jahren und stellen es so dar, wie es Augustin damals erschien."

[22] Augustinus 1950, 39 f.: „So scheue ich mich fast, es (mein frühestes Lebensalter, A.B.), diesem meinem zeitlichen Leben hinzuzurechnen ... Was hab ich auch mit ihr (der frühen Kindheit, A.B.) zu schaffen, deren Spuren längst verwischt sind?"

[23] Vergote 2001, 24; Meissner 2001, 67.

[24] Hager 1994.

[25] Friedlaender 1978, 29 zufolge ist eine „Psychobiographie" die Anwendung psychoanalytischer Konzepte auf Biographien, was aber massiver psychologischer Reduktionismus ist; ähnlich Gedo 1972, 638; kritisch Runyan 1984, 201, 217 f.

[26] Überblick bei Kornbichler 1994. Nebst anderen: Rosenbaum 1999, Fromm 1989, 335-393; Erikson 1987, 320-352; Miller 1980, 169-231; Stierlin 1975, Langer 1972.

[27] Überblicke bereits bei Dooley 1916, Hitschmann 1956, Cremerius 1971, darin das „Verzeichnis der internationalen psychoanalytisch-biographischen Publikationen von 1907 bis 1960" (275-289); Mitscherlich 1972, Gilmore 1976, Fischer 1980, Runyan 1984, 193-196; Beit-Hallahmi 1996, 81-86; Rattner 1998; materialreich: Kronbichler 1989.

[28] Freud, SA X, 267-286, ursprünglich als Vorwort zum Roman »Gebrüder Karamasov«.

garetha Ebner (Mystikerin im Mittelalter), Graf Ludwig von Zinzendorf (Begründer der Herrenhuter Brüdergemeinde), Thérèse von Lisieux, Apostel Paulus, Martin Luther, Vincent van Gogh und anderen mehr verlaufen ist, nicht zuletzt auch die von Freud.

Kapitel 2 präsentiert jene Studien, die als Klassiker der Psychohistorie gelten:[29] Eriksons Abhandlungen zu Luther und zu Gandhi. Diese psychosozialen stories, orientiert an dem über die klassische Psychoanalyse hinausführenden Lebenslaufmodell von Erikson,[30] machten Schule und inspirierten zu weiteren Psychobiographien, unter anderem zu John Wesley, dem hinreißenden Prediger und Gründer der methodistischen Kirche.

Kapitel 3 erörtert psychobiographische Studien, die auf die Tiefenpsychologie C.G. Jungs setzten, die ungebrochen populär ist, auch in theologischen Kreisen. Religiöse Entwicklung wird als Selbstfindung und Individuation bestimmt, was in einer individualistischen Lebenswelt attraktiv, aber auch zu problematisieren ist.

Kapitel 4 zeigt am Beispiel der heiligen Teresa von Avila, Augustinus und anderen, dass religiöse Entwicklung auch als Übernahme neuer religiöser Rollen konzeptualisiert werden kann. Dieser Zugang, von Sundén in die Religionspsychologie eingebracht, stand in den letzten Jahren eher im Hintergrund, ist aber plausibel und religionspädagogisch fruchtbar.

Kapitel 5, der Kern des Buches, beinhaltet psychobiographische Studien, die sich an der strukturgenetischen Theorie des religiösen Urteils nach Oser und Gmünder orientieren. Umfassende Fallstudien prüfen, ob sich mit ihr der religiöse Werdegang von Piaget (Beitrag von Helmut Reich), Nietzsche, Buber (Beitrag von Micha Brumlik) und Rilke und anderen Persönlichkeiten plausibel rekonstruieren lässt.

Auch die Theorie der Glaubensentwicklung nach Fowler reizte zu psychobiographischen Studien (Kapitel 6). Führte die Glaubensentwicklung bei so unterschiedlichen Persönlichkeiten wie Dietrich Bonhoeffer, Malcolm X, der für die Befreiung der Schwarzen kämpfte, oder Tilmann Moser, der in seiner Kindheit von Gott ‚vergiftet' wurde, von einem intuitiv-projektiven zu einem universalisierenden Glauben?

Das abschließende Kapitel 7 fragt nach dem Ertrag psychobiographischer Studien für die Analyse der religiösen Entwicklung. Bieten sie Anlass, gängige entwicklungspsychologische Modelle der Religiosität zu modifizieren? Oder bestätigen sie diese? Vermitteln sie neue Erkenntnisse? Welches sind ihre grundlegenden Probleme? Wie ist konkrete religiöse Entwicklung überhaupt am angemessensten zu untersuchen und darzustellen?

---

[29] McAdams 1988, 4; Meissner 2001, 65.
[30] Erikson 1973.

Erstes Kapitel

Vom Vater zum Gott: Psychobiographien im Kontext der Psychoanalyse

Folgende Studien mögen als altertümlich belächelt werden, oder als pietätlos gerügt. Der missionarische Eifer des Paulus: geschürt durch den Ödipuskomplex? Ludwig von Zinzendorfs Verehrung der Seitenwunde Christi: unbewusster Drang zur Vulva? Das ist doch längst überholt! Ödipuskomplex und Freudsche Sexualsymbolik: »Tiefenschwindel«,[1] unwissenschaftlich wie Psychohistorie generell: „Psychogeschwätz und Pseudohistorie".[2]

Natürlich hat Freud in vielem geirrt.[3] Sätze wie „Das Weib anerkennt die Tatsache seiner Kastration und damit auch die Überlegenheit des Mannes",[4] zögen heute die Ächtung durch die scientific community nach sich. Aber wer Psychoanalyse nur aburteilt, steht in der Gefahr, *unhistorisch* zu argumentieren. An der Schwelle des 21. Jahrhunderts fällt es uns, die wir Konzepte wie „Unbewusstes", „Verdrängung" verinnerlicht haben und um die vielfältigen Effekte von Sexualität wissen, schwer nachzuvollziehen, wie umwälzend diese vor 100 Jahren wirkten. Sie weckten die Hoffnung, „die Rätsel des Innenlebens" zu verstehen und „den Blick für die von geheimnisvollen Gesetzen durchwalteten tieferen Schichten des Menschen" zu öffnen.[5] Zwar hat das „Unbewusste" eine längere, zumindest in die Romantik zurückreichende Vorgeschichte.[6] Aber erst Freud und seiner Bewegung gelang es, dieses Bild des Menschen – als ein auch von unbewusster Dynamik gelenktes Wesen – in den Rang von Allgemeinwissen zu heben. Keine psychologische Theorie veränderte unser Menschen- und Weltbild dermaßen wie die Psychoanalyse,[7] obschon ihr akademische PsychologInnen den Status einer Wissenschaft absprachen und absprechen.[8]

---

[1] So der Titel der Psychoanalysekritik von Zimmer 1986.
[2] Eysenck 1985, 183; vgl. Stannard 1980.
[3] Eschenröder ²1986.
[4] Freud, SA V, 275 in seinem Aufsatz »Über die weibliche Sexualität«.
[5] Achelis 1921, 1.
[6] Ellenberger ²1996, Zimmer 1986, 266-271.
[7] Zimmer 1986, 26: „Darin sind sich seine Verächter mit seinen Verehrern einig: kein anderer einzelner hat das Denken dieses Jahrhunderts so stark beeinflusst wie Sigmund Freud."
[8] Bereits 1927 sehr differenziert: Bühler 1978, Kap. 4; zur Rezeptionsgeschichte in Psychologie, Soziologie und Theologie bis 1940: Cremerius 1981; wissenschaftstheoretisch: Perrez 1979; philosophisch: Grünbaum 1988. Zur Kritik der Psychoanalyse-Kritik: Köhler 1989, der die massive Freud-Kritik von Eysenck 1985 unterminiert, in-

Was lag näher, als diese neuen Erkenntnisse über die Psyche *anzuwenden*. Nicht nur therapeutisch und erzieherisch,[9] sondern auch, um die Psychogenese bedeutender Persönlichkeiten neu zu verstehen. Solche hatten vor 100 Jahren einen ungleich höheren Stellenwert als in der individualisierten Postmoderne, in der Vorbilder, im Roman »Das Vorbild« von Siegfried Lenz als „pädagogischer Lebertran" kritisiert,[10] suspekt geworden sind.[11]

Ein weiterer zeitgeschichtlicher Umstand kommt hinzu. Als Freud die Psychoanalyse entwickelte, florierte innerhalb der Psychiatrie die literarische Gattung der Pathographie.[12] Inspiriert hatte sie der Italiener Lombroso mit seiner These, Genialität sei stets pathologisch bedingt.[13] Sein Buch »Genie und Irrsinn« regte Psychiater dazu an, bei den Genies nach jenen Symptomen zu suchen, die sie Tag für Tag in den Nervenheilanstalten beobachteten. Goethe wurde ebenso zum Symptomträger[14] wie Jesus. Bevor Freud seine »Kindheitserinnerung des Leonardo«, die als Prototyp einer psychobiographischen Studie gilt,[15] veröffentlichte, lagen zahlreiche Psychobiographien religiöser Persönlichkeiten vor, allein zu Jesus mindestens sechs (Abschnitt 1.1). Albert Schweitzers medizinische Dissertation prüfte deren Thesen im Lichte der Exegese *und* der schulpsychiatrischen Diagnostik kritisch.[16] Der Würzburger Apologetiker Kneib sah sich veranlasst, „für alle Gebildete aller Stände" eine massive Kritik der Psychiatrisierung des Lebens Jesu zu veröffentlichen. Er beklagte die „Manie ..., große Männer auf ihre geistige Gesundheit zu prüfen. Statt der Biographien sind die ,Pathographien' an der Tagesordnung."[17]

Dennoch bemühten sich zahlreiche Autoren redlich, mit neuen psychiatrischen und psychoanalytischen Konstrukten zu einem vertieferen Verständnis der Entwicklung zu gelangen, auch der religiösen. Als sich die Psychologie an den Universitäten etablierte, war der Glaube an ihre Wissenschaftlichkeit enorm, in heutiger Sicht, nach dem Durchgang durch die

---

dem er dem britischen Persönlichkeitspsychologen hinsichtlich der Anlage-Umwelt-Debatte eine faschistische Gesinnung unterstellt (103 f.).

[9] Bspw. Meng 1973.

[10] So Lenz in seinem Roman »Das Vorbild« 1973, 45.

[11] Dies belegen damals durchgeführte Studien zu den Vorbildern Jugendlicher, aus denen Gestalten wie Bismarck, Friedrich der Große, Blücher, Goethe, Schiller herausragen, Kesselring 1919. Heute sind solche Gestalten als Vorbilder marginal; präferiert werden eher Personen des sozialen Nahbereichs: Bucher 1996.

[12] Möbius 1904, Lange-Eichbaum [7]1986 ff., insgesamt 11 Bände; Mitscherlich 1972, Rattner 1993.

[13] Lombroso 1887.

[14] Lange-Eichbaum [7]1987, vgl. auch Hitschmann 1971, der ihm Narzissmus nachsagte.

[15] Mc Addams 1988, 3; Jones 1984 II, 407: „die erste wirkliche psychoanalytische Biographie"; vgl. auch Runyan 1984, 193.

[16] Schweitzer 1933 ([1]1913).

[17] Kneib 1908, 21.

Kritische Theorie, geradezu naiv. So beansprucht der Psychiater Lomer für seine Pathographie über den Begründer des Jesuitenordens, Ignatius von Loyola, das „Kriterium kühl beobachtender Naturwissenschaft, frei von Voreingenommenheit".[18] Spätestens seit dem Positivismusstreit sehen wir das anders.

Etliche der folgenden Psychobiographien zur religiösen Entwicklung sind aus heutiger Sicht höchst bedenklich, beeinflusst von Freuds Religionskritik oder der damaligen, positivistischen Psychiatrie. Sie basieren auf psychologischen Konstrukten, die sich teils schon längst als zweifelhaft erwiesen, etwa der Ödipuskomplex. Dennoch sind diese Studien, in religionspsychologischen Standardwerken nur vereinzelt aufscheinend,[19] es wert, nicht gänzlich der Vergessenheit anheim zu fallen.

Abschnitt 1.1 skizziert vorfreudianische Pathographien des Lebens Jesu. Sodann (1.2) werden Freuds eigene Psychobiographien referiert, die zu Leonardo, weil er auch auf dessen religiöse Entwicklung eingeht, und weil sie als erste psychohistorische Studie gewürdigt wird – was sie freilich nicht ist –, sowie die zu Mose. Eingefügt wird, weil von ihrer Machart her gleich, die Studie seines Schülers Karl Abraham zu Pharao Echnaton.

Abschnitt 1.3 referiert Studien, die religiöse Entwicklung auf fehlgeleitete Sexualität zurückführen. Schubart zufolge sind „das Religiöse und das Geschlechtliche die stärksten Lebensmächte", sie zu trennen, bedeute, die Seele zu zerreißen.[20] Dies zeigt Pfister an der religiösen Entwicklung von Margarethe Ebner, einer Dominikanerin im 13. Jahrhundert, aber auch der von Ludwig von Zinzendorf. Frömmigkeit kann sexualisiert werden, wenn der Lebensvollzug entsexualisiert wird, was Psychoanalytiker bei weiteren religiösen HeldInnen nachwiesen, auch bei Thérèse von Lisieux.

Abschnitt 1.4 erörtert Psychographien solcher Persönlichkeiten, deren religiöse Entwicklung insofern als pathologisch diagnostiziert werden kann, als sie hospitalisiert wurden. Freilich ist in der Religiosität keine konsensfähige Grenze zwischen ‚normal' und ‚abnormal' zu ziehen. Was PsychologInnen als psychotisch qualifizieren, mag für Gläubige göttliche Inspiration sein. Was Religiöse als außergewöhnliche Nächstenliebe ansehen, kann der Psychologe als Sado-Masochismus diagnostizieren, etwa wenn sich Menschen Bußgürtel mit Metallspitzen um die Oberschenkel schnallen, um die Leiden Armer Seelen zu lindern.[21] Erörtert wird die von Rorschach rekonstruierte religiöse Entwicklung von Anton Unternährer (1759-

---

[18] Lomer 1913, 7.
[19] Utsch 1998, in seiner kenntnisreichen »Religionspsychologie«, erwähnt diese Tradition nicht; ebenfalls nicht Schmitz 1992; anders Wulff 1991.
[20] Schubart 1966, 7.
[21] So der Begründer des Opus Dei: Balaguer [11]1984, Nr. 899.

1824), Stifter einer Sekte, die sich im Kanton Bern mehr als ein Jahrhundert hielt, sodann die eines „Pseudopropheten", der 1915 in die Klinik Burghölzli bei Zürich eingeliefert wurde.

Abschnitt 1.5 widmet sich Paulus und Luther, deren religiöse Entwicklung das Interesse von Psychiatern und Psychoanalytikern auf sich zog, bevor Erikson mit seinem Klassiker »Der junge Mann Luther« Furore machte.

Trotz massiver Freud-Kritik entstanden auch in den letzten Jahren psychoanalytische Deutungen der religiösen Entwicklung bedeutender Persönlichkeiten, so zu Van Gogh, Freud, Augustinus (1.6). Abschnitt 1.7 würdigt psychoanalytische Psychobiographien kritisch.

1.1 Jesu religiöse Entwicklung: Paranoia?

Angenommen, ein Mann würde auf dem Vorplatz des Petersdomes die Verkaufsstände für Devotionalien demolieren, die VerkäuferInnen mit einer Peitsche vor sich her treiben und rufen: *„Mein Haus soll ein Bethaus für alle Völker gerufen werden. Ihr aber hat es zu einer Räuberhöhle gemacht."* (Mk 11,17, in Übersetzung von Fridolin Stier) – er würde eher der Psychiatrie als der Justiz zugeführt. Aber dass Jesus die Händler aus dem Tempel vertrieb, wodurch er den tödlichen Zorn der Tempelbehörde auf sich zog, ging nicht als Tat eines Wahnsinnigen in die Geschichte ein, sondern als ausdrucksstarke Zeichenhandlung des Sohnes Gottes. Wer die Prämisse der Gottessohnschaft nicht teilt, deutet Jesu Anspruch, der Tempel sei „sein Bethaus", anders, ebenso weitere Aussagen, etwa: *„Ich bin das lebendige Brot, das aus dem Himmel niedergestiegen"* (Joh 6, 51).

Die Psychiater, die zu Beginn des 20. Jahrhunderts erste Pathographien Jesu verfassten,[22] begegneten Analogem in ihren Anstalten: Psychotikern, die wähnten, Gott oder Jesus zu sein. Mit ihren als wissenschaftlich anerkannten Methoden versuchten sie die Phänomene zu verstehen und die Patienten zu heilen. Dass sie ihre Diagnosen auch auf jenen vor zwei Jahrtausenden hingerichteten Rabbi aus Galiläa anlegten, den der christliche Glaube als seine Mitte bekennt und Jaspers zu den „maßgeblichen Menschen" zählt,[23] mag von psychiatrischem Eros motiviert gewesen sein, war aber dem Dialog zwischen Theologie und Psychiatrie, die sich beide um das Heil der Seele bemühen, nicht förderlich. Denn sie zeichneten ein we-

---

[22] Holtzmann 1903, de Loosten 1905, Rasmussen 1905, Hirsch 1910, Baumann 1908, Binet-Sanglé 1910. Überblick: Lange-Eichbaum [7]1989, 78-119. Der erste Pathograph Jesu war der Sekretär des Leben-Jesu-Schreibers Renan, J. Soury, der Paralyse diagnostizierte, aber später alles zurücknahm und um Verzeihung bat (aus Lange-Eichbaum [7]1989, 107).

[23] Jaspers 1957, 186-214.

nig schmeichelhaftes Bild von Jesus und untermauerten ‚wissenschaftlich', was Markus zufolge seine Angehörigen von ihm sagten: *„Er sei außer sich"* (Mk 3,21).

1905 veröffentlichte Georg Lomer unter dem Pseudonym de Loosten »Jesus Christus vom Standpunkt des Psychiaters«. Ihn leitete die Hoffnung, „dass einem Arzt manches zu erkennen und auszusprechen erlaubt sein möge, was dem Theologen aus begreiflichen Gründen versagt bleiben muss".[24] Allerdings behauptete er keineswegs nur Medizinisches, sondern auch, es sei nicht auszuschließen, dass Jesus von Maria und dem Legionär Panthera abstamme.[25] Jedenfalls sei er „von Geburt her (ein) erblich belasteter Mischling und geborener Entarteter" gewesen.[26] Auch seinen Verwandten Johannes hätten die Zeitgenossen als „geisteskrank" angesehen, und der leibliche Bruder Jakobus sei von religiösen Halluzinationen überwältigt worden.

Jesu religiöser Werdegang habe darin bestanden, dass er sich, schon als Kind überspannt[27] und als Zwölfjähriger seiner Familie gegenüber „kalt",[28] in ein fixiertes Wahnsystem hineingesteigert habe, indem er die Messiasverheißungen der Schrift auf sich bezog. Wie in der Paranoia üblich, habe er an optischen Täuschungen (die Taube bei der Taufe) und an Auditionen (die Stimme Gottes) gelitten. Wie heutige Zwangskranke auch, sei er von einer ichfremden Macht, einem „Geist" getrieben worden, so vierzig Tage lang in die Wüste.[29] Nach einer lähmenden Depression im Ölbaumgarten sei der Wahn vollends ausgebrochen, als er beim Verhör vor dem Hohenpriester behauptete, bald als Menschensohn zur Rechten der Kraft Gottes zu sitzen.[30] Die Zeit seines Lebens sei Jesu Stimmung hochgradig nervös und überreizt gewesen.[31] Dies erkläre auch krankhafte Gewaltakte, die Vertreibung der Händler aus dem Tempel oder die Verfluchung des Feigenbaums.

---

[24] de Loosten 1905, 3.

[25] Ebd. 20; diese Überlieferung geht zurück auf Kelsos (um 150 n. Chr.), dessen Werk »Wahre Lehre« nicht erhalten ist, aber von Origenes paraphrasiert und ‚widerlegt' wurde (Origenes gegen Celsus I, 23, 69). Das Pantheramotiv analysierte auch der Freudschüler Reik 1923, 17-34. Dass dieses auch im Talmud (Shabbat 104 b) vorkomme, erklärte er sich mit einer Verballhornung von „parthenos" (= Jungfrau) zu „parthena". Dahinter stünden verdrängte Wünsche der Rabbinen, sich gegen den Vater aufzulehnen und mit der Muttergöttin zu verkehren. Psychologische Referenztheorie ist das Ödipus-Schema.

[26] de Loosten 1905, 90.

[27] Ebd. 30.

[28] Ebd. 32.

[29] Ebd. 63.

[30] Ebd. 85, vgl. Lk 22,69.

[31] Ebd. 65. Nervliche Überreizung war ein dominantes Thema zu Beginn des 20. Jahrhunderts: Erb 1893, Freud SA IX, 14-16; Kneib 1908, 14.

Rasmussen diagnostizierte als Triebfeder von Jesu religiöser Entwicklung *Epilepsie*. Diese sagte er weiteren religiösen Persönlichkeiten nach, einem Buddha ebenso wie einem Paulus[32] oder Mohammed, sodass er einen regelrechten Typus des epileptisch geisteskranken Religionsführers zeichnete. Im Hinblick auf Mohammed klagt er: „Und mehrere tausend Millionen haben ihr Leben auf die Delirien dieses epileptischen Geisteskranken gebaut.“[33] Bei Jesu identifizierte er insbesondere die Anfechtung im Garten Getsemani als „petit mal".[34] Epilepsie erkläre auch seine starken Gemütsschwankungen und Halluzinationen. Dennoch räumt er ein, es könne sich bei ihm auch um „Paranoia" oder „Dementia paralytica" gehandelt haben.[35] Was nun?

Die Diagnose „Paranoia", an deren „Korrektheit" man nicht zweifeln könne,[36] verfocht, „hasserfüllt",[37] der Amerikaner William Hirsch. Angestoßen worden sei sie durch einen anderen Verfolgten: Johannes. Nach den 40 Tagen in der Wüste sei sie ins aktive Stadium, eine Psychose, übergetreten. Der ins Unendliche gesteigerte Größenwahn habe sich darin manifestiert, die eigene Herkunft auf David und schließlich Gott zurückzuführen. Gelitten habe er auch unter Halluzinationen: „Während der vierzig Tage in der Wüste muss er kontinuierlich halluciniert haben."[38] Es könne

> „keinem Zweifel unterliegen, dass Jesus Christus ein Paranoiker war ... Sowohl die Entwicklung, als auch der Verlauf dieses Falles entsprechen dem Krankheitsbilde, das die moderne Psychiatrie, gestützt auf langjährige klinische Erfahrungen, von dieser eigenartigen psychischen Affektion entworfen hat."[39]

Doch nicht genug damit: Monotheismus generell sei „als Krankheit erst seit den letzten hundert Jahren erkannt ... als Paranoia".[40]

Die extremsten Diagnosen stellte Binet-Sanglé in seinem fünfhundertseitigen Buch »La folie de Jésus«.[41] Der Sohn des Zimmermanns sei ein

---

[32] Rasmussen 1905. Vor allem Paulus wurde wiederholt als Epileptiker diagnostiziert, nachdem Harnack für eine Epilepsie des Völkerapostels beachtenswerte, aber nicht ganz gesicherte Argumente einräumte; vgl. Stern 1957, der aber zum Schluss kommt, die Diagnose Epilepsie sei „unbewiesen", davon ganz abgesehen, dass sie unbeweisbar ist.
[33] Rasmussen 1905, 89.
[34] Ebd. 139.
[35] Ebd. 133.
[36] Hirsch 1910, 99.
[37] So das Urteil von Lange-Eichbaum [7]1989, 108.
[38] Hirsch 1910, 109.
[39] Ebd. 128.
[40] Ebd. 633.
[41] Binet-Sanglé 1929 ([1]1906).

„Theomegalomane", ein gottesgrößenwahnsinniger Hysteriker gewesen.[42] Wie bei anderen Zwangskranken auch, sei seine Paranoia über drei Stadien verlaufen: Konzeption, Halluzinationen, Transformation der Persönlichkeit. Der Wahn habe sich aufgrund suggestiver Ereignisse (Bewunderung durch geheilte Kranke, seine Nachfolger) gebildet und habe darin bestanden, sich für den erwarteten Messias zu halten. Die Halluzinationen seien durch Nervosität und Abstinenz verstärkt worden. Letztere habe auch die Beziehung gegenüber Frauen und der Sexualität gestört. Einen Hang zur Selbstverstümmelung, wie von Binet-Sanglé an religiösen Psychotikern beobachtet, schließt er nicht aus.[43] Drei Seiten später behauptet er: „Jesus, der Sohn des Josef, war ein Homosexueller."[44]

Vollends ins „Delirium" geraten sei Jesus in Jerusalem. Zwischen dem 2. und 5. April 30 habe er fünf „irre Taten" begangen: u.a. die Verfluchung des Feigenbaumes, die Tempelreinigung, letztes Abendmahl.[45] Beim Verhör habe er, in Zorn geraten, seine Theomegalomanie öffentlich verkündet: Der Menschensohn zu sein und als Richter an der Rechten Gottes wiederzukehren.[46] Am Kreuz sei der Tod aufgrund einer tuberkulösen Erkrankung, die bei Geisteskranken häufiger sei, gnädig schnell eingetreten.[47]

Für einen Arzt, der Jesus so viele Störungen nachsagt, dass er damit ein Lehrbuch der Psychopathologie füllen könnte, muss es ein Ärgernis sein, dass Milliarden von Menschen auf den Namen Jesu getauft worden sind:

> „Die irren Vorstellungen von Jesus, Sohn des Josef, wurden von den Bauern zu seiner Seite als Glaubensartikel akzeptiert und tradierten sich über sechzig Generationen hinweg. Milliarden von Gläubigen, Millionen von Ungläubigen haben ihretwegen gelitten, und ein Drittel der Menschheit betrachtet sie auch heute noch als Wahrheiten, über die zu diskutieren sich nicht schickt."[48]

Solche Pathographien Jesu muten heute kurios an. Die Kritiken, schon 1913 von Albert Schweitzer zusammengebündelt, sind berechtigt. Die Psychographen unterließen es, „mit der geschichtlichen Leben Jesu Forschung Fühlung zu nehmen".[49] Sie behandelten die apokryphen Kindheitsevangelien als historische Protokolle, ebenso die Legenden, speziell die vom

---

[42] Ebd. 443: „Jésus était un théomégalomane hysteroïde", 184 u.ö.

[43] Ebd. 110–113.

[44] Ebd. 114. Er begründet dies mit seiner Ehelosigkeit, erblicher Degeneration, Prädisposition zur religiösen Überspanntheit, der Freundschaft zu den Jüngern und beruft sich auf den Sexualpathologen Krafft-Ebing, wonach Homosexuelle gerne in Gruppen von drei bis zwölf Personen zusammen leben würden.

[45] Ebd. 340-356.

[46] Ebd. 403 f.

[47] Ebd. 83-89.

[48] Ebd. 442 (übersetzt A.B.); 457: „Cette épidémie mentale qu' on appelle le christianisme".

[49] Schweitzer ²1993, 14.

Zwölfjährigen im Tempel. Auch hätten sie sich kundig machen können, dass das Johannesevangelium, dessen „Ich bin Worte" bevorzugt für den Nachweis einer Psychose herangezogen wurden,[50] nicht vom Jünger Johannes verfasst wurde. Ohnehin hatte Albert Schweitzer in seiner monumentalen »Geschichte der Leben-Jesu-Forschung« die Unmöglichkeit aufgezeigt, eine *historische* Biographie Jesu zu schreiben,[51] und schon gar keine Krankheitsgeschichte, die auch nur annähernd ernst zu nehmen wäre. Der psychiatrische Wert der Diagnosen von de Loosten und anderen „ist gleich null".[52]

Rückblickend erscheinen die ersten Psychobiographien zur religiösen Entwicklung – pikanterweise gerade zu Jesus –, als psychologistische Sündenfälle. Wissenschaftlichkeit reklamierten sie, weil sie auf die klinischen Erfahrungen mit PsychotikerInnen rekurrierten. Binet-Sanglé schildert 77 Fälle von Theomegalomanie, am ausführlichsten den Fall Guillaume Mono (1800-1896), der im 32. Lebensjahr an religiösem Wahn erkrankte, sich für Jesus hielt und die gleichen Symptome wie dieser gezeigt habe.[53] Aber an Kritiklosigkeit kaum überbietbar, wurden ‚moderne' Krankheitsdiagnosen 1900 Jahre rückprojiziert, als ob sich in dieser Zeit das Welt- und Menschenbild nicht verändert hätte.

Wie anstößig diese Studien auch empfunden werden mögen – wer kann schlüssig beweisen, dass es nicht hätte so gewesen sein können? Und man kann auch ihnen Nachdenkenswertes abgewinnen. Sie sensibilisierten für das Menschlich-Allzumenschliche[54] und stellten gängige Stereotype des bürgerlichen Jesusbildes in Frage, so seine hohe Wertschätzung seiner Familie.[55] Deutlich benennt Rasmussen die Schroffheit Jesu gegenüber seiner Mutter, der er in Kana gesagt haben soll: *„Weib, was habe ich mit dir zu schaffen?"* (Joh 2,4)[56] Kneib, in seiner Kritik der Psychiatrisierung Jesu, tat sich mit der Behauptung von Jesu fehlendem Sinn für das familiäre Leben schwer und beging genau den Fehler, den er den Psychiatern vorhielt: Er legte *sein* Vorverständnis in die Texte hinein und glättete das Anstößige,

---

[50] So von Hirsch 1910, 103-113. Von dreißig Zitaten aus dem Neuen Testament sind 20 aus Johannes.

[51] Schweitzer o.J. ([1]1906).

[52] Schweitzer [1]1913, 46. Ebenso Hole 1980, 1087. In seinem opus magnum »Jesus, the Christ, in the light of psychology« (740 Seiten) bilanziert kein geringerer als G. Stanley Hall 1923 wie folgt: „Diagnostische Studien wie die vorher zitierten lehren uns, dass wir sehr wenig über die Normen der Gesundheit höherer Seelen wissen ..." (172).

[53] Binet-Sanglé 1929 ([1]1906), 458-473.

[54] Holtzmann 1903, 135 rechtfertigt den „Hauptgewinn" seiner Untersuchung »War Jesus Ekstatiker?« damit, das Bild Jesu lasse sich „deutlicher und lebendiger als früher erfassen". Um eine schonungslose Entidealisierung des Lebens Jesu bemühte sich bereits früher Dulk 1885.

[55] Dazu Bachl 1994, 51-54.

[56] Rasmussen 1905, 147; ebenfalls de Loosten 1905, 51.

das nicht sein darf, indem er behauptete, die familien- und mutterkritischen „Worte sind bildlich und dürfen nicht buchstäblich aufgefasst werden".[57]

Schon die ersten Psychobiographien zur religiösen Entwicklung zeigen die generellen Probleme dieser Gattung: Die Studien können nicht präziser sein als die Quellen. Die Gefahr der ahistorischen Rückprojizierung moderner Deutungsmuster ist enorm.

1.2 Freuds Studien zu Leonardo und Mose

1.2.1 Leonardo da Vinci: Abwesender Vater – abwesender Gott

Freuds Studie »Eine Kindheitserinnerung des Leonardo da Vinci«[58] habe das Genre der psychoanalytischen Künstlerbiographie begründet[59] und gilt als „klassisch".[60] 1910, als sie erstmals erschien, hatte Freud zentrale Konzepte der Psychoanalyse bereits ausgearbeitet.[61] Das Unbewusste war für ihn analysierbare Realität; seine Traumdeutung, gemäß der Traummotive Libido symbolisieren, lag bereits ein Jahrzehnt vor; das Konzept des Ödipuskomplex stand und war durch die Krankengeschichte des kleinen Hans ,bestätigt';[62] Neurosen galten ihm als Folge von „Verdrängung", die ein zentraler Pfeiler der Psychoanalyse ist.[63]

Diese Konstrukte projizierte Freud in den Porträtisten der Mona Lisa, unstreitig eine der faszinierendsten Persönlichkeiten der Renaissance, seiner Zeit voraus und als Universalgenie bewundert. Anders als ,Hagiographien' seines Lebens wollte Freud, um „wirklich zum Verständnis des Seelenlebens seines Helden" vorzudringen, „die geschlechtliche Eigenart des Untersuchten (nicht) mit Stillschweigen übergehen".[64] Freilich räumt er ein, es sei „zweifelhaft, ob Leonardo jemals ein Weib in Liebe umarmt hat", oder sich, wie ihm gerichtlich vorgeworfen wurde, homosexuell betätigte.[65] Trotz der prekären Quellenlage[66] rekonstruiert er Leonardos wissenschaftlich-künstlerische Entwicklung so, dass dieser, unehelich geboren, von seiner Mutter Caterina als Kleinkind ausgesprochen zärtlich behandelt wurde. Die einzige mitgeteilte Kindheitserinnerung, einen Geier beinhaltend, der ihn in der Wiege besucht habe, interpretierte er als verhüllte Dar-

---

[57] Kneib 1908, 55.

[58] Freud, SA X, 87-159; Paraphrase bei Dooley 1916, 366-368.

[59] Mc Addams 1988, 3.

[60] Ellenberger ²1996, 735.

[61] Wyss ⁶1991, 24-43.

[62] Freud, SA VIII, 24-82; kritisch Wolpe & Rachmann 1973, sowie Abschnitt 1.7.2.

[63] Freud, SA I, 292-298; kritisch: Grünbaum 1988, 285-429.

[64] Freud, SA X, 97.

[65] Ebd. 98 f.

[66] Freud benennt sie ausdrücklich, ebd. 156.

stellung oraler Zärtlichkeit durch seine Mutter.[67] Dabei unterlief ihm ein pikanter Übersetzungsfehler, der seiner Analyse, die auf der Symbolik „Geier" ≅ mütterliche Gottheit (ägyptische Mut) sowie Mutter basiert, den Boden entzieht: „nibio" (im modernen Italienisch: „nibbio") bedeutet nicht „Geier", sondern „Milan", ein Greifvogel mit gespaltenem Schwanz.[68]

Leonardos spätere wissenschaftliche Neugier habe ihre Wurzeln in frühkindlichen Phantasien, speziell über die Herkunft der Kinder, die verstärkt worden seien, weil er die ersten Lebensjahre vaterlos aufwuchs.[69] Nach der ödipalen Sexualverdrängung habe er die Libido „in Wissensdrang" sublimiert[70] und die „sexuelle Bedürftigkeit und Aktivität herabgesetzt".[71]

Auf ödipale Konstellationen führt Freud auch Leonardos Einstellung gegenüber der Kirche zurück. Obschon das Universalgenie die Möglichkeit einer universellen Sintflut bestritt[72] und den Heiligenkult ablehnte, geriet er nicht in die Fänge der Inquisitoren, weil er „sich direkter Äußerungen über seine Stellung zum Christentum ... enthielt".[73] Gleichwohl gibt es für Freud „kaum einen Zweifel, dass Leonardo die dogmatische wie die persönliche Religion überwunden und sich durch seine Forscherarbeit weit von der Weltanschauung des gläubigen Christen entfernt hat".[74]

Den Grund dafür bestimmte Freud in Leonardos Beziehung zu seinem Vater. In der ödipalen Phase, als er seine Mutter begehrte, habe er sich mit ihm identifiziert.[75] Aber nachdem seine Entscheidung für (latente) Homosexualität gefallen war,[76] habe sich diese Identifikation erübrigt und sei auch Gott bedeutungslos geworden, weil dieser „psychologisch nichts anderes ist als ein überhöhter Vater".[77] Sobald die Autorität von Vätern zusammenbreche, schwinde auch der Glaube an einen allmächtigen Gott. Freilich nicht bei allen Menschen, zögen es doch viele vor, ihre „infantilen Schutzmächte" regressiv zu erneuern, um die „Trostlosigkeit des Lebens" nicht alleine bestehen zu müssen.[78]

---

[67] Ebd. 109 f., 113.

[68] Ebd. 89; vgl. Eysenck 1985, 183-193; Jones 1984 II, 411.

[69] Ebd. 118.

[70] Ebd. 157.

[71] Ebd. 126 f.

[72] Ebd. 147. Noch im 19. Jahrhundert konnte man eine wissenschaftliche Stelle verlieren, wenn man zweifelte, die Sintflut habe die ganze Erde bedeckt, Lomer 1913, 2 f.

[73] Ebd. 146.

[74] Ebd. 147.

[75] Ebd. 143.

[76] Ebd. 144.

[77] Ebd. 146, ein Topos bei Freud: SA IX, 431-434, 535 f., u.ö.

[78] Ebd. 146; ausführlicher: Freud SA IX, 135-189 die resignative Altersschrift »Zukunft einer Illusion«.

Freud war Realist genug, die Reaktion auf diesen ungewohnten Zugang zu einem Universalgenie vorauszusehen: „als unverzeihliche Schmähung eines großen und reinen Mannes".[79] Dennoch hat er, der sich psychobiographisch mit der religiösen Entwicklung weiterer Persönlichkeiten beschäftigte[80] und 1919 einmal sagte, der Leonardo sei „die einzige hübsche Sache", die er je geschrieben habe,[81] mit dieser Studie viele NachfolgerInnen zu ähnlichen Recherchen inspiriert.

1.2.2 Echnaton: Monotheist aufgrund von Mutterfixierung

1912 veröffentlichte Karl Abraham in der ersten Nummer der von Freud lancierten Zeitschrift „Imago" eine ähnlich angelegte Studie zum ägyptischen Pharao Amenophis IV. (1365-1348), der unter dem Namen „Echnaton" („Aton ist zufrieden") in die Geschichte einging.[82] Dieser, bereits mit 10 Jahren auf dem Thron, legte sich mit der Priesterschaft des Gottes Amun an, proklamierte Aton als den einzigen Gott des Lichts und des Friedens und schrieb ihm einen bis heute faszinierenden Hymnus, der Psalm 104 ähnelt. Nach seinem frühen Tode wurde er als „Ketzerkönig" verunglimpft und sein Name von den Denkmälern getilgt.

---

[79] Ebd. 112; vgl. Jones 1984 II, 409.

[80] So in seiner Analyse der Autobiographie von Daniel Paul Schreber (SA VII, 133-203). Dieser bekannte Politiker, Senatspräsident von Sachsen, Sohn von Gottlob Moritz Schreber, der die nach ihm benannten Gärten begründete, verbrachte ab 1884 aufgrund einer Paranoia zehn Jahre in der Nervenheilanstalt. Zuvor in religiösen Dingen ein Skeptiker, sei er „nach Ablauf der Krankheit ein Gottesgläubiger und der Wollust Beflissener" geworden (159). In der akuten Paranoia, die durch verdrängte Homosexualität und Kastrationsdrohungen vonseiten des Vaters ausgelöst worden sei, wähnte er, in eine Frau verwandelt werden zu müssen, um als „Gottes Weib" die Welt zu erretten (ebd.). – Ausdrücklich als „Durchbruch für das Verständnis der Psychogenese paranoider Zustände" lobte diese Studie Niederland 1978, 46; kritisch: Eschenröder 1986, 73-86.

»Die Geschichte des Malers Christoph Haitzmann. Eine Teufelsneurose aus dem 18. Jahrhundert« (SA VII, 289-319). Der Teufel, mit dem der Maler zweimal einen Pakt schloss, sei Vaterersatz, die Neurose aufgrund nicht ausreichend verarbeiteter frühkindlicher Konflikte mit dem Vater ausgebrochen. Für Psychohistorik ist Freuds Einleitung dieser Studie von Interesse. Zwar behauptet er, neurotische Erkrankungen seien psychodynamisch überzeitlich, räumt aber ein, „dass die Neurosen dieser frühen Zeiten in dämonologischem Gewande auftreten, während die der unpsychologischen Jetztzeit im hypochondrischen, als organische Krankheiten verkleidet, erscheinen" (287).

[81] Aus Jones 1984 II, 410. Vor wenigen Jahren trugen Reemtsma und Eissler 1998 eine Kontroverse aus, nachdem die Studie »Leonardo da Vinci. Psychoanalytische Notizen zu einem Rätsel« von Eissler 1992 auf deutsch erschienen war. Eissler 1998, 408 schreibt über Freuds Leonardo-Studie: „Sie ist anmutig, höchst reizvoll ... betörend". Die Kontroverse drehte sich darum, ob Leonardos Kindheit idyllisch oder traumatisch war; vgl. auch Collins 1997.

[82] Abraham 1912; zu diesem Schüler Freuds: Wyss [6]1991, 99-104.

Warum entwickelte sich, in einer polytheistisch dominierten Umwelt, ein Pharao zu einem Monotheisten? Wie fand er Verse wie folgende?

> *„Schön erstrahlst du am Himmelshorizont, du lebender Aton, du Anfang des Lebens. Wenn du am östlichen Horizont aufgegangen bist, dann hast du jedes Land mit deiner Vollkommenheit erfüllt. Du bist schön und groß, licht und hoch über jedem Lande, deine Strahlen umarmen die Lande bis hin zu alledem, was du geschaffen hast ...“* [83]

Abraham wollte nicht nur die Persönlichkeit des Pharao, sondern auch den von ihm intensivierten Kult des einen Gottes „in psychoanalytische Betrachtung" rücken, indem er „die Geschichte seiner Libido" rekonstruierte.[84] Zwar könne dies „als ein gänzlich phantastisches und aussichtsloses Unternehmen erscheinen, würden wir nicht gerade über den ‚Elternkomplex' des jungen Königs aus seiner Geschichte in einer nicht mißzuverstehenden Weise unterrichtet".[85] Den Schlüssel für Atons religiöse Entwicklung hin zu Aton fand Abraham in dessen früher Kindheit, speziell in seiner engen Beziehung zur Mutter Teje, die am Hof eine einflussreiche Rolle spielte, sowie zu seinem Vater Amenophis III, der sich in seinen letzten Jahren aus den Regierungsgeschäften zurückgezogen habe. Dies führte dazu, dass sich Echnatons „Libido ... in ungewöhnlichem Maße an die Mutter fixierte" und er die Neigung entwickelte, „sich monogamisch an *eine* Person zu binden, die zum Ersatz der Mutter wird".[86] Diese war die sprichwörtlich schöne Nofretete, der er auch dann noch zugetan blieb, als sie ihm sechs Töchter, aber keinen Sohn geboren hatte.[87]

Die libidinöse Fixierung auf die Mutter habe auch seine religiöse Entwicklung und kultischen Reformen beeinflusst. Da Teje dem Lichtgott Aton zugeneigt war, förderte der Sohn dessen Kult durch den Bau des Atontempels in Karnak und drängte die Verehrung Amuns zurück, der der Gott seines Vaters war. Darin sieht Abraham eine ödipale „Auflehnung gegen seinen schon seit geraumer Zeit verstorbenen Vater".[88] Freilich räumt er ein, nicht darüber unterrichtet zu sein, „wie er (Echnaton, A.B.) als Knabe zu diesem stand, aber seine Einstellung in der Pubertät und in den späteren Jahren deckt sich völlig mit derjenigen, wie wir sie heute bei vielen Individuen beobachten können".[89] Auch dass sich Echnaton als Sohn Atons ausgab und die Namen früherer Götter tilgen ließ (was ihrer Vernichtung gleichkam), erklärt sich Abraham als „Feindschaft" gegen den Vater, ver-

---

[83] Aus Beyerlin 1975, 43.
[84] Abraham 1912, 338.
[85] Ebd.
[86] Ebd. 339.
[87] Ebd. 353. Es war üblich, dass sich Pharaonen eine Zweitfrau nahmen, wenn männlicher Nachwuchs ausblieb.
[88] Ebd. 341.
[89] Ebd.

gleichbar dem „Verhalten Neurotiker, die, zu schwach, um gegen Lebende aktiv vorzugehen, ihren Hass und ihre Rachsucht an Toten auslassen".[90]

Wie verschieden die inhaltliche Ausprägung der Religiosität von Leonardo und Echnaton auch ist, wie verschieden auch ihr sozioreligiöses und kulturelles Umfeld: Ihre religiöse Entwicklung wird gleich rekonstruiert:[91]

1. Der Schlüssel dafür liegt hier wie dort in der frühen Kindheit, insbesondere in den (ödipalen) Erfahrungen mit Mutter und Vater.

2. Gottesbilder sind Projektionen des Vater-Imagos.

3. Die Ausgestaltung religiöser (und wissenschaftlicher) Vorstellungen wird als Sublimation sexueller Libido gedeutet.

4. Verhaltensweisen ‚neurotischer' Persönlichkeiten der Gegenwart werden als Interpretamente für die Psychoanalyse verstorbener Persönlichkeiten eingesetzt, ohne dass ausdrücklich gefragt wird, ob diese psychodynamischen Mechanismen wirklich überzeitlich (ubiquitär) sind.[92]

1.2.3 Mose: als Ägypter von den Hebräern erschlagen

Freuds Altersschrift »Der Mann Moses und die monotheistische Religion«[93] hat viele AnhängerInnen des „verehrten Meisters"[94] irritiert[95] und in jüdischen Kreisen Proteste ausgelöst. Bereits um 1934 in Wien begonnen, quälte sie ihn „wie ein unerlöster Geist",[96] nach den dramatischen Ereignissen von 1938, die ihn nach London ins Exil trieben, noch mehr. Die Hauptfrage, die er zu beantworten suchte,[97] lautet, wie „der besondere Charakter des jüdischen Volkes" entstanden sei.[98] Warum vermochte es als

---

[90] Ebd. 357. Die Herkunft von einem Gott war für den Pharao freilich konstitutiv.

[91] Strachey 1939 vermutete, Echnatons religiöse Entwicklung zum Monotheismus sei auf seine stark feminine Persönlichkeit zurückzuführen; kritisch: Beit-Hallahmi 1996, 85.

[92] Beit-Hallahmi 1996, 5: Die Psychoanalyse beanspruche universelle, transkulturelle und überzeitliche Gültigkeit. Zur faktischen Geschichtlichkeit des Psychischen: Berger 1991.

[93] Freud, SA IX, 455-581; dazu Rizzuto 1998, 172-185; Blum 1991, Wiesenhütter 1977; weitere bibliographische Angaben zu psychoanalytische Beiträgen zu Freud und Moses: Beit-Hallahmi 1996, 19-23.

[94] So von Müller-Braunschweig 1929, 55.

[95] Ellenberger [2]1996, 740; Jones 1984 III, 429 f.

[96] Freud, SA IX, 550.

[97] Dies zugegebenermaßen eklektisch (ebd. 551): „Wenn man sich klar darüber ist, dass ein Verfahren wie das unsrige, vom überlieferten Stoff anzunehmen, was uns brauchbar scheint, zu verwerfen, was uns nicht taugt, und die einzelnen Stücke nach der psychologischen Wahrscheinlichkeit zusammenzusetzen – dass eine solche Technik keine Sicherheit gibt, die Wahrheit zu finden, dann fragt man sich mit Recht, wozu man eine solche Arbeit überhaupt unternimmt."

[98] Ebd. 550.

einziges vorchristliches Volk seine Kultur und Religion bis in die Gegenwart zu tradieren? Das Hauptverdienst kommt für Freud Mose zu: Er, und nicht der Gott Abrahams, Isaaks und Jakobs, sei die dominierende Vatergestalt gewesen, „der die Juden geschaffen hat. Ihm dankt dieses Volk seine Zählebigkeit, aber auch viel von der Feindseligkeit, die es erfahren hat."[99]

Wer war dieses starke „Über-Ich" des jüdischen Volkes?[100] In seiner Studie, ursprünglich als „historischer Roman" deklariert,[101] vertrat Freud die These, Mose sei das Kind einer vornehmen ägyptischen Familie gewesen. Er habe das Ziel verfolgt, den von Echnaton begründeten Monotheismus zu retten, indem er die Habiru, Hebräer gewann, sie aus der Sklaverei herausführte und ihnen den Glauben an *einen* Gott auferlegte.[102] Aber wie schon die Ägypter unter Echnaton, so seien auch die Juden von dieser hoch vergeistigten Religiosität überfordert gewesen. Sie hätten gemeutert und den Führer ermordet, worauf Bedauern und Reue einsetzte.[103]

Was nun folgte, erzählte Freud bereits in »Totem und Tabu«[104] und ereigne sich während der ödipalen Phase auch in der religiösen Entwicklung des Individuums: Identifikation mit dem (erschlagenen) Vater, Projektion desselben in den transzendenten Bereich, woraus individualgeschichtlich die Gottesvorstellung resultiere, in der Geschichte des jüdischen Volkes hingegen „die Idee einer einzigen, die ganze Welt umfassenden Gottheit".[105]
Das Charakteristische der Juden sei, sich für das auserwählte Volk Gottes zu halten, „erklärte Lieblinge des gefürchteten Vaters" zu sein, sodass sie sich über die Eifersucht anderer Geschwister (= Völker) nicht zu wundern bräuchten.[106]

Die Entwicklung dieses religiösen Bewusstseins habe lange gedauert. Freud erklärt sich dies mit einer Analogie aus der Entwicklung des Einzelnen: Genau gleich, wie dieser nach dem Ödipuskomplex eine Latenzzeit durchlaufe, habe auch das jüdische Volk verdrängt, was es Mose angetan habe, wodurch in seiner Religionsgeschichte eine Latenz eingetreten sei.[107]
Die Wiederkehr des Verdrängten wird dann in der Durchsetzung des mosaischen Monotheismus und des damit verbundenen Ethos bestimmt.

---

[99] Ebd. 553.
[100] Ebd. 562.
[101] Ebd. 457.
[102] Ebd. bes. 478 f.
[103] Ebd. 497.
[104] Ebd. 287-444; Sekundärliteratur zu dieser Schrift: Beit-Hallahmi 1996,19-25.
[105] Ebd. 499.
[106] Ebd. 552.
[107] Ebd. 515 ff.

Über die religiöse Entwicklung von Mose erfahren wir aus Freuds Spätschrift, aufgrund der Quellenlage verständlich, nur wenig.[108] Vielmehr hat er die Psychodynamik in der Entwicklung des Individuums auf die Entwicklung einer gesamten Religionsgemeinschaft übertragen und „Analogien zwischen neurotischen Vorgängen und den religiösen Geschehnissen" im Alten Israel behauptet.[109] Dies brachte ihn in die Schwierigkeit, nachzuweisen, wie mehrere Generationen etwas verdrängen konnten, was sie selber nicht erfahren hatten. Er musste ein Unbewusstes konstruieren, das Ähnlichkeiten mit dem kollektiven Unbewussten sensu Jung aufweist: „Der Inhalt des Unbewussten ist ja überhaupt kollektiv, allgemeiner Besitz des Menschen."[110]

Religiosität wird, in der Entwicklung des Einzelnen wie in der eines Volkes, aus der Vaterbeziehung erklärt, speziell dem Ödipuskomplex, der auf den als historisch behaupteten Vatermord zurückgeführt wird.[111] Daran hielt Freud fest, obschon Ethnologen die These seines Gewährsmannes Robertson Smith, das religiöse Opfer sei geschichtlich aus Totemmahlzeiten in Urhorden hervorgegangen, schon zu seinen Lebzeiten widerlegt hatten.[112] Erinnert dies nicht an Freuds eigene Feststellung, „dass unser Intellekt sehr leicht ohne alle Warnung irregeht und dass nichts leichter von uns geglaubt wird, als was, ohne Rücksicht auf die Wahrheit, unseren Wunschillusionen entgegenkommt".[113] Als möglichen unbewussten Wunsch erörterte die Neoanalytikerin Rizzuto, Freud habe sich mit Mose identifiziert und sich selber als Träger einer welthistorisch wichtigen Mission gesehen: Den Menschen seine neue Religion des Logos[114] zu bringen, um sie aus der erbärmlichen Infantilität des Glaubens an einen illusionären Gott herauszuführen.[115]

---

[108] Hirsch 1910, 51 weiß, dass Mose geisteskrank war und an Halluzinationen litt.

[109] Freud SA IX, 540; Wahl 1999, 235 benennt in diesem Zusammenhang als Defizit von Freuds Religionspsychologie, die fundamentale Differenz zwischen individueller Entwicklung (und Neurose) und der Religion eines Volkes zu wenig zu beachten.

[110] Ebd. 577. Bei Jung heißt es (aus Wyss [6]1991, 236): „Das kollektive Unbewusste ist die gewaltige geistige Erbmasse der Menschheitsentwicklung..." Damit trifft die Kritik an Jungs Konzept von vererbter unbewusster Semantik auch auf Freud zu: Rittmeister 1982, Bucher 1992, 61 ff.; Wulff 1991, 461; Kapitel 3 dieses Buches.

[111] Kritisch: Freeman 1967, der die Historizität des Urmords bestreitet, ihn aber für eine psychologische Realität hält; ähnlich der Anthropologe Fortes 1967.

[112] Ebd. 576. Smith war Altertumsforscher. Zur Problematik: Jones 1984 II, 430; Malinowski 1962, 133-169 (erstmals 1927) sowie die kritische Analyse von Bowdler 1996.

[113] Ebd. 574.

[114] So in »Die Zukunft einer Illusion«, SA IX, 187, sowie 189: „Nein, unsere Wissenschaft ist keine Illusion. Eine Illusion aber wäre es zu glauben, dass wir anderswoher bekommen könnten, was sie uns nicht geben kann."

[115] Rizzuto 1998, bes. 184. Sie belegt dies mit Stellen aus Freuds Werk, in denen er sich mit Mose identifiziert, so in einem Brief an Jung: „Wenn ich Moses bin, dann sind

1.3 Religiöse Entwicklung aufgrund fehlgeleiteter Libido

Ein weiterer Topos in der Psychoanalyse religiöser Entwicklung besagt, diese werde durch (verdrängte) Libido stimuliert. Seit den Anfängen der Menschheitsgeschichte gehören religiöse Überzeugen und sexuelle Regungen zu den stärksten Triebfedern menschlichen Handelns. Sexualität wurde und wird durch Religionen reglementiert, vielfach auch als Religiosität praktiziert (Tantrismus).[116] So verwundert wenig, dass die Unterdrückung von Sexualität, im Alten Testament durchaus besungen (Hohelied) und in der Christentumsgeschichte vor allem aufgrund manichäistischer Einflüsse abgewertet, die Frömmigkeit in einer Weise beeinflussen kann, die die Persönlichkeit in ihrem Kern berührt, ja verändert.

Sexuelle Triebfedern sind das zentrale Thema in den Psychobiographien zur religiösen Entwicklung, die der Zürcher Theologe und Psychoanalytiker Oskar Pfister (1873-1956)[117] zur Mystikerin Margaretha Ebner (Abschnitt 1.3.1) und zu Graf Zinzendorf (1.3.2) vorlegte, aber auch in der Psychoanalyse des Traumtagebuches von Swedenborg, die Winterstein vornahm (1.3.3). Selbst die innige, kindliche Frömmigkeit von Thérèse von Lisieux, die schon mit 24 Jahren verstarb, wurde aufgrund des Libidohaushaltes rekonstruiert (1.3.4).

1.3.1 Margaretha Ebner: Jesus als ‚süßer' Bräutigam

In der Nacht nach dem Gründonnerstag des Jahres 1347 wurde im Dominikanerinnenkonvent von Maria Meidingen eine Nonne aus dem Schlaf gerissen, weil *„daz minneklich liden mins herren mit einem geschwinden schucz siner minnstrahl in min herze mit einem grozzen smerzen"* eindrang.[118] Es war Margaretha Ebner, 1291 in Donauwörth geboren, mit 14 Jahren ins Dominikanerinnenkloster eingetreten, die am folgenden Karfreitag die Passion ihres Herrn und Bräutigams am eigenen Leibe schmerzhaft nacherlebte und die Hälfte ihres Lebens ans Krankenlager gefesselt war.[119]

Sie Joshua" (ebd. 177). Für Grubrich-Simitis 1991 ist »Der Mann Moses« ein autobiographischer Essay; vgl. Bergmann 1999, Wahl 1999, sowie Abschnitt 1.6.2.

[116] Aus der umfangreichen Literatur: Ammicht-Quinn 2000, Bachmann 1994. Reduktionistisch jedoch ist, Religiosität ausschließlich auf den Libidohaushalt zurückzuführen, wie dies Schroeder 1908 sowie 1977 (erstmals 1929), 68 vornahm, für den „Sexualität die wahre Grundlage jeder mystischen Erfahrung und jedes religiösen Enthusiasmus" ist; dazu Wulff 1991, 299-301.

[117] Er korrespondierte später mit Freud regelmäßig zu religiös-theologischen Themen und kam im Klassiker »Die Zukunft einer Illusion« ausführlich zu Wort. Zum Dialog zwischen ihnen: Metelmann 1985.

[118] Aus Weitlauff 1988, 172.

[119] Von Margaretha Ebner besitzen wir das Buch der Offenbarungen, das sie auf Bitte ihres Beichtvaters und Freundes Heinrich von Nördlingen um 1345 niederschrieb. Überliefert sind auch dessen Briefe an Margaretha, nicht aber die von ihr verfassten. 1882 wurden diese sowie Ebners Aufzeichnungen von Philipp Strauch unter dem Ti-

Wie kommt es zu einer so intensiven Frömmigkeit? Zu einer ekstatischen Vereinigung mit Christus, sodass die Nonne stundenlang über sein Leiden klagte, sich konvulsivisch auf dem Boden wand, worauf ihr Körper erstarrte oder von „süßen Wonnen" durchströmt wurde?

Eine psychoanalytische Studie zu dieser Mystikerin[120] veröffentlichte 1911 Oskar Pfister. Zunächst beschrieb er die zahlreichen Symptome in Ebners Krankengeschichte: Lähmungen, Sehbeschwerden, Zahn- und Kopfschmerzen, Heiserkeit; aber auch Zwangserscheinungen wie die, von Donnerstag bis Sonntag sowie in der Fastenzeit kein Wort sprechen zu können, dafür dann wiederholt und laut den Namen Jesu auszurufen; sodann Halluzinationen, Geschmacksautomatismen, und nicht zuletzt ihre Träume, Auditionen und Visionen. Diese kreisten stets um Christus, ihren *„gemahel"* (Bräutigam), den sie als Kruzifix auf ihre Brust legte, worauf er an ihr Herz gegriffen habe, das von *„süssosten stössen"* erschüttert worden sei.[121] Auch habe sie ihn nackt als *„allerlautesten, klaren Leib"* gesehen und das Bedürfnis verspürt, *„daz ich mich denne saugen und trunken und küssen solt in din fünf minnazeichen mins angnen liebes Jhesu Cristi"*.[122] In dieser Minne erfährt sie *„grosse süezzeket und wunderbar smecke"* (Geschmack),[123] insbesondere beim Aussprechen seines Namens im Gebet oder bei der Einnahme der Hostie, in der er so gegenwärtig sei, *„als ob ich es liplich sehe und esse und trunke"*.[124]

Ebners Frömmigkeit, der ein „exzentrischer Zug" nicht abzusprechen sei,[125] kreiste auch um Jesus als *Kind*. Sie ist darin kein Einzelfall, wurde doch im dreizehnten Jahrhundert der Kult des Jesuskindes intensiviert.[126] Ungewöhnlich ist die Inbrunst, mit der sie eine Jesuspuppe an ihre Brust legte, um sie zu stillen, aber auch ihre „hysterische Schwangerschaft", bis zu Geburtswehen, sowie die *„grosse lust"* an seiner Beschneidung.[127]

So verwundert wenig, dass Pfister als Triebfeder von Ebners religiöser Entwicklung „die ganze ungesunde Leitung ihrer Libido" bestimmte, wie

---

tel »Margaretha Ebner und Heinrich von Nördlingen« (Freiburg & Tübingen) herausgegeben (Reprint 1966, Amsterdam).

[120] Ruh 1993, in seiner Geschichte der abendländischen Mystik, erwähnt Margaretha Ebner nicht. Ringler 1995 charakterisiert sie als für die Nonnenmystik „eher untypisch".

[121] Pfister 1911, 475.

[122] Ebd. 474 f.

[123] Ebd. 476.

[124] Ebd. 473.

[125] Weitlauff 1988, 170.

[126] Zenetti 1987, Nyssen 1984, 63-69. Überhaupt war die affektive Liebesmystik über Jahrhunderte hinweg ein akzeptiertes Subsystem der mittelalterlichen Gesellschaft: Moller 1965, 120, 127.

[127] Pfister 1911, 476.

sie im Kloster verdrängt werden musste, sich aber doch mit der Notwendigkeit eines „Naturgesetzes" ihre Bahn brach. Die „Süße der religiösen Ekstase" stelle „einfach die Geschlechtslust" dar.[128] Die Angst hingegen, von der Nonne oft artikuliert, speziell davor, den Ansprüchen der Ordensregel, mehr noch Jesus nicht zu genügen, entspreche „der unbefriedigten Libido, die weder im Taumel der sublimierten Liebesbetätigung, noch im masochistischen Genuss der Psychoneurose einen vollwertigen Ersatz für die geopferten normalen Primärfunktionen findet".[129] Sie habe in ihrer religiösen Erotik „die sinnlichen Begierden austoben" lassen[130] und keine Sublimierung „in höhere, ethisch wertvolle Lebensbetätigung" geleistet,[131] die von Pfister und Freud als ethisch notwendig gefordert wurde.[132] Ihr altruistisches Verhalten habe zu wünschen übrig gelassen. Sie lehnte es ab, Mitleid mit einer Hostiendiebin zu empfinden, der man, bevor sie verbrannt wurde, das Kind aus dem Leibe schnitt.[133] Allerdings fürchteten die Menschen im späten Mittelalter kaum etwas stärker als den Zorn Gottes, wie er aufgrund von Hostienfrevel unvermeidlich entbrenne, in den Todesjahren der Pest von 1347/52 erst recht.[134]

Hinter dieser hysterischen Entwicklung vermutet Pfister familiäre Deprivationen, einen „Vater- und Mutterkomplex, ohne welchen ich bisher überhaupt noch keinen Klosterinsassen gefunden habe".[135] Freilich räumt er ein, diese Vermutung sei aufgrund der spärlichen Nachrichten über ihre Kindheit mit äußerster Vorsicht aufzunehmen.[136] Sicherer ist er sich in seiner Analyse des Gewinns, den die Nonne aus ihren langjährigen hysterischen Krankheiten bzw. ihrer Sympathie mit den Leiden Jesu gezogen habe: Lust[137] und Entschädigung für „das versagte erotische Einssein".[138]

---

[128] Ebd. 468; Freud SA I, 304: „Wir haben gesagt, dass die neurotischen Symptome sexuelle Ersatzbefriedigungen sind."

[129] Ebd. 480. Pfister 1920 a schildert einen vergleichbaren Fall eines Achtzehnjährigen, der wegen Lähmungserscheinungen im rechten Arm in Behandlung kam. Dem waren Liebesenttäuschungen vorausgegangen, worauf er sich in eine intensive Marienfrömmigkeit flüchtete, ohne dass die Sublimierung gelang. Der Madonnenkult sei psychoanalytisch ambivalent: Er könne „Lebensüberdruss, Hysterie oder andere Psychoneurosen verhüten", aber auch dazu führen, „dass die primäre Entspannung unmöglich wird. Je mehr Madonna entzückt, desto verächtlicher und widerlicher wird das profane Liebesleben. ... Daher die riesige Schar jener religiösen Ekstatiker, die wir vom Standpunkt der Pathologie aus als Unglückliche bezeichnen müssen." (206).

[130] Ebd. 483.

[131] Ebd.

[132] Freud, SA IX, 18, 227 u.ö.

[133] Pfister 1911, 477.

[134] Angenendt 1997, 103 f.

[135] Pfister 1911, 483.

[136] Ebd. 468. Zu den ersten zwanzig Jahren ihres Lebens wisse sie nichts zu schreiben.

[137] Ausdrücklich bekennt Ebner 1989, 373, *„dass ich recht gerne krank war und dann um Gottes willen meine Krankheit gut ertragen konnte".*

Die religiöse Entwicklung Ebners deutet Pfister als Krankheitsgeschichte, vorangestoßen durch die Libido, die sich nicht natürlich entfalten konnte und auf religiöse Surrogate ausweichen musste – eine Psychodynamik, der Nonne nicht bewusst, gegen die sie sich verwahrt hätte.[139] Gewiss: Wer psychoanalytisch bewandert ist, übersieht die sexuelle Färbung zahlreicher Texte von Margaretha Ebner schwerlich und steht ohnehin in der Gefahr, seine Aufmerksamkeit auf sie zu richten. Andererseits stand die Nonne in der Tradition der Braut- und Minnemystik, deren Bilder sie übernahm. Wie wäre ihre religiöse Entwicklung verlaufen, wenn sie im 20. Jahrhundert in ein Dominikanerinnenkloster eingetreten wäre?[140]

1.3.2 Graf Ludwig von Zinzendorf: In Jesu Seitenwunde rein

Einen „Eroberer aus der Welt, desgleichen es wenige, und im verflossenen Jahrhundert keinen wie ihn gegeben", würdigte Herder den Grafen Nicolaus Ludwig von Zinzendorf.[141] Dieser, am 26.5.1700 in Dresden geboren, 1760 verstorben, begründete nicht nur die Herrenhuter Brüdergemeinde, die für die pietistische Frömmigkeit des 18. Jahrhunderts Geschichte schrieb; auch durchreiste er, Jesus verkündigend, Nordamerika, Äthiopien, Guinea und verfasste ein erbauliches Werk von 20 000 Druckseiten. Diesen unermüdlichen Prediger und Literaten, dessen religiöse Kommunität auch die „ganze Verehrung" des jungen Goethe fand, unterzog Pfister einer Psychobiographie, mit der er sich nicht nur Freunde machte. Seine Hauptthese, Zinzendorf habe „die Ehe nach ihrer psychischen Seite desexualisiert, die Frömmigkeit bis aufs äußerste sexualisiert",[142] erboste Theologen und Bewunderer des religiösen Charismatikers.[143]

Für die religiöse Entwicklung von Zinzendorf sei folgenschwer gewesen, dass sein Vater, ein strenger Pietist, schon wenige Wochen nach seiner

---

[138] Pfister 1911, 485. Auch Kinkel 1927/1928 erklärte sich Mystizismus als „typisch erotischen Vorgang", desgleichen Schroeder 1977 (erstmals 1929), sowie Reich 1977 (erstmals 1937), 80: „Die religiöse Erregung (ist) ... in hohem Grade selbst sexuell ... zugleich zutiefst widernatürlich, im sexualökonomischen Sinn unhygienisch."

[139] Ähnlich gedeutet hat Garma 1930 Visionen der heiligen Theresia von Avila: „Einen langen goldenen Pfeil", der in ihr Herz eindrang, als „unbewusste Deflorationswünsche" (340 f.). Auch zu dieser Mystikerin liegen etliche Psychogramme vor, die sie überwiegend als depressiv diagnostizieren: Überblick in Lange-Eichbaum [7]1989, 176-180. Delacroix 1908 erklärt sich ihre Visionen als Halluzinationen (vgl. Abschnitt 4.2).

[140] Dunde 1993, 271: Historisch lasse sich schwer belegen, ob diese Brautmystik „Ausfluss neurotischer Triebunterdrückung" oder nicht ein „Versuch" sei, „persönlichkeitsverändernde mystische Erfahrungen einigermaßen adäquat wiederzugeben".

[141] Zit. aus Beyreuther 1965, 143.

[142] Pfister [2]1925. VII.

[143] Ebd. im „Vorwort zur zweiten Auflage", V-XXXIII, in dem er sich ausführlich den an ihn gerichteten Kritiken stellt. Paraphrase bei Wulff 1991, 283 f.

Geburt verstarb. Darin vermutete Pfister den Grund, dass in Zinzendorfs Theologie nicht Gott im Mittelpunkt steht, der „Großvater" oder „Schwiegervater" zu nennen sei, sondern „Christus", der wirkliche Vater.[144] Diesem begegnete Zinzendorf schon früh, teils durch seine Mutter, mehr noch seine Großmutter Henriette Freifrau von Gersdorf, jedoch in einer Weise, die aus heutiger Sicht problematisch ist. Schon als Junge habe er sich lange auf die Lieder von Jesu Marter gefreut und „das erste Gefühl von den Wunden Jesu" verspürt, die in seiner späteren Frömmigkeit eine Schlüsselrolle spielen.[145] Mit acht Jahren beginnen massive religiöse Zweifel: Eine ganze Nacht sei er wach gelegen und in ein „tiefes Spekulieren" gefallen, „dass mir auf das letzte Hören und Sehen vergingen".[146]

Was dem Achtjährigen den Schlaf raubte, ist nicht bekannt; auch Zinzendorfs erster Biograph, der Herrenhutter Bischof Spangenberg, getraute sich „nicht zu sagen, was unsern Grafen in die Noth gesetzt habe".[147] Pfister, von der Sexualität der Kleinkinder überzeugt, hält diesen Zustand für „verdrängungsbedingt", weil die primären Lusttriebe gehemmt und auf Surrogate, speziell Jesus abgelenkt worden seien. Tatsächlich gelobte Zinzendorf schon vor dem Eintritt ins Pädagogicum zu Halle, das damals von August Hermann Francke streng geleitet wurde, „lediglich für den Mann zu leben, der sein Leben für mich gelassen hat".[148]

Die Demütigungen in der Schule bewältigte der junge Zinzendorf durch die intensive Zuwendung zu Jesu, die in der ersten Abendmahlsfeier kulminierte, in der „das heilige, unschuldige, bittere Leiden JEsu ... mich beynahe außer mich selbst (setzte)".[149] Anders als bei vielen Jugendlichen bewirkte die Adoleszenz keine Distanz zum Kinderglauben; vielmehr halten sich kindliche Züge in der Frömmigkeit des erwachsenen Zinzendorf, der fünf Jahre vor seinem Tode in den »Kinderreden« bekannte:

> „Meine Kinder! mir hat das mein lebenlang sehr geholfen, dass ich allezeit darinnen einfältig gewesen bin, und gedacht habe: Wies der liebe Heiland gemacht hat, so wird's gut seyn."[150]

Als er 1721 in den Staatsdienst eintrat, nannte er Jesus bereits Bräutigam:

---

[144] Ebd. 71, vgl. 94.
[145] Ebd. 6; vgl. Spangenberg 1971, 22: „Auf die Passionszeit, da man des Leidens und Sterbens unseres HErrn JEsu so ganz besonders gedenket ..., habe er sich auch immer lange vorher gefreut."
[146] Aus Beyreuther 1965, 18 f.
[147] Spangenberg 1971, 29.
[148] Ebd. 23 f.
[149] Ebd. 53.
[150] Zinzendorf 1965, 193. Die Infantilität dieser Frömmigkeit unterstreicht auch Moller 1965, 267-269; er erklärt sie psychoanalytisch mit oral-sadistischen Triebregungen.

„Reiner bräutigam meiner seelen, tilge fremder liebe flamm, lass mich deine lieb erwehlen, auserwählter bräutigam ... Aber deines mundes küsse, die voll von lieblichkeiten sind, schmecken einem himmel süße." [151]

„Bräutigam" blieb Jesus, nachdem Zinzendorf sich 1722 mit der Komtesse Erdmuthe Dorothea von Reuß verehelicht hatte, eine Lebensgemeinschaft, die „nicht unproblematisch" gewesen sei,[152] zumal aufgrund der häufigen, durch Reisen bedingten Trennungen. Gleichzeitig baute er innerhalb seines Guts Herrenhut die Brüdergemeinde auf. Zwischen 1740 und 1750 machte diese eine schwere Krise durch, die der weltweit wirkenden Brüderkirche bis heute „peinlich" sei.[153] In diesem Jahrzehnt verortet Pfister in Zinzendorfs Leben die „Eruptionsperiode", eine „enorm gesteigerte Erotik gegenüber Jesus" bei gleichzeitig zunehmender Welt- und Leibesverachtung. Ins Zentrum seiner Frömmigkeit rückte die Seitenwunde Jesu:

„Seitenhöhlgen!, du bist mein: allerliebstes Seitenhöhlgen, ich verwünsche mich ganz hinein. Ach mein Seitenhöhlgen!" [154]

Auch Beyreuther konstatiert, „die Wunde, die dem toten Christus mit der Lanze zugefügt worden war, wurde als ,Seitenwunde', als offener Spalt zu dem entscheidenden Kultsymbol der Brüder in der Sichtungszeit. Es wurde fast verselbständigt und von der Person Christi getrennt."[155] Wer gelernt hat, Symbole psychoanalytisch zu lesen – als verhüllte Darstellungen sexueller Akte[156] –, kann kaum anders, als auch die Seitenwunde als Sexualsymbol zu deuten: das „weibliche Genitale, einerseits als Geburtsorgan, andererseits als Ort der maximalen Befriedigung".[157] Dass Zinzendorf diesen Kult gerade um 1740 intensivierte, erklärt Pfister damit, dass er damals lange von seiner Gemahlin getrennt war, sich die Triebströmungen gestaut und in den „religiösen Orgien" entladen hätten.[158]

Wie kam Zinzendorf dazu, Jesus als *„Bräutigam"* anzusprechen und selbst Kindern zu bekennen: „Alle meine triebe sind um den Bräutigam"?[159] Pfister vermutet homosexuelle Neigungen, die sich, schon in seiner Jugend hervorgetreten,[160] in der Eruptionsphase verstärkt hätten. Seine Nacherzählungen, wie der Prophet Elischa seinen Mund auf den eines toten Jungen legte, wodurch dieser wieder zum Leben erwachte (2 Kön 4,34),[161] sind

---

151 Pfister [2]1925, 11.
152 Wagner 2001, 1461.
153 Beyreuther 1965, 114.
154 Pfister [2]1925, 35.
155 Beyreuther 1965, 117 f.
156 Freud SA I, 164 f.; SA II, 345-394.
157 Pfister [2]1925, 58.
158 Ebd. 92 f.
159 Zinzendorf 1965, 4.
160 Pfister [2]1925, 11.
161 Dadurch wurde der Junge vom Propheten wieder zum Leben erweckt.

deutlich genug,[162] dass sich die Diagnose Homosexualität aufdrängt. Dass Zinzendorf mit dem „Seitenhöhlchen" gleichwohl ein weibliches Sexualsymbol imaginierte, sei dadurch bedingt, dass der Gleichgeschlechtliche „häufig ein männliches Sexualobjekt (sucht), das doch möglichst prägnante Charakteristika des weiblichen Körpers an sich trägt".[163]

Angesichts der intensiven Religiosität von Zinzendorf, seiner schriftstellerischen Produktion und der strapaziösen Missionsreisen mag man diese Deutung seiner religiösen Entwicklung als pietätlos ablehnen. Dennoch kommt es, mit verursacht durch sexuelle Faktoren, immer wieder zu übersteigerten Formen der Frömmigkeit, auch in der Herrenhuter Brüdergemeinde. Als die Kritiken, ja Verhöhnungen von Zeitgenossen unüberhörbar geworden waren und der gute Ruf auf dem Spiel stand, zog Zinzendorf im Dezember 1748 mit seinem bekannten Strafbrief die Bremse.[164] Er verbot den Gebrauch von Diminuitiven, auch „Seitenhöhlchen", „Schäzzel", die in der Tat infantilisierend wirken. Doch Jesu Wunden behielten ihren hohen spirituellen Wert. In den »Kinderreden«, sechs Jahre später gehalten, formulierte er:

> *„Das könnt ihr arme kindelein, die in sich nichts als sünder seyn, die aber seiner Wunden Blum durchräuchert hat zum heiligthum; ihr habt eine blutige gnade."* [165]

Anschließend wird ihnen, wie in vielen Liedern des Brüder-Gesangbuches ohnehin redudant, eingeschärft, Christus sei *für sie* gestorben.

Pfister betont, Zinzendorf habe „den sexuellen Charakter seines religiösen Erlebens" nicht gekannt, sondern geglaubt, „das natürliche Triebleben völlig verdrängt" zu haben[166] bzw. *„mit JEsu Leichnam erdrückt, ... mit dem Blut aus seiner heiligen Seite (ersäufft)"* zu haben.[167] Seinem subjektiven religiösen Selbstverständnis wird die psychoanalytische Rekonstruktion nicht gerecht. Sie will es auch nicht. Den Nutzen seiner Studie bestimmte Pfister darin, die in Zinzendorfs Psyche unbewussten Dynamiken ins Bewusstsein zu heben, um religiöse Erziehung davor zu bewahren, bei Heranwachsenden die Libido infantil in die religiöse Sphäre fehlzuleiten.[168]

---

162 Ebd. 44 f.
163 Ebd. Pfister bezieht sich auf Freud, SA V, 48-58, wo er den Hermaphroditismus abhandelt, sowie ebd. 74, wo behauptet wird: „Bei allen Neurotikern (ohne Ausnahme) finden sich im unbewussten Seelenleben Regungen von Inversion, Fixierung von Libido auf Personen des gleichen Geschlechts".
164 Dazu Beyreuther 1965, 123; Pfister ²1925, 95.
165 Zinzendorf 1965, 322.
166 Pfister ²1925, 109.
167 Ebd. 49 in seiner Schrift »Περί ἑαυτοῦ« (Über sich selbst).
168 Dazu Ringel & Kirchmayr 1986.

1.3.3 Swedenborg: Visionen von Schlangen und Christus aufgrund homosexueller Neigungen

In der Esoterikszene, speziell der spiritistischen, ist Emanuel Swedenborg (1688-1772) ein prominenter Gewährsmann für intensive übersinnliche Erfahrungen.[169] Mitten in seiner Karriere als Naturforscher geriet er in eine religiöse Krise, in der ihn intensive Visionen von Christus, Schlangen etc. überwältigten. Die drei letzten Jahrzehnte seines Lebens war er Theosoph und Seher, der seine Gesichte in stupender Produktivität in 100 geschriebenen Foliobänden niederlegte.[170] Bis heute besteht, in Schweden wie in den Vereinigten Staaten und in Südafrika, die nach ihm benannte Kirche.

Entsprechend zahlreich sind psychologische Deutungen seiner Persönlichkeit, seines Werkes und der religiösen Entwicklung".[171] Bereits 1912 erschien, aus der Feder des Wiener Arztes Hitschmann, eine psychobiographische Studie. Sie sagt dem Universalgelehrten nach, während seiner religiösen Krise ins Kindesalter regrediert zu sein. Der religiöse „Wahn erscheint als Erfüllung infantilen, narzisstischen Größenwahns",[172] der durch verdrängte homosexuelle Neigungen verstärkt worden sei.

Als Manko dieser Studie benannte Winterstein,[173] Hitschmann habe Swedenborgs Traumtagebuch aus der Zeit seiner Krise nicht gekannt. In diese geriet der damals erfolgreiche Naturforscher, obschon er sich sexuell betätigte und die *„Neigung zu Frauen ... meine Hauptleidenschaft gewesen war"*.[174] Die heterosexuelle Libido sei aber in der Lebensmitte in eine „passiv-feminine Einstellung (zu Gott = Vater) zugeführt worden",[175] begleitet von verdrängten homosexuellen Neigungen und geträumten Vergewaltigungsphantasien.[176] Die Ursache sei ein „negativer Ödipuskomplex", bzw. der mit Kastration drohende Vater,[177] als was zahlreiche Traummotive ausgelegt werden:

„Sah einen degenbewaffneten Mann, der Wache stand, der Degen war gezackt und scharf ... Ich fürchtete mich vor ihm, denn ich sah, dass er betrun-

---

[169] Aktuelle Biographie: Laercrantz 1997.
[170] Eine Auswahl findet sich in Swedenborg 1992.
[171] Bereits 1861 fällte Goldberg ein vernichtendes psychiatrisches Urteil über den Geisterseher: Wahnsinn, der auch seine Anhänger anstecke, von denen in Wien einige vor Gericht gestellt wurden. Norman 1913 unterstellte ihm eine morbide Psyche. Auch Jaspers 1998 (erstmals 1923) beschäftigte sich ausführlich mit ihm und stellte die Diagnose Schizophrenie. Vgl. Lagerborg 1928, sowie Schaefer 1950, der Swedenborg „keine echte Mystik" zugestand. Überblick: Lange-Eichbaum ⁷1989, 165-170.
[172] Hitschmann 1912, 36.
[173] Winterstein 1930; Rezension von Spoerl 1937.
[174] Ebd. 302.
[175] Ebd.
[176] Ebd. 318.
[177] Ebd. 305

ken war und mich verletzen konnte. Bedeutet, dass ich gestern mehr getrun-
ken habe, als ich durfte. Dies war nicht geistig, sondern fleischlich und also
sündig.«[178]

Bezeichnend ist, dass Winterstein sexualsymbolisch deutete und Swedenborgs eigene Interpretation – Verarbeitung des schlechten Gewissens wegen übermäßigem Trinken – übergeht. Vielmehr läuft seine Analyse der
Träume darauf hinaus: „ein neuer Beweis für die Richtigkeit der Theorie
Freuds über die Bedeutung des homosexuellen Wunsches für die Erkrankung an Paranoia".[179] Allerdings: Zahlreiche Männer verdräng(t)en homosexuelle Neigungen, aber sie schrieben keine hundert Bücher und gründe-
ten keine neue Kirche, sodass das „Nebeneinander von religiös-mystischer
Entwicklung und unbewussten Triebvorgängen (eben *nicht*, A.B.) in ein-
zigartiger Weise für uns sichtbar wird".[180]

1.3.4 Thérèse von Lisieux : Fromm durch verdrängte Inzestwünsche?

Nur wenige Heilige haben aufgrund ihrer Schriften einen solchen Sturm
der Verehrung hervorgerufen wie Thérèse von Lisieux, die am 2.1.1873 in
Alençon in der Normandie als neuntes und letztes Kind von Louis und
Zélie Martin geboren wurde.[181] Bereits mit 14 Jahren trat sie, ihrer geliebten Schwester Pauline folgend, in den Karmel ein, um nur zehn Jahre später, am 30.9.1897, vierundzwanzigjährig, an Tuberkulose zu sterben. Ein
Jahr später erschienen ihre autobiographischen Schriften: »Geschichte einer Seele«.[182] Sie trafen den Nerv der damaligen katholischen Frömmigkeit
und lösten eine Massenbewegung aus, die 1925 in der Heiligsprechung
gipfelte. Bis heute fasziniert Thérèse, die als Ordensnamen Thérèse de
l'Enfant-Jésus et de la Sainte Face wählte, ChristInnen, die als spirituelles
Ideal geistige Kindschaft hochhalten.[183]

Als umso ungehöriger mag empfunden werden, auch die religiöse Entwicklung der zweiten Patronin Frankreichs, wozu sie 1944 erhoben wurde,
1987 auch zur Kirchenlehrerin, psychoanalytisch als Triebgeschehen zu
rekonstruieren. Andererseits war auch Thérèse ein Mensch, der das Dunkle
und Konflikte kannte. Sie zu einem stets glücklich lächelnden Gottes*kind*

---

[178] Ebd. 319 (kursiv i.O.)
[179] Ebd. 337 f.; zur Ätiologie von Paranoia durch Homosexualität: Ferenczi 1911.
[180] Ebd. 338.
[181] Die Literatur zu ihr ist Legion: Wollbold 1994 („Eine mystagogische Deutung ihrer
Biographie"); psychologisch akzentuiert: Robo 1955; unter dem Aspekt der Glaubenskrise: Schneider 1993, 203-259.
[182] Therese vom Kinde Jesus 1964.
[183] Bspw. Gutting [7]1991; Ritzel 1977, bes. 46-48, 120-124, der weitere Vorbilder des
geistigen Kindseins rühmt: die heilige Katharina von Genua (48 ff.) oder Therese
Neumann von Konnersreuth: Sie „ist ein großes Kind" (31).

hoch zu stilisieren, wird ihrer Erlebniswirklichkeit nicht gerecht. Es stimmt nachdenklich, wenn von einer noch nicht 25jährigen Frau berichtet wird: *„Eines Tages sagte sie zur Mutter Priorin: ‚Meine Mutter, erlauben Sie mir, bitte, zu sterben'.“*[184] Eine *erwachsene* Frau bittet ihre Ordensvorgesetzte um Erlaubnis für diesen letzten und persönlichsten Schritt! Verständlich, dass Psychologen aufhorchten und fragten, welche seelischen Verwundungen bzw. Verdrängungen dem in ihrer Kindheit und Jugend vorausgingen.

1930, als die Verehrung der kindlichen Heiligen in der Kanonisierung kulminiert hatte, veröffentlichte Grant Duff, ein britischer Psychoanalytiker, seine Studie »Die Geschichte der Phantasie einer Heiligen«. Er setzt bei zwei von Thérèse berichteten Phantasien aus ihrer frühen Kindheit an. Die erste beinhaltete den Wunsch, ihre Mutter möge in den Himmel kommen.[185] Gemäß der zweiten könne sie, Thérèse, unmöglich in die Hölle hinunter geworfen werden, *„wenn sie in den Armen ihrer Mutter wäre“*.[186]

Ein einschneidendes Ereignis in Thérèse's Kindheit war der Tod ihrer Mutter, als sie vier Jahr zählte. Dieses Trauma veränderte ihren Charakter: *„Ich, die ich so lebhaft, so mitteilsam war, wurde schüchtern und sanft, über die Maßen empfindlich“*.[187] Duff vermutet darin einen „unbewussten Hass“ bzw. „Todeswünsche“ gegen die Mutter, die zu schweren Schuldgefühlen geführt hätten.[188] Mutterersatz wurde die ältere Schwester Pauline, die aber für Thérèse fünf Jahre später das nächste kritische Lebensereignis auslöste, als sie in das Karmeliterinnenkloster Lisieux eintrat. Daraufhin wurde die Neunjährige von einer „eigenartigen psychotischen Störung“ gequält, von Halluzinationen (Teufeln), Kopfschmerzen, äußerster Schwachheit.[189] Sie erinnert sich, Dinge gesagt und getan zu haben, die sie gar nicht dachte.[190] Der besorgte Vater, den sie als Kind *„meinen geliebten König“* zu nennen pflegte,[191] fürchtete, *„sein Töchterchen werde verrückt oder sie werde sterben“*.[192] Geheilt wurde sie jedoch, nachdem sie sich der himmlischen Mutter zugewandt hatte und ihr diese *„so schön“* erschien,

---

[184] Aus Duft 1930, 499. Wiederholt äußerte Thérèse den Wunsch, früh zu sterben: *„Freilich habe ich immer gehofft, dies sei sein (Gottes) Wille, jung sterben zu dürfen“* (Therese vom Kinde Jesu 1964, 224).

[185] Therese vom Kinde Jesu 1964, 11.

[186] Ebd. 13. Aus einem Brief der Mutter an die ältere Schwester Pauline. Zu dieser Episode: Wollbold 1994, 239 f.

[187] Therese vom Kinde Jesu 1964, 29; vgl. Robo 1955, 53; Wollbold 245 f.

[188] Duff 1930, 489.

[189] Wollbold 1994, 261.

[190] Therese vom Kinde Jesu 1964, 59.

[191] Ebd. 32, 62.

[192] Ebd. 57.

„dass ich nie Schöneres gesehen hatte, ihr Antlitz atmete unaussprechliche Güte und Zärtlichkeit".[193]

In Thérèse's Beschreibung ihrer Krankheit, die einige Biographen auf den Leibhaftigen zurückführten,[194] erblickt der Psychoanalytiker Duff „ihren Ödipuskomplex mit wundervoller Klarheit".[195] Hinter den Halluzinationen stünden „inzestuöse Gelüste" und verdrängte Feindseligkeit gegen die Mutter, was ihr Über-Ich strengstens bestraft habe, bis Maria – „das ist die Mutter, die im Himmel ist"[196] – daraus errettete. Diese Konstellationen hätten Thérèse's weitere religiöse Entwicklung bestimmt: Für ein Mädchen, „das Todeswünsche gegen die Mutter abwehrt, indem sie sie nicht aus den Augen lässt, muss das Klosterleben besonders geeignet sein".[197] Inzestwünsche stünden auch hinter der innigen Marienfrömmigkeit, dem bewussten Klein-bleiben-wollen,[198] und dem frühen Tod. Durch diesen gelangte sie wieder in die Arme der Mutter, die sie aus der Kindheit als so wichtig erinnerte. Mit der Mutter eins und damit Quasi-Gattin des Vaters geworden, habe „sie die Befriedigung ihrer inzestuösen Triebe (erreicht)".[199]

Diese psychoanalytische Rekonstruktion einer so intensiven Frömmigkeit mutet pietätlos an. Aber Thérèse's religiöse Entwicklung spielte sich in Konstellationen ab, die aus heutiger Sicht problematisch erscheinen, aber im 19. Jahrhundert häufig waren: der frühe Tod der Mutter, die ältere Schwester als Mutterersatz, deren Verlust an den Karmel. Zu veranschlagen ist auch der sozioreligiöse Kontext: intensivste Frömmigkeit, die durch häufige Todesfälle erschüttert wurde (Thérèse's Mutter verlor vier Kinder) und anzielte, den strafenden Gottes durch Opfer zu beschwichtigen.[200] Nach dem verlorenen Krieg gegen Deutschland war in Frankreich der Topos des strafenden Gott verbreitet. Thérèse's Mutter, deren Jugend „traurig wie ein Leichentuch" gewesen sei,[201] deutete den frühen Tod ihrer Kinder als Strafe für zu wenig Gehorsam. Verständlich, dass die oberste, von Thérèse früh verinnerlichte Verhaltensmaxime lautete: *„Gut sein heißt, dem Vater und der Mutter Freude zu machen;*

---

193 Ebd. 62.
194 Angaben bei Wollbold 1994, 261. Robo 1955, 55 hingegen spricht von der „nervlichen Natur ihres Leidens", was in den 50er Jahren eine heftige Diskussion auslöste.
195 Duff 1930, 492.
196 Ebd. 494.
197 Ebd. 497.
198 Wiederholt bezeichnete sich Thérèse als „kleine Blume" (Therese vom Kinde Jesu 1964, 211, 212 u.ö.) sowie als „ganz klein" (ebd. 214).
199 Duff 1930, 500.
200 Schneider 1993, 210; vgl. Sundén 1966, 368.
201 Aus ebd. 205.

schuldig sein bedeutet, die Eltern betrübt zu haben."[202] Dies ließ sich auf die Mutter Oberin, die im Kloster die „Lämmlein" weide,[203] ebenso übertragen wie auf Gott Vater und Jesus, dem sie sich „*als Ganz-Brandopfer*" weihte.[204] Entwicklung zur Mündigkeit, wie von aufklärerischen Theorien intendiert, war hier kaum möglich.[205]

Die referierten Psychobiographien der religiösen Entwicklung rekonstruieren diese überwiegend als Pathogenese. Gestalten, die die Volksfrömmigkeit in Unschuldsgärten entrückte oder zu einem Stück Himmel auf Erden verklärte, werden als Triebbündel dargestellt, die unbewusst Todes- und Inzestwünsche hegen (so Thérèse) oder Visionen hervorbrachten, weil sie homosexuelle Neigungen zurückdrängten (Swedenborg).

Gibt es einen Bereich im menschlichen Verhalten und Erleben, in dem strittiger wäre, was vorbildlich bzw. krankhaft ist, als Religiosität und Frömmigkeit?[206] Hier zu bestimmen, was wirkliche Kompetenz ist, fällt schwerer als in der Mathematik. Kontrovers ist auch, wann religiöse Pathologie vorliegt. Wenn im folgenden zwei „krankhafte" religiöse Entwicklungsverläufe skizziert werden, dann mit der Rechtfertigung, dass die beiden Männer als psychisch krank diagnostiziert und in Verwahrung genommen wurden.

---

[202] Ebd. 207.

[203] Therese vom Kinde Jesu 1964, 216. Bezeichnend sind Beteuerungen wie: „Meine Mutter, verzeihen Sie mir, wenn ich Sie betrübe. Ach! Ich möchte Sie so gern erfreuen." (215).

[204] Ebd. 282.

[205] Ähnlich rekonstruierte Lowtzky 1927 die religiöse Entwicklung von Anna Schmidt (1857-1905), einer Seherin, die in ihrem »Das dritte Testament« (nach dem Ersten und Zweiten) eine ‚mystische' Deutung der Menschheitsgeschichte vornahm, die zahlreiche spiritistische Elemente enthält. Anna Schmidt war eine stets ums tägliche Brot ringende Journalistin, ledig und noch mit 45 Jahren ihrer autokratischen Mutter untertan. Dass sie daneben religiöse Offenbarungen aufzeichnete, führte Lowtzky auf ein Trauma im dritten Lebensjahr zurück: sie habe ihre Eltern beim Koitus belauscht, wodurch ihre Liebe zum Vater erwacht sei (94). Um inzestuös zu ihm zu gelangen, habe sie die eigene Mutter liebend „introjiziert", bis das Über-Ich, in ihrem Werk symbolisiert durch den Engel mit dem Flammenschwert, den Inzestwunsch zurückdrängte (101). Ihre weitere Entwicklung habe in einem Widerstreit zwischen Inzestwunsch und Ich-Ideal bestanden, ja, sie sei, weil „ihre Libido in der Ödipusphase ... fixiert blieb" (110), auf die davor liegende, orale Stufe regrediert. Die rege schriftstellerische Tätigkeit zu religiös-mystischen Themen, gleichsam von einem zweiten Ich ausgeführt, habe aus der aufgestauten Libido resultiert und eine kompensatorische Funktion erfüllt.

[206] Dazu Vergote 1978, 15-60; Grom 1992, bes. 271.

1.4 Pathographien religiöser Entwicklung

1.4.1 Anton Unternährer: Koitus als Abendmahl

1824 verstarb im Turm zu Luzern eine schillernde Schweizer Persönlichkeit der Napoleonischen Zeit: Anton Unternährer, am 5.9.1759 in Schüpfheim geboren und Begründer der Antonianersekte, die die Berner Regierung wiederholt zu Strafverfolgungen provozierte. Hermann Rorschach,[207] aufgrund seines Formdeutungstests zu Weltruhm gelangt, hat dessen religiöse Entwicklung in Vorträgen vor der Schweizerischen Gesellschaft für Psychoanalyse nachgezeichnet.[208]

Unternährer lebte bis zum 29. Lebensjahr als unauffälliger Knecht, versuchte sich dann in Paris als Maler, erlernte, ins Entlebuch zurückgekehrt, das Tischlerhandwerk und erlangte erste Berühmtheit als Wander- und Wunderdoktor. 1800 begann er in Amsoldingen (Kanton Bern) religiöse Versammlungen abzuhalten, in denen er, vor immer mehr AnhängerInnen, die Heilige Schrift apokalyptisch auslegte. Angesichts der politischen Wirren (Einfall der Franzosen, Ende der alten Eidgenossenschaft) entfachte er eine Massenpanik, die die Regierung veranlasste, den Prediger in Haft zu nehmen, dies umso mehr, als er die christlichen Kirchen als „teuflisch" abkanzelte.

Nach seiner Entlassung predigte er weiter, berief sich auf Befehle Gottes, bis er sich, sechzig Jahre alt; Christus nannte. In seinem Namen „Anton" stünden die Buchstaben A und O, „er stamme aus Mettlen, also sei er der Mittler ... das Entlebuch sei das Buch des Lebens, und da Gott das Licht der Welt und Luzern gleich Licht sei, so sei es selbstverständlich, dass der wiedererstandene Christus ein Luzerner sein müsse".[209]

Diese Denkstörungen, speziell die Begriffsverschiebungen und Neologismen, verweisen auf eine psychotische Erkrankung. Rorschach diagnostiziert Schizophrenie, wie sie damals im Zentrum der Forschungstätigkeit an der Zürcher Klinik Burghölzli stand, die unter Eugen Bleuler Weltruhm erlangte.[210] Psychoanalytisch rekonstruiert hat Rorschach Unternährers Glaubenslehre,[211] die von der Gottebenbildlichkeit des Menschen ausgeht, insbesondere Gottes Auftrag: Liebet und vermehret euch. Als Sündenfall bestimmte er, dass dieser überhaupt dafür gehalten werde: das wahre Priestertum bestehe im Koitus.[212] Weitschweifig beschrieb der Prediger in sei-

---

[207] Zu Rorschach: Walser 1976.
[208] Rorschach 1927; zu Unternäher: Rattner 1990, 118 f.; Müller 1999.
[209] Ebd. 424.
[210] Ebd. 425. Bleuler [15]1983, 411 f.; zu Bleuler: Kindler 1980.
[211] Unternährer 1917.
[212] Rorschach 1927, 426.

nen zahlreichen Traktaten den Himmel, die „Stadt der Seligen", die er auch „Mutter Maria" nannte, für Rorschach ein Indiz für inzestuöse Regungen, dies umso mehr, als seine Mutter diesen Vornamen trug. Dafür spreche auch Unternährers Schilderung der Hölle, die voller „Vaterimagines" sei, „die Ergänzung zur Inzestphantasie, die der Himmel ausdrückt".[213]

Anders als Zinzendorf, der seine Frömmigkeit entsexualisieren wollte, hat Anton Unternährer Religion in archaischer Weise sexualisiert:

> „Alles ist bei ihm desublimiert. Die Tendenz, die sich durch die ganze phylogenetische Entwicklungsgeschichte hindurch zieht, die Tendenz der Sexualverdrängung, ist auf den Kopf gestellt: Nur das Sexuelle ist Lebenszweck."[214]

Dies erkläre die hohe Attraktivität seiner Sekte in abgelegenen Bergtälern; bei den Zusammenkünften sei Promiskuität praktiziert und als Abendmahl gedeutet worden: „Durch den fleischlichen Umgang mit ihm (Unternährer, A.B.) hätten die Frauen sein Fleisch (Christus, A.B.) genossen."[215]

Freilich ist Schizophrenie eine spekulative Diagnose. Aber in einer solchen sind nicht nur die geschilderten Denkstörungen typisch (Kontaminationen, Neologismen),[216] sondern auch Wahnvorstellungen wie die, eine bedeutende Persönlichkeit zu sein.[217] Rattner hingegen diagnostizierte Unternährers religiöses System als „möglichst weitgehende Regression", die mit einer massiven Kritik an lustbehindernden Lebensformen einherging.[218] Wie dem auch sei: Anton Unternährer starb 1824, eingesperrt im Turm zu Luzern. Die letzten Antonianer überlebten ihn mehr als ein Jahrhundert.

1.4.2 Ein hospitalisierter Prophet

1915 wurde ein 26jähriger Lehrer in die Klinik Burghölzli eingeliefert, nachdem er in einer katholischen Kirche während der Messe an den Altar getreten war und zu predigen begonnen hatte:

> *„Haltet ein, seid ihr nun erbaut von diesem Gottesdienst? Das ist kein Gottesdienst, wenn ihr Stöcke und Geldtaschen mitbringt. Wenn das ein Gottesdienst wäre, könnte kein Geldgeklirr darin vorkommen."* [219]

---

[213] Ebd. 430. Bezeichnend für eine schizophrene Denkstörung mag auch sein, dass Unternährer Helvetia als „Höll-vetia" deutete.

[214] Ebd. 440.

[215] Müller 1999, 11.

[216] Dörner & Plog [6]1990, 154.

[217] Bleuler [15]1983, 423. Auch seien im Größenwahn „erotische Aspirationen ... bei Männern recht häufig".

[218] Rattner 1990, 118

[219] Muralt 1920, 19.

Ähnliches sagte, im Tempel zu Jerusalem, Jesus (Mk 11,17). Im Unterschied zu diesem wurde „Karl Huber" (Pseudonym) von Sanitätspolizisten abgeführt und in die Nervenheilanstalt eingewiesen. Dort führte Eugen Bleuler mit ihm das Erstgespräch: „Sind Sie ein Prophet?" – *„Ich meine nichts, ich weiß nur sicher und fest, dass die Liebe mich glücklich macht, dass die Liebe siegt."*[220] Anschließend übergab er den Fall seinem Assistenten Alexander Muralt, der eine umfassende Schilderung von Hubers religiöser Entwicklung und seiner Therapie vorlegte.

In einer kinderreichen katholischen Familie aufgewachsen, von der Mutter, weil er schwächlich war, besonders umhegt, trat er als Jugendlicher in ein Lehrerseminar ein. Die Freizeit verbrachte er in einem Freundschaftsbund, in dem er einen W. schwärmerisch liebte, ohne dass es aber zu sexuellen Handlungen kam. Gleichzeitig begannen, nachdem er als Kind sehr fromm war, darin von seiner gottesfürchtigen Mutter angeleitet, Zweifel an der Kirche. Er fühlte sich zu Großem berufen und versuchte dies in Alterswil, wo er als Lehrer angestellt worden war, durch Vorträge zu realisieren. Da ihn der Impuls, auch in der Kirche aufzutreten und diese massivst zu kritisieren, mehr und mehr bedrängte, gab er die Lehrerstelle auf, verschenkte seinen Besitz und übersiedelte nach Zürich. Dort geschah es dann, dass er während einer Messe zu predigen begann, sich als Prophet fühlte – und hospitalisiert wurde. Bleuler diagnostizierte „Dementia präcox", die Kraepelin zufolge früh auftrete (präcox) und zur Verblödung führe,[221] sodass er für Huber eine pessimistische Prognose stellte und dessen Einweisung in die heimatliche Irrenanstalt vorschlug.[222]

Muralt, der Freud studiert hatte, glaubte jedoch an die Therapierbarkeit und wollte sich Hubers Unbewusstem über den Traum nähern, Freud zufolge die „via regia" dorthin.[223] In den Traumgesichten entdeckte er verdrängte homosexuelle Neigungen sowie inzestuöse Regungen, hervorgerufen durch die Zärtlichkeit der Mutter, für Muralt Repräsentantin eines ungesunden Katholizismus.[224] Dabei machte er sich Freuds Theorie der Entstehung von Inversion zunutze; diese entstehe aufgrund frühkindlicher, „sehr intensiver, aber kurzlebiger Bindung an das Weib (meist die Mutter)".[225] Die Therapie lief darauf hinaus, dass Huber sich *innerlich* von ihr löste, anstatt seinen durch ihre erdrückende Zärtlichkeit ausgelösten Konflikt weiterhin in die massiv kritisierte Mutter Kirche zu projizieren.[226] Jedenfalls konnte er alsbald entlassen werden. Er trat aus der Kirche aus und engagierte sich

---

[220] Ebd. 20.
[221] Bleuler [15]1983, 407.
[222] Muralt 1920, 20.
[223] Freud SA II, 577; zum Traum in der klassischen Psychoanalyse: Freud, EB, 150-156.
[224] Muralt 1920, 27, 69.
[225] Ebd. 26; vgl. Freud SA V, 56.
[226] Ebd. 69.

46

fortan stark in der sozialdemokratischen Bewegung, in deren Idealen Gott wirke, und nicht mehr vom Himmel herunter oder durch die Kirche.

Hubers religiöse Entwicklung durchlief somit folgende Etappen: Von intensiver katholischer Frömmigkeit in der Kindheit zu jugendlichen Zweifeln und Kirchenkritik, die den Impuls schürte, dieser prophetisch entgegenzutreten und einen „Zukunftsstaat" zu schaffen, „der aus reiner, uneigennütziger Menschenliebe geboren würde".[227] Sodann Hospitalisierung, Analyse und definitive Abkehr von der Kirche zugunsten sozialdemokratischen Engagements, womit auch eine Transformation des allmächtigen Vaters im Himmel in ein *Symbol aller vorwärtsstrebender Kräfte des Lebens*" einherging.[228] Die Triebfedern dieses Prozesses sind für Muralt libidinös: homoerotische Neigungen aufgrund zu enger Mutterbindung[229] bzw. des dahinter wirkenden katholischen Milieus, an dem Muralt die geistige Enge kritisiert: „die blinde Unterwerfung unter ihre Dogmen (man denke an das aller Vernunft und Erfahrung widersprechende Dogma der Unfehlbarkeit eines Menschen)".[230] Religiöse Entwicklung in der Form der „Abkehr von der katholischen Kirche" würdigte er als „gesundes Streben".[231]

War Karl Huber ein „Psychopath", was Muralt zufolge nicht notwendigerweise ein „Makel" ist?[232] Jedenfalls hat er getan, was zu Jesu Lebzeiten selbstverständlich war: ohne kirchlich beauftragt zu sein, gepredigt. Deswegen geriet er in die Psychiatrie, aus der er, wäre Bleulers Diagnose umgesetzt worden, nicht mehr oder allenfalls „entmündigt" herausgekommen wäre.[233] Wiederum zeigt sich, wie sehr die Beurteilung religiösen Verhaltens von gesellschaftlichen Normen abhängt. Was wäre aus Jesus geworden, wenn er 1915 in einer Zürcher Kirche auf die Kanzel gestiegen wäre und zu predigen begonnen hätte, wie er das in Nazareth tat (Mk 6,1 f.)?

1.5 Paulus und Martin Luther: klassisch psychoanalytisch

1.5.1 Paulus: hohe religiös-sittliche Sublimierung

Zu den phänomenalsten und in der Religionsgeschichte einflussreichsten Gestalten zählt Paulus aus Tarsos, der *„die Kirche Gottes maßlos jagte und sie verwüstete"* (Gal 1,13),[234] aber *„vom Mutterleib ... berufen"* war, Gottes

---

227 Ebd. 22.
228 Ebd. 82.
229 Ebd. 65.
230 Ebd. 66.
231 Ebd.
232 Ebd. 79. Er verweist auf Nietzsche und teilt Lombrosos These, Genialität hänge mit Irresein zusammen.
233 Ebd. 75.
234 Übersetzung von Fridolin Stier.

Sohn durchs Evangelium zu verkündigen (Gal 1,15 f.) und „oftmals auf Reisen" war und in *„Gefahren von Flüssen, Gefahren von Räubern, Gefahren vom Stammvolk, Gefahren von Völkern, Gefahren in der Stadt, Gefahren in der Einöde, Gefahren im Meer"* (2 Kor 11,26). Ohne ihn wäre die Jesusbewegung eine regionale Episode in Palästina geblieben und längst vergessen.

Aufgrund dieser welthistorischen Bedeutung sowie aufgrund seiner Briefe war es naheliegend, den „Völkerapostel", der sich den KorintherInnen gegenüber als *„Fehlgeburt gewissermaßen"* ausgab (1 Kor 15,8) und an Epilepsie gelitten habe,[235] psychobiographisch zu analysieren. Dies leisteten Pfister und Moxon in den zwanziger Jahren,[236] allerdings nicht so differenziert und exegetisch kenntnisreich wie jüngere psychologische Studien zu Paulus, aus denen die Monographien von Theißen und Rebell herausragen, die aber auf eine Psychobiographie verzichten.[237]

Pfister rekonstruierte den religiösen Werdegang von Paulus so, dass seine Eltern, vom Hellenismus beeinflusst, religiös lax und zu wenig gesetzesstreng gewesen seien. „Kinder unreligiöser Eltern werden oft religiöse Fanatiker."[238] Dies sei bei Paulus aufgrund pubertärer Anfechtungen wegen dem zehnten Gebot sowie in der Schule des Gamaliel erfolgt. Dort habe er eine zwanghafte Gesetzesfrömmigkeit entwickelt, die durch „eine Stauung der Lebensenergie ..., eine im engeren Sinne sexuelle Hemmung" verstärkt worden sei.[239] Umso mehr hätten ihn die ChristInnen, weil sie die von ihm hochgehaltene Gesetzesfrömmigkeit durchbrochen hätten, in Wut gebracht; er habe ihnen gegenüber einen ähnlichen „Neurotikerhass" empfunden wie der „Alkoholiker gegen den abstinenten Seelsorger".[240] Doch der Kampf gegen sie habe seine Not nur verstärkt, bis, vor Damaskus, der Umschlag erfolgte. Paulus habe in Christus die Möglichkeit gefunden,

> „sein durch den Nomismus behandeltes Lebens- und Liebesbedürfnis zu stillen. Die Libido im Sinne Freuds wird aus den neurotischen Zwängen herausgezogen und den der Natur des Paulus entsprechenden Leistungen zugeführt."[241]

---

[235] Dazu Stern 1957.
[236] Pfister 1920, Moxon 1922. Auch in seinem Werk »Das Christentum und die Angst« erörterte Pfister 1944, 184-231 die religiöse Entwicklung des Paulus, gestand aber selber: „Wir wissen viel zu wenig über das Innenleben des Paulus..." (194).
[237] Theißen 1983, der ausgewählte Briefpassagen sowohl lerntheoretisch, psychodynamisch als auch kognitionspsychologisch analysierte; Rebell 1986, der Vorkommnisse im Leben des Paulus mit sozialpsychologischen Theorien plausibel deutete. Interessant auch Krahe 1991, ein biographischer Roman zu Paulus.
[238] Pfister 1920, 270.
[239] Ebd. 276.
[240] Ebd. 277.
[241] Ebd. 282.

Darauf habe er „eine erstaunliche Kraft zu handeln und zu leiden" entwickelt und zu „einer hohen Seligkeit" gefunden, jedoch nicht zu einer „maximalen Erlösung". Hysterische Schübe kamen weiterhin über ihn. Auch die neurotisierende Verdrängung blieb, die sich in der asketischen Theorie der Ehe manifestiere, die zur Freiheit durch Christus nicht passe.[242] Dennoch würdigt Pfister Paulus als „religiöses Genie", das psychoanalytisch nie „restlos" ergründet werden könne. Seine „grandiose" Leistung sei „religiöse und sittliche Sublimierung" gewesen, wodurch die quälende Zwangsneurose enorm, wenn auch nicht zur Gänze gemindert worden sei. Insofern sei er ein direktes Vorbild für „Gehemmte, die der Wiedergeburt bedürfen".[243]

Eine pathologischere Diagnose von Paulus' religiös-psychischem Werdegang veröffentlichte zwei Jahre später Moxon. Dessen Gefühlsschwankungen – bald Minderwertigkeit, bald Fanatismus und Zorn – entstammten einem „stark ausgeprägten Ödipuskomplex".[244] Auch rechnete Moxon Paulus zu den epileptischen Charakteren und unterstellte ihm passive Homosexualität. Das alles weiß er, obschon die Berichte über sein Leben zu spärlich für eine sichere Diagnose seiner Symptome und Anfälle seien.[245] Sämtliche psychogenetischen Ursachen lägen in der frühen Kindheit des Paulus: Sein sadistischer Hass auf seine Gegner und die korrespondierenden masochistischen Selbsterniedrigungen in der prägenitalen Stufe; seine eigensinnige Zwanghaftigkeit in der analen Stufe; die homosexuellen Neigungen, die den Weg zu heterosexueller Liebe versperrt hätten, in der ödipalen Phase.[246] Moxon hat damit die ‚orthodoxen' psychoanalytischen Stufen der psychosexuellen Entwicklung[247] in den Werdegang eines der größten Missionare der Religionsgeschichte hineingedeutet, was 60 Jahre später auch Drewermann im Hinblick auf die Kleriker tat. Aber wozu? Um den Meister Freud einmal mehr zu verifizieren? Er rechtfertigt seine Studie damit, sie könne dem „unbewussten Missbrauch von Paulus' Autorität" entgegentreten und zeige, dass seine hohe Attraktivität nicht nur durch seine heroischen Gefühle und Taten bedingt sei, sondern auch durch seine Schwächen, „die krankhaften und infantilen Gefühle, die sein Leben dominierten".[248]

---

[242] Ebd. 286 f.
[243] Ebd. 290.
[244] Moxon 1922, 61.
[245] Ebd. 60.
[246] Ebd. 66.
[247] Freud, SA I, 307-315, zusammenfassend: SA V, 136; vgl. die Paraphrase bei Wyss [6]1991, 52-57.
[248] Moxon 1922, 66.

1.5.2 Martin Luther: vom Teufel = Vater bedrängt

Martin Luther ist seit Eriksons Klassiker »Der junge Mann Luther« Proto-typ einer psychobiographisch analysierten Persönlichkeit. Doch Eriksons Studie ist nicht der erste Versuch, das welthistorische Phänomen Martin Luther psychologisch zu ergründen.[249] Schon im 19. Jahrhundert wurde der 1546 verstorbene Reformator und Wegbereiter der Moderne psychologi-siert. Etliche Diagnosen fielen pamphletisch aus, speziell bei katholischen Autoren.[250] Precht deutete Luthers reformatorisches Wirken, vor allem seine Feindschaft gegen den Papst, als „Verrücktwerden aus Hass".[251] Regnard unterstellte ihm extreme Nervosität und Hysterie,[252] ebenfalls der Italiener Rivari.[253] Inspiriert waren diese pathologischen Diagnosen nicht nur durch den Zeitgeist, sondern durch katholische Apologetik. In seiner »Geschichte der Katholischen Kirche« charakterisiert Ender Luther als melancholisch, skrupulös, ungemein eigensinnig, von gefährlicher und heftiger Leidenschaft, trunk- und fresssüchtig; diese „persönlichen Ver-hältnisse" seien die „Ursache seines Abfalles", und „nicht die traurige La-ge der Kirche".[254]

Eine psychoanalytische Kurzbiographie Luthers legte 1913 der Amerika-ner P. Smith vor. Ihm lag an der Analyse seiner „inneren Entwicklung", bzw. der Wurzeln seiner spirituellen Kraft.[255] Diese entdeckte er in der frühen Kindheit des großen Sprachschöpfers, die unglücklich gewesen sei, getrübt durch Schläge, sei es des angeblich trunksüchtigen Vaters, aber auch der Mutter, von dieser einmal wegen einer gestohlenen Nuss. Diese Passage aus den Tischreden,[256] Jahrzehnte später (1537) erzählt, wurde wiederholt zitiert, um zu belegen, Luther sei aufgrund der Härte in seinem Elternhaus ins Kloster geflüchtet.[257] Smith erwähnt aber auch die Zärtlich-keiten, die Margarete Luther, die oft Wiegen- und Kinderlieder sang, ihrem

---

[249] Überblick bei Lange-Eichmann [7]1989, 131-141. Auch Pfister 1944, 298-321 schildert Luthers innere Entwicklung ausführlich, speziell unter dem Gesichtspunkt der Angst-abwehr und Angstbewältigung; vgl. Pruyser 1977, der klassisch psychoanalytische Studien zu Luther mit der von Erikson 1975 (Abschnitt 2.2) verglich.

[250] Kritisch dazu: Kiefel 1917, Merkle 1929 im Aufsatz »Gutes an Luther und Übles an seinen Tadlern«.

[251] Precht 1817.

[252] Regnard 1898/99.

[253] Rivari 1914.

[254] Ender 1901, 581-583.

[255] Smith 1913, 360.

[256] Luther 1963, 12: *„Meine Eltern haben mich in strengster Ordnung gehalten, bis zur Verschüchterung. Meine Mutter stäupte mich um einer einzigen Nuss willen bis zum Blutvergießen. Und durch diese harte Zucht trieben sie mich schließlich ins Kloster ..."* (WA Tr. 3, Nr. 3566).

[257] Selbst von Erikson 1975, 72; kritisch: Siggins 1981, 12 f.; Johnson 1977, 12.

Sohn entgegenbrachte. Dadurch seien inzestuöse Wünsche erwacht, so dass Smith schon zu Beginn seiner Abhandlung zum Schluss gelangte:

> „Luther ist ein gründliches Musterbeispiel für die neurotisch, quasi-hysterische Folge eines infantilen Sexualkomplexes, und zwar so sehr, dass Freud und seine Schule schwerlich ein besseres Beispiel hätten finden können, um den einwandfreien Teil ihrer Theorie zu illustrieren."[258]

Das ödipal gespannte Verhältnis des kleinen Martin zum Vater habe sich später auf seine Lehrer übertragen, nach der Exkommunikation auf den Papst.[259] Auch seien dabei zwei theologische Topoi affektiv besetzt worden, die in Luthers religiöser Entwicklung eine Schlüsselrolle spielen: Der Teufel,[260] sowie die Anfechtung, ohne die er nie in die Tiefe seiner Theologie gefunden hätte.[261]

Der Teufel, der Luther oft bedrängte, sei ein „Symbol unterdrückter, aber nicht eliminierter Sexualität", zugleich eine „Projektion des Vaterbildes".[262] Auch wenn es wahrscheinlich Legende ist, dass Luther mit dem Tintenfass nach dem Leibhaftigen warf[263] - dieser war für ihn Realität. Nächtelang habe er mit ihm gestritten, auch als Verheirateter noch.[264] Für teuflisch hielt er auch seine Gegnerschaft, über die er mit „skatologischer Latrinensprache" herzuziehen pflegte, so die katholische Kirche, „für ihn die ‚Erzteufelshure'".[265] Aus heutiger Sicht mag Luthers Bedrängnis durch den Teufel, der ihm sogar suizidale Impulse einflösste,[266] pathologisch erscheinen.[267] Andererseits war der Ziegenfüßige im Spätmittelalter eine solche Realität wie für uns die Medien; er löste Massenpaniken aus.[268]

Der zweite ödipal besetzte Topos ist die Anfechtung, die Luther auf den Leibhaftigen zurückführte und ihn im Kloster als Widerstreit zwischen Begierde und Geist bedrängte. Je stärker er die Lust mit Askese abtöten wollte, desto brennender sei sie geworden, desto lähmender seine Depression, desto schlechter seine körperliche Verfassung.[269] Zwar beteuerte er

---

[258] Smith 1913, 362 (übersetzt A.B.). Freud erwähnt Martin Luther weder in seinen religionspsychologischen Schriften noch in jenen über Literatur und Kunst.

[259] Smith 1913, 363; Ritter 1985.

[260] Luther 1963, 255; zur Psychoanalyse des Teufels: Raguse 1994.

[261] Ebd. 30.

[262] Ebd. 365. Auch Freud SA VII, 289-319 beschrieb eine Projektion des Vaterbildes in den Teufel (Abschnitt 1.2.1, Fußnote 80). Brown 1962, 260 sieht in Luthers Teufel dessen Analität symbolisiert, ebenfalls Carroll 1987, 495 f.

[263] Haag 1974, 56; vgl. Roskoff 1987, Teil II, 365-437.

[264] Luther 1963, 254.

[265] Vorberg 1926, 527.

[266] Luther 1963, 255.

[267] Smith 1913, 364 diagnostizierte eine Zwangsneurose.

[268] Delumeau 1989, 358-386. Zu Luthers Sicht des Teufels, bes. 375; Brown 1962, 258 f.

[269] Smith 1913, 374 f.

Jahrzehnte später, „als Mönch ... nicht viel Begierde gespürt" zu haben.[270] Aber er bekennt auch, um so mehr gebrannt zu haben, je stärker er sich der Lust entgegengestemmt hätte, sodass er rückblickend das Kloster als Hölle kritisierte, in der die Mönche verlorene Seelen seien.[271] Sein Beichtvater Staupitz nahm ihn als „niedergeschlagen und traurig" wahr.[272] Die wiederholte Erfahrung, in den Anfechtungen trotz skrupulöser Askese zu scheitern, hätte Selbstanklagen hervorgerufen und die Angst geschürt, den Zorn Gottes auf sich zu ziehen, verdammt zu sein. Aus dieser „Angstneurose"[273] wurde Luther durch die Erfahrung der Rechtfertigung aus dem Glauben befreit.[274]

Smith beendet seine Studie zügig, indem er Luthers weitere religiöse Entwicklung als „Sublimation" erklärt, als „Abkehr von der exzessiven Fixierung auf den Krieg gegen das Fleisch hin zu höheren kulturellen Zielen".[275] Dieser Prozess habe durch die Begegnung mit Staupitz eingesetzt, der ihm, um seiner Traurigkeit zu entfliehen, riet: „Ihr solltet den Doktorgrad erwerben, so kriegt Ihr etwas zu schaffen."[276] Ohne diesen Rat hätte die Kirchen- und die Weltgeschichte einen anderen Verlauf genommen.

Luther blieb auch nach dem Turmerlebnis, dem Thesenanschlag, dem Reichstag von Worms und der Heirat mit Katharina Bora[277] eine hin- und hergerissene Persönlichkeit, die auch *differentialpsychologisch* analysiert wurde. Fromm diagnostizierte einen „zwanghaften autoritären Charakter", der sich in ständiger Rebellion gegen Autorität (früher Vater, später Papst) bei gleichzeitiger Machtgier manifestiert habe.[278] Reiter sagte ihm eine manisch-depressive Psychose nach, wofür er sich auf seine Krankheit von 1527 bezieht: Schweißausbrüche, Ohnmacht, anhaltende Traurigkeit.[279] Tatsächlich klagte Luther in den Tischreden:

---

[270] Luther 1963, 24.

[271] Smith 1913, 371, wo aus WA 38, 148 zitiert wird. Zu seiner Kritik des Zölibats: Luther 1963, 102, wo dieser *„verderblicher Aberglaube"* abgelehnt wird, weil er *„viel Gutes verhindert hätte, so das Kinderzeugen, das Staatswesen und den Hausstand"*.

[272] Luther 1963, 27.

[273] Smith 1912, 374.

[274] Luther 1963, 31.

[275] Smith 1913, 376.

[276] Luther 1963, 27.

[277] Luthers Wertschätzung der Geschlechtlichkeit wird gewürdigt von den Psychologen Vorwahl 1928/ 29 sowie – mit Einschränkungen – von Bloch 1913.

[278] Fromm 1989 I, bes. 57.

[279] Reiter 1937/1941. In einer später verfassten, aber nicht mehr erschienenen, 1000 Seiten umfassenden psychiatrischen Studie zur Entwicklung von Luther revidierte Reiter diese Diagnose (dazu Becke 1979). Die Triebfeder hinter Luthers rastlosem Schaffen sei vielmehr Angst gewesen, speziell vor dem Vater, der, aufgrund problematischer ödipaler Konstellationen, in ein sadistisches Über-Ich projiziert worden sei.

„Mir schmeckt weder Essen noch Trinken. Ich bin schon tot. Wenn ich nur begraben wäre!" [280]

Gegen Reiters Diagnose spricht, dass sich Luther immer wieder aufraffte und zu seiner Schöpferkraft zurückfand, die „bei einer organisch bedingten depressiven Psychose nicht möglich" ist.[281] Gerechter dürfte ihm Grossmann werden, der unter Bezugnahme auf Kretschmers Konstitutionspsychologie[282] beschreibt, wie er als pyknischer Zyklothymiker zwischen Hyperthymie (Überschwang) und Hypothymie (Niedergeschlagenheit) hin- und hergerissen wurde. In einer hyperthymen Phase befand er sich auf der Reise nach Worms, vor der ihn ein Bote warnte:

„Aber ich entbot ihm, wenn so viele Teufel zu Worms wären als Ziegel auf den Dächern, so wollte ich doch hinein. Denn ich war unerschrocken, ich fürchtete mich nicht. Gott kann einen wohl so toll machen." [283]

In den hypothymen Phasen hingegen, die seine grundlegenden theologischen Gedankenlinien nicht veränderten, übermannte ihn Traurigkeit, oft regelrechter Ekel am Leben.[284] Das Merkwürdige an Luther sei, „dass er trotz seiner traurigen Stimmungen so aktiv gewesen ist".[285] Seine Entwicklung zum Reformator und Mitgestalter der Moderne lasse sich psychologisch nicht völlig klären.

Seit dem Erscheinen dieser klassisch psychoanalytischen Rekonstruktionen religiöser Entwicklung, die zahlreich ergänzt werden könnten,[286] erfolgte

---

[280] Luther 1963, 260.

[281] Grossmann 1958, 8.

[282] Kretschmer [23]1961, 371, 389 f.

[283] Luther 1963, 49.

[284] Ebd. 248: „Die Welt hat keinen solchen Ekel an mir wie ich an ihr."

[285] Grossmann 1958, 19.

[286] Zu ergänzen wären, in alphabetischer Reihenfolge und bis 1970 (jüngere Studien in Abschnitt 1.6):

- Reik 1912, 75-81 im Rahmen einer Psychobiographie zu *Flaubert* über den heiligen **Antonius**, den Einsiedler, dessen Versuchungen und Visionen Wuncherfüllungen verdrängter Libido seien, speziell einer „starken infantilen Sexualneigung zur Mutter" (77). „Die Visionen der Heiligen entsprechen vollständig dem von Freud entworfenen Bilde" (79), speziell seiner Traumtheorie (SA II): Verdrängung, Verdichtung, Verschiebung.

- Kielholz 1954 ebenfalls zum heiligen **Antonius**. Psychoanalytisch deutete er Motive in Gemälden vom Heiligen (Grünewald, Bosch u.a.m.): Insekten und Ungeziefer als Symbole der Geschwister, das Herunterfallen als Urszene etc.

- Achelis 1921 zu **Augustinus** (354-430) mit der These, sein theologisches Lehrgebäude habe sich aus seiner verdrängten Homosexualität ergeben, wobei als Belege aus den »Confessiones« u.a. Buch 4 (Tod des liebsten Freundes) und Buch 6 (Nebridius) herangezogen werden.

- Kligerman (1950) ebenfalls zu **Augustinus**, dessen psychische Entwicklung durch einen ungelösten Ödipuskomplex gesteuert worden sei. Seine „frigide" Mutter Monika (474) habe ihn inzestuös an sich geklammert, er habe sich ihr – vergeblich – zu entringen versucht und sie, indem er sich bekehrte, siegen lassen. Als Monika nicht in Karthago im Grabe ihres Mannes Patricius bestattet werden wollte, sondern in Rom, habe er „die infantile ödipale Phantasie (erfüllt), seine Eltern auf immer zu trennen und dies als einen Akt der Pietät rationalisiert" (483). Zur geistigen Entwicklung des Augustinus: vgl. Sandvoss 1978.

- Kielholz 1919 zu Jakob **Böhme** (1575-1624), der in seiner Mystik den Kosmos sexualisiert habe, vgl. Lange-Eichbaum [7]1989, 27-31.

- Evans 1943 zu John **Bunyan** (1628-1688), puritanischer Prediger und Schriftsteller, dessen religiöse Entwicklung auf die ödipale Konstellation zurückgeführt wird. Mit Bunyans Psyche und religiöser Entwicklung befasste sich auch James 1978, 156-158: Anfänglich habe er eine Religiosität der „kranken Seele" praktiziert, sei dann aber durch ein Bekehrungserlebnis bzw. den Glauben, „durch Christi Blut gerettet" zu sein, genesen (182), vgl. Furlong 1975.

- Pfister 1944, 341-397 zum Genfer Reformator Jean **Calvin** (1509-1564). Hinter seinem „diabolisierten Gottesbild" (384), gemäß dem der Allmächtige sich auch des Teufels als Werkzeug bediene und von Anfang an entschieden habe, welche wenigen Auserwählten nicht in den Flammen der Hölle gemartert würden, stehe sein tyrannischer Vater. Die gegen ihn gerichteten ödipalen Aggressionen hätte er verdrängt, wodurch das Über-Ich zu einem Despoten entartete. Dies erkläre Calvins „Zwangscharakter" (392), aber auch, weshalb in seiner Theologie nicht Christus, sondern der „souveräne Gott" im Mittelpunkt stehe (359). Der anthropologische Pessimus Calvins sei „bei stark verdrängten Schuldgefühlen, z.B. bei latenten Vatermord- (Oedipus)wünschen" typisch (388). Als tyrannisiert durch das Über-Ich deutete auch Fromm 1989 I, 268 die Psyche Calvins, dessen Gott „alle Merkmale eines Tyrannen" aufweise.

- Laughlin 1954 zu König **David**, speziell seine harte Reaktion auf Nathans Parabel, wonach der Reiche, der dem Armen das einzige Schäflein raubte, des Todes sein müsse (2 Sam 12,5). Diese Reaktion sei als unbewusste Unterdrückung eigenen Fehlverhaltens und als Projektion desselben auf einen Sündenbock zu erklären.

- Bushman 1966 zum amerikanischen Prediger Jonathan **Edwards** (1703-1758), der um 1740 unter den PuritanerInnen die große Erweckungsbewegung vorantrieb. Theologisch sei seine Bekehrung die Wiedervereinigung mit einem allmächtigen und souveränen Gott, psychologisch jedoch die mit seinem Vater, wodurch er den Ödipuskomplex habe lösen können.

- Allwohn 1926 zum Propheten **Hosea**, der insgeheim von Unzucht mit Dirnen angezogen gewesen sei, dies aber im Rahmen einer „Affektverschiebung" (63) heftig ablehnte, dann aber doch die Prostituierte Gomer heiratete, sie verließ und nach intensiver Triebsublimierung an Jahwe entdeckt habe, dass bei ihm nicht Strenge und Zorn das letzte Wort hätten, sondern die Liebe (70).

- Baudouin (1950) zur Symbolik im Werk des französischen Literaten, 'Mystikers' und Konvertiten Joris-Karl **Huysmans** (1848-1907). Er habe von seiner Mutter zu wenig Zuwendung erfahren und die daraus resultierende Sehnsucht nach der

„Rückkehr an die Mutterbrust" in literarisch gestaltete Symbolik (speziell liturgische Motive) kompensiert.

- Lomer 1913 zu **Ignatius von Loyola** (1491-1556), in dessen Mystik „ein unbewusster, erotischer Zug" bestehen geblieben sei. Trotz der Unterdrückung des Geschlechtszentrums habe der Soldat Christi die Reize „auf das Gebiet religiöser Inbrunst ‚abreagiert'" (46 f.); vgl. Lange-Eichbaum [7]1989, 126-130.

- Berguer 1923 zu einigen Aspekten des Lebens **Jesu**, indem er die psychoanalytische Sicht der Heldengeburt nach Rank 1909 auf die Geburtsgeschichte anlegte und in Jesu Gottesbild ein Derivat des Ödipuskomplex ‚entdeckte' (bes. 247 ff.).

- Darroch 1948 ebenfalls zu **Jesus**, der seinen Eltern gegenüber ödipale Gefühle der Feindseligkeit entwickelt, sich insgeheim mit den Sündern identifiziert und sich dafür selber habe bestrafen wollen, indem er die Kreuzigung provozierte.

- Hitschmann 1947, 216 f. zum Schweizer Dichter Gottfried **Keller** (1819-1890), der mit fünf Jahren seien Vater verlor. In der Folge habe er ihn idealisiert und in sein Bild von Gott projiziert. Zwar bestritt der Dichter, von Feuerbach beeinflusst, in seiner Heidelberger Zeit dessen Existenz; im Alter habe er aber wieder zum väterlichen Gott seiner Kindheit zurück gefunden.

- Pasche 1949 zu **Kierkegaard** (1813-1855), dessen existenziellen Themen durch die Erfahrungen der ersten Lebensjahre determiniert worden seien, speziell den Ödipuskomplex und die Enttäuschung, dass sein Vater als Jugendlicher Gott verfluchte, aber auch durch die Angst, von der Mutter verlassen zu werden, was seine Schwermut nährte. Seine Verlobte Regine Ohlsen habe er geopfert wie Abraham seinen Sohn; vgl. Lange-Eichbaum [7]1989, 120-125.

- Lowtzky 1935 zu **Kierkegaard**. Insbesondere »Furcht und Zittern« sowie »Die Wiederholung« wiederspiegelten seine inneren Konflikte (114), die frühkindlichen Ursprungs seien: Nach dem Belauschen der Urszene habe sich seine inzestuöse Mutterliebe in Hass verwandelt. »Furcht und Zittern« sei Ausdruck seiner Kastrationsangst. Regine Ohlsen habe er nicht geheiratet, um sich an ihr stellvertretend an der Mutter zu rächen. Hinzu kam lebenslange Schwermut, verursacht vor allem durch die Sünden des Vaters, speziell dessen Fluch auf Gott (33 f.). Einzig seine „Genialität" habe „ihm verholfen, Herr über seine dementia zu werden, hat ihn vor Geisteskrankheit bewahrt, konnte ihn aber vor der schweren Erkrankung, der Zwangsneurose und der Depression nicht schützen" (119).

- Sundén 1966, 265-277 zum norwegischen Erweckungsprediger Lars Levi **Laestatius** (1800-1861), bei dem der Ödipuskomplex erst im Alter von 42 Jahren ins Bewusstsein eingebrochen sei, worauf er in eine existenzielle Krise geriet und das Vaterbild aufgespalten habe: „Den geliebten Vater, der seinen Kindern Gottesfurcht vermitteln will, behält Laestatius als Über-Ich, den verhassten, verabscheuten, brutalen Vater, der im Übermaß starke Getränke genoss, projizierte er nach außen und identifizierte ihn mit dem Neusiedlermilieu und dem Scheinchristentum." (271). Auch habe sein Bild von Christus mütterliche Züge erhalten, die aus inzestuösen Regungen der Mutter gegenüber stammten; vgl. Sundén 1982, 157.

- Berkeley-Hill 1921 zu **Mohammed** (570-632), mit der Behauptung, dieser habe an einem schweren Vaterkomplex und einer intensiven Mutter-Fixierung gelitten.

eine massive Freud-Kritik (Abschnitt 1.7). Obschon Dissidenten wie Adler oder Jung unterstellt wurde, mit ihren alternativen Sichtweisen den Boden der Tatsachen verlassen zu haben[287] und sie exkommuniziert wurden, entwickelte sich die Psychoanalyse weiter.[288] Die wesentlichsten Modifikationen bestehen in der Höherbewertung des Ich und seiner adaptiven Leistungen (Ich-Psychologie),[289] sowie in der Einsicht, dass schon in der Säuglingszeit die Beziehungen und Objekte (Bezugspersonen und deren innere Repräsentation) bedeutsamer sind als blinde Triebe. Daraus entwickelte sich die Objekt-Beziehungstheorie, die die jüngere psychoanalytische Religionspsychologie dominiert,[290] aber auch die Bindungstheorie, die sich speziell für die Erklärung von Gottesbeziehungen und der Zugehörigkeit zu religiösen Gruppierungen anbietet.[291]

Auch in jüngster Zeit erschienen Psychobiographien zur religiösen Entwicklung, die insofern der Psychoanalyse zuzuordnen sind, als sie wesentliche Erklärungsmuster Freuds (Verdrängung, frühkindliche Determinierung, unbewusste Mechanismen etc.) heranziehen. Im Vergleich zu den ersten Studien, die eifrig Ödipuskomplexe, homoerotische Neigungen etc.

- Povah 1925 zu den alttestamentlichen **Propheten**, wobei deren literarisch gestalteten Motive sexualsymbolisch gedeutet werden, so die Serafim in Jes 6 als Symbole des männlichen Gliedes.

- Hitschmann 1947, 214 f. zu Arthur **Schopenhauer** (1788-1860), der die Zeit seines Lebens eine pessimistische Weltsicht vertrat. Dahinter stehe sein resoluter Vater, der ihm eine unglückliche Kindheit bescherte; später habe ihn der erklärte Mysogyne in seiner Philosophie in den blinden Willen projiziert. Der Glaube, das Universum sei gut, setze einen erfolgreich gelösten Ödipuskomplex voraus.

- Juva 1939 zum heiligen **Vinzenz von Paul** (1581-1660), der seine ödipale Liebe zur Mutter in Maria sublimiert habe.

- Hitschmann 1947, 207 f. zum Dichter Franz **Werfel** (1890-1945), der im Milieu des Prager Judentums aufwuchs und sich später dem Katholizismus zuwandte (»Lied der Bernadette«). Er habe die Zeit seines Lebens an ödipalen Spannungen gelitten, ersichtlich an den literarisch oft gestalteten Konflikten zwischen Söhnen und Vätern, die teils ermordet wurden.

[287] Freud SA VIII, 171; zum Umgang der Psychoanalyse mit Kritik: Eschenröder 1986, 175-179.

[288] Gründlicher Überblick: Wyss [6]1991.

[289] Klassisch: Hartmann 1972; zur Relevanz der Ich-Psychologie für die Analyse religiöser Phänomene: Lubin 1969 sowie Arlow 1961, der die Bildung von Mythen und religiösen Weltbildern als kreativen Prozess des Ich in seiner Auseinandersetzung mit Es und Über-Ich würdigte.

[290] Jones 1991, 6: „Zeitgenössische Zugänge zur Dynamik der Persönlichkeit setzen eher bei den interpersonalen Erfahrungen an als beim Individuum als einem selbstgenügsamen System von instinktiven oder archetypischen Kräften." Vgl. den gründlichen Überblick über die Relevanz der Objekt-Beziehungstheorie für religiöse Phänomene von Beit-Hallahmi 1995 sowie Finn & Gartner 1992.

[291] Überblicksmäßig Kirkpatrick 1995.

aufdeckten, handle es sich um „subtile charakterologische Persönlichkeitsstudien".[292] Modifikationen innerhalb der psychoanalytischen Theoriebildung gingen in Psychobiographien ein, wie sie unter anderem zu Van Gogh (1.6.1), Freud (1.6.2) sowie zu Augustinus erstellt wurden, bei letzterem von der neoanalytischen Selbstpsychologie Kohuts aus (1.6.3). Daraus resultierte eine signifikant verschiedene Deutung seiner Persönlichkeits- und Glaubensentwicklung als bei der Anwendung der klassischen Ödipustheorie.

1.6 Neuere psychoanalytische Biographien zur religiösen Entwicklung

1.6.1 Vincent Van Gogh: Mit dem Pinsel auf der Suche nach Gott – und der Mutter

Das unstete Leben von Vincent Van Gogh (1853-1890) fasziniert bis heute. Meissner rekonstruierte seine religiöse und künstlerische Entwicklung gründlich und differenziert,[293] indem er die Briefe analysierte, die Vincent seinem Bruder Theo schrieb,[294] ohne dessen finanzielle Zuwendung er die Leinwände und Ölfarben nicht hätte kaufen können. Vincent, am 30.3.1853 im niederländischen Groot-Zundert geboren, wollte ursprünglich in die Fußstapfen seines Vaters treten und Prediger werden. Aber bei der Aufnahmeprüfung ins Theologische Seminar scheiterte er kläglich. Hernach verzehrte er sich als Missionshelfer bei den armen MinenarbeiterInnen in der Borinage. Er hungerte mit ihnen, kleidete sich armselig wie sie, verzichtete auf Seife, betete nächtelang in ungeheizten Räumen – und wurde von den kirchlichen Autoritäten entlassen.

Aus dieser Krise befreite die Hinwendung zum Zeichnen und Malen. Er erlebte sie als förmliche Konversion; alles habe sich, von dem Augenblick an, in dem er wieder zu dem aus der Kindheit vergessenen Zeichenstift griff, verwandelt.[295] Meissner spricht von einem Berufungserlebnis, einer Bekehrung, in der sich die frühere religiöse Hingabe in eine an die Kunst transformierte. Dies lief nicht ohne heftige familiäre Konflikte ab. Als sich Vincent weigerte, die Weihnachtsmesse zu besuchen, verwies ihn sein Vater des Hauses. Fortan lehnte er den Gott der Kirche ab. Theo schrieb er: *„Siehe, ich finde ihn mausetot, diesen Gott der Pfaffen".* Er fragte, ob er deswegen ein Atheist sei, bestritt dies aber vehement:

---

[292] Cremerius 1971, 23.
[293] Meissner 2001, Meissner 1997; vgl. die ausführliche Studie von Lubin 1972.
[294] Van Gogh 1977.
[295] Meissner 2001, 71.

„Nenne das nun Gott oder die menschliche Natur oder was Du willst, aber es gibt ein gewisses Etwas, das ich nicht definieren kann, und das, obwohl es außerordentlich lebendig und wirklich ist, mir eine Art System scheint, und siehe, das ist nun mein Gott, oder so gut wie mein Gott." [296]

Zu Gott wurde für ihn die Natur, deren Faszinosum er so oft und genial auf die Leinwand bannte.[297]

Den psychoanalytischen Schlüssel für Van Goghs Religiosität, die er als Malerei praktizierte, bestimmte Meissner in frühkindlichen Mangelerfahrungen. Nicht nur, dass er schon als Kind darum wusste, Vincent getauft worden zu sein, weil ein Jahr zuvor ein Bruder gleichen Namens verstorben war. Darüber hinaus habe ihm seine Mutter nicht hinreichend Liebe und Zärtlichkeit entgegengebracht, wonach er sich wie jedes Kind gesehnt hätte:

„In den Tiefen seines Unbewussten sind diese kindlichen Sehnsüchte in seine Liebe zur Natur umgeformt und zugleich mit dem parallelen Gewinn der liebenden Akzeptanz von Gott vereinigt worden, nicht mehr des Vater Gottes, sondern der Mutter-Gottes Natur."[298]

Van Gogh habe Gott in allen Dingen gesucht, worin Meissner Parallelen zur Spiritualität des Ignatius von Loyola sieht.[299] Aber anders als dieser habe er keinen Rückhalt in einer religiösen Kommunität erfahren. Seine Gottsuche sei „einsames Wachen vor seinen leeren Leinwänden" gewesen, bis ihn die Verzweiflung – aufgrund des immer wieder aufschwelenden Konflikts zwischen Glaube und Unglaube – in den Suizid getrieben habe.[300] Dem ging voraus, dass der Maler einen Tag vor dem Heiligen Abend des Jahres 1888 sein Ohr verstümmelte und das Läppchen einer Prostituierten brachte. Lubin vermutet, weil er sich intensivst mit dem leidenden Christus identifizierte und Dirnen, weil auch sie außerhalb der bürgerlichen Ordnung lebten, als „Schwestern" achtete.[301]

Verdankt die Welt Van Goghs Meisterwerke einer Mutter, die aufgrund leibfeindlicher Religiosität ihrem Säugling zu wenig Zärtlichkeit schenkte? Solche Schuldzuweisungen, in der Psychoanalyse und den populären Kind-in-uns-Therapien nicht selten,[302] sind problematisch. Meissner merkt, als methodisches Dilemma jeder psychobiographischen Studie, zu Recht an,

---

[296] Van Gogh 1977, 35, Brief 164.

[297] Meissner 2001, 78 f.

[298] Ebd. 80 (übersetzt A.B.).

[299] Auch über den Gründer des Jesuitenordens fertigte Meissner 1992 (dtsch. 1997) eine umfangreiche psychoanalytische Studie an.

[300] Meissner 2001, 87.

[301] Lubin 1961 a; ders. 1996, 215 zur Identifikation mit Christus, den Van Gogh als Künstler würdigte; 168 f. zum hohen Respekt vor Prostituierten.

[302] Dazu Nuber 1995, Bradshaw 1994.

eine solche stoße nie bis zur inneren Erfahrung der analysierten Persönlichkeiten vor; die Deutungen seien stets ungewiss und heuristisch.[303] Im Vergleich zu den frühen psychoanalytischen Rekonstruktionen religiöser Entwicklung unterblieb die übliche Bestätigung des Ödipuskomplexes. Bei einem so gespannten Vater-Sohn-Verhältnis wäre diese Deutung nahegelegen. Auch wird Religiosität, als Kunst praktiziert, positiv als Ich-Leistung gewürdigt und nicht auf Regression oder verdrängte Sexualität verkürzt.

1.6.2 Sigmund Freud: Gott verloren, weil der Vater versagte

Es konnte nicht ausbleiben, dass qua Psychoanalyse auch die Biographie ihres Schöpfers rekonstruiert wurde.[304] Aufgedeckt wurde nicht nur sein eigener Ödipuskomplex, der ihn so sehr bedrängt habe, dass er ihn nicht als individuelles Geschick annehmen konnte, sondern zu einem „normalen Schicksal"[305] hinaufbeweisen musste.[306] Psychoanalytisch nachgezeichnet wurde auch seine religiöse Entwicklung hin zu einem stoischen Atheismus,[307] und zwar von der Neoanalytikerin Ana Maria Rizzuto.[308]

Zu seinen beglückenden und prägenden Kindheitserinnerungen rechnete Freud jene Stunden, in denen sein Vater Jakob, ein tiefgläubiger Jude und glänzender Unterhalter, mit ihm die reich bebilderte Philippson-Bibel anschaute und deren Geschichten erzählte. Viele Jahre später, 1896, als sein Vater verstorben, die Abkehr vom Gott Abrahams, Isaaks und Jakobs vollzogen war und er in einer Schaffenskrise steckte, begann er Antiquitäten zu sammeln, die den Bildmotiven in der Philippson-Bibel vielfach 1 zu 1 ent-

---

[303] Meissner 2001, 88.

[304] Übrigens bereits zu seinen Lebzeiten von Maylan 1929, Wittels 1924, Moxon 1931, der Freuds Religionskritik auf seine angeschlagene Gesundheit zurückführte und dadurch zu entschärfen versuchte.

[305] Freud SA X, 277. Die These von der Universalität des Ödipuskomplex ist eine der redundantesten Aussagen in Freuds Werk: SA I, 325 f.; IX, 257, 414: „Ödipuskomplex als Kernkomplex der Neurosen", 439 u.ö.

[306] Krüll 1979. Freuds Mutter Amelie, eine „große Schönheit", war 20 Jahre jünger als Jakob Freud, Sigismund ihr erklärter Liebling. Freud erinnert sich, sie im Reisezug einmal „nudam" gesehen zu haben, worauf „meine Libido gegen matrem erwacht" ist (aus Krüll 1979, 77, 155). Auch sein Biograph Jones 1984 I, 28 konstatiert: „Die Erkenntnis, dass der Ödipuskomplex ein ‚allgemeines Ereignis früherer Kindheit' ist", sei „mächtig gefördert" worden „durch seine eigenen ungewöhnlichen Familienverhältnisse"; vgl. Sundén 1966, 237 f. Harsch 1994, 131 vermutet, Freud, der als kleiner Junge von seiner auf Kur befindlichen Mutter zu Bekannten weggegeben wurde, habe sich auch stark mit dem *Kind* Ödipus identifiziert.

[307] Freud SA IX, 187.

[308] Rizzuto 1998; dies. 2001; zu Freuds 'Identität' als Jude: Bergmann 1999; weitere bibliographische Angaben in Beit-Hallahmi 1996, 35-42. Jeglichen Einfluss seiner jüdischen Herkunft auf Freuds Psychoanalyse bestreitet Gay 1989, der den Religionskritiker als Sohn der Aufklärung würdigt.

sprachen.[309] Aber warum? Rizzuto erklärt sich die Sammelleidenschaft damit, Freud habe unbewusst seinen Vater so vergegenwärtigen wollen, wie er ihn als kleiner Junge vor der aufgeschlagenen Bibel erlebte.[310] Damit schreibt sie den Statuen die Funktion von Übergangsobjekten zu: Sie lassen Bezugspersonen anwesend sein, die emotional intensiv erfahren wurden, so bei kleinen Kindern ein Kuscheltüchlein die Mutter.[311]

Warum Freuds Kritik an der Religion, die seinem Vater existenzielle Identität verbürgte, für ihn aber eine kollektive Zwangsneurose war und so *„offenkundig infantil, so wirklichkeitsfremd, dass es einer menschenfreundlichen Gesinnung schmerzlich wird zu denken, die große Mehrheit der Sterblichen werde sich niemals über diese Auffassung des Lebens erheben können"?*[312] Rizzuto erklärt sich Freuds Religionskritik mit Enttäuschungen, die er als Kleinkind mit Bezugspersonen erlebte, die er liebte und zugleich sehr religiös waren. Begonnen habe es mit jenem Kindermädchen – vermutlich Resi Wittek - , seine *„Lehrerin in sexuellen Dingen"*,[313] die mit ihm auch katholische Kirchen besuchte, worauf er, zwei Jahre alt, das Predigen imitierte.[314] Die Quasi-Mutter, die ihn in jenem Wasser wusch, in dem sie selber gebadet, verschwand von einem Tag auf den anderen aus seinem Leben, nachdem sie des Diebstahls von ein paar Kreuzern bezichtigt worden war. Laut seiner Selbstanalyse sei er verzweifelt gewesen, aber auch enttäuscht, vom Kindermädchen, und von ihrem Gott.[315]

Emotional umso wichtiger wurde sein Vater Jakob, auch er ein Mann Gottes und der Bibel. Doch genau er bescherte die nächste Enttäuschung, als er im Gefolge der großen Inflation von 1851 in wirtschaftliche Schwierigkeiten geriet und die Familie genötigt wurde, von Freiberg wegzuziehen und nach Leipzig, schließlich nach Wien zu übersiedeln:

> „Das zweite idealisierte Objekt, sein Vater, der durch Erhöhung in sein Gottesbild transformiert war und ihm auch den biblischen Gott erschlossen hatte, versagte kläglich darin, sein eigenes Kind zu schützen".[316]

---

[309] Rizzuto 2001, 93.

[310] Anders Sundén 1966, 357: Freud habe bewusst das israelitische Bildverbot (Ex 20,4) übertreten und seinen Schreibtisch „wie eine antijüdische Festung" gestaltet.

[311] Winnicott ²1979, bes. 13; vgl. auch ebd. 15, wo Religion als Übergangsphänomen charakterisiert wird, was in der Religionspsychologie breit rezipiert wurde, bspw. von Heimbrock 1984, 83 f.; Seiler 1998, 482 f. Auch mystische Erfahrungen wurden als Übergangsphänomene erklärt: Horton 1974.

[312] Freud SA IX, 206.

[313] Brief an Flies vom 4.10.1897.

[314] Aus Rizzuto 2001, 94; vgl. Jones 1984, 22 f.

[315] So Rizzuto 2001, 98; dies. 1998, 105-134; Harsch 1994, 126 f.

[316] Ebd. 99 (Übersetzung A.B.). Wie bitter Freud den Wegzug aus Freiberg erlebte, dokumentiert Krüll 1979, 176-184.

Im Versagen seines Vaters bestimmte Rizzuto die Ursache dafür, dass Freud später nicht an einen väterlichen Gott glaubte,[317] sondern jene stoische Einstellung zum Leben entwickelte, wonach dieses von jedem selber überstanden werden müsse, ohne Schutz durch wirkliche oder in die Transzendenz projizierte Väter, ohne Trost durch irgendeine Vorsehung, sondern vielmehr als „einsamer Kämpfer in der Schlacht des Lebens".[318] Diese frühkindlichen Erfahrungen hätten auch Freuds Bestreben genährt, die kindlichen Lammfrommen in realitätsbewusste Menschen umzubilden, die fähig seien, das grausame Leben zu ertragen. In dieser Mission habe er sich mit jenem religiösen Helden identifiziert, der ihn die letzten Jahre seines Lebens „wie ein unerhörter Geist" beschäftigte: Mose.[319] Genau gleich, wie dieser den Hebräern den ethisch höher stehenden Monotheismus brachte, habe er die Menschheit zum Glauben an den „*Gott Logos*" hinaufführen wollen.[320]

Würde Freud ‚seiner' psychoanalytischen Deutung seiner religiösen Entwicklung zustimmen? Speziell der These, er habe von Gläubigen etwas verlangt, was er selber nicht habe leisten können: auf die psychische Präsenz eines liebenden (Gott-)Vaters zu verzichten und sich nicht mit Versatzstücken wie den Philippson-Bibel-Antiquitäten zu umgeben? Dagegen spricht sein dem Biographen Jones mitgeteilte Bekenntnis:

> „Er hat mir einmal gesagt, an eine übernatürliche Welt habe er nie geglaubt. So war und blieb er das ganze Leben hindurch von Anfang bis Ende der geborene Atheist, das heißt jemand, der keinen Grund sieht, an die Existenz eines übernatürlichen Wesens zu glauben und dieses Glaubens auch gefühlsmäßig nicht bedarf."[321]

Für eine klassisch psychoanalytische Deutung ist jedoch charakteristisch, nicht beim subjektiven Selbstverständnis eines Menschen anzusetzen, sondern diesem, weil Produkt unbewusster Dynamiken, zu misstrauen.

---

[317] Ähnlich Racker 1956, der als zusätzliche Ursache für Freuds Glaubensverlust die Angst vor Kastration nannte, wodurch das Vaterbild noch negativer geworden sei.

[318] Rizzuto 2001, 108; vgl. Krüll 1979, 241-245.

[319] Freud SA IX, 550.

[320] Sein Hausarzt Schur 1977, bes. 550 ff. vermutete, Freud habe im »Moses« eine kryptotheologische Rekonstruktion und Rechtfertigung der Psychoanalyse als neuer Heilslehre geleistet, weil sie dermaßen angefeindet worden sei.

[321] Jones 1984 III, 409. Anders jedoch Dokumente des jungen Freud: Rizzuto 1998, 138-155: Als Siebzehnjähriger schrieb er eine Studie zu Gen 24, die verloren ging; die Matura habe er „*mit Gottes Hilfe*" bestanden. Aber als Neunzehnjähriger blickte er auf den Kinderglauben zurück und bekannte er, die Gottesfurcht verloren zu haben (ebd. 148); als Medizinstudent deklarierte er sich als „*gottlos*" und „*Empirist*" (ebd. 150).

Obschon die Neoanalytikerin Rizzuto das ödipale Geschehen nicht bemüht, basiert ihre Rekonstruktion von Freuds religiöser Entwicklung auf klassisch psychoanalytische Annahmen:

- die immense Wirkung frühkindlicher Erfahrungen, sei es emotional positiver (das Blättern in der Bibel auf den Knien des Vaters), sei es emotional negativer (der Schrei nach Rückkehr des Kindermädchens);
- die Abhängigkeit des Gottesbildes vom Vaterbild.

1.6.3 Aurelius Augustinus: ein Narzisst?

Warum schreibt jemand seine Autobiographie? Um das bisherige Leben therapeutisch durchzuarbeiten? Aus purer Freude am Erzählen? Um das Erlebte der Nachwelt zu erhalten, in einer schnell sich wandelnden Lebenswelt erst recht? Als erste Autobiographie gelten die »Confessiones« von Aurelius Augustinus (354-430).[322] Aber warum unterzog sich der Bischof von Hippo Regio der Mühe, die dreizehn Bücher abzufassen? Um sich selbst zu finden und sich Gott zu nähern?[323] Oder nicht vielmehr, weil er, der auch den gerechten Krieg theologiefähig machte, eine narzisstische Persönlichkeit war? Dies mutmaßt Donald Capps.[324] Narzisstisch sei schon, wer wähne, sein/ihr Leben sei auch für andere von Interesse.[325] Gewiss ist dies überzogen, Autobiographien finden nach wie vor eine breite Leserschaft. Capps Versuch, Augustinus' religiösen Werdegang mit dem Narzissmuskonzept von Kohut zu rekonstruieren,[326] ist zur Kenntnis zu nehmen, auch wenn er sehr spekulativ ausfiel, dies umso mehr, als die entscheidenden Weichenstellungen vor der ödipalen Phase verortet werden mussten.

Kohut zufolge werden narzisstische Störungen – für ihn manifest in Überempfindlichkeit (speziell auf Kritik), Größenwahn, Beziehungsunfähigkeit[327] – im Säuglingsalter grundgelegt. Auslösend seien narzisstische Kränkungen des Kern-Selbst, das sich bedroht fühle, „vor allem durch eine narzisstische Kränkung durch das Selbstobjekt der Kindheit".[328] Dieses Selbstobjekt ist die Mutter, die, wenn sie sich dem Kleinkind gegenüber zu

---

[322] Dazu Sparn 1990, 14.
[323] So die Interpretation von Luther 1990, 370 f.
[324] Capps 1985; bereits vor ihm: Fredriksen 1978. Einen umfassenden Sammelband mit psychobiographischen Studien speziell zu den »Confessiones« legten Capps & Dittes 1990 vor. Weitere psychobiographische Studien: Weidel 1910, Achelis 1921, Legewie 1925, Kligermann 1950, Capps 1990, Lange-Eichbaum & Kurth 1967, 325, 615.
[325] Ebd. 121.
[326] Kohut 1979, ders. ⁶1988.
[327] Kohut 1979, 57, 167.
[328] Ebd. 108.

wenig empathisch verhält, die narzisstische Fehlentwicklung einleitet. Diese besteht in der kompensatorischen Ausbildung eines grandios exhibitionistischen Selbstbildes, das auf Kränkungen empfindlich, oft aggressiv reagiert, aber auch in der Ausbildung eines überidealisierenden Elternbildes, von dem keine Verletzungen aufgrund fehlender Empathie zu erwarten sind, sodass es als psychischer Schutz funktioniert.[329]

Auf die frühe Kindheit des Augustinus übertragen: Monika, seine heilig gesprochene Mutter, sei bei der Säuglingsbetreuung „herumgelungert".[330] Dadurch sei sein Kern-Selbst gekränkt worden, worauf sich dieses zum Zwecke der Kompensation grandios aufgeladen habe, unterstützt von der Mutter, die ihrem emotional vernachlässigten Sohn gleichwohl kommuniziert habe, ein außergewöhnliches Kind zu sein. Gleichzeitig habe die Idealisierung der Mutter eingesetzt, was Capps daraus schließt, dass sie in den »Confessiones« mehr gewürdigt wird als der Vater Patricius.[331] Im Unterschied zu früheren psychoanalytischen Deutungen von Augustinus' Entwicklung, die den Fokus auf die ödipale Konfliktsituation richteten,[332] sei die Prägung zur narzisstischen Persönlichkeit in den ersten Lebensjahren abgeschlossen gewesen.

Wie aber wirkten sich die narzisstischen Kränkungen auf die weitere Entwicklung des Kirchenlehrers aus? Zunächst in der wiederholt eingestandenen Ruhmsucht als Redner,[333] aber auch in Empfindlichkeit. Als ihm die Rhetorikstudenten in Karthago nicht die gewünschte Bewunderung entgegenbrachten, setzte er sich nach Rom ab, wo er sich mehr Anerkennung erwartete.[334] Kränkungen hätten auch lähmende Schamgefühle ausgelöst, wie er sie in den »Confessiones« oft beschrieb; auch stünden sie hinter dem gnadenlosen Umgang mit Kritikern und Gegnern, speziell Pelagius. Narzisstisch sei nicht zuletzt seine Einstellung zur Sexualität, in der er seine eigene Lust gesucht habe, um ihr schließlich ohnehin voll und ganz zu entsagen.[335]

---

[329] Ebd. 82.
[330] Capps 1985, 123: „hovered".
[331] Augustinus erzählt umfassend die Lebensgeschichte seiner Mutter (zweite Hälfte von Buch 9), besonders seine Trauer nach ihrem Tod, wohingegen das Ableben seines Vaters nicht geschildert wird. Daraus wurde der Schluss gezogen, Augustinus habe einen starken Ödipuskomplex durchlitten, unter anderem von Bakan 1990. Dittes 1990 hingegen meinte, Augustinus habe das Unglück gehabt, den Ödipuskomplex zu gewinnen, indem er in Monikas Psyche die Stelle seines Vaters eingenommen habe.
[332] Vgl. vorausgegangene Fußnote, sowie Kligermann 1950, Burrell 1970.
[333] Bspw. Augustinus 1950, 72: *„Auch jene ehrenvoll genannten Studien zielten in ihrem Verlauf auf nichts Besseres ab, nämlich auf Auszeichnung in öffentlichen Rechtshändeln, bei denen man um so mehr bewundert wird, je mehr man trügt"* vgl. 88 u.ö.
[334] Ebd. 122 f.
[335] Capps 1985, 119.

Augustinus: wirklich ein Narzisst? Nicht nur als Kleinkind, sondern auch nach seiner Bekehrung, als Bischof und Kirchenlehrer? Gewiss ist die Christentumsgeschichte auch ein Jahrmarkt der Eitelkeiten. Capps entschärfte jedoch die Pathologisierung des Augustinus, indem er Kohuts Konzept der Transformation des Narzissmus[336] auf ihn bezog; trotz allem sei er eine „psychisch gesunde Persönlichkeit" gewesen.[337] Diese Transformation bestehe darin, dass der Mensch verstärkt zu Kreativität und Empathie fähig wird, seine Endlichkeit anerkennen lernt – für einen wirklichen Narzissten unmöglich – und Humor und Weisheit entwickelt. Erfolgt sei sie bei Augustinus aufgrund der Bekehrung, die sein Wertesystem tiefgreifend veränderte. Die frühere Sucht nach Ruhm lehnte er fortan als sündhafte Eitelkeit ab:

> *„Drinnen im Herzen ist noch ein anderes Übel, das zur selben Art der Versuchungen gehört. Dadurch werden verdorben, die an sich selbst Gefallen haben, wenn sie auch anderen nicht gefallen oder missfallen und auch nicht danach trachten, anderen zu gefallen. Doch wenn sie sich selbst gefallen, missfallen sie dir (Gott, A.B.) gar sehr."* [338]

Aber gerade die massive Verurteilung narzisstischer Selbstgefälligkeit zeige, dass diese der bestimmende psychische Faktor geblieben sei. Zwar sei in Augustinus' Theologie das frühere grandiose Selbst durch den allmächtigen Gott in ein schamerfülltes Selbst umgepolt worden, das in Scham versinkt: *„Du aber, Herr, drangest im Herzenskämmerlein auf mich ein, schlugst mich in erbarmender Strenge mit der doppelten Geißel von Furcht und Scham."*[339] Aber in solchen Selbstvorwürfen identifizierte Capps die Folge narzisstischer Kränkungen, wofür auch spreche, dass er, obschon erwachsen, weiterhin ein „idealisiertes elterliches Bild mit wenig Gefühl und Empathie" benötigt habe, nun nicht mehr die Mutter, sondern Gott.[340]

Ob von Freud her, oder von Kohut: Psychobiographien differieren in dem Maße wie die Referenztheorien. Es wäre spannend, wenn Augustinus, der

---

[336]   Kohut ⁶1988.

[337]   Capps 1985, 127.

[338]   Augustinus 1950, 295.

[339]   Ebd. 212; zu den mitunter massiven Selbstvorwürfen des Augustinus bereits Weidel 1910.

[340]   Capps 1985, 126. Mit Hilfe von Kohuts Selbstpsychologie analysierte Gay 1986 die »Confessiones«. Er habe psychologisch die impliziten LeserInnen der Bekenntnisse und auch Gott als Selbstobjekte verwendet. Benötigt habe er sie aufgrund frühkindlicher narzisstischer Kränkungen durch die Mutter. Die von Kohut beschriebenen Bedürfnisse des Kleinkindes nach Zuwendung und Spiegelung habe er auf Gott projiziert, von dem er schrieb: „Aber ich weiß, du wirst freundlich dich mir zuwenden" (Augustinus 1950, 35). Bei den von ihm beobachteten Säuglingen, die nach der Mutterbrust suchten, sah er darin nur boshafte Begehrlichkeit, einen Beweis für die Erbschuld.

ein scharfsinniger Selbstbeobachter und Psychologe war, mit Capp und anderen Psychobiographen über ihre Mutmaßungen diskutieren könnte!

Ohne weitere Studien auszuführen,[341] Kritik ist unaufschiebbar geworden.

---

[341] Neuere psychoanalytische Biographien religiöser Persönlichkeiten, teils an der klassischen Psychoanalyse orientiert, teils an der Selbst- und Narzissmuspsychologie:

- Zeligs 1974 zu den **biblischen Gestalten** Abraham, Jakob, Josef, Samuel, Saul, David und Salomo. Sauls Tragik wird auf unbewusste Konflikte zurückgeführt, speziell ein strenges und ambivalentes Vaterbild, das Kastrationsängste schürte. Aggressive Regungen habe er auf David abgelenkt.

- Trosman (1977) zum Dichter T.S. **Eliot** (1888-1965), der nach einer schweren psychischen Krise 1927 in die Anglikanische Kirche übertrat. Seine Konversion sei eine Regression zurück in die ödipale Phase, aber eine Regression im Dienste des Ichs (Kris 1977), die ihn befähigte, feindselige Regungen gegen seine Frau Vivienne zu bändigen und aufgrund seiner „neuen narzisstischen Balance" zu verlassen, um freier für seine Kunst zu werden.

- Scavullo 1983 zum amerikanischen Jesuiten und spirituellen Bestsellerautor Leonard **Feeney** (1898-1978), der 1948 mit der katholischen Kirche in heftige Konflikte geriet, als er die Gemeinschaft der „Sklaven des Unbefleckten Herzens der Heiligen Maria" gründete, sich antisemitisch äußerte und das Dogma „kein Heil außerhalb der Kirche" so auslegte, alle Nicht-KatholikInnen kämen unvermeidlich in die Hölle. Die Frömmigkeit seiner religiösen Gemeinschaft kreiste ganz um Maria und das Jesuskind; Gottvater spielte keine Rolle. Scavullo deutete dies als Spätfolge des Ödipuskomplexes, wobei die feindseligen Regungen gegen den Vater auf Erzbischof Cushing projiziert worden seien, der schließlich die Exkommunikation aussprach. Feeney arbeitete eng mit der frommen Irin Catherina Goddard Clarke zusammen, die ihn an seine eigene irische Mutter erinnert und die inzestuöse Libido gesteigert habe. In der (Marien-)Frömmigkeit wurde keinerlei Sexualität geduldet, auch nicht zwischen den verheirateten Paaren. Im Alter legte sich Feeneys Marieneifer und kehrte er in den Schoß der Kirche zurück.

- Yarom 1992 zu **Franz von Assisi** (1181-1226). In klassisch psychoanalytischer Manier wird seine Entwicklung einem ungelösten Ödipuskomplex angelastet, der zu heftigen Konflikten mit dem Vater und später zu einer passiv homosexuellen Einstellung geführt habe, erkennbar daran, dass er sich mit jungen Männern umgab. Vatersubstitut sei Jesus geworden. Die Wundmale: symbolische Selbstkastration. Franz von Assisi zeige psychische Ähnlichkeiten mit einem der bekanntesten Fälle Freuds, dem Wolfsmann: SA VIII, 125-232. Dieser, der Sohn eines russischen Großgrundbesitzers, geriet mit 18 Jahren in eine Krise (Nervenzusammenbruch), die durch ein frühkindliches Erlebnis verursacht worden sei: die Beobachtung des elterlichen Koitus a tergo, worauf er als Kind gewünscht habe, von seinem Vater ebenso befriedigt zu werden wie die Mutter (SA VIII, 164).

- Meissner 1992 umfassend zu **Ignatius von Loyola** (1491-1556). Pathogen habe sich ausgewirkt, dass er schon als Säugling die Mutter verlor. Geblieben sei ein Hang zur Schwermut (begründet mit der Hospitalismusthese von Spitz), aber auch die Suche nach ekstatischer Vereinigung mit dem Mütterlichen und die Idealisierung Mariens (11 f., 362 f.). Von großem Einfluss sei auch sein Vater, der als „streng, männlich, phallisch, aggressiv" (363) charakterisiert wird und damit das Männlichkeitsideal Spaniens an der Schwelle der Neuzeit verkörperte. Die verinnerlichten Gehorsamsstrukturen (strenges Über-Ich, 369 f.) habe Ignatius später in seinem Orden umgesetzt und als „Wille Gottes" legitimiert (386). Die schmerzhafte Verwundung vor Pamplona, mehr noch die Verkrüppelung, wird im Lichte psychoanalytischer Narzissmustheorien gedeutet: Aus der narzisstischen Kränkung habe bei Ignatius Stolz und Eitelkeit resultiert (34-43), aber auch seine Mystik, die „Sublimation seines Narzissmus" sei (388). An der Studie zu schätzen ist die ausführliche Berücksichtigung des sozioreligiösen und soziokulturellen Kontextes: „Ignatius war auch ein Produkt seiner Kultur und seiner Zeit" (38).

- Dundes 1977 zu **Jesus**, der in seiner ödipalen Phase sich nicht gegen seinen Vater aufgelehnt, sondern sich ihm unterworfen habe und mit ihm eins und zugleich sein eigener Erzeuger geworden sei.

- Simo 1983 ebenfalls zu **Jesus**, der seinen Vater symbolisch getötet habe, nämlich durch die jungfräuliche Geburt. Im Unterschied zu Ödipus, der bestraft wurde, sei Jesus mit dem ewigen Leben an der Seite seiner Mutter belohnt worden.

- Weigert 1972 zu **Kierkegaard**. Seine melancholischen Gemütsschwankungen rührten aus der frühen Kindheit, speziell seiner symbiotischen Beziehung zum Vater, der sein Leben lang darunter litt, dass er als Jugendlicher Gott verfluchte. Sören sei dafür, wie Isaak, in eine Opferrolle gedrängt worden (vgl. seine Anläufe zu Gen 22 in »Furcht und Zittern«, Kierkegaard 1976). Aber er habe sich, als Erwachsener unermüdlich schaffend, durch den Ödipuskomplex durchgearbeitet und das Über-Ich in dem Maße zurückgedrängt, in dem er seine Ich-Integration vorantrieb. Entwicklung wird als Ich-Leistung aufgefasst.

- Saffady 1973 zum Lordkanzler und Märtyrer Thomas **Morus** (1477-1535). Mit sechs Jahren verlor er seine Mutter, worauf sich sein Vater wieder verheiratete, insgesamt noch dreimal. Der frühe Mutterverlust habe zu einer pathologischen Identifikation mit ihr geführt, später auch dazu, dass für den Verfasser der »Utopia« Gott zu Vater *und Mutter* geworden sei. Früher Mutterverlust erzeuge auch ungebührlich starke Abhängigkeit vom Vater, den er die Zeit seines Lebens hoch schätzte, aber um den Preis, die gegen ihn gerichteten feindseligen Gefühle – speziell weil er wieder heiratete und so die Mutter verraten habe – verdrängen zu müssen. Daraus hätte latente Homosexualität resultiert, aber auch ein Hang zu Sadomasochismus, ausgelebt in der starken Identifikation mit dem Gekreuzigten. Seine entschiedene Kritik an den Heiraten von Heinrich VIII. verdanke sich der tiefen Ablehnung der wiederholten Eheschließungen seines Vaters, und damit letztlich der Idealisierung der früh verstorbenen Mutter.

- Thilo (1985) zu **Paulus** mit der These, sein Ich sei anfänglich von einem starken Über-Ich bedrängt worden, das aus der Identifikation mit dem Vater sowie seinem Lehrer Gamaliel hervorgegangen sei. Seine Bekehrung habe darin bestanden, dass er sich mit den zuvor Angegriffenen (Jesus und den ChristInnen) identifizierte – ein klassischer Abwehrmechanismus. Als er in der Jerusalemer Gemeinde nicht gleich als Apostel anerkannt wurde, sei er in seinem Größenselbst narzisstisch gekränkt worden. In dem Maße, in dem er aufgrund der Missionstätigkeit das Über-Ich in sein Selbst integrierte, gewann er Freiheit und Identität: „Wir versuchten nachzuweisen, dass der Weg des Paulus eben der ist, der von infantiler und ödipaler Identifikation hinführt zur reifen Identität" (14). Thilo bezieht sich auf den späteren Freud (seine Theorie der Identifikation, SA I, 501-503) sowie Kohut 1979.

1.7 „Unterhalb des Nabels"[342] oder mitten in der Psyche? Kritik[343]

Das schwerstwiegende Problem psychobiographischer Studien war und ist die Quellenlage. Schon Freud, in seinem »Leonardo«, verwies auf die „Unsicherheit und Lückenhaftigkeit des Materials, welches die Überlieferung für diese Person bereitstellt".[344] Psychobiographien stehen und fallen mit den Quellen. Problematisch ist nicht nur ihre Fragmentarität.[345] Auch umfangreiche Materialien, etwa Biographien und Autobiographien, sind nicht ohne Probleme. Erstere deswegen nicht, weil BiographInnen, von ihren ‚Helden' eingenommen, vielfach beschönigen, was schon Freud nicht entging.[346] VerfasserInnen von Autobiographien stehen in der Gefahr, Beschämendes zu verschweigen, Unliebsames zu entschärfen und jenen Tü-

- Ulonska 1989 ebenfalls zu **Paulus**, insbesondere 2 Kor 12,7-10, wo der Völkerapostel vom „Pfahl im Fleisch" spricht und beteuert, sich nicht groß machen zu wollen. Dies sei Ausdruck einer Krankheit, mitbedingt durch starke Über-Ich-Abhängigkeit, früher von der Thora, nach der Konversion vom Kyrios. Vor allem legt der Autor die problematische, weil infantilisierende Wirkungsgeschichte von 2 Kor 12,10 b dar: „Wenn ich schwach bin, dann bin ich stark".

- Klessmann 1989, auch er zu **Paulus**, wobei er neben psychoanalytischen Konstrukten (Strukturmodell Es, Ich, Über-Ich) auch Eriksons Identitätstheorie (Abschnitt 2.1) heranzog. „Unbewusste Anteile seiner alten jüdischen Identitätsstruktur" (170) hätten auch nach der Bekehrung und der Identifikation mit dem Kyrios weiter bestanden und erklärten seinen Eifer und die Ambivalenzen in seiner Theologie, vor allem den in Röm 7 geschilderten Kampf „zwischen Es und Über-Ich"; letzteres sei in seiner Kindheit durch eine zu gesetzesstrenge Umgebung und Erziehung verhärtet worden.

- Hutch 1991 zu **religiösen Führern**, unter anderem Blavatsky, Aurobindo, Kübler-Ross, Ramakrishna. Religiöses Charisma resultiere aus frühestkindlichen Erfahrungen speziell mit der Mutter.

- Rancour-Lefferiere 1998, bes. 169 zu Leo **Tolstoj** (1828-1910), der aufgrund narzisstischer Kränkungen sensu Kohut (Absenz der Mutter) die Zeit seines Lebens an einem niederen Selbstwertgefühl gelitten und dies nicht nur durch sein Schreiben kompensiert habe, sondern, vor allem im Alter, auch damit, dass er sich mit einem idealisierten Gott identifiziert habe.

[342] So Eloesser in seiner Kritik an einer psychoanalytischen Studie von Reik zu Goethe; aus Cremerius 1971, 19.

[343] Die Ausführungen umfassen nicht die gesamte Kritik der Psychoanalyse, insbesondere nicht die ihres wissenschaftstheoretischen Status: Perrez 1979, Grünbaum 1988.

[344] Freud SA X, 156.

[345] Girgensohn 1930, 7: „Wie war der Apostel (Paulus) als Kind? Hat er eine normale oder abnormale Entwicklung gehabt? ... Ähnliche Lücken finden sich in dem besten biographischen Material." Vgl. Anderson 1981, 470 f.; Mack 1971, bes. 154.

[346] Freud SA X, 152. „Sie (die Biographen, A.B.) geben sich dann einer Idealisierungsarbeit hin, die bestrebt ist, den großen Mann in die Reihe ihrer infantilen Vorbilder einzutragen, etwa die kindliche Vorstellung des Vaters in ihm neu zu beleben."

cken zu erliegen, die die Psychologie der Selbstdarstellung enthüllt.[347] Freud kritisierte Autobiographien als „wertlos" aufgrund ihrer „Verlogenheit",[348] was ihn aber nicht hinderte, Schrebers Autobiographie zu analysieren.

Hinzu kommt, dass bei Verstorbenen das in der Psychoanalyse „beste Werkzeug ..., die verschlossenen Fächer des Seelenlebens (zu) eröffnen",[349] nicht benutzt werden kann: die Übertragung, die „*der* Gegenstand der Psychoanalyse – und nur der Psychoanalyse" sei.[350] Sie besteht darin, dass die zu Analysierenden ihre eigentlichen Regungen, die aus der frühen Kindheit das (unbewusste) Seelenleben determinieren, auf die AnalytikerInnen projizieren. Aber: Verstorbene können sich nicht mehr auf die Couch legen.[351] Ihre Analyse basiert auf Materialien, die entweder durch sie selber gedeutet wurden, speziell Autobiographien,[352] oder eine (selektive) Deutung durch andere erfahren haben. Infolgedessen seien Psychobiographien stets ein „dubioses Unterfangen".[353]

Kritikwürdig ist an den psychoanalytischen Studien zudem:

- dass sie die ‚psychologischen' Erkenntnisse nicht erweitern, sondern bloß affirmativ bestätigen (1.7.1),

- dass sie fragwürdige Konstrukte in Personen aller Zeiten und aller Kulturen hineinprojizieren (1.7.2),

- dass sie in mehrfacher Hinsicht reduktionistisch sind (1.7.3).

1.7.1 Wenig Erkenntniszuwachs

Ein gravierendes Problem dieser Studien besteht darin, dass sie die psychologische Theoriebildung nicht weiterbringen. Ob Leonardo, Echnaton, Thérèse, Freud selber: Ihre Lebensläufe, wie unterschiedlich sie auch waren, zu welch verschiedenen religiösen oder areligiösen Überzeugungen sie auch führten – allesamt bestätigen sie die Psychoanalyse.[354] Ergeht es dem

---

[347] Mummendey 1995, vgl., auf die Autobiographie zentriert, Neumann 1970.
[348] Freud 1960, 387.
[349] Freud SA I, 427.
[350] Meerwein 1977, 364, kursiv A.B.
[351] Johnson 1977, 7; Bainton 1977, 19; Runyan 1984, 202-204.
[352] Henritz 2001 verneint, dass Autobiographien authentische Informationen aus der Kindheit, die in psychoanalytischer Sicht die Schlüsselphase des Lebens ist, liefern; sie würden enthüllen, wie die SchreiberInnen ihre Lebensgeschichte aktuell interpretieren.
[353] Johnson 1977, 9.
[354] Jüttemann 1992, 84: „Bereits vorliegende Begriffe, Deutungsmuster oder Theorien (werden) auf ein erhobenes Material (angewendet)."

„psychoanalytisch geschulten Leser"[355] nicht wie dem verliebten Faust: „In jedem Weibe erblickte er Helenen"? Genau gleich erblickten die referierten AutorInnen in den Viten religiöser Gestalten, speziell in deren Kindheit, stets ödipale Verstrickungen, homoerotische Neigungen, Inzestwünsche.[356] Sie seien geradezu „beglückt" gewesen, „die bereits gemachten Entdeckungen an großen Persönlichkeiten zu erproben und dabei ihre Ubiquität bestätigt zu finden".[357] Bezeichnend ist, wie C.G. Jung Freuds Leonardo lobte:

> „Wenn's überhaupt so war, so kann es nur so gewesen sein, wie Sie sagen. Was der Menschenpöbel dazu sagt, ist ganz einerlei – die Sache ist schön und führt zu höheren Kreisen der Erkenntnis."[358]

Aber anstatt ein Menschenleben in das Prokrustesbett einer Theorie hineinzuzwängen, wäre zu prüfen: Hätte es nicht auch anders gewesen sein können? Bei Leonardo *war* es anders, weil sich seine Kindheitsphantasie, auf der Freuds Analyse basiert, nicht auf einen Geier, sondern auf einen Milan bezog. Und bei Thérèse: Ist ihre Störung im Alter von neun Jahren auf verdrängte Inzestwünsche zurückzuführen? Warum nicht – viel näher liegend – auf die Angst, die Schwester Pauline, für sie die „Mutter", an den Karmel zu verlieren?[359] Einfachere, ökonomische Erklärungen verdienen vor weit her geholten und skurrilen den Vorzug.

Vollends unseriös wird es, wenn KritikerInnen psychoanalytischer Konzepte unterstellt wird, „die treuesten Freudianer zu werden, wenn sie die stärksten Geschütze gegen die analytische Theorie auffahren".[360] Wenn Kritik an einer Theorie zu deren Bestätigung umfunktionalisiert wird, erstarrt der Prozess des Erkenntnisgewinns und bleibt ein schaler Nachgeschmack von Arroganz, so in der Behauptung: „Der Psychoanalytiker ödipalisiert nicht, sondern er stellt fest, dass der Analysand dies tut."[361]

---

[355] Freud SA VII, 201.

[356] Bezeichnend ist ein Bericht von Girgensohn 1930, 417, der einem Psychoanalytiker schriftliche Assoziationen zu mystischen Texten vorlegte, worauf dieser „die obligaten sexuellen Komponenten, Homosexualität usw. reichlich bekundet gefunden" habe.

[357] Cremerius 1971, 23.

[358] Freud & Jung 1974, 381.

[359] Therese vom Kinde Jesu 1964, 28.

[360] So Paramelle 1978, 49 gegen Deleuze und Guattari, die 1972 den »Anti-Ödipus« herausgaben

[361] Paramelle 1978, 58. Davon sind jüngere Psychoanalytiker abgerückt, etwa Raguse 1997, 171: „Der Gegenstand der psychoanalytischen Erkenntnis ist damit die innere Realität des Analysanden, aber so, wie sie sich an seiner Wahrnehmung der äußeren Realität manifestiert." – Dieser Standpunkt könnte gleich als kognitionspsychologisch bezeichnet werden und hat mit der klassischen Psychoanalyse wenig mehr gemein.

1.7.2 Invalide Konstrukte

Problematisch ist nicht nur, dass Lebensläufe religiöser HeldInnen dafür funktionalisiert wurden, das „Dogmengebäude"[362] der klassischen Psychoanalyse zu ‚beweisen'. Auch psychoanalytische Konstrukte selber sind zweifelhaft, so der *Ödipuskomplex*,[363] der die religiöse Entwicklung eines Jesus ebenso determiniert habe wie die von Paulus, Mohammed, Luther, Thérèse von Lisieux.[364] Psychoanalytisch kann dies gar nicht anders sein, stamme doch Religion als „allgemein menschliche Zwangsneurose ... aus dem Ödipuskomplex".[365] Gebetsmühlenartig betonen klassische und zeitgenössische PsychoanalytikerInnen, „jeder Mensch hat einen Ödipuskomplex zu bewältigen",[366] genau gleich wie der „kleine Hans", jener Fünfjährige, der an einer Pferdephobie litt, einer der berühmtesten Fälle Freuds.[367] Hinter der Furcht stünde die verdrängte Angst vor dem Vater, den er aus dem Bett der Mutter habe vertreiben wollen. Allerdings wurde ihm dies vom Vater, der die Analyse des Jungen selber vornahm, eingeredet:

> „‚Du möchtest der Vati sein und mit der Mammi verheiratet sein, möchtest so groß sein wie ich und einen Schnurbart haben und möchtest, dass die Mammi ein Kind bekommen soll.'"[368]

Hans sagte schließlich „O, ja". Kein Wunder, dass er, 19 Jahre alt, Freud bekannte, seine Krankengeschichte sei ihm „fremd vorgekommen".[369]

Gleichwohl gilt diese Studie als „empirische Kontrolle" von Freuds Theorie der kindlichen Sexualität im allgemeinen, des Ödipuskomplexes im speziellen.[370] Übrigens mit fatalen Auswirkungen auf Mädchen. In diesen wurden kleine Verführerinnen gesehen. Was als sexueller Missbrauch zu recht verfolgt wird und stets von Erwachsenen ausgeht, würden sie insgeheim selber wünschen.[371] Dabei hatte Stern bereits 1923 gezeigt, dass die

---

[362] So Bühler 1978, 164 bereits 1927.

[363] Greve 1996, Shafranske 1995, 223 f.; Eschenröder 1986, 62-92; Zimmer 1986, 169-192; Stannard 1980, 83-93; Deleuze & Guattari 1974.

[364] Hitschmann 1947 benennt weitere Persönlichkeiten, deren Religiosität in der ödipalen Phase festgelegt worden sei: Comte, Lagerlöf, Hamsun, Dauthendey, Johnson, Gandhi.

[365] Freud SA IX, 177; ebenfalls die Mythen: Rank & Sachs 1913, bes. 25.

[366] Van der Sterren 1986, 30, 59 f. Kernberg 2000 charakterisiert unter Bezugnahme auf Chasseguet-Smirgel 1986 die ödipale Situation als „universalen menschlichen Konflikt" (212); vgl. Vogt 1990, 917 zu Chasseguet-Smirgels Konzept der archaischen Matrix des Ödipuskomplexes.

[367] Freud SA VIII, 9-123.

[368] Ebd. 82.

[369] Ebd. 123.

[370] Jones 1984 II, 308. Freud, SA I, 307 spricht von einer "unmittelbaren Beobachtung".

[371] Dagegen das engagierte Plädoyer von Rijnaarts 1991, bes. 197. – Freud SA I, 328 registrierte im Umgang jüngerer Mädchen mit ihrem Vater „eine bereits mit den Mitteln der späteren Weiblichkeit arbeitende Koketterie", woran ersichtlich wird, wie

Freudsche Sicht der kindlichen Sexualität eine „unberechtigte Rückwärts-
projektion der komplizierten erwachsenen Persönlichkeitsstruktur in die
früheren und frühesten Lebensphasen darstellt".[372]

Dass sich Hans vor Pferden fürchtete, lässt sich ökonomischer erklären:
lerntheoretisch.[373] Ein empfindsames Kind, entsetzt sehend, wie ein Pferd
zusammenbricht, kann eine konditionierte Angstreaktion auf Pferde verall-
gemeinern. Auch wenn Phobien nicht ohne weiteres klassisch anzukonditi-
onieren sind,[374] ist diese Alternativerklärung gleichwohl ernst zu nehmen,
weil sie sich mit der Sichtweise des kleinen Hans deckt:

> „Wie das Pferd vom Stellwagen umgefallen ist, hab' ich mich so sehr er-
> schrocken, wirklich! Wie ich gegangen bin, hab' ich sie gekriegt." [375]

Von einer empirischen Validierung des Ödipuskomplexes, der wie kaum
ein anderer Komplex in die Alltagspsychologie einging und in den Psychobiographien redundant bestätigt wurde, auch in solchen neueren Da-
tums,[376] kann nicht die Rede sein. Auch die Studie von Hall über ödipale
Traummotive behebt dieses Defizit nicht. Dass in Träumen „mehr aggressive Begegnungen mit männlichen Fremden vorkommen",[377] beweist
nicht, dass fünfjährige Jungen ihren Vater beseitigen, gleichaltrige Mädchen von diesem ein Kind haben möchten, sondern allenfalls, dass Männer
als aggressiver wahrgenommen werden. Empirisch erwiesen ist hingegen,
dass sowohl Jungen als auch Mädchen in den ersten sechs Lebensjahren
die Mutter vorziehen.[378] Die Frömmigkeit der Thérèse von Lisieux aufgrund verdrängter ödipaler Wünsche? Diese Mutmaßung ist haltlos und
wirft die Frage auf, warum ein Psychoanalytiker sie überhaupt äußerte.
Weil dem „verehrten Meister Freud" hörig? Oder weil Duff die Psychoanalyse zu einer geschlossenen Weltanschauung erhob, zu einer „Religion",
die sich immunisiert, indem sie beansprucht, alles zu erklären, auch die
Psychoanalyse-Kritik?[379] Nur höchst begrenzt erklärt sie jedoch religiöse
Entwicklung, sodass befremdet, wenn noch im Jahre 2000 gefordert wer-

---

wenig er das Kind selber bzw. wie sehr er in diesem Motive Erwachsener wahrnahm.
Dazu auch Masson 1984.

[372] Stern 1981, 216 und 220.
[373] Wolpe & Rachmann 1973, 397 ff.
[374] Davison & Neale [3]1988, 169.
[375] Freud SA VIII, 42.
[376] Dundes 1977, Simo 1983 bei Jesus; Yarom 1992 zu Franz von Assisi.
[377] Hall 1973, 143.
[378] Valentine 1942; Bowlby 1975, 282 spricht vom Vater als einer „Nebenfigur". Differenziert: Schmidt-Denter 1988, 48 f.
[379] Zimmer 1982, 17. Dass die Psychoanalyse alles erkläre, betrachtet Popper 1969, 38 f.
gerade nicht als Stärke, sondern Schwäche; sie gehöre zu jenen imposanten und alles
erklärenden Theorien, die „auf Schwachköpfe wie Offenbarungen" wirken.

den konnte, den Ödipuskomplex als Anfang von Kultur und Religion zu „rehabilitieren und zu bekräftigen".[380]

Klassisch psychoanalytisch gelten religiöse Handlungen und Symbole als verhüllte Darstellungen sexueller Libido und Akte,[381] was die Betroffenen, weil „der Vorgang der Symbolisierung unbewusst" ist,[382] nicht wissen – sondern nur die PsychoanalytikerInnen. Aber ist die Theorie der Sexual-symbolik, die Pfister auf Ebner und Zinzendorf anlegte und in psychoanalytischen Biographien noch und noch begegnet, valide? Empirisch überprüft wurde sie von Eysenck und Soueif mit 900 ägyptischen StudentInnen.[383] Diese hatten geometrische Figuren, teils längliche, Freud zufolge Symbole des Penis,[384] aber auch rundliche (Vagina) daraufhin zu beurteilen, ob sie ästhetisch ansprechen oder nicht. Entgegen der von Freud hergeleiteten Hypothese, die Studierenden würden die Symbole der Andersgeschlechtlichen gefälliger finden, präferierten Studenten längliche Formen, Studentinnen hingegen rundliche. Stern kritisierte die Theorie der Sexual-symbolik bereits 1923 als „fessellose Deuterei", in der allen Verhaltensweisen eine „unbewusste sexuelle Note herauspräpariert" wird.[385]

Mehrere Studien behaupten, verdrängte homoerotische Neigungen hätten die religiöse Entwicklung determiniert, so bei Swedenborg, Zinzendorf, Franz von Assisi. Aber wie plausibel ist die klassisch psychoanalytische Ätiologie von Homosexualität? Und welches sind, wenn sie verdrängt wird, die Folgen? Ist es in der Tat, wie Freud als „gesetzmäßig" behauptete, die Paranoia,[386] die bei entsprechendem Umfeld religiös eingefärbt wird?

Freud zufolge ist der Mensch ursprünglich bisexuell und sei es keineswegs selbstverständlich, dass er heterosexuelle Strebungen entwickelt.[387] Vor allem dann nicht, wenn ein Junge eine „sehr intensive, aber kurzfristige Fixierung an das Weib (zumeist die Mutter) durchmacht".[388] Daraufhin identifiziere er sich als Frau und nehme sich narzisstisch selbst zum Sexualobjekt. Empirisch in der Form einer Längsschnittstudie überprüft hat dies

---

[380] Haas 2000, 1136.
[381] Auch Motive in der Bibel: Freud SA I, 170 f.; Überblick: Bucher 1992, 19-23, 32 f., und nicht zuletzt das Rosenkranzgebet als Entschädigung für die Verdrängung von Analität: Carroll 1987.
[382] Jones 1978, 61.
[383] Eysenck & Soueif 1973.
[384] Freud SA I, 164 f.; SA II, 345-394.
[385] Stern 1981, 210; vgl. Zimmer 1986, 232-238; Neumann 1980, 49-89.
[386] Freud SA I, 304; vgl. Ferenczi 1911, 122: "Paranoia (ist) vielleicht überhaupt nichts anderes als entstellte Homosexualität".
[387] Freud SA V, 52 f.
[388] Ebd. 56.

Green.[389] Ergebnis: Für Homosexualität sind keineswegs die Mütter ausschlaggebend, weil sich kein Zusammenhang zwischen sexueller Orientierung und dem Ausmaß und der Art ihrer Interaktion mit den Söhnen nachweisen ließ. Vielmehr werden gewichtige Fakten berichtet, wonach Homosexualität, auch in der Tierwelt praktiziert,[390] endokrinologisch (Östrogenisierung) bedingt und „überwiegend vererbt" sein könnte.[391] „Die von Freud beschriebenen epigenetischen Faktoren zur Klärung der Objektwahl reichen nicht aus."[392] Haltlos ist vor allem die Unterstellung, Homosexualität schüre neurotische Erkrankungen,[393] speziell Paranoia, oft religiöser Art. Dahinter steht eine Pathologisierung der Homosexualität, die Freud als erste der „sexuellen Abirrungen" erörterte.[394]

1.7.3 Reduktionismen noch und noch

Reduktion auf frühe(ste) Kindheit und auf eine *Erklärung:* Psychogenese und religiöse Entwicklung werden in den Studien reduktionistisch auf frühkindliche Erfahrungen zurückgeführt,[395] die, wenn sie biographisch nicht verbürgt sind, auch erfunden werden können. So mutmaßt Pfister bei Margaretha Ebner einen Elternkomplex. Lowtzky führt die Interpretation der Paradiesschlange durch die Seherin Anna Schmidt darauf zurück, sie habe als Kind „aller Wahrscheinlichkeit nach ... einen Koitus ihrer Eltern belauscht".[396] Die Visionen, die Swedenborg nach der Lebensmitte überwältigten: Weil ihm als Dreijähriger mit der Kastration gedroht worden sei? Aber ein schlüssiger Beweis dafür, dass zwischen diesem von Winterstein behaupteten Trauma (x) und den Visionen (y) adäquate Kausalität besteht (x $\Rightarrow$ y), wird nicht erbracht, weil nicht auszuschließen ist, dass andere Faktoren diese seherische Frömmigkeit begünstigten (x, oder a, b, c, etc. $\Rightarrow$ y). Auch Freud selber machte es sich mit der Kausalität (oft) leicht. In seiner Analyse einer Kindheitserinnerung Goethes – er schmiss als Dreijähriger Geschirr auf die Straße und freute sich, „dass es so lustig zerbrach"[397] – bezog er diesen Streich auf die zuvor erfolgte Geburt eines

---

[389]   Green 1987.
[390]   Sommer 1990, 110-131.
[391]   Meyer 1994, 192-197.
[392]   Ebd. 346.
[393]   Freud SA I, 304: „Der Nachweis homosexueller Regungen (misslingt) bei keinem einzigen Neurotiker".
[394]   Freud SA V, 48-58.
[395]   Freud SA III, 231: Das Schicksal eines Menschen sei „durch frühkindliche Einflüsse determiniert"; SA I, 307: „Alle Perversionsneigungen (wurzeln) in der Kindheit", u.ö. Nur *eine* psychodynamische Ursache zu verfolgen ist auch für den Psychohistoriker Anderson 1978, 15 f. sowohl reduktionistisch als auch eklektisch.
[396]   Lowtzky 1927, 94.
[397]   Goethe 1977, 16 in »Dichtung und Wahrheit«.

Bruders: „So wollen wir diese Annäherung (zweier Ereignisse, A.B.) auf Zusammenhang umdeuten",[398] d.h. der kleine Goethe habe symbolisch den Bruderrivalen Hermann Jakob außer Hauses befördert. Dass eine Kontingenz zweier Ereignisse nicht zwingend Kausalität ist, wird Erstsemestrigen in den Sozialwissenschaften damit eingeschärft, mehr Störche am Chiemsee seien nicht zwingend die Ursache für mehr Geburten im Chiemgau.

Ohnehin ist die Traumatheorie, die breit in die Alltagspsychologie einging und vielen Eltern ein schlechtes Gewissen bereitete – wird das Kind Pessimist, wenn zu früh abgestillt?[399] Geizhals, wenn zu früh aufs Töpfchen gesetzt?[400] – umstritten. Die meisten Studien, die die psychoanalytisch prognostizierten Zusammenhänge zwischen frühen Kindheitserfahrungen und späteren Persönlichkeitseigenschaften, die auch auf die Religiosität abfärben, nachweisen wollten, scheiterten.[401]

Somit besteht wenig Evidenz, dass die in den Viten von Leonardo, Swedenborg, Thérèse von Lisieux, Luther und anderen berichteten frühkindlichen Erfahrungen die (religiöse) Entwicklung bis ins Erwachsenenalter determinierten, so bei Thérèse die als Kleinkind verdrängten Inzestwünsche ihre Frömmigkeit und ihren Wunsch, jung zu sterben. Hinter dieser These steht ein deterministisches Bild des Menschen bzw. des Kindes, wonach dieses primär passiv, Opfer der Umstände ist, speziell der Mütter. 1965 beschrieb Frank das Syndrom der „neurotogenen Mutter" und fand, diese hätten häufig entsprechend gestörte Kinder. Als die Gegenprobe gemacht wurde, zeigte sich, dass auch psychisch stabile Kinder ebenso oft in Familien aufwuchsen, in denen die Mütter überbehütend und besitzergreifend waren, die Väter hingegen passiv.[402] Die Determinierung des gesamten Lebens, einschließlich der Religiosität, durch frühkindliche Erfahrun-

---

[398] Freud SA X, 263.

[399] Arlow 1979, 12 f.

[400] Freud SA VII, 25 f.: Geizige Menschen hätten „verhältnismäßig lange gebraucht, bis sie den infantilen incontinentia alvi Herr geworden sind"; Jones 1978, 133: „Alle Sammler sind Analerotiker". Kline 1973, 113, ein Verfechter Freuds, räumt jedoch ein, „objektive Beweise ... für die psychoanalytische Ätiologie (des analen Charakters, A.B.) liegen praktisch keine vor". Sein eigener Versuch, solche Zusammenhänge zu belegen, erbrachte schwach positive Korrelationen zwischen Analität und der Neigung zu Zwanghaftigkeit, die auch in der Religiosität ausgelebt werden kann, Drewermann 1989, 453 f. zufolge vorzüglich in der katholischen Priesterexistenz.

[401] Yarrow 1973 behauptete Zusammenhänge zwischen Entwöhnung und Daumenlutschen und fand „eine eindeutige Tendenz zu stärkerem und längerem Daumenlutschen unter den spät entwöhnten Kindern" (50). Doch dies besagt nichts über die postulierten Ursprünge von Pessimismus in der oralen Phase, von experimentellen Mängeln wie dem abgesehen, dass nicht überprüft wurde, ob die früher entwöhnten Kinder einen Schnuller hatten oder nicht..

[402] Frank 1965.

gen ist ein „Mythos".[403] Er kann die Fehlhaltung begünstigen, bei Problemen die ,schuldigen' Kindheitsumstände, speziell die ,bösen' Eltern zu beklagen, anstatt im Hier und Jetzt neue Wege zu suchen. Ohnehin: Kinder sind zwar verwundbar, aber sie sind auch stärker und weniger leicht besiegbar, als sie in der klassischen Psychoanalyse gesehen werden.[404] „Ob aus dem Kind später ein Verbrecher oder Heiliger wird", entscheiden nicht die „ersten fünf Lebensjahre".[405] So viele weitere persönlichkeitsprägende Einflüsse, die erst *nach* dem fünften Lebensjahr wirken, zu vernachlässigen, ist reduktionistisch.

Ausblenden von Geschichtlichkeit und Kontextualität: Reduktionistisch ist, dass die Studien die Geschichtlichkeit und soziokulturellen und sozioreligiösen Kontexte kaum in Rechnung stellen.[406] Ob am Hof des Pharao in der XVIII. Dynastie (Echnaton), ob in Galiläa zur Zeitenwende (Jesus), ob in der Renaissance (Leonardo), ob im Wien des fin de siècle (Freud): Die Mechanismen der religiösen Entwicklung (Verdrängung, Projektion, Sublimierung etc.) werden als ubiquitär behauptet. Dies ergibt sich aus der psychoanalytischen Sicht des Unbewussten: „Die Vorgänge des Systems *Ubw* sind *zeitlos*, d.h. sie sind nicht zeitlich geordnet, werden durch die verlaufende Zeit nicht abgeändert."[407]

Wohin diese geschichtsblinde Sicht führen kann, zeigen die in 1.1 erörterten Pathographien Jesu, die diesem Paranoia und Psychosen nachsagten, weil er mit Dämonen redete und den Satan vom Himmel fallen sah (Lk 10,18). Dabei wird verkannt, wie sehr die Dämonen zum damaligen Weltbild gehörten, dass sie für die damaligen Menschen wohl noch realistischer waren[408] als psychologische Konstrukte wie „Neurose" oder „Psychose" für uns.[409] Auch ist bei Psychobiographien von Persönlichkeiten aus anderen Zeiten oder Kulturen zu bedenken, dass unser Bild des Menschen – als ein zur Ich-Identität bestimmtes Individuum – an den damals (oder dort) vorherrschenden Anthropologien vorbeigehen kann. So ist im Neuen Testament das Verhältnis zwischen Mensch und Gott, das wir überwiegend

---

403 Nuber 1995.

404 Stone 1982, bes. 220; Werner & Smith 1982, Runyan 1984, 210-214; Dornes 1993.

405 Eissler 1975, 599. Ringel & Kirchmayr 1986, 14 behaupteten: „Die entscheidenden krankmachenden Veränderungen finden in den ersten sechs Lebensjahren statt; sie erzeugen die Neurose."

406 Anderson 1978, bes. 15; Stannard 1980, 151: „Psychohistorie, in einem Wort, ist ungeschichtlich. Das ist ihr ärgster Fehler." (übersetzt A.B.)

407 Freud SA III, 145.

408 Roskoff 1987, 199-212.

409 Berger 1991, 69: „Von zentraler Bedeutung für historische Psychologie ist die Frage, was als Besessenheit erfahren wurde. Dabei ist es grundsätzlich außerordentlich schwierig, ja wohl unmöglich, diese komplexen antiken Erfahrungen mit modernen Krankheitsbildern zu umschreiben."

subjektiv konzipieren – die Psychoanalyse auch – „nicht strikt individuell zu denken, sondern es hat bedeutende kollektive Dimensionen".[410]

Für die religiöse Entwicklung zu bedenken sind auch soziokulturelle Faktoren wie Erziehungsvorstellungen und –praktiken sowie damit verbundene Rollenvorstellungen von Mutter und Vater. Mehrere Studien berichten von hart erziehenden Vätern (Luther), die – so bei Swedenborg – die Kastration angedroht und dadurch in einem Jungen eher die ödipalen Regungen provoziert hätten, die für die Herausbildung einer Gottesvorstellung notwendig seien. Solche Impulse berichtet ein Proband der Religionspsychologen Schjelderup: „Wie gut könnte ich es haben, wenn mein strenger Vater an einem seiner Blutstürze sterben würde."[411] Dieser Vater erzog, in einem lustlosen pietistischen Milieu, sein Kind mit dem Ziel, seinen Willen zu brechen. Dem gegenüber haben sich die Erziehungsvorstellungen deutlich gewandelt: Der klassische bürgerliche Gehorsamshaushalt, zu Freuds Lebzeiten die Regel, liberalisierte sich zu einem Verhandlungshaushalt.[412]

Reduktion der Religiosität auf Libido: Die von Freud inspirierten Psychobiographien sind auch insofern verkürzend, als sie Religiosität als Derivate anderer Faktoren ‚enthüllen': so die innige Frömmigkeit eines Zinzendorf oder einer Thérèse als Ausfluss nicht ausgelebter Libido.[413] Aber es unterblieb, das *subjektive* religiöse Bewusstsein der analysierten Personen zu rekonstruieren und ernst zu nehmen. Vielmehr werden diese als förmliche Spielbälle verdrängter und unbewusster Triebkräfte gezeichnet. Nur einem Teil sei es gelungen, Libido in eine ethisch akzeptierte Form der Religiosität zu sublimieren, etwa Paulus.

Nicht geklärt wurde, wer sublimiert: Die Libido sich selber? Oder das Ich, sodass Religiosität eine Ich-Funktion wäre?[414] Die Seele wird als „Dampfmaschine" gesehen,[415] deren Druck abzuführen ist. Dafür kann auch Religiosität ein Ventil sein, ein zu überwindendes zwar, aber doch tauglich genug, als „Illusion" zu dienen und bestenfalls keine persönliche Neurose ausbilden zu müssen, weil Religion als kollektive Neurose „das Bild der realen Welt (dermaßen, A.B.) wahnhaft entstellt", dass Menschen ihr Dasein erträglich und illusionären Trost finden können.[416] Dass Religiosität

---

[410] Ebd. 59. Der moderne Begriff der Identität des Ich / des Selbst unterscheide sich von den neutestamentlichen Vorstellungen „grundlegend" (ebd. 55).
[411] Schjelderup & Schjelderup 1932, 31 f.
[412] Büchner ³1991. Dass ödipale Konstellationen bestimmte innerfamiläre Konstellationen voraussetzen, erörterte Suttie bereits 1935.
[413] Freud SA VII, 19 f.: Religiosität ergibt sich aufgrund des „Verzichts auf gewisse Triebregungen ..., denen ... ein sexueller Beitrag meist nicht versagt ist."
[414] Girgensohn 1930, 414-422; vgl. auch Andres 1944, 46; ausführlich zu „Sublimierung": Brown 1962, 172-222.
[415] Zimmer 1986, 118-130.
[416] Freud SA IX, 216.

aber oft ein starkes Motiv war und ist, die Gesellschaft zu verändern, wird ausgeblendet. Dem gegenüber hat die bindungstheoretische Sicht auf Religiosität freigelegt, wie wichtig diese für die Persönlichkeitsentwicklung sein kann,[417] von den positiven Effekten religiöser Überzeugungen bei der Bewältigung kritischer Lebensereignisse gar nicht erst zu reden.[418]

Reduktion auf die Vater-Religion: Verkürzt erklärt wird die bei Echnaton, Leonardo u.a. angeblich erfolgte Genese des Gottesbildes: als Projektion des *Vater*imagos in die Transzendenz.[419] Aber selbst in patriarchalen Kulturen tragen Gottesbilder auch mütterliche Züge.[420] Die meisten Studien über die Zusammenhänge zwischen Gottesbild und den Elternimagos belegen stärkere Effekte des Mutterbildes.[421] Ohnehin entstehen die ersten Gottesrepräsentanzen *vor* der ödipalen Phase. Dies betonen die TheoretikerInnen der Objektbeziehung, die viele ‚Dogmen' der klassischen Psychoanalyse aufgegeben haben, speziell das Konzept ursprünglich objektloser Triebe.[422]

Die bereits 1932 erschienene Studie der Gebrüder Schjelderup »Über drei Haupttypen der religiösen Erlebnisformen«, von Freud inspiriert, „ergänzt". seine Religionspsychologie. Auf der Basis von Fallstudien, überwiegend in therapeutischen Settings, beschreiben sie *drei* Formen von Religiosität:

1. Eine Vater-Religion, deren Genese Freud zutreffend beschrieben habe, und in der die „Schuldgefühl, Furcht und Sühneverlangen sowie Unterwerfung" im Vordergrund stünden.[423]

2. Eine in der ontogenetisch früheren oralen Phase verwurzelte „Mutter-Religion", geprägt durch Sehnsucht nach dem Göttlichen, wie sie an der religiösen Entwicklung des Inders Ramakrishna (1834-1886) verdeutlicht wird.[424]

---

[417] Kirkpatrick 1995, 467.

[418] Pargament 1997.

[419] Ebd. 206: Denn „der gemeine Mann" könne sich die Vorsehung und Gott „nicht anders als in der Person eines großartig erhöhten Vaters vorstellen", vgl. 430 f.

[420] Vergote 1970, 234: „In noch höherem Maße integriert es (das Gottesbild, A.B.) mütterliche Eigenschaften wie Geduld, Tiefe, Innerlichkeit, Zuflucht..." Freilich wirken in solche Urteile Geschlechtsrollenstereotype ein, an denen es, wie von Lerner 1991 gezeigt, in der Psychoanalyse nicht mangelt.

[421] Wulff 1991, 306.

[422] Rizzuto 1979; 1991; Wulff 1991, 317-368.

[423] Schjelderup & Schjelderup 1932, 57; exemplifiziert an Martin Luther.

[424] Ebd. 61-69; über Ramakrishna schrieb der Romançier Romain Rolland 1929 eine Biographie. Freud SA IX, 197 f., zu Beginn seiner Schrift »Unbehagen in der Kultur«, bezieht sich auf das von Rolland in der Biographie Ramakrishnas beschriebene „ozeanische Gefühl", lehnt dieses aber ab, dem Psychoanalytiker Wangh 1989 zufolge, weil es für ihn zu sehr mit frühkindlichen feindseligen Gefühlen gegen seine Mut-

3. Die Selbst-Religion, charakterisiert durch „eigentümliche Phantasien von eigener Göttlichkeit", die psychogenetisch im primären Narzissmus wurzelten.[425] Illustriert wird sie an der religiösen Entwicklung des legendären Begründers des Zen-Buddhismus, Boddhidharma, für den „es überhaupt keinen Gott außerhalb des menschlichen Selbst gibt".[426] Allerdings ist es fragwürdig, zwischen dem frühkindlichen Narzissmus, den die Neoanalyse ohnehin verabschiedet hat,[427] und Meditationsformen, in denen Erwachsene alle Begrifflichkeit von Gott lassen, psychogenetische Bezüge zu behaupten, ohne darzulegen, *wie* die frühe Kindheit mystische Religiosität determiniert.

1.7.4 Was bleiben könnte

Nach so viel Kritik stellt sich die Frage: Ist der Wert dieser psychoanalytischen Studien allenfalls historisch, für heute aber gleich null? Zwar hat sich gezeigt, dass dieses literarische Genre selber eine Entwicklung durchmachte, vor allem hinsichtlich der Wertung der Religiosität: Von militantem Atheismus[428] hin zur Analyse ihrer subjektiven Relevanz (so bei Meissner zu Van Gogh). Auch billigt Wulff Freud zu, der Religionspsychologie ein bleibendes Erbe hinterlassen zu haben, vor allem die Erkenntnis der Dynamik frühkindlicher Erfahrungen für die spätere Religiosität.[429] Allerdings dürfen diese nicht zu *den* Determinanten verabsolutiert werden, weil das Subjekt wesentlich Ko-Konstrukteur seiner Lebensgeschichte ist. Zweifellos können Zusammenhänge zwischen frühen Erfahrungen und späterer Religiosität bestehen. Die demütige(nde) Frömmigkeit der Kleinen Thérèse ist ohne ihre Bravheitserziehung schwer zu verstehen; die Frömmigkeit von Zinzendorf nicht ohne die Fixierung auf die Martern und Wunden Christi in der frühen Kindheit. Als psychoanalytisches Erbe gelten auch die wiederholt nachgewiesenen Zusammenhänge zwischen Elternimagos und Gottesbildern. Diese Zusammenhänge können aber auch

---

ter verflochten gewesen sei. Dem gegenüber erkläre sich Rollands Geborgenheit im ozeanischen Gefühl damit, dass seine Mutterbindung sicherer gewesen sei. Vgl. Harrison 1979. – Über die Muttersymbolik in der Mystik handelt Silberer 1914, ein Weggefährte Jungs, in dessen Tiefen- und Religionspsychologie die Muttersymbolik einen höheren Stellenwert hat, dazu Neumann 1956. Vgl. auch Saffday 1976 zum höheren Stellenwert der Mutterimagos in der (neo-)psychoanalytischen Sicht der religiösen Entwicklung.

[425] Ebd. 57, vgl. die Paraphrase bei Wulff 1991, 318-326.
[426] Ebd. 74. Problematisch daran ist, dass im Zen eine Meditation „ohne Gegenstand" angezielt wird, sodass sich auch der Gottesgedanke erübrigt.
[427] Dornes 1993.
[428] Rattner 1990 a, 194: „Nahezu alle Freudschüler waren militante Atheisten".
[429] Wulff 1991, 315 f.

erklärt werden, ohne dass Dynamiken wie Ödipuskomplex etc. bemüht werden müssen, etwa lerntheoretisch.

Die referierten psychoanalytischen Studien zeigen ferner, dass der Eros auch in die Religiosität hineinwirkt. Für die Verfasser des Hohen Liedes war dies noch selbstverständlich. Aber im Verlauf der Christentumsgeschichte wurde Sexualität oftmals abgespalten und zölibatär unterdrückt, um in vielfach problematischen Frömmigkeitsformen wieder hervorzubrechen, etwa in Ebners Braut- und Kleinkind Jesu-Mystik mit ihrem innigen Interesse an dessen Beschneidung und Vorhaut. Sexualität, weil zum personalen Kern eines Menschen gehörend, sollte bei der Analyse religiöser Entwicklung mitbedacht werden; dass sie dergestalt sublimiert werden kann, dass die Persönlichkeit stabiler und kreativer wird, ist nicht auszuschließen.[430]

Relevant sind psychoanalytische Religionsbiographien am ehesten für die Ätiologie *pathogener Frömmigkeitsformen*, etwa solcher, in denen religiöse Ängste quälen und lähmen,[431] so aufgrund dämonischer Gottesbilder.[432] Von daher ist es kein Zufall, dass PsychoanalytikerInnen, in ihrem Alltag zumeist mit PatientInnen befasst, überwiegend Biographien solcher religiöser Gestalten verfassten, die Verhaltensweisen an den Tag legten, die ungewohnt waren und eher als pathologisch eingeschätzt werden. Albert Schweitzer – dem selbst in der Pathographie von Lange-Eichbaum bescheinigt wird, ein „gesundes Hochtalent" zu sein[433] –, Mutter Theresa, Dietrich Bonhoeffer, David Friedrich Schleiermacher, Martin Luther King und viele andere mehr sind meines Wissens nicht in der Weise psychoanalysiert worden wie Martin Luther oder Paulus. Aus solchen Studien können exemplarische Ratschläge für eine religiöse Erziehung gewonnen werden,[434] die die Heranwachsenden nicht in Feindschaft mit Leib und Geschlechtlichkeit bringt (der junge Luther), keine heteronom-infantile Über-Ich-Religiosität erzeugt, sondern sie auch religiös erwachsen werden lässt.

---

[430] Hood et al 1991 im Hinblick auf die Marienfrömmigkeit.
[431] Nach wie vor Pfister 1944; vgl. Stietencron 1991.
[432] Frielingsdorf 1992.
[433] Lange-Eichbaum [7]1989, 159.
[434] Bereits Lee 1963.

Zweites Kapitel

Religiöse Gestalten in Identitätskrisen und auf dem Weg zur Integrität: Erik Erikson

2.1 Das Lebenslaufmodell von Erik Erikson

Als 1958 Eriksons „psychoanalytische und historische Studie" »The Young Man Luther« erschien, fanden Historiker lobende Worte: Ein „erfolgreicher Durchbruch"; Psychoanalyse könne historische Kenntnisse erweitern.[1] Nach allem, was in 1.7 an den psychoanalytischen Biographien religiöser HeldInnen zu kritisieren war, stellt sich die Frage: Worin besteht der Qualitätssprung dieser Studie, die den Pulitzer Preis errang? Vor allem darin, dass auf Luther ein psychologisches Modell angelegt wurde, das Erikson über die klassische Psychoanalyse hinausführte:

- indem er den „Lebenskreis des Einzelnen von Anfang bis Ende" in den Blick nahm[2] und ein Modell des Lebenslaufs beschrieb, der im Idealfall mit dem in der Säuglingszeit gebildeten Urvertrauen beginnt und mit der Erfahrung von Integrität im hohen Alter schließt (siehe Kasten);

- indem er die libidinöse Entwicklung auf die soziale Dimension hin erweiterte und sein Augenmerk auf die sozialen Netze des Menschen richtete, die sich lebensgeschichtlich ändern;[3]

- indem er, der Kindheit auch bei den Sioux und Yuroks studierte,[4] die Heraufkunft von Ich-Identität abhängig von Kultur und Geschichte sah;[5]

- indem er Krisen im Lebenslauf nicht nur auf vergangene Ereignisse zurückführte, sondern als notwendige „Wendepunkte" in der Entwicklung und damit als zukunftsgerichtet würdigte;[6]

- indem er dem „Ich", in der klassischen Psychoanalyse vom „Es" ebenso bedrängt wie vom „Über-Ich", das Potenzial zubilligte, ein Gefühl

---

[1] Belege bei Johnson 1977, 1 f.; zu Erikson: Conzen 1996, Flammer 1988, 91-108; Adams 1977; zu seiner Religionspsychologie: Homans 1978, Zock 1990.

[2] Erikson 1973, 11.

[3] Erikson 1973, 58 f.

[4] Erikson 1968, 107-184.

[5] Erikson 1973, 47; ders. 1988, 79, wo er „die historische Relativität von Entwicklung und von Entwicklungstheorien" konstatiert. Als Meilenstein würdigt dies Mack 1971, 153.

[6] Erikson 1981, 96.

der zeitlichen „Kontinuität" zu entwickeln und dieses nach Außen hin zu demonstrieren.[7]

Psychosoziale Kri-sen[8]	Bezugspersonen	Psychosoziale Modalitäten	Psychosexuelle Phasen
Vertrauen gegen Misstrauen	Mutter	Gegeben bekom-men, geben	Oral
Autonomie gg. Scham und Zweifel	Eltern	Halten, loslassen	Anal
Initiative gg. Schuldgefühl	Familienzelle	Tun, spielen	Infantil-genital
Werksinn gg. Min-derwertigkeit	Wohngegend, Schule	Etwas „Richtiges" machen	Latenzzeit
Identität gg. Identi-tätsdiffusion	Gruppen, Vorbil-der	Wer bin ich?	Pubertät
Intimität gg. Isolie-rung	Freunde, sexuelle Partner, Rivalen, Mitarbeiter	Sich im anderen verlieren und fin-den	Genitalität
Generativität gg. Selbstabsorption	Arbeit, Ehe	Schaffen, versor-gen	
Integrität gg. Ver-zweiflung	Menschheit	Sein, was man geworden ist	

TheologInnen rezipierten dieses Modell interessiert und ordneten den Sta-dien theologische Schlüsselbegriffe und Bibeltexte zu.[9] So Stadium 1 (Ver-trauen) die Gnade, Mahlgemeinschaften Jesu, den aaronitischen Segen; dem Stadium 2 Schuld, Sünde, das Gleichnis vom verlorenen Sohn etc.[10] Auf die Psychogenese religiöser Persönlichkeiten hat Erikson sein Modell selber angelegt, auf Luther (Abschnitt 2.2) ebenso wie auf Gandhi (2.3); eine umfassende Studie zu John Wesley legte Moore vor (2.4).

2.2 „Ich bin's nit": Der junge Mann Luther

Im Kloster Erfurt sei der Mönch Martin Luther, anfangs zwanzig, als das Evangelium des besessenen Jünglings (Mk 9,14-29) verlesen wurde, auf den Boden gefallen. *„Ich bin's nit!"* (d.h. nicht der Besessene), habe er gebrüllt.[11] Verständlicherweise horcht ein Psychologe auf, dessen weltbe-kanntes Werk in immer neuen Nuancen das Phänomen der Ich-Identität

---

[7] Ebd. 217; vgl. Erikson 1988, wo er sich auf die psychoanalytische Ich-Psychologie speziell von Hartmann bezieht; dazu Wyss [6]1991, 142-147.

[8] Tabelle aus Flammer 1988, 93.

[9] Werbick 1983, Fraas 1983.

[10] Schweitzer 1987, 102 zufolge bleibt jedoch unklar, wie genau „die Verbindung von kindlicher Entwicklung und theologischer Aussage" zu verstehen ist.

[11] Erikson 1975, 21. Er stützt sich auf Scheel 1929, Dok. 533.

umkreist. Obschon Luther diese Episode selber nie berichtete und ihre Historizität umstritten ist,[12] stellte Erikson sie nicht nur an den Anfang seiner Studie, sondern räumte ihr eine Schlüsselfunktion ein. *„Ich bin's nit"* sei „Teil einer sehr ernsten Identitätskrise",[13] der eine langwierige Geschichte vorausging, die Erikson anhand seiner Entwicklungsstadien rekonstruierte, auch klinisches Material einbeziehend, um historische Fakten zu ergänzen.

In der ersten Phase entscheidet sich, ob ein Mensch ein stabiles Vertrauen ins Dasein ausbildet, für Erikson Religion.[14] Hat Luther, dessen Kindheit gemäß traditioneller Geschichtsschreibung versehrt war, Urvertrauen erhalten, speziell von seiner Mutter Margaretha?[15] Obschon er erzählte, von ihr einer Nuss wegen blutig geprügelt worden zu sein,[16] müsse sie „ihm eine Quelle des Grundvertrauens geschenkt haben, mit der er in seinen Kampf ziehen konnte".[17] Wie hätte er so reden und singen können, „wenn die Stimme der Mutter ihm nicht auch vom Himmel gesungen hätte?"[18]

Erikson zufolge versuchte Hans Luther, der in der Landwirtschaft nicht unterkam, aber im Kupferbergbau bis zum Hüttenmeister aufstieg, seinen Sohn „frühzeitig vom Schürzenzipfel der Mutter zu lösen und ihn zu ernsthafter und zuverlässiger Arbeit zu erziehen".[19] Luthers Eltern waren arm.[20] Auch teilten sie die damals gängigen, autokratischen Erziehungsmaximen.[21] Erikson zeichnete von Hans Luther ein negatives Bild: willkürlich, jähzornig, prügelnd.[22] Martin sei „früh aus der Vertrauensphase herausge-

---

[12] Erikson 1975, 38. Grisar 1911, 12, katholischer Kirchenhistoriker, hält sie für historisch; andererseits ist diese Episode von einem erklärten Luthergegner, Professor Dungersheymm, überliefert worden, dies erst dreißig Jahre später. Entschieden bestritten hat sie Scheel 1917, 8 f., der sie für eine Verleumdung hält (Luther als ein vom Dämon Besessener) bzw. ein „kirchlich gebundenes, im üblichen Ketzerschema sich bewegendes Urteil, das für das Verständnis Luthers psychologisch nicht den geringsten Wert hat".

[13] Erikson 1975, 38 f. „Identitätskrise" ist *„der* Gegenstand" von Eriksons Buch (244).

[14] Erikson 1981, 107: Religion war „während der ganzen Geschichte des Menschen bemüht, sein Urvertrauen zu bestätigen".

[15] Siggins 1981.

[16] Luther 1963, 12.

[17] Erikson 1975, 282.

[18] Ebd. 77; vgl. Siggins 1981, 72 f.

[19] Ebd. 282.

[20] Luther 1963, 12: *„Mein Vater ist in seiner Jugend ein armer Häuser gewesen. Die Mutter hat all ihr Holz auf dem Rücken heimgetragen ... Sie haben harte Mühsal ausgestanden, wie sie die Welt heute nicht mehr ertragen wollte."*

[21] Hentschel 1993, 233 f.

[22] Erikson 1975, 62 f.; vgl. auch 82: „Hans Luder gehörte in allen seinen charakteristischen Grundeigenschaften zu den engen, misstrauischen, primitiv-religiösen, katastrophenängstlichen Menschen." Anders hingegen der renommierte Luther-Biograph Scheel [3]1921, 10: „Sozialistische und apokalyptische Gärungen, wie sie das zur Rüste gehende Jahrhundert sah, haben Hans Luther nicht angezogen."

trieben" worden. In der zweiten Stufe (Autonomie gegen Scham und Zweifel) stärkte dies die Disposition für letztere. Erikson präsentiert eindrückliche Aussagen Luthers über das Schamempfinden: *„das eyner fur (vor) Gott mus schamrod werden".*[23] Auch Zweifel bedrängten ihn immer wieder.

Aufgrund des Bisherigen gestaltete sich auch die dritte Phase (Initiative gegen Schuldgefühl) problematisch. Hans Luthers „gebieterische Gegenwart" sei die „ideale Brutstätte für die umfassendste Form des Ödipuskomplexes" gewesen.[24] Martin trat, mit einer „Bürde schwerer Schuldgefühle" beladen und von einem gebieterischen Über-Ich bedrängt,[25] in die Mansfelder Lateinschule ein. Psychogenetisch erreichte er das Stadium von Werksinn gegen Minderwertigkeit. Ersterer wurde von Lehrern, die ihn *„einmal vor Mittag fünfzehnmal geschlagen (haben), ohne jede Schuld",*[26] nicht gefördert. *„Hölle und Fegfeuer"* sei die Schule gewesen, bestens geeignet, wiederholt zu erfahren, „dass Lehrern und Vater niemals etwas gut genug war und dass jede Möglichkeit, es ihnen recht zu machen, immer wie in weiter Ferne schien"[27] - lähmende Minderwertigkeit!

Gemäß Erikson mündet eine solche Kindheit unweigerlich in eine Jugend, die durch eine Identitätskrise verdunkelt wird.[28] Diese nötige den Heranwachsenden zu einem Moratorium, zu „einer Spanne, in der die Kindheit abgeschlossen, Taten und Werke aber die zukünftige Persönlichkeit noch nicht ausweisen".[29] Luther habe sich, nach dem Gelübde im Gewitter vor Stotternheim, entschieden, dieses Moratorium, dem der Abbruch des vom Vater gewünschten Jurastudiums vorausging, im Kloster zu erproben. Damals sei dieses „ein möglicher Weg" gewesen, „die Entscheidung darüber, was man sei und was man werden wolle, hinauszuschieben".[30] Das erste Jahr im Konvent sei denn auch *„fein geruhsam und gotlich"* verlaufen.[31]

Die Primiz, am 2. Mai 1507 gefeiert,[32] beendete die Idylle. Nicht nur habe ihn bei der Präfation Angst gepackt, dass *„ich schier gestorben (wäre), weil kein Glaube da war".*[33] Darüber hinaus habe sein Vater beim nachmittäglichen Festmahl einen Eklat ausgelöst, nachdem ihn Martin gebeten

---

[23] Ebd. 283.

[24] Ebd. 134; bereits Smith 1913; vgl. Abschnitt 1.5.2.

[25] Ebd. 284.

[26] Luther 1963, 14; ausführlicher Brecht ²1983, 24-26; Scheel ³1921, 32-56.

[27] Erikson 1975, 85.

[28] Ebd. 107.

[29] Ebd. 46.

[30] Ebd. Angesichts der lebenslänglichen Gelübde ist dies jedoch zu bezweifeln.

[31] Ebd. 149. Das Klosterleben mit seinen strikten Regeln habe „eine groß angelegte Wiederholung der frühesten mütterlichen Führung bedeutet", ebd. 143.

[32] Brecht ²1983, 78.

[33] Luther 1963, 23; Erikson 150-158; Scheel 1917, 93-117.

hatte, in seine Identität als Mönch und Priester einzuwilligen. Dieser aber griff den Orden an, die Verletzung des vierten Gebotes gutzuheißen:

> *„Er wurde Mönch ganz gegen den Willen des Vaters, der auch, als er die Primiz feierte und den Vater fragte, warum er über seinen Schritt erzürnt sei, ihm bei Tisch die Antwort entgegenhielt: ‚Wisset Ihr nicht, dass geschrieben steht: Ehre Vater und Mutter?' Als er (Martin, A.B.) sich aber entschuldigte, er sei durch das Gewitter so erschreckt worden, dass er gezwungenermaßen Mönch geworden sei, antwortete er: ‚Sehet zu, dass es nicht ein Gespenst sei!'* " [34]

Hans Luther warf seinem Sohn Ungehorsam vor und zweifelte an der göttlichen Fügung des Klostereintritts, wodurch dieser „in den infantilen Kampf mit dem Problem seines Sohnesgehorsams ... zurückgeworfen" und seine Flitterwoche mit dem klösterlichen Leben beendet worden sei.[35] Die Identitätsdiffusion äußerte sich in Beichtzwang (bis zu sechs Stunden[36]) und akuten Angstanfällen, sodass „sich Martins Leben bisweilen dem (näherte), was wir heute als psychotischen Grenzzustand eines Jugendlichen in verlängerter Adoleszenz und wieder erwachten infantilen Konflikten ansehen".[37]

Wie entrang sich Martin dieser Krise?[38] Durch „Selbstheilung",[39] Arbeit, speziell seine Beschäftigung mit der Heiligen Schrift, die ihm das Turmerlebnis bescherte: *„Der Gerechte wird aus seinem Glauben leben"* (Röm 1,17).[40] Diese Erkenntnis sei Luther auf der „cloaca" (Abort) zuteil geworden, für einen von Obstipation Geplagten „ein Ort der Erleichterung".[41]

Gleichgewicht und Identität habe Luther durch sein weiteres theologisches Voranschreiten gewonnen, das sich „mit bestimmten Stufen der psychologischen Entwicklung vergleichen (lasse), die jeder Mann nehmen muss".[42] Er habe die Vater-Sohn-Beziehung in das Innere verlegt, wodurch sich

---

[34] Luther 1963, 19; vgl. Scheel 1917, 110.

[35] Erikson 1975, 159 f.; diese Deutung vertritt auch Werner 1948.

[36] Luther 1963, 24: *„Da sagte ich alles, was ich getan hatte von Jugend auf, so dass mich mein Präzeptor im Kloster zuletzt darum strafte."*

[37] Erikson 1975, 164.

[38] Ebd. 286.

[39] Ebd. 244. Genau daran setzt die Erikson-Kritik von Schneider-Flume 1984, 100 f. an: Leistung und Selbsterlösung, nicht aber Rechtfertigung sola gratia, aus Gnade allein.

[40] Dazu Scheel 1917, 567-598.

[41] Erikson 1975, 225. Behauptet hat dies der katholische Lutherbiograph Grisar 1911, 323 f. unter Bezugnahme auf Lauterbachs Ausgabe der Tischreden, wo Luther so zitiert wird: „Diese Kunst hat mir der heilige Geist auf dieser Cloaca auf dem Thorm gegeben". Scheel 1917, 569 zufolge brauche auf eine solche Fälschung „nichts erwidert zu werden". Von der Kloakentheorie überzeugt ist Braun 1962, 260, der daraus die These von der Analität des Protestantismus und des Kapitalismus herleitete. Zur Polemik: Spitz 1977, 80.

[42] Erikson 1975, 227, 235.

auch das Gottesbild wandelte: zu dem, „der in uns wirkt". Desgleichen das Gewissen, das nicht mehr nur anklage, sondern auch rechtfertige: „*Simul peccator et justus*" (Sünder und gerechtfertigt zugleich). „Die Begründung einer Identität als Mann und Schaffender"[43] (Eriksons Stadium 7) habe Luther zu seiner welthistorischen Rolle als Reformator befähigt, wobei in diese Schaffensphase auch die im Kloster verwehrte Intimität (Phase 6 nach Erikson) „verschmolzen" worden sei.[44]

Freilich habe ihn dies nicht davor bewahrt, in Stagnation zu geraten, die „manisch depressive Formen" angenommen habe, so im Januar 1527, zwei Jahre nach dem niedergeschlagenen Aufstand der Bauern, gegen die Luther als „räuberische und mörderische Rotten" gewettert hatte. Diese existenzielle Krise, die vollumfängliche Integrität versperrte, sei heraufbeschworen worden, als Luther gewahr wurde, was sein Aufbegehren (psychodynamisch gegen den Vater) anrichtete: „Die Fürsten wurden absoluter, der Mittelstand merkantiler, die unteren Klassen mystischer und revolutionärer".[45] Daraus resultierte – in Eriksons Terminologie der Stufe 8 – Ekel: „*Die Welt hat keinen solchen Ekel an mir wie ich an ihr.*"[46] Und tiefe Verunsicherung: „*Du bist alleyn klug? ... Wie, wenn du yrrest und ßo viel leutt ynn yrthum verfurest, wilche all ewiglich verdammet wurden?*"[47]

In einem aber blieb sich Luther ab 1520 sicher: Dass der Papst der Antichrist sei. Freilich, Alexander VI. (1492-1503), Stellvertreter Christi während Luthers Jugend, veranstaltete Bankette, bei denen „die nackten Dirnen, auf Händen und Füßen zwischen den Leuchtern durchkriechend, Kastanien aufsammelten, wobei der Papst, Cesare und seine Schwester Lucrezia zuschauten. Dann paarten sich die Gäste."[48] Der verschwenderische Lebenswandel und die geplanten Großbauten erzwangen die Steigerung des Ablasshandels, der Luther zu seinen 95 Thesen provozierte. Die dunklen Seiten der Papstgeschichte erklären für Erikson die Heftigkeit von Luthers Kritik nicht ausreichend. Bedingt sei diese vielmehr durch die Projektion seiner in Kindheit und Jugend konfliktreichen Vaterbeziehung auf den Stellvertreter Christi.[49] Auf einem Holzschnitt ließ er von Cranach die Kir-

---

[43] Ebd. 235.

[44] Ebd. 287.

[45] Ebd. 267.

[46] Luther 1963, 248 (zwischen August und September 1531).

[47] Erikson 1975, 267.

[48] Aus Tuchmann 1989 im bezeichnenden Kapitel: „Die Renaissancepäpste provozieren den Abfall der Protestanten".

[49] Erikson 1975, 272 f. Anders Herms 1985, bes. 92: Luthers Papstkritik sei keine Projektion, sondern eine bewusste Ich-Leistung. Die Bannbulle habe, weil Leo X. mit jener Autorität auftrat, die nur dem Wort Gottes gebührt, entschiedenste Reaktanz hervorgerufen, nachdem in Luthers Psyche Gott vom bestrafenden Über-Ich ins bewusste Ich transformiert worden sei (bes. 103).

che als Hure darstellen, die rektal einen Teufelsbraten, den Papst gebiert.[50] Dieses Bildmotiv wurzle in Luthers frühkindlichen Beschämungen durch seinen Vater: Niemals vergebe der Mensch jenem, der ihn zum ersten Mal habe erröten lassen.[51] Gleichwohl schließt Erikson die Studie versöhnlich: Mit dem Lob auf Luthers „außerordentliche Spannkraft, ... seine große Liebesfähigkeit als freigiebiger Vater, Pastor und Gastgeber".[52]

Überzeugt die den Erikson'schen Stufen folgende Rekonstruktion von Luthers Psychogenese und religiösem Werdegang? Kritik von Kirchenhistorikern ließ nicht lange auf sich warten: Eine „historische Studie, wie sie es zu sein beansprucht, ist sie nur in spärlichem Maße".[53] Vor allem Luthers Anfall und Aufschrei *„Ich bin's nit"* – Eriksons Ausgangspunkt – sei kein Faktum, sondern gegenreformatorische Verleumdung: Luther als Besessener, seine Reformation Teufelswerk![54] Luthers Vater: In der Tat ein solcher Tyrann, dass sich Martin, nachdem er ihn auf Gott projiziert habe, vor dem Weltenrichter panisch fürchtete und daran verzweifelte, Gnade zu finden? Dass er die Demütigungen lebenslang in seinem Zwang zur Rebellion abreagieren musste?[55] Oder war Hans Luther nicht vielmehr ein „lieber Vater", über den Luther nach dessen Tod, der ihn schwer traf, schrieb, *„nach Gott"* habe er *„alles, was ich bin und habe, der Liebe des Vaters zu verdanken".*[56] Aber wäre mit dem Bild eines liebenden und besorgten Vaters plausibel zu machen gewesen, dass Martin an ödipalen Verstrickungen litt?[57]

Ist Eriksons Lutherstudie ein Quantensprung über die in Kapitel 1 referierten Studien hinaus?[58] Freilich, an klassischen psychoanalytischen Annahmen hielt auch er fest: Projektion des Vaterimagos ins Gottesbild, die hohe Relevanz frühkindlicher Erfahrungen etc. Weiterführend ist, dass er den gesamten Lebenslauf in den Blick nahm und die *Ich-Leistungen* stärker gewichtete. Luthers religiöse Entwicklung erfolgte nicht irgendwie durch Sublimation, vielmehr hat er diese, durch harte Arbeit, selber vorangetrieben.

---

[50] Abgebildet in Wulff 1991, 388. Dies erinnert an die in der frühen Psychoanalyse beschriebenen kindlichen Geburtstheorien, wonach „das Kind wie ein Stück Kot aus dem Darm geboren" werde; Freud SA I, 534.

[51] Erikson 1975, 274.

[52] Ebd. 275.

[53] Kantzenbach 1970, 90; bereits früher: Bainton 1959.

[54] Dazu Eysenck 1985, 193-195.

[55] Dazu Johnson 1977 b, 140.

[56] Aus Brecht ²1983, 19. Er zog den Schluss: „Das spricht gegen die Deutung von Luthers Ringen mit Gott als einem übertragenen Vaterkomplex." Vgl. Bornkamm 1969, 60 f.

[57] Scharfenberg 1985, bes. 21.

[58] Positive Würdigungen: Bellah 1969, Mack 1971, 166-169; Meissner 1977, 98; Conzen 1996, 265-268; differenziert: Lindbeck 1977, Kornbichler 1989, 272-283.

Dennoch bleiben Fragen: War Luthers Klosteraufenthalt wirklich ein Moratorium, wie es eine Gesellschaft den Heranwachsenden nur dann zugestehen kann, wenn die Ressourcen dafür vorhanden sind, so die amerikanische Mittel- und Oberschicht?[59] Zu Luthers Lebzeiten folgten Tausende Söhne, vom sechsten Lebensjahr an, dem Pflug ihrer Väter. Hätten sie die Frage, wer sie eigentlich werden möchten, überhaupt verstanden?[60] Anders gefragt: Zeichnete Erikson, der in seiner Schule als Judenjunge beschimpft wurde, in der Synagoge aber, weil blond und blauäugig, der „goim" war,[61] im Gewande Luthers nicht einen jugendlichen Amerikaner der sechziger Jahre, der sich dem väterlichen way of life verweigert und sich in die Alternativszene begibt, um zu erkennen, wer er eigentlich werden will? Das *„Ich bin's nit"*: wirklich eine Identitätskrise? Oder nicht: Massive Furcht, doch von einem Dämon besessen zu sein?[62] Aus der Distanz des 21. Jahrhunderts fällt es uns leicht, die magischen Wesen spätmittelalterlicher Frömmigkeit (Teufel, Hexen) als Projektionsflächen intrapsychischer Konflikte zu durchschauen,[63] aber schwer, uns authentisch in das damalige religiöse Klima zu versetzen.

Der junge Mann Luther ist der erste Akt von Eriksons Psychohistorie. Noch umfangreicher ist seine Nacherzählung des Lebens jenes Mannes, „der dreihundert Millionen Menschen zur Revolte aufgewühlt hat, der die Grundfesten des Britischen Empires erschütterte und der menschlichen Politik den stärksten religiösen Impetus der letzten zweihundert Jahre verliehen hat".[64]

2.3 Gandhis Wahrheit

Als Mohanda Gandhi[65] am 2. Oktober 1869 in der Hafenstadt Porpandar auf der Halbinsel Kathiwar am Arabischen Meer geboren wurde, ahnte niemand, dass dieser Sohn einer 25jährigen Mutter und eines 47jährigen Vaters das Antlitz des indischen Subkontinentes verändern würde. Porpandar lag an der Peripherie des zukünftigen Wirkungsfeldes des späteren Mahatma, der in seiner Kindheit ohnehin kein religiöses Wunderkind war.[66]

---

[59] Rucht 1980, 30 f.

[60] Gillis 1980, 21-24. Dass es im späten Mittelalter keine „Anzeichen für eine Entwicklungsphase (gibt), die der unserer Jugendzeit entspricht", legt Hentschel 1993, 234 dar.

[61] Erikson 1973 a. Verständlich, dass Identitätssuche zu seinem Lebensthema wurde.

[62] Spitz 1977, 85.

[63] Meissner 1977, 101 f.

[64] Erikson 1971, 32; Paraphrase bei Conzen 1996, 269-300; Wulff 1991, 389-395.

[65] Autobiographie: Gandhi 1960. Aus den zahlreichen Biographien Gandhis: Becke 1999, Easwaran 1997, Grabner 1994.

[66] Kraus 1957, 14.

Wie gelangte Moniya – so wurde er als kleiner Junge gerufen –, der die Gegenstände religiöser Verehrung auf dem Fußboden zu verstreuen pflegte,[67] zu jener Religiosität, die ihm schon zu Lebzeiten den ihm selber unangenehmen Ruf einbrachte, eine „Erhabene Seele" zu sein? Wie fand er zu jenem Gottesbild, wonach dieser

> „Wahrheit und Liebe (ist), Gott ist Ethik und Moralität, Gott ist Furchtlosigkeit. Gott ist Licht und Leben, und doch ist er über und jenseits von all diesem. ... Er ist in uns und doch über und jenseits von uns."[68]

Vor allem: Wie fand er die Kraft, das Satyagraha (Liebe zur Wahrheit und gewaltloser Widerstand) zum „Gesetz und dem Atem meines Lebens" zu verinnerlichen,[69] trotz der langjährigen Inhaftierungen und des Leidens, das dieses Lebensprinzip unausweichlich nach sich zieht?[70]

Erikson, von Gandhi jahrelang fasziniert und seinetwegen nach Indien gefahren, versuchte eine psychogenetische Rekonstruktion seines Lebens, die sich an seinen westlichen Stadien orientiert, obschon er registrierte, wie (anders) die Hindus den Lebenszyklus unterteilen: Antevasin (Lernzeit), Grastha (Hausvater), Vanaprastha (Loslösung) und Moksha: Aufgehen im Nichts).[71] Mit seinem Modell gemeinsam sei das epigenetische Prinzip, wonach „in jedem Stadium eine gegebene Kraft einer sich erweiternden Gesamtheit hinzugefügt und in jedes spätere Stadium reintegriert wird".[72]

Von daher kommt der Rekonstruktion von Gandhis Kindheit eine Schlüsselrolle zu,[73] obschon er es für „methodisch falsch (hält), einen Führer von Gandhis Format auf stets frühere wie jeweils größere ... Kindheits-Traumata zu reduzieren".[74] Dennoch erklärt er sich wesentliche Eigenschaften Gandhis mit frühkindlichen Erfahrungen. So seinen entwaffnenden Humor damit, dass ihm, dem Lieblingskind der Mutter,[75] die Scherze und Neckereien nicht nur verziehen wurden, sondern seinen Vorrang unter den Kindern festigten. Für die später gewählte Lebensform im Ashram (mehrere Familien leben gemeinsam) habe das Aufwachsen in einer Großfamilie prädestiniert, in der sich die Ehepaare nur in Nischen zurückziehen konnten. Vor allem aber führte er die tiefe Religiosität seiner Mutter Putali Ba fort und vervollkommnete sie: Ahimsa, Gewaltlosigkeit allen Lebewe-

---

[67] Erikson 1971, 121.
[68] Aus Kraus 1957, 184.
[69] Ebd. 288.
[70] Ebd. 279.
[71] Erikson 1971, 37 ff.; vgl. auch Köster 1986, 67-71.
[72] Ebd. 39.
[73] Ausführlicher Hay 1977.
[74] Erikson 1971, 109.
[75] Ebd. 124.

sen gegenüber (Kern des Jainismus), Verzicht auf Fleisch, und Fasten.[76] Obschon Putali Ba sich auch um ihre Nichten und Neffen kümmerte, verdanke Gandhi seine Entwicklung ihrer „Liebe und Sorge".[77] Ihr Tod traf ihn schwer. Erikson erklärte sich Gandhis tiefe Bindung an sie, die die Mütterlichkeit Indiens verkörperte, auch damit, dass sie sich nach seiner Geburt dem Beischlaf versagte, was auch seine spätere sexuelle Askese gefördert habe.[78]

Eine um 20 Jahre jüngere Mutter als der Vater hatte auch Freud, der im Ödipuskomplex den Motor der religiösen Entwicklung bestimmte. Rivalisierte auch Monyia, seiner Mutter besonders innig zugetan, mit seinem einflussreichen Vater Kaba Gandhi? Erikson zufolge lässt sich aber „von Freud her nicht lernen",[79] wie Gandhi als Kind Autonomie und Scham und Zweifel sowie Initiative gegen Schuldgefühl ausbalancierte. Das Verhältnis zu seinem Vater war respektvoll. Auch prägte er seine spätere Haltung durch ein Erlebnis im fünfzehnten Lebensjahr nachhaltig. In einem Brief gestand Mohanda seinem bettlägerigen Vater, er habe seinem Bruder Gold gestohlen, er wolle dafür bestraft werden. Doch dieser ballte weder die Faust, noch schlug er sich an die Stirn, sondern begann zu weinen:

> „Tränen der Liebe ... Dies war für mich eine praktische Lektion in Ahimsa. Damals konnte ich darin nichts anderes sehen als die Liebe eines Vaters." [80]

Gandhi habe sich in einer Identitätskrise befunden, die durch ein Ereignis ausgelöst wurde, von dem er später schrieb: „Was gäbe ich darum, wenn ich dieses Kapitel nicht zu schreiben brauchte."[81] Mit dreizehn Jahren wurde er mit der ebenso jungen Kasturba verheiratet; sie stürzten sich in der ersten Nacht „völlig unwissend in den Ozean des Lebens".[82] Intimität forderte ihn heraus, bevor er eine tragfähige Ich-Identität formiert hatte. In seiner „Identitätskrise"[83] habe er mit seinem Freund Mehtab negative Identitäten erprobt, indem er heimlich Fleisch aß, Zigaretten rauchte, das Bordell besuchte, wo er vor der Prostituierten untätig sitzen blieb, bis sie ihm „mit Geschimpf und Beleidigungen die Tür wies".[84] Noch mehr erschütterte ihn, dass er, zur Pflege seines kranken Vater bestimmt, das Gemach seiner Frau aufsuchte und bei ihr weilte, bis er gerufen wurde:

---

[76] In seiner Autobiographie schrieb Gandhi 1960, 24: „Der Haupteindruck, den meine Mutter in meinem Gedächtnis hinterlassen hat, ist der von Heiligkeit. Sie war tief religiös."

[77] Erikson 1971, 129; vgl. Becke 1999, 22.

[78] Ebd. 182.

[79] Ebd. 127.

[80] Ebd. 141; Gandhi 1960, 43.

[81] Gandhi 1960, 27.

[82] Ebd. 29.

[83] Erikson 1971, 155 f.

[84] Gandhi 1960, 40.

„ 'Vater lebt nicht mehr' ... Ich empfand tiefe Scham und Elend. Ich stürzte in Vaters Zimmer ... diese Schande meiner fleischlichen Lust. " [85]

Die tiefe Krise drängte Mohanda in ein „Moratorium". Er reiste, seine junge Frau und ein Baby von ein paar Monaten zurücklassend, *„frohgemut"* nach Bombay, wo er sich nach London einschiffte, um Jura zu studieren. Dies tat er gegen den Willen seiner Kaste, die ihn ausschloss, obschon er seiner Mutter gelobte, auch in der Weltmetropole kein Fleisch zu essen, mit keiner Frau anzubändeln, seine religiösen Pflichten zu erfüllen. In den drei Londonerjahren habe er – „in seinem Moratorium: fern von zu Hause und dennoch nicht genötigt, auf eigenen Füßen (zu) stehen"[86] – seine Kindheitsidentifikationen überprüft. Er festigte seine vegetarische Lebenseinstellung und schloss die Bekanntschaft mit einem beeindruckenden Christen, der ihm die Lektüre der Bibel empfahl. Die Bücher nach der Genesis ließen ihn einschlafen, aber die Bergpredigt, speziell das Gebot, auch die andere Wange hinzuhalten, *„entzückte mich über die Maßen ... Mein junger Geist versuchte, die Lehre der Gita ... und die Bergpredigt zu verbinden. "*[87]

1892 kehrte Gandhi nach Indien zurück, betätigte sich zeitweise als Anwalt in Bombay, ohne aber schon zu seiner Ich-Identität gefunden zu haben.[88] Das Angebot der Firma Dada Abdulla & Co., in Südafrika einen Prozess zu bestreiten, nahm er sogleich an.[89] Erikson interpretiert auch Gandhis ersten Aufenthalt in Südafrika als Moratorium. Dort begann er sich als Rechtsanwalt für die ausgenützten indischen Gastarbeiter (coolies) einzusetzen und widerfuhr ihm das Schlüsselerlebnis, als Inder aus dem Erstklasswagon geworfen zu werden, obschon er ein Ticket besaß.[90]

Daraufhin entwickelte Gandhi die Methoden des gewaltlosen Widerstands. Seine Familie holte er nach Südafrika; als Redner wurde er sicherer und überzeugender, so dass er den von ihm begründeten Natal Indian Congress souverän führte. Erikson konstatiert eine „graduelle Konsolidierung seiner beruflichen, wirtschaftlichen und politischen Fähigkeiten zu einer alle drei Momente umfassenden Identität des Dienens"[91] bzw. eine immense „Generativität". Nach seiner Rückkehr nach Indien im Januar 1915 kulminierte diese das erste Mal im Textilarbeiterstreik von Ahmedabad (1918), als es

---

[85] Ebd. 45.

[86] Erikson 1971, 167.

[87] Gandhi 1960, 77 f. Zu seiner Einstellung gegenüber dem Christentum: Becke 1999, 41-45. Wer mit den Stufen von Fowler 1991 vertraut ist, assoziiert unvermeidlich an die Stufe 5, die des verbindenden Glaubens (Kapitel 6 dieses Buches).

[88] Erikson 1971, 147.

[89] Ebd. 104 f.

[90] Gandhi 1960, 113 f.

[91] Erikson 1971, 231.

ihm mit Satyagraha-Methoden, auch Fasten, gelang, die für das Überleben der ArbeiterInnen notwendige Lohnerhöhung durchzusetzen.

Die folgenden dreißig Jahre in Gandhis Leben beschreibt Erikson, obschon ihm theoretisch stets am *gesamten* Lebenslauf lag, nur kurz. Mahatma durchlief Phasen der Stagnation, vor allem nach seiner gesundheitlich bedingten vorzeitigen Haftentlassung im Jahre 1924. Dennoch entwickelte und festigte er eine „erweiterte Identität",[92] deren Bezugsgröße weit über eine Nation hinausreicht, sondern die Menschheit als ganze einschließt, ein Indiz für ein höchstes Maß an „Integrität".

»Gandhis Wahrheit« gilt als „großes Stück psychoanalytischer Literatur".[93] Es ist wohltuend, dass Erikson auf simple psychoanalytische Deutungen verzichtet. Gandhis häufiges Arbeiten am Spinnrad: keine bisexuelle Verwirrung, sondern Generativität mit politischen Symbolwert: Die Leinen selber spinnen und nicht von der britischen Textilindustrie abhängig sein![94] Auch verweist er auf den prägenden Einfluss von Gandhis Bezugspersonen und des sozioreligiösen Umfeldes, ohne aber seine religiöse Entwicklung auf Prägung zu verkürzen. Ihr Motor war vielmehr seine Aktivität, die in allen Stadien seines Lebens darin bestand, den aus der indischen Kultur übernommenen „Wahrheitsbegriff zu aktualisieren".[95] Damit ging seine Überzeugung einher, *„dass es keinen anderen Gott als die Wahrheit gibt"*[96] und dass Gott *„dir nicht als Person, sondern im Handeln erscheint".*[97]

Folgt Gandhis Entwicklung Eriksons Stufen? Unstreitig wurde ihm früh ein stabiles Urvertrauen zuteil, speziell durch seine Mutter. Er konnte als Kind Initiativen entfalten, etwa Neckereien, für die er gelobt wurde. Gleichwohl war er als Kind scheu und mied die spielerische Gemeinschaft mit Gleichaltrigen.[98] Als fatal für seine Jugend betrachtete er bis ins hohe Alter die zu frühe, *„grausame" Kinderheirat*,[99] die ihn mit der Entwicklungsaufgabe der Intimität konfrontierte, bevor er zu seiner Ich-Identität gefunden hatte. Erikson sieht darin den möglichen Grund für Gandhis spätere Missbilligung der Sexualität.[100] Andererseits demonstrierte Gandhi,

---

[92] Ebd. 519.
[93] Conzen 1996, 299; vgl. auch Capps, der das Buch weniger als psychohistorische Studie, sondern primär als *religiöse* Biographie würdigt, sowie Kornbichler 1989, 283.
[94] Erikson 1971, 481 f.
[95] Ebd. 474, wo Erikson Gandhi als „religiösen Aktivisten" würdigt.
[96] Gandhi 1960, 437.
[97] Aus Erikson 1971, 490.
[98] Gandhi 1960, 25.
[99] Ebd. 31.
[100] Erikson 1971, 482: „Alles unverhüllt Phallische (sei) zu einer entbehrlichen, wenn nicht gar verabscheuungswürdigen Angelegenheit" geworden. Seit seiner Zeit in Afrika entsagte er dem Geschlechtsverkehr.

dass ein Mensch auch dann zu höchster moralischer Integrität[101] und zu universaler Religiosität[102] finden kann, wenn er mit den Entwicklungsaufgaben nicht zu den aus westlicher Sicht idealen Zeitpunkten konfrontiert wird.

Der tragende Pfeiler in Gandhis religiösem Werdegang ist die Wahrheit. Es ist faszinierend, wie sich in seinem Leben dieses *eine* Thema durchzieht. Aus seiner Schulzeit erzählt er, wie er nicht begreifen konnte, dass sein Lehrer, der gerade von einem Inspektor überprüft wurde, einen Rechtschreibefehler von ihm vertuschen wollte: *„Ich konnte die Kunst des ‚Spickens' nie lernen.“*[103] Für die Wahrheit kämpfte er, bis die Kugeln des Attentäters Nathuram Godsey, eines fanatischen Hindu, am 30.1.1948 sein irdisches Leben auslöschten.

2.4 John Wesley: Religiös initiativ, weil passiv

1735 segelte ein Prediger der anglikanischen Kirche über den Atlantik, um in Georgia am Aufbau der dortigen Gemeinden mitzuwirken und die Indianer zu missionieren. Drei Jahre später kehrte er niedergeschlagen nach England zurück.[104] Weder gelang die Missionierung, noch reüssierte er als Seelsorger. Vor allem aber erinnerte er sich an die noch nicht zwanzigjährige Sophie Christiane Hopkey. Als ihr geistlicher Mentor verliebte er sich in sie.[105] Aber er gab ihr seine wirklichen Gefühle, weil er sich nicht sicher war, ob sie Gottes Willen entsprächen, nicht zu erkennen und unterzog sie harten spirituellen Übungen. Sophie reagierte mit Widerstand und heiratete Mister Williamson, der wenig auf Religion hielt. Er blieb weiterhin ihr Seelsorger, mahnte eine christliche Ehe an und verweigerte ihr, als er religiöse Versäumnisse konstatiert hatte, das Abendmahl. Darauf erwirkten ihre Verwandten einen Haftbefehl, der zu Gerichtsverhandlungen und schließlich dazu führte, dass der Beschuldigte nach England zurück segelte:

---

[101] Becke 1999, 146-153 fragt sich, ob Gandhi wirklich die höchste Stufe der moralischen Entwicklung nach Kohlberg (Abschnitt 5.2.1) erreicht habe, vor allem aufgrund seiner „seltsamen Askese und Lustfeindlichkeit, seines Verhaltens seiner Ehefrau und seinen Kindern gegenüber, seiner Technik- und Fortschrittsfeindlichkeit bis hin zur Ablehnung der modernen Medizin“. Dennoch bejaht er die Frage, weil Gandhi sich an übergeordneten, universalen Prinzipien wie Gewaltlosigkeit, Freiheit, vor allem aber der Wahrheit orientierte.

[102] Bezeichnend dafür ist Gandhis 1960, 134 Sicht der Gottessohnschaft Jesu: *„Wenn Gott Söhne haben konnte, dann waren wir alle seine Söhne. Wenn Jesus gottgleich oder selbst Gott war, dann waren wir alle gottgleich.“*

[103] Gandhi 1960, 25.

[104] Moore 1979, 92 f.

[105] Ebd. 67 f.

„Ich ging nach Amerika, um die Indianer zu bekehren; aber wer bekehrt mich? Wer oder was wird mich befreien von diesem bösen Herzen voller Unheil?"[106]

Dieser Niedergeschlagene begründete aber eine Religionsgemeinschaft, die sich zwar erst nach seinem Tod von der anglikanischen Kirche löste, aber bis heute besteht und kräftig wächst: die Methodisten.

Die Rede ist von John Wesley, am 17.6.1703 in Epworth geboren und am 2.3.1791 hochbetagt verstorben.[107] Nicht zuletzt aufgrund umfassender Quellen, speziell Briefe und Tagebücher, wurde seine religiöse Entwicklung wiederholt psychologisch rekonstruiert. Källstad analysierte, wie Wesley mit der Bibel umging, sich mit den von ihr angebotenen Rollen identifizierte und kognitive Dissonanzen löste.[108] Moore hingegen konzentrierte sich auf Wesleys Einstellung gegenüber der Autorität, wie sie nicht nur ein traditionelles Attribut von Gott ist, sondern auch von religiösen Führern ausgeübt wurde und wird.[109] Wie verhalten sich Gehorsam und Ergebenheit in Gottes Willen und menschliche Initiative zueinander?

Initiative erinnert an Eriksons Stadium 3, auf dem das Kind im Idealfall spielerische Initiative entwickelt und vor unbegründeten Schuldgefühlen bewahrt bleibt. Ob dies gelingt, hängt vom familiären Umfeld ab. Moore hat jenes von John Wesley gründlich rekonstruiert.[110] Das Verhältnis seiner Eltern Samuel und Susanne Wesley[111] war konfliktuös. Vor allem ihre Auffassungen von Erziehung deckten sich nicht. Letztere lag primär in den Händen der Mutter. Denn der Vater war häufig abwesend, auch in Schuldhaft, und überließ, in Wunschwelten träumend und wissenschaftliche Studien pflegend, die tägliche Erziehung seiner Frau. Susanna Wesley war beeinflusst von Puritanismus und pietistischen Erziehungsvorstellungen. Im Eigenwillen sah sie „die Wurzel aller Sünde und alles Elends".[112] Diese Maxime übernahm John Wesley voll und ganz:[113]

„Um ein Kind zu formen, muss man seinen Willen unter Kontrolle haben und es zum Gehorsam erziehen.[114] ... Aber das Wichtigste ist, den Willen des Kin-

---

[106]   Wesley 2000, 57.
[107]   Biographien: Schmidt 1987, Pollock 1990; vgl. sein Tagebuch: Wesley 2000.
[108]   Källstad 1974.
[109]   Moore 1979. Er bezieht sich maßgeblich auf Joachim Wach.
[110]   Ebd. 25-62; vgl. auch Källstad 1974, 39-56.
[111]   Zu Wesleys Mutter: Dallimore 2002.
[112]   Schmidt 1987 I, 53; vgl. Moore 1979, 42 f.; Källstad 1974, 54 f.; Pollock 1990, 21. Besonders aufschlussreich ist ein Brief von Susanna Wesley an ihren Sohn vom 24.7.1732; abgedruckt in Wesley 2000, 121 f.
[113]   Wesley 2000, 122 f.
[114]   Die Übersetzung ist beschönigend. Im Original lautet der Satz: *„In order to form the minds of the children, the first thing to be done is to conquer their will, and bring them to an oboedient temper."* Aus Moore 1979, 42.

des zu lenken (Original: „subject" = unterwerfen, abhängig machen[115]); *je e-her das geschieht, desto besser ist es. ... Die Eltern, die jedoch den Eigenwillen ihrer Kinder dulden, tun die Arbeit des Teufels, indem sie Religion unmöglich und die Errettung des Kindes für immer unerreichbar machen.*"

Aus heutiger Sicht erzog Susanna ihre acht überlebenden Kinder (elf verstarben) ausgesprochen streng: Stillen nur zu bestimmten Zeiten, absolute zeitliche Disziplin, einschlafen ohne dass jemand am Bett vorsang. „Bereits dem einjährigen Kind wurde die Rute als Schreckmittel gezeigt. Es lernte dadurch leise weinen, so dass ein lautes Kindergeschrei selten im Pfarrhaus zu Epworth zu hören war."[116] Frühzeitig erfolgte auch die religiöse Instruktion: Gebete, Katechismen, Bibelsprüche, jeweils sechs Stunden am Tag.

Ein weiteres Ereignis beeinflusste John Wesleys religiösen Werdegang massiv.[117] Als er sechs Jahre zählte, brach in der Nacht Feuer aus. Der Vater, vom Rauch aus dem Schlaf gerissen, brachte die jüngsten Kinder in Sicherheit und weckte die älteren, die auf die Straße rannten. Als man entdeckte, dass John vergessen worden war, schien es zu spät; starker Wind trieb die Flammen von der Tür weg. Ein zufällig Anwesender anerbot sich, von hinten ins brennende Haus zu klettern. Als er, den Fünfjährigen im Arm, auf die Straße sprang, stürzte das flammenprasselnde Strohdach hinter ihnen zusammen. Wesleys Eltern hielten Johns Rettung für göttliche Vorsehung. Und „der Sohn sah in seiner Bewahrung vor dem Tode zeitlebens ein Gleichnis für Gottes unmittelbare Berufung".[118]

Entwickeln Kinder, wenn die früheste Erziehung ihren Willen brechen will, „Initiative"? Moores These besagt, Wesleys psychische und theologische Entwicklung sei durch die geschilderten Erfahrungen im Stadium 3 (Initiative versus Schuldgefühl) geprägt worden. In der Karthäuserschule in London, in die er mit zehn Jahren eintrat, und später an der Universität Oxford leistete er viel. Dennoch wurde für den jungen Mann zum Problem, dass er seinen Impulsen nicht zu folgen vermochte. Vor allem nicht gegenüber Frauen: Betty Kirkham, Kitty Hargreaves, Sally Kirkham, Mary Granville, und schließlich, in Georgia, Sophie Hopkey. Allein dass er die Hand seiner zweiten Jugendliebe berührte, erfüllte ihn mit Skrupel: *„Never touch Kitty's hand again".*[119] Und dies, obschon er als Priester der anglikanischen Kirche ordiniert war und als begnadeter Prediger aufhorchen ließ.

Hinter diesem Zögern und den Schuldgefühlen, die den scheuen Annäherungen an Frauen regelmäßig folgten, vermutet Moore die verinnerlichte

---

[115] So nach Langenscheidt.
[116] Schmidt 1987 I, 52.
[117] Dazu Schmidt 1987 I, 57 f.; Pollock 1990, 15 f.
[118] Schmidt 1987 I, 58.
[119] Moore 1979, 49.

Autorität der Mutter.[120] Aber auch die Autorität des Vaters blieb stark.[121] Zwar widersetzte sich John seinem Wunsch, Oxford zu verlassen und das Pfarramt im heimatlichen Epworth weiterzuführen, aber dies mit schweren Skrupeln.[122] Diese vermochte er theologisch zu rationalisieren: In Oxford könne er mehr zur Ehre Gottes tun, dies umso mehr, als sein Studentenkreis aufgrund der enthusiastischen Frömmigkeit angefeindet wurde. Dennoch verließ er Oxford, das seiner angeblich nicht entbehren könne, ein Jahr später, kurz nach dem Tod seines Vaters, und zwar nach Georgia.

Moore vermutet, Wesleys Aufenthalte in Oxford und Georgia seien psychosoziale Moratorien gewesen, in denen er zu seiner Identität habe finden wollen, was die eingekapselten Autoritätsmuster der frühen Kindheit erschwerten.[123] Wie es ihm in Georgia erging, wurde skizziert.[124] *„Abgekämpft, wenn nicht verzweifelt"*, segelte er nach England zurück.[125] Aus der Seelenfinsternis führte ihn Peter Böhler heraus. Dieser Herrenhuter Bruder disputierte mit ihm intensiv über die Rechtfertigung aus dem Glauben und riet ihm, von den Werken des Gesetzes zu lassen und damit auch die Theologie von William Law aufzugeben. Gemäß diesem einflussreichen anglikanischen Gottesgelehrten besteht der einzige Weg, gerechtfertigt zu werden, darin, willentlich Gutes zu tun.[126] Am 24. Mai 1738 widerfuhr Wesley das prägende Bekehrungserlebnis, als in einer Versammlung von Gläubigen Luthers Vorrede zum Römerbrief-Kommentar verlesen wurde:

> *„Plötzlich hatte ich die Gewissheit, dass Er meine, gerade meine Sünden hinweggenommen und mich vom Gesetz des Todes befreit hatte."*[127]

Wesley argumentiert theologisch im Spannungsfeld von Gesetz und Gnade. Moore hingegen rekonstruiert dieses Schlüsselerlebnis psychologisch als produktive Lösung des Konflikts zwischen Initiative und Schuldgefühl.[128] Anstatt weiterhin Initiativen zu entwickeln, die letztlich nicht zum Ziel, sondern in lähmende Schuldgefühle führen, habe er sich der Initiative Gottes völlig unterworfen und sich mit ihr identifiziert:

---

[120] Ebd. 52.
[121] Källstad 1974, 50.
[122] Ebd. 56.
[123] Moore 1979, 62.
[124] Ausführlicher Schmidt 1987 I, 108-187; Pollock 1990, 67-87.
[125] Schmidt 1987 I, 188.
[126] Dazu Källstad 1974, 213-217.
[127] Wesley 2000, 71.
[128] Moore 1979, 105.

„Ich kämpfte damals (vor der Bekehrung, A.B.) mit all meiner Kraft unter dem Gesetz wie unter der Gnade; aber zu jener Zeit wurde ich manchmal ... besiegt; jetzt war ich immer Sieger."[129]

Dass Wesley hernach eine unglaubliche Predigttätigkeit entfaltete und die Bewegung der Methodisten aufbaute: nicht seine Initiative, sondern die Gottes! Psychodynamisch raffiniert: Initiative, in der Kindheit durch strenge Autorität unterbunden, wird jetzt möglich, weil mit höherer Autorität legitimiert. Bezeichnend ist: *„Ich entschloss mich, falls Gott es erlauben wollte, eine kurze Zeit in Deutschland zu bleiben."*[130] Auch dass er, 48 Jahre alt, Molly Vazaille heiratete: Weil *„Gott ... mich auch dazu befähigte"*.[131]

Die methodistische Bewegung, die Wesley stets als legitimen Teil der anglikanischen Kirche verstand, führte er straff. Die Kritik, sich wie ein Papst zu gebärden, blieb nicht aus. Ihr begegnete Wesley mit dem bereits bekannten Argument, das ihn entlastete und sein Verhalten rechtfertigte: Gottes Vorsehung habe ihm diese Rolle, ohnehin eine schwere Bürde, auferlegt.[132] Das macht die Autorität eines religiösen Führers für all jene unangreifbar, die Gottes Autorität nicht bezweifeln wollen oder können. Darin liegt auch eine mögliche Erklärung für das Machtgehabe religiöser Führer, die selber in individualitätsfeindlichen Umfeldern aufwuchsen.

Wesleys *Konversion* wurde von weiteren psychologischen Theorien aus rekonstruiert, so bereits 1926 von Dimond psychoanalytisch. Nach der herben Enttäuschung mit Sophie Hopkey habe sich Libido aufgestaut, die emotionale Spannungen und Depressionen hervorrief, bis sie sich in eine unbedingte Hingabe an Christus sublimierte. Empirisch abgesicherter ist die Deutung von Källstad, der Festingers Theorie der kognitiven Dissonanz heranzog.[133] Wesleys kognitiver Konflikt habe darin bestanden, dass sein rastloser Einsatz für Christus ihn gemäß der Glaubensverheißung hätte glücklich machen sollen, er aber faktisch verzweifelt war. In den Gesprächen mit Böhler habe er konsonante Kognitionen übernommen, die den Konflikt minderten: dass Gott nicht einer des Gesetzes und der Rache sei, sondern Vergebung zuspreche, bevor sie sich der Mensch verdienen könne. Durch diese kognitiven Umstrukturierung verblasste die bisherige Wertschätzung seines Lehrers William Law, der nun beschuldigt wurde, nie vom wirklichen Glauben gesprochen zu haben.[134]

---

[129] Wesley 2000, 72.
[130] Ebd.
[131] Ebd. 218. Dies verhinderte nicht, dass ihn die Ehe, wegen Mollys Desinteresse an der Missionierung und ihrer Eifersucht, alsbald belastete; Pollock 1990, 223.
[132] Moore 1979, bes. 160 f.
[133] Källstad 1974, Festinger 1978.
[134] Källstad 1974, 228 f.

Die Studien von Moore und Källstad überzeugen. Letztere bestätigt wieder einmal mehr die Theorie der kognitiven Dissonanz:[135] Dass wir bestrebt sind, die Kognitionen ins Gleichgewicht zu bringen, indem wir lästige Wissenspartikel abstoßen, bestätigende aufnehmen. Erstere hingegen zeigt, wie sich die Autoritätsproblematik durch das ganze Leben eines der bedeutendsten Prediger der Christenheit durchzieht. Initiative, wenn durch autoritäre Erziehung unterbunden, führte bei ihm – wie von Erikson her theoretisch prognostiziert – zu Schuldgefühlen. Dennoch setzte sich der eigene Wille gleichsam durch die Hintertüre ins Recht, indem das weitere Verhalten, oft sehr autokratisch und rigoros, mit Gottes Willen gerechtfertigt wurde.

2.5 Kritische Würdigung

Bewährt sich Eriksons Modell als Verstehenshilfe für die religiöse Entwicklung?[136] Faszinierend an ihm ist, dass es menschliche Grundbefindlichkeiten beschreibt, die auch religiös bedeutsam sind (Vertrauen, Zweifel), und diese lebensgeschichtlich verortet. Sein hoher Bekanntheitsgrad könnte darauf zurückzuführen sein, dass diese Befindlichkeiten uns allen vertraut sind. Wir alle sind schon vor Scham errötet, verspürten Misstrauen, zweifelten. Hinzu kommt, dass Identität zu einer umso vordringlicheren Entwicklungsaufgabe avancierte, je individualistischer die Lebenswelt wird. Wird heute ein Kind geboren, kann niemand beantworten: Realisiert es seine Identität in der Elternschaft, als Single, im Opus Dei? Gerade am hohen Stellenwert der Individualität, ein Charakteristikum der westlichen Welt, entzündete sich Kritik: Gesellschaften, in denen das Kollektiv über dem Individuum steht, etwa Japan, China, werde Eriksons Konzept wenig gerecht.[137]

Plausibel scheint, dass sich Beeinträchtigungen in den einzelnen Phasen hindernd auf die nächste(n) auswirken, wenngleich gerade Gandhis Leben zeigt, dass eine hoch integre Identität auch dann erreicht werden kann, wenn Entwicklungsaufgaben zur Unzeit gelöst werden müssen. Auch könnte man an Erikson kritisieren, sein Modell orientiere sich zu sehr an

---

[135]   Festinger 1978; zu neueren Entwicklungen dieser Theorie: Harmon-Jones 1999.
[136]   Erikson 1981 befasste sich mit dem Ich-Bewusstsein Jesus, wie es sich in seinen Selbstaussagen manifestiert. Er bescheinigt ihm hohe Authentizität und „vitale Qualitäten": Zentralität, Kontinuität durch die Zeit und die Möglichkeit, zu handeln, kurz: Ich-Identität, die er über seine Mutter erworben habe. Seine Ich-Identität habe schließlich zur Öffnung zum universalen Wir, d.h. der Menschheit als ganzer befähigt.
[137]   Roland 1988. Vor allem der afrikanischen Spiritualität entspreche dieses Modell nicht, da diese die gegenseitige Abhängigkeit und soziale Harmonie betone, nicht aber das Ideal des mündigen und unabhängigen Menschen: Wheeler et al 2002, 74.

Normalbiographien.[138] Es stelle die vielen kritischen Lebensereignisse zu wenig in Rechnung, die in einer Risikogesellschaft drohen, etwa Arbeitsplatzverlust, wodurch die Generativität massiv gestört werden kann.

Eriksons Modell kann auf unterschiedlichste Lebensläufe angelegt werden,[139] auf solche, in denen Religiosität intensiviert wird, ebenso wie auf solche, die von ihr wegführen. Wenn die Psychogenese ausdrücklicher Religiosität – als Beziehung des Menschen zu einem Göttlichen[140] – mit Eriksons Modell rekonstruiert wird, ist dieses zu wenig spezifisch. „In keinem Falle ist religiöse Entwicklung das reine Produkt von Eriksons Stufensequenz."[141] Dennoch vermag es psychodynamische Faktoren aufzudecken, die in eine Gottesbeziehung eingehen. Wesleys Erziehung führte zur Behinderung seiner Initiative, die er schließlich ganz Gott überließ.

Gegenüber klassisch psychoanalytischen Studien verdient Eriksons Modell auch den Vorzug, weil es die Perspektive der gesamten Lebensspanne einnimmt und auch die Entwicklungsaufgaben des hohen Alters benennt. Aber auch, weil es in der Entwicklung, auch der religiösen, die adaptiven und synthetischen Leistungen des Ich ausdrücklich würdigt und diesem eine aktive Rolle zuschreibt. Und nicht zuletzt, weil auch religiöse Entwicklung kontextuell gesehen wird, geprägt (aber nicht determiniert) von elementaren Bezugspersonen, dem (religiösen) Zeitgeist, der Kultur. Hätte Gandhi sein Lebensprinzip von Satyagraha realisieren können ohne seine Mutter und ohne deren Religion des a-himsa, die sie ihrerseits von den Müttern und Vätern ihres Volkes übernommen hatte?

---

[138] Nunner-Winkler 1989.

[139] Erikson 2001 bezog sein Lebenslaufmodell auch auf Dr. **Borg**, den Protagonisten in Bergmanns Filmklassiker »Wilde Erdbeeren«, der sich während einer Autofahrt nach Lund an die wichtigsten Episoden seines Lebens erinnert.
Bushman 1977 erörterte die Spannungen zwischen Intimität und Isolation bei Abraham **Lincoln**.
Capps 1977 a skizzierte die Identitätsproblematik bei Jonathan **Edwards** (1703-1758), der in Amerika zu den großen Erweckungspredigern zählte.
Sack 1995, 85-94 deutete den von Hermann Hesse literarisch gestalteten Lebensweg **Siddhartas** mit Eriksons Phasen: Vom Urvertrauen im brahmanischen Elternhaus über die Suche nach Identität, bis hin zur Integrität, die Hesses Siddharta beim Fährmann Vasudeva findet.
Lombillo 1973 deutete die Konversion des **Ignatius von Loyola** als verspätete Identitätskrise.

[140] So die Definition von Religiosität bei James 1979, 41; Grom 1992, 368; Oser & Gmünder ³1996, 28; Beile 1998, 27.

[141] Kwilecki 1999, 22.

Drittes Kapitel

Personen auf dem Weg zu ihrem Selbst und Gott: C.G. Jung

3.1 Individuation und Gleichzeitigkeit mit Urbildern

„Mein Leben ist die Geschichte einer Selbstverwirklichung des Unbewussten", beginnt Carl Gustav Jung (1875-1961) seine Autobiographie.[1] Damit beschrieb er in nuce, wie die von ihm begründete Tiefenpsychologie, von TheologInnen ebenso rezipiert[2] wie in der Esoterik,[3] religiöse Entwicklung konzeptualisiert: als *„Selbstverwirklichung* resp. *Individuation"*, die „in religiös-metaphysischer Sprache die *Inkarnation Gottes"* sei.[4] Anders als Freud würdigt Jung Religiosität als unverzichtbar, habe er doch in seiner therapeutischen Praxis keinen Patienten über 35 Jahren erlebt, „dessen endgültiges Problem nicht das der religiösen Einstellung wäre".[5] Die christliche Botschaft gehöre „ins Zentrum des westlichen Menschen".[6] Sie prägte seine Kindheit und Jugend nachhaltig, war doch sein Vater Pfarrer, der aber oft an Glaubenszweifeln litt. Die Verwandtschaft disputierte rege über theologische Fragen, etwa Ritschls historisierende Sicht des Christusereignisses. Diese erfuhr Jung jedoch als ebenso unnütz wie das Abendmahl, bei dem er trotz des festlichen Anzugs nichts spürte:

> *„Ich wusste, dass ich nie mehr an dieser Zeremonie teilnehmen konnte. Für mich war sie keine Religion und eine Abwesenheit Gottes."* [7]

Jung ist der Prototyp eines Menschen, der sich zwar als religiös verstand, aber sich von seiner Herkunftskirche entfremdete, wodurch er für viele attraktiv wird, deren religiösen Bedürfnisse in den Kirchen nicht (mehr) gestillt werden. Menschen sollten auch außerhalb der Kirchen Religiosität erfahren können,[8] was Sinn stifte und Heilung bewirke, die für Jung eo ipso religiös ist.[9] Dies gelinge nicht, indem vergangene Modelle nachge-

---

[1] Jung 1963, 10.

[2] Nicht nur von Drewermann 1984, ders. 1985, ders. 1987 sondern bereits von Schär 1950, Unterste 1977, Wehr 1990, Obrist 1993, Wittmann 1998; kritisch Spiegel 1988.

[3] Coudris & Coudris 1989, Pearson 1990, Bittlinger 1995.

[4] Jung 1951, 474 (kursiv i.O.); vgl. GW (Gesammelte Werke) XI, 171.

[5] GW XI, 362; vgl. auch ebd. 125.

[6] Jung 1963, 213.

[7] Ebd. 61.

[8] GW XI, 68; vgl. Wehr 1975: „Dem Psychologen C.G. Jung ging es nie um eine dogmatische Bestimmung des christlichen Glaubens, sondern darum, die Dimension der Erfahrung für den christlichen Glauben zurückzugewinnen" (Klappentext).

[9] Ebd. 365.

ahmt werden, weil der moderne Mensch sich gegen die Historie sträube,[10] sondern nur dann, wenn er das Überlieferte als das Seinige *erfahre*. Von daher ergibt sich in Jungs Psychologie (speziell des Traumes) die hohe Relevanz der Subjektstufe. Während auf der Objektstufe Trauminhalte in der Außenwelt real existieren, verkörpern sie auf der Subjektstufe die „Anteile des Subjekts".[11] Träume ein Mann von einer Frau, begegne ihm die „anima",[12] die weibliche Komponente seiner Psyche.[13]

Auf der Subjektstufe werde der garstige Graben der Geschichte überbrückt und ereigne sich Gleichzeitigkeit mit religiösen Symbolen und Dogmen, die archetypische Kraftzentren seien. Heilsam sei ferner, wenn der Mensch das Wagnis der Selbstwerdung bzw. Individuation auf sich nehme:

> „*Der Sinn und das Ziel dieses Prozesses sind die Verwirklichung der ursprünglich im embryonalen Keim angelegten Persönlichkeit* mit allen ihren Aspekten. Es ist die Herstellung und Entfaltung der ursprünglichen, potentiellen *Ganzheit*. Die Symbole, welche das Unbewusste hierfür verwendet, sind dieselben, die die Menschheit seit jeher brauchte, um Ganzheit, Vollständigkeit und Vollendung auszudrücken; es sind in der Regel *Vierheits- und Kreissymbole*. Diesen Vorgang habe ich als *Individuationsprozess* bezeichnet."[14]

Auch das ist in unserer Lebenswelt, die Individualität hoch schätzt, attraktiv.

Wie aber ist Gleichzeitigkeit mit früheren, selbst mythischen Erlebnisweisen möglich? Vorausgesetzt ist ein entsprechendes Modell der Psyche. Gegenüber Freud akzentuierte Jung, die Psyche beinhalte nicht nur das lebensgeschichtlich geprägte persönliche Unbewusste, sondern auch ein kollektives Unbewusstes, das menschheitsgeschichtlich vererbt werde.[15] Wer letzteres verwerfe, sei „zu personalistischen Erklärungen gezwun-

---

[10] Ebd. 369.

[11] GW VII, 92.

[12] GW VII, 207-232, wo behauptet wird, dass Männer, die ihre anima nach außen projizieren, leichter unter den Pantoffel geraten (214). Die anima bringe „Launen" hervor; „das ganze Reich des angewandten männlichen Geistes" falle bei ihr „in den Bewusstseinsschatten" (227). Der männliche Anteil in der Psyche der Frau wird von „animus" repräsentiert, „eine Art Niederschlag aller Erfahrungen der weiblichen Ahnen am Manne" und „ein zeugendes schöpferisches Wesen", das „Prinzipien" artikuliere (GW VII, 229), vgl. GW IX/2, 20-31. Kritisch zu „animus": Teichert 1998.

[13] Drewermann 1984 übertrug das Konzept „Subjektstufe" in die tiefenpsychologische Exegese. Die Personen und Motive der Weihnachtserzählung seien „die Zonen *einer* Seele, *einer* Seelenlandschaft. Im Menschen selber liegt, wenn er nur auf sein eigenes Wesen hört, das Wunder der jungfräulichen Geburt begründet." (527, kursiv i.O.).

[14] GW VII, 120 (kursiv i.O.); vgl. auch Keintzel 1982, 264. „Der Begriff der Individation steht bei C.G. Jung im Mittelpunkt."

[15] GW XI, 558 f.; GW VII, 69-86; GW VIII, 128.

gen"[16] und stoße nicht zu den „Dominanten des Unbewussten" vor,[17] den Archetypen, auf denen unsere „ganze religiöse Vorstellungswelt beruht".[18]

Jung, obschon sich oft als Empiriker ausgebend[19] und Psychologie als „Erfahrungswissenschaft" bezeichnend, „die es mit wirklichen Dingen zu tun hat",[20] definierte die Archetypen nicht abschließend. Vielmehr hat er sie vielfältigst (mythologisch, alchemistisch) und nicht ohne Widersprüche *substanziell* umschrieben: als „Urbilder",[21] „Instinkte", „mythologische Motive", „Formen ohne Inhalte", „Bilder kollektiver Natur".[22] Ohne die Kritik dieses Konstrukts zu wiederholen[23] – für die tiefenpsychologische Sicht religiöser Entwicklung ist bedeutsam, dass die Archetypen *funktional* als „autonome Faktoren" aufgefasst werden, als „lebendige Subjekte",[24] die das Schicksal eines Menschen „bis ins kleinste determinieren".[25] Sie lenken selbst die dogmengeschichtliche Entwicklung (Abschnitt 3.2), aber auch die Selbstwerdung, wie sie an Jesus, Paulus und anderen exemplifiziert wird (3.3), bevor eine kritische Würdigung erfolgt (3.4).

3.2 Von der Trinität zur Quaternität

Wer sein Augenmerk auf die Kollektivpsyche richtet, ist an der religiösen Entwicklung von Individuen insoweit interessiert, als solche die Entwicklungsprozesse innerhalb der Gesamtpsyche exemplifizieren. Jung hat keine psychobiographische Studie im Zuschnitt von Freuds Leonardo oder Pfisters Zinzendorf hinterlassen.[26] Dennoch füllte er Hunderte Seiten zur religiösen Entwicklung, speziell in symbol- und dogmengeschichtlicher Perspektive. Im Aufsatz »Psychologische Deutung des Trinitätsdogmas«

---

[16] GW XI, 164; vgl. GW VII, 75, 83 f.

[17] Ebd. 559.

[18] Ebd. 389; ausführlicher: GW IX/1, 11-51.

[19] Ebd. 335, 662 f., 675: „Ich bin Empiriker"; Jung 1951, 8; GW XII, 257 u.ö.

[20] GW IX/2, 63; GW VI, 260; GW XI, 334 u.ö.

[21] GW VI, 453; vgl. auch Kassel 1980, die biblische „Urbilder" abhandelt.

[22] GW XI, 54, 257 u.ö.

[23] Ausführlicher: Balmer 1972, Grom 1988, Grom 1992, 400-405; Bucher 1992, 60-64; Meyer 1995.

[24] GW XI, 503 f., 390; vgl. auch GW VII, 103: „Sie (die Archetypen oder Dominanten, A.B.) sind die Herrschenden oder Götter, d.h. Bilder dominierender Gesetze und Prinzipien durchschnittlicher Regelmäßigkeiten im Ablauf der Bilder, welche die Seele immer wieder aufs neue erlebt."

[25] GW XI, 439.

[26] Jung bezieht sich zwar wiederholt auf Biographien und individuelle Dokumente, so in »Symbole der Wandlung« (GW V) auf die visionären Berichte, die eine ihm nicht persönlich bekannte Miss Miller aufgezeichnet hat. Aber die von ihr geschauten Motive werden weniger individualgeschichtlich erklärt, als vielmehr mit ähnlichen Motiven aus Geschichte und Mythos amplifiziert. Es sei eine „unabweisbare Forderung ..., die Analyse der Individualprobleme durch ... historisches Material zu erweitern" (GW V, 24).

unterscheidet er, zugegebenermaßen „ohne nennenswertes theologisches Wissen" und als „naturwissenschaftlich orientierter Arzt",[27] den „Werdegang der Trinitätsidee im Laufe der Jahrhunderte".[28] Er setzte bei vorchristlichen Parallelen in Babylonien und Ägypten an, erörterte die verschiedenen Glaubensbekenntnisse in der frühen Kirche und erklärte sich „alle Sophistereien, Wortklaubereien, Intrigen und Gewalttaten, welche die Geschichte dieses Dogmas bis zum Überdruss verunzieren", als hervorgerufen durch die „zwingende Numinosität des Archetypus" der Trinität.[29] Ohne es zu wissen, hätten die Theologen und Gnostiker „den in der ägyptischen Königstheologie erstmals erschienenen Archetypus der Homoousie (gleiche Wesenheit, A.B.) von Vater, Sohn und Kamutef wieder ad integrum hergestellt".[30]

Das Ziel solcher „unbewusster Reifungsprozesse" sei die *Ganzheit*, die durch die Quaternität (Vierheit) adäquater repräsentiert werde als durch die Drei, symbolisiere sie doch „die Teile, Qualitäten und Aspekte des Einen".[31] Dies inspirierte zu Spekulationen, ob die Trinität nicht zur „absoluten Totalität" vervollständigt werden müsste.[32] Konkret benannte er zum einen den Teufel als den Schatten Gottes,[33] sei doch die Integration des Schattens für die Individuation unumgänglich.[34] Zum anderen spekulierte er, ob die Selbstwerdung Gottes nicht dadurch geschah, dass in die Trinität das Weiblich-Mütterliche integriert bzw. „die himmlische Braut mit dem Bräutigam vereinigt wurde",[35] ein „Hieros-Gamos" (heilige Hochzeit), für Jung das „vereinigende Symbol von Vollkommenheit und Ganzheit" schlechthin.[36] Ausdruck dieses Prozesses, der aus der „Tiefe des kollekti-

---

[27] GW XI, 122 f.

[28] Ebd. 162.

[29] Ebd. 163.

[30] Ebd. 162.

[31] Ebd. 480, 62. Ausführlicher: GW XII, 256-260. Auch Motive der Vierheit in der Bibel – Garten Eden mit den vier Flüssen, Ez 1,4-28 - werden auf psychische Ganzheit bezogen, ja die Bibel überwiegendst als symbolische Darstellung des Individuationsprozesses gelesen; dazu Bucher 1992, 39-70; vgl. Fischedick 1992, Schmitz 1988, Sanford 1987. Jüngst versuchte Brabazon 2000, die Trinität als Symbol des Selbst *und* Gottes zu rehabilitieren, weil u.a. auch das Meditationsbild von Nikolaus von Flüe auf einer doppelten Trinitätsstruktur beruhe und es in der Mythologie und Religionsgeschichte zahlreiche Manifestationen des Dreifaltigkeitsarchetypus gebe, der die Jungsche Psychologie christlichen TheologInnen akzeptabler mache.

[32] GW XI, 213. Jung 1963, 58 erzählt, wie er als Schüler von der Trinität zuerst fasziniert, dann aber, nachdem sein Vater eine Erklärung mit der Begründung verweigerte, er verstehe davon auch nichts, „aufs tiefste enttäuscht" war. Noch im hohen Alter nannte er das Trinitätssymbol eine „abgekühlte ... kraftlose Abstraktion", GW XVIII/2, 768.

[33] GW XI, 65; dazu auch »Antwort auf Hiob«, bes. GW XI, 410; GW XII, 180.

[34] GW IX/2, 17-19; GW XII, 47 u.ö.

[35] GW XI, 495.

[36] Ebd. 480, vgl. auch GW XII, 53.

ven Unbewussten" angestoßen wurde,[37] sei die Verkündigung des Dogmas von der Aufnahme Mariens in den Himmel, für Jung „das wichtigste religiöse Ereignis seit der Reformation".[38]

In dieser Entwicklung des Trinitäts- zum Quaternitätssymbol erscheinen die Theologen wie „Statisten", als was Jung die Menschen angesichts der alles bestimmenden Archetypen sah.[39] Als ihn ein Theologe kritisierte, das für die christliche Identität zentrale Trinitätsdogma durch eines der Quaternität ersetzt zu haben, erwiderte er:

> „Nicht *ich* flicke am Trinitätsdogma, sondern das ganze Mittelalter sowohl wie die unbewussten Prozesse beim modernen Menschen spielen mit dem Quaternitätsschema. ... Die natürliche ‚unbewusste' Symbolbildung' (ist) für die Quaternitätsformel verantwortlich".[40]

Belegt hat Jung dies u.a. mit dem Traum eines Patienten, der der katholischen Kirche längst entfremdet war. Er sei in ein weihevolles Haus eingetreten, in dem Kerzen brannten, „die in einer besonderen Form mit vier nach oben zulaufenden Spitzen angeordnet sind", was tief beeindruckte.[41] Jungs Deutung zentriert sich auf die Vier, ein „vermutlich prähistorisches Symbol"[42] und hier „eine mehr oder weniger direkte Darstellung des in seiner Schöpfung sich manifestierenden Gottes".[43] Wiederum initiierte das Unbewusste die Entwicklung; es bildete Gott in den Patienten ein, ohne dass berichtet wird, ob diesem dessen Inkarnation auch bewusst war.

3.3 Religiöse Entwicklung als Selbstwerdung

Für Jung „fällt die Religion mit der Ganzheit zusammen; ja, sie erscheint als Ausdruck der Integration des Selbst in der Fülle des Lebens".[44] „Individuation", sagte er fünf Jahre vor seinem Tod in einem Interview, „ist das Leben in Gott, wie die Mandalapsychologie eindeutig zeigt."[45] Diesen Prozess zeichneten seine SchülerInnen anhand zahlreicher Persönlichkeiten

---

[37] Ebd. 499 bzw. 502.

[38] Ebd. 498; vgl. GW IX/2, 96.

[39] Jung 1963, 96: „Wir können wohl ein Leben lang meinen, dem eigenen Kopf zu folgen, und entdecken nie, dass wir ... Statisten auf der Szene des Welttheaters waren."

[40] GW XI, 665 (kursiv i.O.).

[41] Ebd. 37.

[42] Ebd. 55-62.

[43] Ebd. 63. Ähnlich Hark 1982, 164-198, der an der Traumserie einer Frau in der Lebensmitte zeigt, wie ihre angestammte Religiosität zerbrach und die Entwicklung zu einem neuen Gottesbild einsetzte, das im Traum durch eine Rosette (Rundfenster) in der Kathedrale manifest geworden sei (bes. 196).

[44] GW XII, 230.

[45] GW XVIII/2, 773.

nach, so bei Jesus (3.3.1), Paulus (3.3.2), der Märtyrerin Perpetua (3.3.3), Swedenborg und dem dänischen Volksprediger Grundtvig (3.3.4).

3.3.1 Jesus als Prototyp der Individuation

Nachdem Jung selber Christus als Veranschaulichung des Archetyps des Selbst gewürdigt[46] und ihm Androgynität bescheinigt hatte,[47] d.h. die Integration der weiblichen Seelenanteile (anima), war es naheliegend, seine religiöse Entwicklung als Individuationsprozess zu rekonstruieren. Jung zufolge beginnt dieser dann, wenn der Mensch sich mit seinem Schatten auseinandersetzt.[48] Jesus leistete dies vor seinem öffentlichen Wirken, als er in der Wüste dem Satan begegnete, seinem „dunklen Bruder" bzw. Antichristen.[49] Die Integration des Schattens habe ihn befähigt, seine anima zu ihrem Recht kommen zu lassen, sodass er der „erste Mann" geworden sei, „der die Androzentrik der antiken Welt durchbrochen hat".[50] Dies habe ihm ermöglicht, auch die weiblichen und mütterlichen Aspekte des „heilen Gottesbildes" zu entdecken und diese zu lehren (Verlorener Sohn).[51] Für seine Zeit revolutionär, begegnete er den Frauen unbefangen, rief sie in seine Nachfolge und lernte von ihnen. So von jener Kanaanäerin, die von ihm die Heilung ihrer besessenen Tochter erbat, anfänglich mit der Begründung, er sei nur zu den verlorenen Schafen des Volkes Israel gesandt, abgewiesen, dann aber doch erhört wurde (Mt 15,21-28).[52] Hätte Jesus seine anima nicht integriert, wäre er von dieser beherrscht worden und hätte er sich, „trotz aller betont männlichen Fassade, wie ein primitives Weib (verhalten): launisch, empfindlich, nervös, gereizt, unkontrolliert".[53] Dem gegenüber sei er ein „wahrer Mann" gewesen, „ein Mann von hoch entwickelter Anima, von exzeptioneller Integration oder Individuation".[54]

Diese hohe Integrität habe aber nicht verhindert, dass die Kirche weniger den androgynen wirklichen Jesus tradiert habe, sondern vielmehr dessen Schatten: Jesus als Herrscher und apokalpytische „Richter-Gestalt". Die große Aufgabe künftiger Theologie bestehe darin, den genuinen Jesus wie-

---

[46] GW IX/2, 47, oder 72: „In der christlichen Anschauungswelt stellt Christus unzweifelhaft das Selbst dar".

[47] Ebd. 218 f.; GW X, 444 u.ö.

[48] GW IX/2, 17-19; zum Schatten in der Jungschen Psychologie: Abrams & Zweig 1997.

[49] Ebd. 52 f.; vgl. Kassel 1980, 9-24.

[50] Wolff ²1976, 80; dies. 1978, bes. 136 f.

[51] Wolff ²1976, 115-126.

[52] Dazu Kassel 1991, 94-101.

[53] Wolff ²1976, 82.

[54] Ebd. 174.

der freizulegen.[55] Dazu sei freilich unumgänglich, dass sich TheologInnen ihrer eigenen Schattenprojektionen bewusst werden und diese integrieren.

Die tiefenpsychologische Sicht von Jesu religiöser Entwicklung als Selbstwerdung hat enorme Resonanz erzielt. Das Jesusbuch von Franz Alt, in dem der Wanderprediger als „Traum von einem Mann" gewürdigt wird,[56] verkaufte sich in einem Jahr mehr als 200'000 mal. Angesichts der patriarchalistischen Erblast im Christentum mag dieses androgyne, ‚ganzheitliche' Jesusbild befreiend gewirkt und vielen, vor allem Frauen, einen neuen Zugang zu Christus geöffnet haben.[57] Dafür war aber ein hoher Preis zu zahlen. Wenn das Gottesbild von Jesus wirklich neu ist, dann ist dasjenige seiner jüdischen Herkunftsreligion alt:

> „Ein Herr der Heerscharen ... ein Kriegsgott und das Gegenteil des gütigen Vaters, den Jesus erkannte! Die meisten Christen stehen auf der vorjesuanischen Bewusstseinsstufe dieses aggressiven Kriegsgottes."[58]

Könnte nicht sein, dass auch hier eine Schattenprojektion erfolgte, nämlich – wie in den drei letzten Jahrtausenden schon so oft – auf die Juden?[59] Entlarvend ist, wenn Hanna Wolff behauptet:

> „Das Christentum ist bisher nie wirklich aus dem Schatten des Judentums herausgetreten! Das ist seine Schuld, ... das ist sein Existenzproblem." [60]

Ob Jesus von Nazareth, der als Jude gelebt hat und als Jude gestorben ist, das auch so gesehen hätte? Und erst recht, dass sein Leben vor allem Selbstverwirklichung gewesen sei?[61]

3.3.2 Paulus: Vom Archetyp überwältigt

Ein Schlüsselerlebnis in der religiösen Entwicklung des Saulus war die Christusvision vor Damaskus, die ihn zu Boden schmetterte, ihm drei Tage das Augenlicht raubte und ihn zum Paulus werden ließ. Diese Vision reizte

---

[55] Ebd. 146 f.,

[56] Alt 1989, 72.

[57] Mulack 1987. Kritisch dazu: Brockmann 1991.

[58] Alt 1989, 121.

[59] Dazu Brumliks 1991 Streitschrift »Der Anti-Alt«, in der dieses Jesusbuch als „erster antisemitischer Bestseller seit 1945" entlarvt und auf Jungs antisemitische Einstellung während der Nazizeit hingewiesen wird (39 f.; vgl. Abschnitt 3.4.2). Richtig ist auch seine Kritik an tiefenpsychologischer Exegese: „ ... keineswegs nur blutiger Dilettantismus, sondern der entschlossene Wille ..., in die biblischen Schriften nur das hineinzulegen, was dem entwicklungswilligen Individuum gerade als Emanzipation erscheint" (39).

[60] Wolff 1981, 14.

[61] Heiligenthal 1997, 46 merkt, Susanne Heine zitierend, an, Wolff und andere TiefenpsychologInnen trügen moderne Sichtweisen in Jesu hinein: „Ein Psychoanalytiker sieht die Wirklichkeit mit anderen Augen als ein Wanderprediger des ersten Jahrhunderts."

seit dem 18. Jahrhundert zu natürlichen Erklärungen (speziell als Gewitter)[62] ebenso wie zu psychologischen Deutungen,[63] auch durch Jung. In einem Vortrag, 1919 über die Psychologie des Geisterglaubens gehalten, erklärte er sich die Bekehrung so, dass sich „der unbewusste Christuskomplex ... mit dem Ich des Paulus assoziierte".[64] In späteren Werken bezeichnete er Christus als archetypisches Symbol des Selbst, sodass – so der Jungschüler Kaufmann in seiner Paulusstudie »Die Krise des Tüchtigen« – die Vision dem späteren Völkerapostel zur Selbstwerdung verhalf, nachdem er die erste Lebenshälfte auf die Persona fixiert gewesen sei, die äußere Rolle als Pharisäer. Dem Wirken des Christus-Archetyp habe sich Saulus entgegengestemmt, indem er seinen Schatten auf die ChristInnen projizierte und diese verfolgte, bis „ihm die neue Lebensgrundhaltung vom Unbewussten her durch eine Vision aufgezwungen wurde".[65] Der Archetyp des „Stirb und Werde" bzw. des Christus habe ihn aus der verkrampften Existenz des Pharisäers – wie sie auch heute von vielen Karrieresüchtigen gelebt werde, die ihrer Rolle (persona) verhaftet seien[66] – befreit und ihn zu seiner Gemeinschaft mit Christus und seiner gewaltigen Missionstätigkeit befähigt.

3.3.3 Die heilige Perpetua: Selbstfindung im Amphitheater

Während der Christenverfolgung unter Septimius Severus wurde in Karthago am 7.3.203 eine 22jährige Mutter, gemeinsam mit vier MitchristInnen, den wilden Tieren vorgeworfen, nachdem sie gegen den Willen ihres Vaters zum Christentum übergetreten war: Perpetua. Wir wissen vom Martyrium aus der Schrift »Passio Perpetuae et Felicitatis«, in der vier Visionen beschrieben werden, die die junge Frau im Kerker überkamen. Anhand dieser Gesichte rekonstruierte Jungs Mitarbeiterin Marie-Louise von Franz die innerpsychische Entwicklung der Märtyrerin, allerdings weniger aus Interesse an der Individualität der Getöteten, sondern weil sich in diesen Visionen der „psychologische Übergang der Antike in das Christentum schildern" lasse.[67] Anhand einer legendären Gestalt wird ein religiöser Entwicklungsprozess der Kollektivpsyche nachgezeichnet.

---

[62] Dazu Reichardt 1999, 17-19.

[63] Abschnitt 1.5.1 sowie Reichardt 1999, 17-88.

[64] GW VIII, 348. Übernommen hat diese Erklärung Lüdemann 1995, 98: Unbewusst sei Paulus schon vor seiner Bekehrung Christ gewesen; das Unbewusste habe seine Fehlhaltung (speziell die Projektion seiner Aggressivität auf die ChristInnen) korrigiert.

[65] Kaufmann 1983, 191.

[66] Ebd. 73-115. Pharisäismus wird auch psychoanalytisch gedeutet: Fixierung auf Analität (77), aber auch tiefenpsychologisch: Identifikation mit der Persona und Ausblendung des Unbewussten, was in eine Midlife-Krise führ(t)e: auch bei Paulus.

[67] GW IX/2, 7.

In ihrer ersten Vision sah die Heilige eine Himmelsleiter, zu deren Füßen
ein Drache lauerte. Ihrem Gefährten Saturas folgend, stieg sie die Stufen
hoch und erreichte einen Paradiesgarten, in dem ihr ein Hirte süßen Käse
zu essen gab. Von Franz sieht darin „lauter archetypische Bilder"[68] und
deutet diese so, dass die Himmelsleiter die „stufenförmige Entwicklung zu
höherer Bewusstheit" symbolisiert, die durch ihren animus (repräsentiert
durch ihren Gefährten Saturus) angestoßen wurde und hin zum Selbst
führt, das durch den Hirten (Symbol von Christus) und dem Garten verkörpert wird.[69]

Selbstwerdung ist auch das Thema der vierten Vision. In dieser sah die
Heilige, wie sie aus dem Kerker hinaus ins Amphitheater geführt wurde,
um dort den Bestien vorgeworfen zu werden. Stattdessen wurde sie in einen kräftigen Mann verwandelt und kämpfte siegreich gegen einen hässli-
chen Ägypter, worauf sie einen Siegeszweig erhielt. Für die Deutung als
symbolische Darstellung der Selbstwerdung spreche, dass die Vision im
Kerker beginnt, „ein Anfangssymbol des Individuationsprozesses",[70] und
zum Amphitheater weiterschreitet, das, weil ein Mandala, das Selbst symbolisiere.[71] In einen Mann verwandelt zu werden, bedeute das Überwäl-
tigtwerden durch ihren animus; das Handgemenge mit dem Ägypter hingegen, aus dem sie als Siegerin, als Ganzgewordene hervorging, den Sieg
über den heidnischen Animismus. Perpetuas innere Entwicklung hin zur
„unbeirrbaren Überzeugung", für ihren Glauben sterben zu wollen,[72] ist
nicht bewusste Ich-Leistung, sondern initiiert durch das kollektive Unbewusste, das die MärtyrerInnen durch „die neues Leben verheißenden Bilder" unterstützt habe:

> „Vom psychologischen Standpunkt aus erscheinen die Märtyrer ... sogar wie
> die tragischen unbewussten Opfer jener sich damals tief in den kollektiven
> Seelenschichten der Menschen sich vollziehenden Wandlung des Gottesbil-
> des, dessen neue Form den nachfolgenden Aion[73] beherrschen sollte."[74]

---

[68] Jung 1951, 411.

[69] Ebd. 436.

[70] Ebd. 457.

[71] Ebd. 461. Mandalas – als Symbole des Selbst, der Ganzheit und zugleich auch Gottes
(GW IX/2, 256) – begegnen in Jungs Oeuvre noch und noch: GW XI, 78 f., 104-115,
620; GW XII, 118-260; GW IX/1, 309-414, wo zahlreiche Mandalas abgebildet und
kommentiert sind. Die Literatur zu Mandalas ist Legion: Dörig 1998, Dahlke [5]1992.

[72] Ebd. 490.

[73] Gemeint ist das Fischzeitalter. In GW IX/2 amplifizierte Jung ausführlich das Fisch-
Symbol, gnostische Quellen ebenso ausschöpfend wie alchemistische, und er meint:
„Das Fischsymbol bildet daher die Brücke zwischen der historischen Gestalt Christi und
der seelischen Natur des Menschen, in welcher der Archetypus des Erlösers ruht. Auf
diesem Weg wurde Christus zum inneren Erlebnis, zum ‚Christus in uns'." (196)

[74] Jung 1951, 496.

Angesichts der Ströme Bluts, die in den Amphitheatern vergossen wurden, angesichts der Millionen Tränen von Kindern, Schwangeren, Greisen, ist es zumindest befremdlich, wie unbekümmert eine Psychologin diese Stätte des pöbelhaften Gelächters und des gleichzeitigen Sterbens zu einem Symbol der Ganzheit und auch Gottes hochstilisiert.

3.3.4 Swedenborg und Grundtvig: Individuation nach der Lebensmitte

Jung zufolge wird der Individuationsprozess um die Lebensmitte zur vordringlichen Aufgabe.[75] Auch der schwedische Seher Emmanuel Swedenborg befand sich in den Fünfzigern, als ihn die Traumgesichte zu bedrängen begannen und er seine Bekehrung erlebte. Im Anschluss an C.G. Jung deutete Sundén[76] diesen religiösen Entwicklungsschub so, dass Swedenborg seine persona, d.h. soziale Identität bzw. „Maske"[77] fallen und verdrängte Inhalte des kollektiven Unbewussten ins Bewusstsein eintreten ließ. Dies entfesselte eine „unwillkürliche Phantasie, welche anscheinend nichts anderes ist als die spezifische Tätigkeit der Kollektivpsyche".[78] Da sich Swedenborg mit diesen Inhalten auseinander setzte, sei das Zentrum seiner Persönlichkeit vom Ich zum archetypischen Selbst verschoben worden.

In gleicher Weise rekonstruierte Sundén den religiösen Werdegang von Nikolai Grundtvig (1783-1872), eines dänischen Theologen, Dichters und Volkserziehers.[79] Im Alter von 27 Jahren geriet er in eine schwere Krise, als er erkannte, den Glauben willentlich nicht erlangen zu können. Er verließ das Bett nicht mehr, fühlte sich von einer Schlange umschnürt, Halluzinationen verfolgten ihn. Für Sundén handelte es sich um eine Auseinandersetzung mit dem Unbewussten, das den Individuationsprozess einleitete, sei doch die Schlange als das „geistigste Tier" Symbol des Selbst.[80] In dem Maße, in dem die persona durch das archetypische Selbst ersetzt wurde – insbesondere aufgrund eines intensiven Erlebnisses vor einer Krippe mit dem göttlichen Jesuskind[81] – habe Grundtvig eine lebendigere Religiosität praktizieren und in seinen Liedern und Predigten auch seinen Mitmenschen vermitteln können.

---

[75] GW VIII, 451; vgl. Jacobi 1965, bes. 31-45.
[76] Sundén 1966, 299-306; ders. 1982, 167-169.
[77] GW VII, 172; GW IX/1, 137 u.ö.
[78] GW VII, 176.
[79] Sundén 1966, 306-316.
[80] GW XI, 421 f., GW IX/1, 383, 389 u.ö.
[81] Das archetypische Motiv des göttlichen Kindes manifestiere sich „am deutlichsten und sinnvollsten ... bei dem Reifungsprozess der Persönlichkeit, den ich als Individuationsprozess bezeichnet habe." (GW IX/2, 173); vgl. Schwarzenau 1984.

Ohne auf weitere Studien einzugehen[82] - auch die jungsche Sicht religiöser Entwicklung ist kritikwürdig.

---

[82] Weitere, an Jung orientierte Studien:

- Bereits 1914 äußerte sich Riklin tiefenpsychologisch zu **Franz von Assisi** (1181-1226). Der Poverello habe den Reichtum seines Unbewussten, die dort gelagerten Symbole erkannt, sodass sich für ihn die ganze Natur vermenschlicht habe.

- Baumann 1990, 72-76 zu **Augustinus** (354-430), der seinen Schatten integriert habe, indem er das Böse in der Welt in seiner Erbsündenlehre anerkannt habe, worauf er davon befreit gewesen sei, für dieses selber verantwortlich zu sein.

- Ebenfalls Baumann 1990, 81-89 zu **Buddha**, der dem Schatten bei seinen Ausfahrten begegnete: dem Alter, der Pest, dem Tod. Darauf verließ er sein Schloss und suchte willentlich die Erlösung, bis sie ihm unter dem Feigenbaum, überraschend aus dem höheren Selbst hinaus, zuteil wurde. Die buddhistische Lehre von der Überwindung des Ich entspreche jenem „psychischen Prozess ..., den C.G. Jung als Durchbruch zum Selbst bezeichnet hat" (89).

- Als symbolische Darstellung des Individuationsprozesses deutete Sundén 1982, 169-172 Visionen der heiligen **Birgitta**, deren Weg zur Heiligkeit darin bestand, dass sie das Ich als Zentrum ihrer Persönlichkeit aufgab und das Selbst – und damit auch Gott – kommen ließ. Übergangen wird an Birgittas Frömmigkeit der hohe Stellenwert Mariens (Nyberg 1985), die bei einer Frau nicht anima sein kann.

- Hark ²1988, 209-235 analysierte die religiöse Entwicklung von Hermann **Hesse** (1877-1962), die darin bestanden habe, die vom pietistischen Elternhaus erzeugte „ekklesiogene Neurose" zu überwinden und den Weg der Individuation zu beschreiten, die er vor allem in »Siddharta« entfaltet habe.

- Auch Baumann 1990 rekonstruierte **Hesses** literarische und religiöse Entwicklung mittels des Jung'schen Individuationskonzepts. Die Selbstwerdung habe nach dem Nervenzusammenbruch von 1916 begonnen (13 f.) und wurde vom Jungschüler Dr. Lang begleitet. Schon vier Jahre später bekennt der Dichter, *„keinen anderen Gedanken, keinen anderen Glauben"* ausdrücken zu wollen wie *„den von Gott im Ich und dem Ideal der Selbstverwirklichung"* (43).

- Baumann 1990, 51-63 zu **Jesus**, der bei der Taufe am Jordan seinen Schatten integriert habe, wobei die himmlische Stimme „eine Projektion des Selbst (gewesen sei), das Jesus von der lähmenden Wirkung seines Schattens freispricht" (55). Eine mögliche Inflation des Ich durch das Selbst habe Jesus in den 40 Tagen in der Wüste abgewehrt, sodass sein „Individuationsprozess" vollendet worden sei (56).

- Sundén 1966, 171-176 deutete den Durchgang durch die finstere Nacht, wie ihn **Johannes vom Kreuz** (1542-1591) durchlitt und beschrieb, als Assimilation des Schattens, wodurch die Fixierung auf das Ich überwunden und der Weg für die Integration des Selbst geebnet worden sei. Ebenso Benker 1999, der behauptete, Aussagen Jungs über die Individuation könnten „durchaus der Feder des Johannes vom Kreuz entstammen" (254).

- Wehr 1993, 149-167 zu **C.G. Jung** (1875-1962), der eine „Damaskusvision" erlebt habe, wodurch Christus, den er in seiner Kindheit als historisch fern vermit-

3.4 Kritische Würdigung

Zu den Sehnsüchten, die nicht altern, gehört das Glück. In der westlichen Welt hat sich ein Konzept von Glück durchgesetzt, wonach dieses individuell ist und im Heilsein, im Selbstwerden besteht,[83] die in der Bedürfnispyramide von Maslow weit oben rangieren. In einer Lebenswelt, die durch Fragmentarität, Entfremdung, vielfältige, oft widersprüchliche Rollen geprägt ist, wird integre Selbstverwirklichung attraktiv. Vielleicht ist das einer der Gründe, warum die Jungsche Psychologie dermaßen breit rezipiert wurde und wird[84] und für viele zu einer Religion aufstieg.[85]

Attraktiv ist Jungs Sicht der religiösen Entwicklung – als Verschränkung von Selbstwerdung und der Realisation des Gottes-Archetypus – auch für viele TheologInnen.[86] Jung könnte sich auf Kierkegaard berufen: „Je mehr Vorstellung von Gott, um so mehr Selbst; je mehr Selbst, um so mehr Gottesvorstellung".[87] Aber zwischen Kierkegaards Ringen um die Existenz des Einzelnen und Jungs mystifizierendem Kollektivismus liegen Welten![88]

---

telt bekam, zum „inneren Christus" geworden sei. Wehr geht auch auf weitere Gestalten ein: Augustinus, Hildegard von Bingen, Jakob Böhme u.a.m.

- Wilkström (aus Holm 1990, 132-133) rekonstruierte die von Dostojewskji geschilderte Entwicklung von Rodin **Raskalnikow** in Jungschen Termen: Nach dem Mord an der Haushälterin begegnete ihm die anima als die Prostituierte Sonja, was den Weg für das Auftreten des Selbst, d.h. für Christus öffnete.

- Frick 1996 analysierte die Exerzitien des **Ignatius von Loyola**, die insofern der Struktur des Individuationsprozesses entsprächen, als zu Beginn die Begegnung mit dem Schatten herbeigeführt werde, später dann die mit Christus als *dem* Symbol des Selbst. Zusätzlich erörtert er die Relevanz von Jungs Typenlehre (GW VI).

[83] Bezeichnend ist der Buchtitel von Kassel 1982: »Sei, der du werden sollst. Tiefenpsychologische Impulse aus der Bibel«. Auch Märchen werden tiefenpsychologisch als symbolische Darstellungen der Selbstwerdung ausgelegt: von Franz 1989, 12: „Alle Märchen streben danach, ein und dieselbe psychische Tatsache zu beschreiben ... das Selbst".

[84] Wulff 1991, 465 sieht darin *die* Herausforderung Jungs für die Gegenwart.

[85] Bereits Zaehner 1959 konstatierte, Jungs Psychologie sei schnell zu einer Religion geworden, zu einem esoterischen Kult, der individualistisch sei. Massive Kritik: Vitz 1995, der weitere Selbst-Psychologien ins Visier nimmt.

[86] Einer der ersten war Schär 1950, 536: „Menschen, die die Individuation erleben, machen religiöse Urerfahrung." Vgl. Anm. 2 dieses Kapitels.

[87] Kierkegaard 1976, 113.

[88] Eisenstein 1986, 175; vgl. Neumann 1952, der „Kierkegaards Individuationsprozess nach seinen Tagebüchern" rekonstruiert, ohne Jungsche Konstrukte zu bemühen. Er legt dar, wie sich Kierkegaards Selbstverständnis, den seit der Kindheit Schwermut quälte, veränderte: Vom ironischen Dichter zum selbstzerstörerischen Märtyrer. Individuation bestehe nicht darin, ein archetypisches Selbst zu werden, sondern, aus der „geistlosen Masse" heraustretend, zum „Einzelnen" zu werden (bes. 165). In einer späteren Arbeit näherte sich Neumann 1968 Kierkegaard von Adlers Individualpsychologie: Sein Bu-

Gewiss ist Religiosität eines der wichtigsten Themen Jungs. Ihre Notwendigkeit, auch die von Dogmen, hat er apologetischer als manche Theologen angemahnt. Seinem Anliegen, Religiosität möge lebendig sein, nicht „äußere Form", sondern „Erfahrung der eigenen Seele",[89] kann sich niemand verschließen, dem an der Ganzheit von (religiöser) Bildung gelegen ist. Ohnehin sind Konzepte wie Schatten, der auf religiöse Vorurteile und Projektionsmechanismen angewendet werden kann, oder persona (= Rolle), ins Alltagswissen eingegangen. Dennoch sind kritische Punkte zu benennen:

3.4.1 Fehlende Begriffsschärfe, viele Widersprüche

In seiner Autobiographie erzählt Jung, wie er als Gymnasiast einen so geschliffenen Aufsatz verfasste, dass der Lehrer sich weigerte, Carl Gustav als Autor anzuerkennen und ihm ein Plagiat unterstellte.[90] Zumindest in seinen späteren religionspsychologischen Schriften fehlt diese begriffliche Präzision oft.[91] „Der Archetypus ist Geist oder Ungeist".[92] „Eine derartige Anweisung (ist) nicht anders als ‚philosophisch', d.h. psychologisch zu verstehen".[93] Was nun? An einer Stelle bedauert Jung selber, seine Formulierungen stünden in der „Nachbarschaft des Närrischen".[94]

Auch die vielen Widersprüche machen die Exegese von Jungs Werk nicht leichter. Im Anhang seiner Religionspsychologie beteuert er: „Dieses ‚Selbst' steht nie und nimmer an Stelle Gottes".[95] Gemäß der Psychologie des Trinitätssymbols hingegen lasse sich „empirisch nie unterscheiden ..., was ein Symbol des Selbst und was ein Gottesbild ist".[96] Freilich mag man einwenden, Gegensätzlichkeit, Paradoxalität, die letztlich die Vereinigung, das „Mysterium conjunctis" anzielt,[97] sei ein Gütezeichen Jungs. Aber ist das noch wissenschaftliche Psychologie?

Widersprüche bestehen auch in den Fundamenten seines Welt- und Menschenbildes. Einerseits behauptete er eine „überraschende Uniformität" der

---

ckel habe Minderwertigkeitsgefühle ausgelöst. „Gefühl" rechnete er zu den bewussten Ich-Funktionen, die von Kierkegaard geleistete Kompensation im schriftstellerischen Werk erst recht.

[89] GW XII, 26. Dieses Anliegen artikulierte leidenschaftlich Drewermann 1984, ders. 1985 mit den bekannten kirchenpolitischen Folgen.

[90] Jung 1963, 69 f.

[91] Cox 1959, 5; Grom 1988, Wulff 1991, 457.

[92] GW VIII, 236.

[93] GW IX/2, 257.

[94] GW XI, 115.

[95] Ebd. 675.

[96] Ebd. 170, vgl. auch 66, wo eine „Identität Gottes mit dem Menschen" behauptet wird.

[97] GW XIV.

Strukturverhältnisse der Psyche „zu allen Zeiten und an allen Orten", [98] andererseits habe das Christusereignis „den abendländischen Menschen psychisch revolutioniert" [99] und bestehe zwischen der psychischen Wirklichkeit im Westen und Osten, speziell Indien, „eine fundamentale Verschiedenheit". [100] Was nun: Archetypische Ubiquität oder interkulturelle Differenz? Vollends dubios (und gefährlich) wird es, wenn auch zwischen einem jüdischen und germanischen Unbewussten differenziert wird. [101]

3.4.2 Subjekte als Marionetten der Archetypen

Schwererwiegend als solche Einwände, die man als Sophistereien verharmlosen mag (den latenten Antijudaismus freilich nicht), ist die grundsätzliche Konzeption religiöser Entwicklung. Wer leistet sie? Das Subjekt in seiner Interaktion mit religiöser Tradition, Bezugspersonen, und in seiner Deutung des Lebens? Diese bildungstheoretische Sicht religiöser Entwicklung setzt Freiheit voraus. Jung zufolge ist es aber mit dieser nicht weit her, finde sich doch jeder „mit einer seelischen Disposition (vor), welche seine Freiheit ... illusorisch macht". [102] Das Subjekt religiöser Entwicklung ist vielmehr das Unbewusste, das spontan religiöse Symbole produziert. [103] Die Triebkräfte sind die Archetypen, stark genug, das Schicksal bis ins kleinste zu determinieren oder – so der Archetyp Wotan – Katastrophen wie den Faschismus über die Menschheit hereinbrechen zu lassen. [104]

---

[98] GW XI, 558 f. Schon in seiner Jugend sei ihm bewusst geworden, „dass offenbar zu allen Zeiten und an den verschiedensten Orten der Erde immer wieder dieselben Geschichten berichtet wurden", Jung 1963, 106.

[99] GW XI, 163.

[100] Ebd. 517.

[101] GW X, 581.

[102] Ebd. 94.

[103] Ebd. 98. Dazu Holzhey-Kunz 2002, 166: Jung habe aus der Erkenntnis, dass das Ich nicht „Herr im Hause" sei (Freud), nicht den Schluss gezogen, den Subjektbegriff zu revidieren, wie dies im Postmoderne-Diskurs geschah (Bruder 1999, kritisch Welsch ⁵1997, 315-318), sondern den, „dass der Subjektstatus rechtens nicht dem Ich, sondern einer anderen Instanz zukomme, eben dem kollektiven Unbewussten". Dieses wird als „autonom" bezeichnet: GW IX/1, 296; GW VIII, 202, 328; GW IX/1, 50 u.ö. Bezeichnend auch GW IX/1, 31: „Ich bin das Objekt aller Subjekte in völliger Umkehrung meines gewöhnlichen Bewusstseins, wo ich stets Subjekt bin, welches Objekte hat."

[104] GW X, 203-218. Zu Jungs Verhältnis zum Nationalsozialismus: Hermanns 1984, 142-145. Bloch 1959, 65 beschimpfte Jung als „faschistisch schäumenden Psychoanalytiker", weil er mit seiner archaischen Lehre den Faschismus unterstützt habe, in welchem das Volk und seine dunklen Mythen ebenfalls über die Person gestellt werden.

Jungs Sicht der (religiösen) Entwicklung ist deterministisch und antiperso-nal.[105] Damit geht Geschichtsvergessenheit einher. Das Kreuz wird als charakteristisches Symbol des Archetyps der Quaternität bezeichnet[106] und damit eine ubiquitäre Bedeutungskonstanz unterstellt. Das verwischt die enorme Differenz in der Wahrnehmung dieses Symbols durch die Römer und Juden – *das* Zeichen der Schmach (1 Kor 1,23) – und durch die Christ-tInnen: *das* Zeichen des Heils.[107]

3.4.3 Individuation ohne Individuum

Ebenso geringgeschätzt wird die Dimension der individuellen Lebensge-schichte und damit auch das Individuum, die Person, dem christlichen Glauben zufolge einzigartig und unersetzbar. Entlarvend ist eine persönli-che Reminiszenz Jungs in seinem Vorwort zu Heinrich Zimmers Buch über den indischen Heiligen Shri Ramana, den er auf seiner Indienreise hätte besuchen können, was aber unterblieb. Auch im Falle einer weiteren Gelegenheit

> „könnte ich mich, trotz der Einmaligkeit ... dieses zweifellos bedeutenden Menschen, nicht dazu aufraffen, ihn persönlich zu sehen. Ich zweifle nämlich an seiner Einmaligkeit: er ist ein Typus, der war und sein wird."[108]

Konkrete Menschen: bloße RepräsentantInnen eines Typus! Austauschbare Manifestation der für Jung viel wichtigeren (eigenen) Innenwelt, die zu erforschen er sich seit der Jugend zu seiner Lebensaufgabe gemacht hat-te,[109] eine Beschäftigung, die ohnehin nur einer „freizeitgesegneten, kulti-vierten und kreativen Elite" möglich ist![110] Theologen fanden an Jung am

---

[105] Gebsattel 1954, 333 kritisiert an Jung, seine Konzeption der Selbstverwirklichung sei „apersonal"; vgl. auch Gebsattel 1968, 264: „Nein, was im Menschenbild der Züri-cher fehlt, ist die Person. Jung kennt nur die Persona, die Karikatur der Person."

[106] GW XI, 185 f. u.ö.; vgl. Schwarzenau 1990.

[107] Benz 1969, 11, der sich drei Jahrzehnte phänomenlogisch mit Visionen beschäftigte: „Man kann nicht die Bilder und Symbole verschiedener Epochen und der verschiede-nen Stufen der geschichtlichen Erfahrung und des religiösen Bewusstseins nebenein-ander im Präparateschrank der Archetypen auf dasselbe Regal stellen." Spiegel 1988, 160 f. zeigt überzeugend, dass der angeblich überzeitliche Archetyp des göttlichen Kindes faktisch das Kindbild der bürgerlichen Romantik ist.

[108] GW XI, 622 f.

[109] Jung 1963, 41, 68, 91, wo er schildert, wie er schon als Kind und Jugendlicher in sich eine „Persönlichkeit Nr. 2" entdeckte, die im Unterschied zu Nr. 1 („ein mäßig be-gabter junger Mann"), die „Totalschau der menschlichen Natur" beinhalte.

[110] Staude 1981, 102 (übersetzt A.B.). Dass der Vorwurf des Elitären nicht von der Hand zu weisen ist, belegen Aussagen Jungs wie: „Die Natur ist eben aristokratisch, und ein wertvoller Mensch wiegt zehn andere auf", GW VII, 163. Auch äußerte sich Jung dahingehend, der Individuationsprozess sei „ein relativ seltenes Vorkommnis .... viel-leicht das Anfangsstück eines Entwicklungsweges, den eine zukünftige Menschheit nehmen wird", GW VIII, 255, 257 f.

anstößigsten, Gnosis, Selbsterlösung gepredigt und die Gnade suspendiert zu haben.[111] Aber theologisch für verfehlter erachte ich seine Geringschätzung der Person.[112] Jungs Behauptung, die Individualpsychologie sei eine „contradictio in adjecto",[113] ist nicht nur aus psychologischen Gründen zurückzuweisen, sondern mehr noch aufgrund der theologischen Verpflichtung, für die Würde des Einzelnen einzutreten, der freilich nur in sozialen Beziehungen existieren kann.

Eine Person scheint Jung ausgenommen zu haben: die eigene. Kritiker monierten wiederholt, er habe sein eigenes Erleben in den Rang einer Psychologie verallgemeinert, die kollektive Gültigkeit beansprucht. Speziell seine Sicht des Individuationsprozesses sei „zu eng mit seiner eigenen Erfahrung und seinem Persönlichkeitstyp verknüpft".[114] Tatsächlich bekennt er in seiner Autobiographie, er habe sich „auf das intensivste zu zeigen bemüht, dass die Inhalte der psychischen Erfahrung ‚wirklich' sind, und zwar nicht nur als meine persönlichen Erlebnisse, sondern als kollektive Erfahrungen".[115]

Dennoch bleibt religiöse Entwicklung, begleitet von Selbstverwirklichung / Identitätsfindung *und* Sozialität,[116] wünschenswert,[117] sofern diese personalistisch verankert und sozial eingebettet wird. Denn das Du, bei Jung auch in der Sicht vieler seiner SchülerInnen vernachlässigt,[118] geht dem Ich voraus. Dies akzentuiert die rollentheoretische Erklärung der religiösen Entwicklung, der wir uns nun zuwenden wollen.

---

[111] Cox 1959, 344 f.; Brumlik 1992, 285-311. Jung bezeichnete seine Religionspsychologie als „gnostischen Mythos ... Die Aussage des christlichen Symbols ist Gnosis, und die Kompensation des Unbewussten erst recht", GW XII, 40. Erhoben wurde der Gnosisvorwurf auch gegen Drewermann, dazu Sudbrack 1992, 15 f.

[112] Schmidinger 1994: „Der Mensch ist Person".

[113] GW VII, 323. Der frühe Jung (GW VI, 477) äußerte sich diametral anders: Individuation sei „Besonderung der Einzelwesen, speziell Entwicklung des Individuums als eines vom Allgemeinen, von der Kollektivpsyche unterschiedenen Wesens."

[114] Staude 1981, 101; Keintzel 1991, 128 beanstandet, Jung habe „sein privates Denken mit dem Denken der ‚Allgemeinheit' gleichgesetzt". Feldman 1992 hat schlüssig gezeigt, wie sehr Jungs Kindheit auf seine Tiefenpsychologie abfärbte.

[115] Jung 1963, 198 im Umfeld seiner schweren Krise nach dem Bruch mit Freud.

[116] Darauf verweist vor allem die feministische Kritik solipsistischer Individuationskonzepte, jüngst Ray & McFadden 2001.

[117] Paulus 1994, 249-261 belegt, dass ‚Selbstverwirklichte' gesünder und glücklicher sind.

[118] Singer 1973; vgl. Staude 1981, 103 f.; Paulus 1994, 92-94; Höhfeld 1997, 199, selber Tiefenpsychologe, hält Jungs Individuationskonzept für „zu monadenhaft".

Viertes Kapitel

Religiöse Entwicklung: Übernahme religiöser Rollen

4.1 Das Rollensystem Gott - Mensch

Im November 1467 zog sich Nikolaus von der Flüe, Vater von zwölf Kindern, angesehener Bauer und Ratsherr, eine härene Kutte über, verabschiedete sich von der weinenden Ehefrau Dorothea und den Kindern – das jüngste erst einige Wochen alt – und wanderte Richtung Elsass.[1] Freilich ging dem ein langes inneres Ringen voraus. Aber an diesem Novembermorgen übernahm Nikolaus definitiv die Rolle des Eremiten, die ihn befähigte, in seiner spirituellen Entwicklung noch weiter zu wachsen, auf Nahrung zu verzichten – die tägliche Kommunion ausgenommen – und schließlich der friedensstiftende Ratgeber der Eidgenossenschaft zu werden.

Religiöse Entwicklung als Rollenübernahme ist zentrales Thema in der Religionspsychologie des Schweden Hjalmar Sundén.[2] Spielerische Übernahme neuer Rollen bringt Entwicklung voran. Kinder erlernen merkantilistische Fertigkeiten, wenn sie am Spielzeugladen Verkäufer/in und Kunde/in spielen; Religiosität, wenn sie religiöse Rollen übernehmen, etwa die des Predigers, was von Freud bereits aus seinem zweiten Lebensjahr berichtet wird. Entgegen dem traditionsreichen Bild des kleinen Kindes, dieses sei egozentrisch und unfähig, sich in die Perspektive anderer zu versetzen, ist belegt, dass schon Dreijährige die Perspektiven anderer berücksichtigen und zumindest ansatzweise in deren Rollen schlüpfen können.[3]

Auch für Sundén entwickelt das Kind, sobald es durch die Identifikation mit der Mutter die Voraussetzung dafür geschaffen hat,[4] seine Fähigkeit zur Rollenaneignung im *Spiel*, in dem Huizinga den Ursprung der Kultur und damit auch der Religion bestimmt hatte.[5] Was ist eine Rolle? Für Sundén ist es mehr als der Status einer Person, etwa innerhalb einer Gruppe, sondern vielmehr ein „Verhaltensmodell", das aber in ein interaktionelles System eingebettet sein muss.[6] Eine Rolle, etwa die des Kindes, zu spielen,

---

[1]   Biographien: Journet 1990, Meier 1997.
[2]   Sundén 1966, ders. 1982; vgl. Källstad 1987, Wulff 1991, 138-140; Holm & Belzen 1995, Capps 2001.
[3]   Bereits Valtin 1982, Schmidt-Denter 1988, 279-282: „Schon Kinder im zweiten Lebensjahr sind zur Perspektivenübernahme fähig."
[4]   Sundén 1966, 187.
[5]   Ebd. 6 f.; Huizinga 1956, vgl. Oerter 1993, 304-309: „Das allgemeine Strukturmerkmal besteht bei beiden, Spiel und Religion, in der Konstruktion einer neuen Realität."
[6]   Sundén 1982, bes. 37.

setzt nicht nur voraus, dass ein Gegenüber (Mutter, Vater) da ist, sondern auch, sich in dieses hineinzuversetzen.

Die religiöse Rolle par excellence ist eingebettet in das System Mensch - Gott. Sundén veranschaulicht dies an der religiösen Entwicklung des Quäkers James Nayler. Diesem widerfuhr 1652, allein unter freiem Himmel den Acker pflügend, ein intensives Erlebnis: Er hörte eine Stimme, die ihn hieß, die Seinen zu verlassen.[7] Als Bibelkenner nahm er die Rolle Abrahams an, von der aus er zu kalkulieren vermochte, wie Gott auf seine Handlungen reagieren würde. „Die Gottesrolle (wird), wie sie in den Erzählungen der Bibel gezeichnet wird, grundlegend für Naylers Wahrnehmungsbereitschaft."[8] Er zog in die Stadt, predigte und zog Bewunderer an, die die Rolle von JüngerInnen einnahmen, sodass Nayler zusehends in die Rolle von Jesus geriet. Aus dieser heraus existierend, nahm er es wie selbstverständlich hin, als Volksverführer angeklagt und ins Gefängnis geworfen zu werden, worin er ebenfalls Gottes Hand am Werke sah.

In einer Lebenswelt, in der Ich-Identität hoch angesehen ist, erscheinen Rollen, weil angeblich fremdbestimmt und Zwang, minderwertig. Andererseits zeigt der religiöse Werdegang von Nayler, dass die Aufnahme biblischer Rollen „die Persönlichkeit in ihrem Grund verändern" und über sich selbst hinaus wachsen lassen kann.[9] Religiöse Rollen, traditionell als „Vorbilder", lernpsychologisch als „Modelle" bezeichnet,[10] bergen das Potenzial in sich, dass Menschen zu *neuen* Wahrnehmungs- und Handlungsweisen gelangen.

Welche Voraussetzungen müssen erfüllt sein, damit neue religiöse Rollen angeeignet werden? Diese müssen zumindest ansatzweise bekannt sein. Sundén berichtet vom britischen Militärkaplan Raven, dem mitten im Granathagel der Ypern-Schlacht eine Christus-Audition zuteil wurde, sodass er die folgenden Monate in der tröstlichen Rolle des von Christus Behüteten überlebte. In den Weltkriegen sei dies unter den Soldaten nicht ungewöhnlich gewesen, aber nur dann, wenn sie aus ihrer Kindheit und Jugend die entsprechende Disposition mitbrachten.[11] „Religiöse Erlebnisse sind ohne religiöse Referenzsysteme, ohne religiöse Tradition, ohne Ritus und Mythus undenkbar."[12] Aus dem tradierten Angebot an Rollen werden jene

---

[7] Sundén 1996, 15 f.
[8] Ebd. 17.
[9] Ebd. 19.
[10] Zu Vorbild: Bucher 1996, Mendl 2000; Modell: Bandura 1976. Somit ist angemessen, wenn Wulff 1991, 133-140 Sundén im Kontext sozialer Lerntheorien bespricht.
[11] Sundén 1966, 50-55.
[12] Ebd. 27. Sundén wendet sich ausdrücklich gegen die Sicht von William James, Religiosität sei Privatsache: „Nicht das Privateigentum eines Menschen, sondern etwas, was er mit vielen anderen gemeinsam hat" (87).

ausgewählt, die der jeweiligen Situation entsprechen und den Bedürfnissen des Subjekts entgegenkommen.[13]

4.2 Die religiösen Rollen der heiligen Teresa von Avila

Konkret lässt sich das an der religiösen Entwicklung der Heiligen Teresa von Avila nachzeichnen.[14] Einer kastilischen Adelsfamilie entstammend, spielte sie schon als Mädchen Nonne und las Heiligenviten.[15] Sie wuchs zu einer wegen ihrer Schönheit gefeierten jungen Frau heran und schwankte, begleitet von depressiven und hysterischen Symptomen, lange zwischen dem weltlichen und klösterlichen Leben. Schließlich doch ins Kloster eingetreten, wurde ihr die Lektüre von Augustinus' Bekenntnissen, Prototyp einer Glaubensbiographie, zur entscheidenden Hilfe. Sie brachte ihr hinsichtlich ihrer eigenen Berufung die unbedingte Gewissheit, fortan ganz Christus zu dienen und nicht mehr nach den Meinungen anderer zu fragen. Auch Augustinus sei ein Sünder gewesen und habe Verzeihung gefunden, sodass sie sicher war, „der Herr würde auch mir verzeihen können".[16]

In der Folge widerfuhren ihr regelmäßig Auditionen, später auch Visionen, die Sundén ebenfalls rollentheoretisch deutete: als Verinnerlichung der Rolle Christus, dessen Leben die Nonne seit ihrer Kindheit imaginiert hatte. Sie unterließ es zwar, in die Rolle des Gottessohnes einzutreten. Aber sie hatte „die Rolle Christus in ihrem Gehirn als ein gestaltendes Muster fest eingeprägt"[17] und deutete ihr Erleben ganz von diesem her, speziell in Situationen der Not und der Anfeindung. Nachdem ihr der Auferstandene erschienen war und gesagt hatte: „Sieh diesen Nagel, er ist das Zeichen dafür, dass Du von dem heutigen Tage an meine Gattin sein sollst",[18] trat sie in die Rolle der Braut Christi ein.

Unüberbietbar wird die Identifikation mit Christus, wenn die Stigmata zu bluten beginnen, erstmals geschehen bei Franz von Assisi im Jahre 1224,

---

[13] So auch eine zentrale Erkenntnis von Kwilecki 1999, 38: „Persönliche Religiosität hat kollektive Quellen".

[14] Sundén 1966, 57-71. Ihr Leben wurde wiederholt psychologisch analysiert: Lange-Eichbaum [7]1989, 176-180; Delacroix 1908, 1-80; Rouby 1902, der ihr nachsagt, wie die meisten kanonisierten Heiligen und Seligen hysterisch gewesen zu sein. Er fordert, an die Stelle religiöser Verrücktheiten, wozu er die Heiligkeit Teresas rechnete, die Erkenntnisse der Wissenschaft zu setzen (42); vgl. Back 1930. Entschieden gegen ihre Pathologisierung wendet sich Huc 1921; Teresa sei körperlich und psychisch gesund, vor allem aber leistungsfähig gewesen (Klosterreform); gründliche Biographie: Burggraf 1996.

[15] Theresia von Avila 1960, 32 f.

[16] Ebd. 96. Zündend wirkte das Kapitel VII, 10.

[17] Sundén 1982, 87.

[18] Sundén 1966, 70.

später bei Padre Pio und – besonders viel Aufsehen erregend – Therese von Konnersreuth.[19] Auch wenn die Volksfrömmigkeit dazu neigt, dieses Phänomen als Wunder zu verehren, gibt es naturwissenschaftliche Erklärungsansätze: Autosuggestion, die aber eine intensive Beschäftigung mit der Passion bzw. die Identifikation mit dem leidenden Jesus voraussetzt.[20]

4.3 Weitere religiöse Phänomene in rollentheoretischer Sicht

Rollentheoretisch erklären lässt sich eine ganze Palette religiöser Phänomene, Visionen und Auditionen ebenso wie Meditation[21] oder die Glossolalie, das Zungenreden, wie es in der Pfingstbewegung praktiziert zu werden pflegt und von Holm psychologisch analysiert wurde.[22] Er schildert den Fall einer jungen Schwedin, die in einer Nacht eine Christuserscheinung hatte, am folgenden Tag in der Versammlung laut vorbetete und in einer „Sprache zu sprechen (begann), die ich noch nie gehört hatte. Ich versuchte aufzuhören, aber es ging nicht. Einer der Gemeindemitglieder ... sagte: ‚Nun bist im Geist getauft'."[23] Die junge Frau hatte in der Rolle derjenigen verharrt, die sich der Geisttaufe entgegensehnte. Durch die Vision bestärkt, eignete sie sich die Rolle der Zungenrednerin an, worauf sie von den Gemeindemitgliedern positiv bekräftigt wurde. Für religiöse Rollen ist somit vorausgesetzt, dass sie in einer Gruppe oder Gemeinschaft anerkannt

---

[19] Ebd. 136-138. Die Literatur zu Konnersreuth ist kaum mehr zu überschauen: Psychologisch akzentuiert: Siwek 1954, der darlegt, wie intensiv Therese schon als Kind die Passion miterlebte; medizinisch Ewald 1971; „religionspsychologisch" Weisl 1928, der „religiöse Hysterie" als „Schule für die religiöse Entwicklung" deutet (12) und hervorhebt, wie sehr in der Familie Neumann die Heilige Theresa vom Kinde Jesu (Lisieux, Abschnitt 1.3.4) verehrt wurde. Deren Leidensmystik wurde für die Stigmatisierte vorbildlich. Die Identifikation mit der hl. Theresa ging so weit, dass Therese Neumann genau am Tag ihrer Heiligsprechung so weit genas, dass sie nach Jahren das Bett wieder verlassen konnte (21).

[20] Grom 1992, 51 f. Eine intensive Identifikation mit dem leidenden Jesus nahm auch **Simone Weil** vor, die sich 1943 zu Tode hungerte und eine der faszinierendsten und eigenwilligsten Frauen des 20. Jahrhunderts ist, dazu Endres 1986, Lange-Eichbaum [7]1989, 185-189. **Pater Pio**, bei dem die Wundmale im September 1918 zu bluten begannen, beschäftigte sich zuvor 8 Jahre lang intensivst mit der Passion Jesu: Pasquale 2000, bes. 101. Auch **Katharina Emmerick** (1774-1824), die 1812 die Stigmata bekam, habe seit ihrer frühesten Kindheit die Passion intensivst betrachtet und innerlich miterlebt: Bangert 1997, 115. Dies berichtet auch Mönkemöller 1908, 259 f., der bei der Stigmatisierten zusätzlich eine früh sichtbar gewordene Hysterie diagnostizierte.

Diese Deutung ist überzeugender als Carrolls 1987 a Hypothese, hinter Stigmatisierung stünden präödipale Wünsche, wie sie Melanie Klein behauptet hatte: insbesondere der, den Vater oral zu verschlingen, was auch in der Heiligen Kommunion vollzogen werde.

[21] Lans 1987.

[22] Holm 1987, ders. 1990, 48-52; vgl. Sundén 1966, 140-143.

[23] Holm 1990, 48.

werden. Wer als Besucher eines katholischen Gottesdienstes die Rolle eines Zungenredners spielte, würde alsbald entfernt, wenn nicht als Psychotiker hospitalisiert.

Rollentheoretisch erklärt hat Sundén auch Marienerscheinungen, die bei vielen Menschen Frömmigkeit intensivieren können. Die zentrale Rolle sei „das Kind, das Offenbarungen Mariens empfängt",[24] so geschehen in La Salette, Lourdes, Beauring, Banneux, Medjugorie, aber nie in evangelischen Stammlanden. In Banneux (Belgien) habe Mariette Beco im Garten eine lichte Gestalt gesehen, dies der Mutter erzählt, die spaßeshalber: „Ach ja, das ist vielleicht die Heilige Jungfrau" sagte, worauf die Seherin versicherte, es sei so.[25] In dem Maße, in dem ihre Umwelt diese Deutung anzweifelte, ja lächerlich machte, wuchs sie in die Rolle der Seherin hinein und häuften sich die Gesichte, die schließlich Neugierige nach Banneux zogen, freilich nur solche, die die Rolle der kindlichen Muttergottes-Seherin plausibel fanden. Wiederum zeigt sich, wie sehr religiöse Wahrnehmung durch Rollenmuster strukturiert wird[26] bzw. wie sehr religiöse Wirklichkeit „von der Stellungnahme der Gruppe abhängig ist".[27]

Plausibel ist Sundéns Rollentheorie im Hinblick auf die Exerzitien des Ignatius von Loyola. Nicht nur, dass es bei ihm, als er kriegsverwundet im Schloss seiner Vorfahren darniederlag, die Lektüre von Heiligenlegenden und eines Lebens Jesu war, die die Bekehrung einleitete.[28] Darüber hinaus ist in seinen Exerzitien vorgesehen, dass biblische Gestalten, speziell Jesus, Maria usw. aktiv imaginiert und mit ihnen innere Zwiegespräche geführt werden, wodurch neue religiöse Erfahrungen möglich werden.[29]

4.4 Kritische Würdigung

Religion als ein System von Rollen, religiöse *Entwicklung* als Übernahme *neuer* Rollen – das scheint plausibel und erklärt, warum alle Religionen Riten hervorbrachten, speziell solche der Initiation, die Rollenübergänge regeln. Kritisch kann man freilich anfragen, ob „Rolle" wirklich der geeignetste Begriff ist. Wenn Sundén auch den Psalter als Rollensystem bezeichnet, ja selbst Psalmverse wie 50, 15 („Rufe mich an in der Not, so

---

[24] Sundén 1966, 119.
[25] Ebd. 121 f.
[26] Sundén 1982, 38 f.
[27] Sundén 1966, 130.
[28] Frick 1996, 92 f.; Meissner 1992, 13, 45: Es handelte sich um die »Flos Sanctorum«, die auf der iberischen Halbinsel damals weit verbreitet waren.
[29] Källstad 1987, 368-370; ders. 1978.

will ich dich erretten, und du sollst mich preisen"),[30] so wird dieser weiter gefasst als in der traditionellen Rollentheorie, gemäß der sie „ein sozial definiertes Verhaltensmuster (ist), das von einer Person, die eine bestimmte Funktion in einer Gruppe hat, erwartet wird".[31] Belzen hielt „Rolle" für zu statisch.[32] Und Lans schlug vor, das von Sundén Gemeinte sei mit „religiöser Referenzrahmen" präziser erfasst.[33]

In Frage käme auch der lernpsychologische Begriff „Modell". Und warum nicht „Vorbild"? Dies zeigt ein kurzer Blick in Capps Studie über die Oxforder Zeit des späteren Kardinals John Henry Newman, speziell seinen Konflikt, den er als 25jähriger Tutor mit seinem Senior Tutor Edward Hawkins austrug.[34] Damals hielt er zwei Predigten, eine über David, eine über Saul, der ersterem nach dem Leben trachtete, aber schließlich unterlag. Der Prediger identifizierte sich mit dem Hirtenjungen, appellierte an seine ZuhörerInnen, dessen Beispiel zu folgen, und fand die Kraft, seinem Vorgesetzten Widerstand zu leisten wie David dem Saul. Auch wenn Newman vorerst unterlag, sei „die Predigt über David positiv, vertrauensvoll, ja herausfordernd, und Newmans Benehmen ist antizipatorisch. Die Zukunft gehört, in dieser Welt, den Davids, und nicht den Sauls."[35] Vorbilder können Entwicklung voranbringen, auch in religiöser Hinsicht, so dass geradezu verwunderlich ist, wie gering ihr Stellenwert in der Religionspsychologie ist.[36]

In aller Deutlichkeit hat Sundén auch gezeigt, dass religiöse Entwicklung ein nährendes Sumpfbeet braucht: die Tradition. Wenn diese abbricht, spielt Gott – im doppelten Sinne des Wortes – keine Rolle mehr.[37] Selbst die übernatürlichst erscheinenden religiösen Phänomene, Visionen und Auditionen, können sich ohne tradierte religiöse Bilder nicht ereignen. Der Sundén-Schüler Petterson hat dies an der mystischen Entwicklung des Schweden Nils Gyllenstierna (1710-1791) überzeugend gezeigt. Dieser wuchs schon als kleines Kind in die Rollen der Bibel hinein. In seiner religiösen Krise erschien ihm der Teufel; bei der Lösung derselben Gott und

---

[30] Sundén 1982, 64 schildert, wie der deutsche Dichter Dauthendey, während dem ersten Weltkrieg in der Südsee interniert, durch diesen Psalmvers seinen Glauben an Gott wieder gefunden hat; vgl. Sundén 1987 zu Augustinus und seiner Psalmenlektüre in rollentheoretischer Sicht.

[31] Zimbardo [6]1995, 723.

[32] Belzen 1995.

[33] Lans 1987, dies umso mehr als Sundén 1966, 109 f., 146, 158 u.ö. von einem „religiösen Bezugsrahmen" spricht.

[34] Capps 2001. Mit John Henry Newman beschäftigten sich psychologisch: Kuld 1997, 162-203; teils auch Biemer 1989 in seiner kenntnisreichen Biographie.

[35] Ebd. 55 (übersetzt A.B.).

[36] Ausnahme Grom 1992, 32-35; Mendl 2000.

[37] Sundén 1966, 158.

der Erzengel Michael, der den Drachen erschlug. Petterson zog den Schluss:

> „Die verschiedenen Elemente in Nils Gyllenstiernas religiöser Entwicklung, einschließlich seiner mystischen Erfahrungen, wie sie sich in seinen Visionen manifestieren, können nicht analysiert und verstanden werden, ohne dass die religiöse und profane Tradition seiner Zeit in Betracht gezogen wird."[38]

Dies zeitigt Konsequenzen für die religiöse Erziehung. Sie sollte der heranwachsenden Generation eine breite Palette an Rollen anbieten, auf die Heranwachsende zurückgreifen können, um sich bei Lösung anstehender Probleme an bereits einmal bewährten Handlungsmustern orientieren zu können und in der eigenen Entwicklung weiterzuschreiten.

---

[38] Petterson 1978; zur Bildsprache der Visionen: Benz 1969.

Fünftes Kapitel

„Aufwärts in Stufen?"
Psychobiographien zum religiösen Urteil

Ein traditionsreiches Bild für (religiöse) Entwicklung ist „Stufe". Als „Stufengang" deutete der Philosoph Eduard von Hartmann die gesamte Religionsgeschichte.[1] Auch das Leben des Einzelnen kann als Stufenfolge gesehen werden, so von Hermann Hesse:

> „Der Weltgeist will nicht fesseln uns und engen.
> Er will uns Stuf' um Stufe heben, weiten."

Stufen führen aufwärts, näher zu Gott, so für zahlreiche große MystikerInnen, etwa Teresa von Avila, die „vier Stufen des inneren Gebetes" aufwärts schritt.[2] „Stufe" ist auch eine traditionsreiche entwicklungspsychologische Metapher[3] und zentraler Begriff in den zwei momentan prominentesten Theorien der religiösen Entwicklung: der des Glaubens von James W. Fowler[4] und der des religiösen Urteils nach Fritz Oser und Paul Gmünder.[5] Im Umfeld beider sind Psychobiographien zur religiösen Entwicklung bedeutender Persönlichkeiten entstanden.

Zunächst geht jedoch Helmut Reich auf die religiöse Entwicklung von Jean Piaget (1896-1980) ein (Abschnitt 5.1). Denn der Genfer Entwicklungspsychologe und Philosoph ist der geistige Vater der strukturgenetischen Religions- und Moraltheorien. Auch beschäftigte er sich als junger Wissenschaftler intensiv mit religiös-metaphysischen Fragen. Sodann erörtere ich Psychobiographisches im Umfeld der Entwicklungstheorie des moralischen Urteils nach Kohlberg (5.2). Denn diese stand für beide religiösen Entwicklungstheorien Pate. Auch konsultierte Kohlberg die Biographien bedeutender Persönlichkeiten, um den Zielpunkt der moralischen Entwicklung zu klären.

Sodann ist die Theorie des religiösen Urteils zu skizzieren (5.3). Daran schließen sich, an dieser orientiert und sie mehrfach bestätigend, in einem Falle falsifizierend, umfangreiche Studien zur religiösen Entwicklung von Nietzsche (5.4), Buber (5.5) und Rilke (5.6).

---

[1] Hartmann 1882.

[2] Theresia von Avila 1960, 109 f.; zu „Stufen im Mittelalter": Nipkow 1983, 165-167.

[3] Bergius 1959.

[4] Fowler 1988; 1991, vgl. Kapitel 6.

[5] Abschnitt 5.2; Oser & Gmünder [4]1996; die Literatur ist enorm: Schweitzer 1987, Nipkow u.a. 1988, Bucher & Reich 1988, Klappenecker 1998 (speziell zu Fowler).

Helmut Reich

5.1 Jean Piagets Vorstellungen von Religion und Entwicklung

5.1.1 Kurzbiographie und wissenschaftliches Hauptanliegen

Wenn man nur die ,Äußerlichkeiten' betrachtet, so erscheint Jean Piagets Forscherlaufbahn voller Brüche[6]. Seit dem frühen Jugendalter betrieb er Macologie (Wissenschaft von den Schnecken und anderen Weichtieren) und publizierte erfolgreich darüber;[7] parallel dazu beschäftigte er sich mit Religion (Konfirmandenunterricht), Philosophie (u.a. Bergson, Kant, Spencer, Auguste Comte, Durkheim) und Psychologie (James, Ribot, Janet). Nach dem Abitur (mit 18 Jahren) absolvierte er ein Universitätsstudium in seiner Heimatstadt Neuenburg, das er 22jährig mit einer Promotion über die Mollusken (Weichtiere) im Kanton Wallis abschloss. Parallel dazu schrieb er in den Jahren 1916-1917 den 200-seitigen philosophischen (Bildungs-)Roman »Recherche«,[8] der die verheerenden Eindrücke des ersten Weltkriegs verarbeitet und eine soziale und politische Krisenlösung anbietet. Piaget bildete sich in Zürich und Paris weiter und fand sein lebenslanges Hauptarbeitsfeld darin, die menschlichen Erkenntnismöglichkeiten zu erforschen, zunächst von Kindern, später von Jugendlichen. Anfänglich arbeitete er mit Interviews (semi-klinische Methode), später auch oft mit Experimenten. Zusätzlich zu seiner Forschertätigkeit in Genf lehrte er Philosophie, Wissenschaftsgeschichte, Soziologie und Psychologie in Neuenburg, Genf und Lausanne, aber auch in Paris und gelegentlich in den USA.

Was ist der rote Faden von Piagets Überlegungen und Forschungsarbeiten, seien sie zoologisch, religiös, philosophisch, soziologisch, politisch und insbesondere psychologisch? Rückblickend verifizierte er für seine Person Bergsons Aussage, ein philosophischer Geist sei gewöhnlich von einer einzigen persönliche Idee beherrscht, die er während des ganzen Lebens in vielfacher Weise auszudrücken bemüht, ohne das ersehnte Ideal je zu erreichen. Auch wenn Piaget es als Jugendlicher noch nicht ganz so klar sah, ging es ihm doch stets um eine biologische Theorie der Erkenntnis und ihres Werdens,[9] keineswegs nur als philosophische Spekulation, sondern um deren empirisch abgesichertes Fundament.

---

[6] Ducret 1990, Bringuier 1977, Piaget 1976 b, ders. 1979.
[7] Piaget 1909.
[8] Piaget 1918.
[9] Piaget 1983.

Da über die Entwicklung des Erkenntnisvermögens der Spezies Mensch so wenig bekannt war (und noch immer ist), konzentrierte sich Piaget auf jene der Kinder und der Jugendlichen. Denn diese stehen im Übergang zwischen dem Biologischen (bspw. angeborene Reflexe) und dem Geistigen (bspw. Beherrschung der formalen binären Logik). In einem erweiterten Sinn ging es ihm in den verschiedenen Disziplinen um das stets wieder neu herzustellende Gleichgewicht zwischen den Teilen und dem Ganzen und um die Entwicklung von effizienteren Strukturen. Weder akzeptiert er einen platten Empirismus (Erkenntnis ausschließlich über die Sinne), noch einen strengen Apriorismus, wonach die Intelligenzstrukturen angeboren sind. Vielmehr besteht Entwicklung in aktiven Selbstregulationen, die ein *erweitertes* Gleichgewicht zwischen den Teilen und dem Ganzen schaffen, aber auch im fortlaufenden reflexiven Abstrahieren von den existierenden Erkenntnissen. Entwicklung bedeutet: Konstruieren, Rekonstruieren und Erweitern von Strukturen, die die Herausforderungen der Umwelt erfolgreicher meistern. Das gilt keineswegs nur für evolutionäre biologische Veränderungen, epistemische Kognition, logisch-mathematische und sozial-kognitives Denken, sondern selbst für die Malkunst.[10]

5.1.2 Piaget und die Religion

Obschon Piaget wiederholt zu religiösen Themen publizierte,[11] ist in seinen Autobiographien und Interviews davon kaum die Rede.[12] Selbst von ihm inspirierte Forscher der Entwicklung religiösen Denkens[13] beziehen sich nicht auf diese Schriften, sondern lediglich auf seine Stufen des logisch-mathematischen Denkens.

Piagets Schriften zur Religion sind ‚objektive' wissenschaftliche Abhandlungen eines Erwachsenen und weniger Bekenntnisse seiner eigenen religiösen Überzeugungen, seien es die gegenwärtigen oder die in früheren Stadien. Infolgedessen erlauben sie – anders als bei Rilke (Abschnitt 5.6) und Nietzsche (5.4), die schon als Kinder über ihre Frömmigkeit schrieben –keinen direkten Rückschluss auf den Ablauf seiner religiösen Entwicklung. Aus diesem Grunde muss versucht werden, Piagets Einstellung zur Religion und eine etwaige Entwicklung indirekt zu eruieren.

Piagets Vater, ein Sachkenner des Mittelalters und der Neuenburger Geschichte, war kein Kirchgänger. Der junge Piaget hatte das Gefühl, für ihn sei religiöser Glaube mit der ehrlichen geschichtlichen Überzeugung nicht vereinbar. Hingegen war seine Mutter eine überzeugte Protestantin und

---

[10] Gablik 1976.
[11] Piaget 1914, 1915, 1921, 1923, 1926, 1928, 1930.
[12] Meines Wissens auch nicht in der Sekundärliteratur, außer Vidal 1987, Kesselring 1988.
[13] U.a. Goldman 1964, Elkind 1971.

bestand darauf, dass ihr Sohn an der üblichen sechswöchigen Unterweisung der fünfzehnjährigen Konfirmanden teilnahm.[14] Er erinnert sich:

„Damals stießen mir zwei Punkte auf: einmal die Schwierigkeit, eine gewisse Anzahl von Dogmen mit der Biologie in Übereinstimmung zu bringen und zum anderen die Schwäche der fünf Gottesbeweise." [15] (Übersetzung durchweg von K.H.R.)

Piaget, die Existenz Gottes keineswegs leugnend, verstand nicht, warum der intelligente, naturwissenschaftlich interessierte Pfarrer so schwache Argumente vorbrachte. Auguste Sabatiers Darstellung der Dogmen als sich entwickelnde Symbole beeindruckte ihn stärker, vor allem aber Bergsons Idee, Gott sei mit dem Leben identisch. Allerdings vermisste er eine empirische Untermauerung dieser Vorstellungen.[16]

Als weitere Vorbereitung auf die religionsbezogenen Schriften dienen Zitate aus der Schrift »Recherche«:[17]

„Aber sie [die freiheitlichen Idealisten] konnten nichts bewegen: Sie suchten voller Besorgnis einen Weg zwischen zwei Feuern. Sie bedurften des [religiösen] Glaubens und der Wissenschaft. Aber wenn sie sich an den geoffenbarten Glauben banden, waren sie zu Kompromissen ohne Ende verurteilt, die schließlich den gesunden Verstand in einem trüben Mystizismus ertränken. Und wenn sie die Wissenschaft akzeptierten, so mussten sie einer Scholastik Gehorsam schwören, die umso abstoßender war, als sie jede etwas kühnere Forschung lähmt; sie erstickt selbst das Organ der Befreiung und der Wahrheit." [18]

„Kein soziales Heil ohne Moral, ohne Religion, ohne Ästhetik und ohne positive Erziehung, weil jede dieser Disziplinen ihr besonderes Band zwischen den Individuen und der Gesamtgesellschaft webt." [19]

„Die religiöse Vorbereitung ist wichtiger denn je. Aber dabei zähle ich nicht mehr auf die Kirchen, deren Werk man heute vor den Augen hat. Ich vertraue auf den Sozialismus, denn er allein ist bereits eine Religion." [20]

Sodann fragte sich Piaget, ob diese sozialistische Kirche von morgen mehr der römisch-katholischen oder der protestantischen Kirche entsprechen solle. Keiner von beiden! Erstere sei zu autoritär, zu ‚uniformierend', letztere hingegen zu individualistisch. Anzustreben sei eine Kombination der

---

[14] Piaget 1976 a, 4.

[15] Ebd.

[16] Heutige Jugendliche machen ähnliche Aussagen (Fetz, Reich & Valentin 2001): Gott als Energie oder Kraft hinter/in der Natur, und auch sie haben öfters die Schwierigkeit, theologische und naturwissenschaftliche Aussagen unter einen Hut zu bringen.

[17] Piaget 1918.

[18] Ebd. 12.

[19] Ebd. 205.

[20] Ebd. 206.

beiden Tendenzen: sozialer Zusammenhalt *und* ein damit verträglicher Individualismus. Diese Kirche hätte drei Regeln:

1. Garantie individueller Gewissensfreiheit,
2. Schaffung einer wirklichen Glaubensgemeinschaft,
3. Unterscheidung des religiösen Lebens von philosophischen Systemen.

Somit zeigt sich, dass für Piaget das Verhältnis von Religion und Naturwissenschaften von großer Bedeutung war, und sein oben skizzierter roter Faden auch durch religiöse Schwierigkeiten führen können sollte. Religiöse Evolution war für ihn Ausdruck der allgemeinen (biologischen) Evolution, ebenso die Entwicklung des moralischen Bewusstseins bzw. Gewissens.[21] Spezifischere (spätere) Fragen Piagets waren: *„Wie kann man religiös gläubig sein und dennoch objektiv bleiben?" „Wie kann man eine Rangordnung von religiösen Erfahrungen begründen?"* [22]

5.1.3 Piagets religionsbezogene Schriften

Diese dienten einem dreifachen Zweck:

1. Klärung seiner eigenen Vorstellungen, speziell hinsichtlich der angedeuteten Fragen, die ihn beschäftigten;
2. Analyse aktueller relevanter Probleme und deren Lösungsmöglichkeiten (meist in Form von niedergeschriebenen Vorträgen, in die er auch seine eigenen Vorstellungen einbrachte und ggf. weiterentwickelte),
3. zu einem Bericht über die kleine religionspsychologische Forschergruppe, die er 1921 in Genf ins Leben gerufen hatte.

Wer war der junge Piaget, der seine erste Monographie nicht wissenschaftlichen, sondern religiösen Themen widmete?[23] Seit dem zehnten Lebensjahr war er ein zusehends anerkannter wissenschaftlicher Naturbeobachter, der seine Erkenntnisse erfolgreich publizierte, allein 1914 elf mal. Als er 1915 seine religionsbezogene Monographie veröffentlichte, lagen bereits über 30 Publikationen vor.[24] Er war gewohnt, selbständig zu arbeiten, und vertraute auf seine Kreativität und sein eigenes Urteil. So machte er es sich zum Prinzip, nichts zu lesen, ehe er nicht selbst über das Thema nachgedacht hatte; er wollte sich nicht von Anfang an auf einen Irrweg führen lassen. Auch gewann er Einsichten nicht nur durch die unmittelbare Erforschung der Sache, sondern auch durch den Nachweis, dass die gegenteilige Auffassung falsch ist. Sein Leben lang führte er Auseinandersetzungen mit

---

[21] Piaget 1914.
[22] Vidal 1987, 271.
[23] Piaget 1915.
[24] Fondation Archives Jean Piaget 1989, 79-83.

Nativisten, Behavioristen, Vertretern des logischen Positivismus sowie des Marxismus usw.

Erste Überlegungen zu seinen religiösen Grundfragen formulierte Piaget in »Mission de l'idée«. Als Wahlspruch stellte er Mt 10,34-38 und Mt 20,33 voran: die Aufforderung, sein Kreuz auf sich zu nehmen und Jesus nachzufolgen, sowie die Bitte, sehend zu werden. Die Schrift beginnt mit einer lyrischen Hymne an die *Idee*: der Freiheit, des Vaterlandes, der Gerechtigkeit, der Religion. Am Ende werde die Menschheit als ihr Grundprinzip die Verankerung in Gott entdecken, und Gott werde die Stärke wiederfinden, die wegen der Unordnung seiner Geschöpfe verloren ging. Aller Kampf werde aufhören und endlich Frieden herrschen.

Schon die ersten Zeilen charakterisieren Piagets Vorgehensweise: eine Kombination von via negativa und via positiva:[25]

> „Die Idee ist nicht die ausgetrocknete Pflanze, die zwischen zwei grauen *Pappdeckeln in einem staubigen Grabe liegt.*
>
> *Die Idee ist nicht eine Phosphoreszenz, nicht die farb- und glanzlose Widerspiegelung einer farbigen und lebendigen Wirklichkeit, nicht ein fleischloses Skelett noch eine Baumrinde, die den kreativen Keim einsperrt.*
>
> *Man trifft die Idee nicht in Büchern an.*
>
> *Die Idee quillt aus der Tiefe unseres Seins hervor, aus diesem fruchtbaren und mysteriösen Bereich, zu dem der Mensch niemals aus eigenem Antrieb hinabsteigt. Dies ist das lebenswichtige Heim, aus dem die Ausströmungen nur unter der Herrschaft des Erhabenen aufquellen: in der Nacht über dem Ozean bei einem herbstlichen Sonnenuntergang oder in der majestätischen Stille zweier in Freundschaft verbundener Herzen. "*

Nachdem die Menschheit versagt hatte, den Weltkrieg zu verhindern, fühlte sich Piaget berufen, zusammen mit anderen jungen Menschen im Dienste der Idee eine bessere Welt zu gestalten. Er schreibt *sinngemäß*: Wenn ein junger Mann an die Lügengewebe denkt, mit denen man ihn ersticken will und die Idee mit der existierenden Scheinheiligkeit und dem bestehenden Egoismus vergleicht, so empört und ekelt er sich. Und wenn er dann noch den heiligen Wert der Idee empfindet, so weiß er, dass er eine Mission hat. Er stellt sich allem entgegen, was den Vormarsch der Idee verlangsamen will. Und das macht den Wert seines Lebens aus. Jesus von Nazareth war ein solcher junger Mann und ist Vorbild für alle jungen Männer.[26]

Auch wandte er sich gegen jene, die den Vormarsch der Idee verlangsamen wollen: die herrschenden Klassen, die Orthodoxen, Reaktionäre, Skepti-

---

[25] Piaget 1915, 4.
[26] Ebd. 7.

ker.[27] Und ebenfalls gegen jene, die bei Schwierigkeiten sogleich aufgeben: die Scheinheiligen. Und insbesondere gegen jene, die sich der Idee entgegengestellt haben; diese seien auch am Krieg schuld.[28] Trotz weiterer Schwierigkeiten bestehe Hoffnung, dass Menschen die Fähigkeit und die Kraft haben, die Dinge zum Besseren zu wenden.[29] Allerdings können sie dabei nicht auf die Kirchen zählen. Piaget klagt diese massiv an, Jesu verraten und seine Botschaft aus den verschiedensten Gründen mannigfach korrumpiert zu haben.[30] Dennoch sei ein Christ gehalten, ihnen zu verzeihen.

Nach dem Krieg werde das Christentum wiedergeboren. Die wiederweckte Idee werde den Geist des Christentums und seinen Tatendrang neu beleben. Die Idee ist der Motor des Lebens.[31] Und das Leben ist das Gute. Es bringt Harmonie, Solidarität, Altruismus, Einigkeit.

Die Glaubensaussagen der Kirche sind zu reformieren. Dazu müssen die Verkrustungen aufgebrochen werden, die das Sprießen der Idee verhindern. Wenn das Herz im Glauben verankert ist und das praktische Leben religiös im Geiste der Idee gelebt wird, dann kann man die Glaubensaussagen ohne Gefahr für die Seele gedanklich überprüfen und jene aussondern, die nicht mit der Rationalität oder der Moral verträglich sind. Und dies auch dann, wenn man sich der verschiedenen Schwierigkeiten bewusst ist.[32] Die Kirche habe der Wissenschaft ihre Dogmen entgegengesetzt, und dem Volk, anstatt es sozial zu unterstützen, ihre Moral. Deshalb treffen sich jetzt die Wissenschaft und das Volk ohne die Kirche. Die Wissenschaft werde sozialistisch und der Sozialismus wissenschaftlich.[33]

Der Mann bevormunde die Frau, die Bürgerlichen unterdrückten das Volk, der Konservatismus töte das Leben, die Orthodoxie die Idee, bösartige Menschen hätten die Vaterländer beschmutzt und diese sich gegenseitig verachtet. Aber das Leben geht weiter, die neue Ernte reift. Also Mut! Nichts ist verloren, solange die Idee lebt. Ein Tag wird kommen, an dem die gegnerischen Kräfte sich aufheben, an dem das Chaos sich harmonisiert in einem Organismus von vibrierender Schönheit. Und das ist das Ziel des Christentums. Dann kann die wahre Menschheit über uns zur Realität werden.[34]

---

[27] Ebd. 11-15.
[28] Ebd. 16 f.
[29] Ebd. 18-31.
[30] Ebd. 31-46.
[31] Ebd. 47.
[32] Ebd. 48-63.
[33] Ebd. 63 f.
[34] Ebd. 65 f.

128

In der erneuerten Kirche werden – wie zu Jesu Zeit – gegenseitige Sympathie und gute Taten die Gläubigen zu einem Marsch hin zum gemeinsamen idealen Ziel vereinen. Und jeder konstruiert seinen eigenen Vernunftüberbau über den lebendigen Kern, den sein Herz erfühlt. Und Gott ist alles in allen, von jedem anders interpretiert, bis der Tod den Menschen guten Willens die einzigartige Perspektive auf das Absolute enthüllt. Zu dieser Erneuerung können und sollen alle beitragen. Mögen die während des Krieges vergossenen Tränen diese schöne Frucht erbringen: die Neugeburt des Christentums.[35] Das ist die Lebensaufgabe der Idee.

Wie man sieht, handelt es sich mehr um eine Trompetenfanfare als um eine detaillierte Reformationsschrift. Statt um 95 Thesen, geht es um zwei:

1. Sozialismus und Wissenschaft werden es richten, wenn Jesus für alle das große Vorbild ist und ein entsprechendes Engagement erfolgt;
2. der kritischen Rationalität kommt dabei eine große Rolle zu.

In den anschließenden Vorträgen und Auseinandersetzungen wird das Reformprogramm Schritt für Schritt präzisiert und verfeinert.

Der flammende Aufruf zu gemeinsamen Anstrengungen hat vor allem bei den Mitgliedern der Christlichen Studentenvereinigung sichtlich Widerhall erzeugt, wie man aus den nachfolgenden Veröffentlichungen ersehen kann.[36] Wie aber ging es zunächst weiter?

5.1.4 Die Rolle von Logik und Psychologie für die Religion

In seiner Bestandsaufnahme der Religionsphilosophie in der Westschweiz ging Piaget vorab auf die Arbeiten des Philosophen Charles Renouvier ein.[37] Dieser schlug eine Brücke zwischen dem Kant'schen Apriorismus und dem naiven Empirismus. Er benutzt die (formale binäre) Logik, um die regulierenden Kategorien mittels einer Analyse der Wissenschaft und der menschlichen Urteilskraft zu erarbeiten. Da diese Kategorien nicht mehr aus einem einzigen formalen Bestimmungsprozess abgeleitet werden können, ist neben der logischen Untersuchung auch eine historische und empirische bzw. psychologische Untersuchung von Nöten, um die Wirktätigkeit der Kategorien zu bestimmen. Da es außer diesen Kategorien nichts Weiteres gibt, verschwinden auch die Kant'schen Noumena. Persönliche Werturteile werden zum Feld der Zusammenarbeit von Logik und Psychologie, da sie Gefühle und Willenskraft einschließen. Entsprechend kann die Religion auch nicht mehr an die Transzendenz appellieren, sondern der

---

[35] Ebd. 67-68.
[36] Piaget 1923, 1926, 1928, 1930
[37] Piaget 1921.

Glaubensakt wird rational und Gott vereinbar mit der Vernunft und dem inneren Erleben.

Dahin entwickelte sich auch die Religionspsychologie, indem sie die Transzendenz ex principio ausschloss.[38] Die von den Gläubigen Gott zugeschriebenen Attribute werden mehr und mehr durch die psychologischen Motive und Kräfte erklärt. In der mystischen Erfahrung offenbart sich dem Menschen sein religiöser Geist und seine Zusammenarbeit mit Gott.

Auf der anderen Seite weisen Logiker wie Arnold Reymond darauf hin, dass religiöse Werturteile zwar von Gefühlen und Willenskraft mitbestimmt sind. Aber sie enthalten auch objektive Anteile, da Konsens darüber besteht, dass nicht alle Werturteile rein subjektive Idiosynkrasien ausdrücken, sondern bestimmte Urteile seit Jahrhunderten bestehen, so über Humanität und Güte.

Abschließend drückt Piaget die Hoffnung aus, ein historisch-kritischer Zugang möge in der Erforschung der religiösen Phänomene sowohl die Logik als auch die Psychologie zum Zuge kommen lassen.

5.1.5 Die Psychologie und die religiösen Werte

Diese Themen und das Verhältnis Wissenschaft - Religion bilden den Inhalt von Piagets Vortrag „Die Psychologie und die religiösen Werte" auf der Jahrestagung 1922 der Christlichen Studentenvereinigung in Sainte-Croix.[39] Wenn die Wissenschaft sich auf empirische Befunde beschränkt, und wenn die Religion sich auf ein religiöses Leben konzentriert, das auf spirituellen Werten basiert und sie garantiert, dann können beide gut koexistieren. Was bleibt offen? Piaget berichtete kurz über die Erfahrung in der kleinen Religionspsychologengruppe in Genf. Diese fragte sich: Ist die Vorstellung von Gott als persönliches Gegenüber höherwertig als ein Gotteskonzept ohne anthropomorphe Züge, bei dem Attribute wie übernatürlich oder natürlich irrelevant sind, und gemäß dem es um Kommunion geht, das Verschmelzen mit ihm? Antwort: Die Frage ist falsch gestellt. Die unterschiedlichen Vorstellungen erklären sich aus den Merkmalen der Personen, ihrem Unbewussten, ihrer Biographie und sozialen Einbettung. Am wichtigsten sei, zu akzeptieren, dass das Leben eine moralische Dimension hat, einen Sinn, und dass die persönlichen Werte zu etwas Objektivem im Universum Bezug haben.[40]

---

[38] Flournoy 1902.
[39] Piaget 1923.
[40] Ebd. 38-42.

Bei der Umsetzung dieser Vorstellungen können weitere Schwierigkeiten auftreten.[41] Auch könne die Psychologie fragen, ob nicht eine der beiden Gottesvorstellungen auf ein späteres Entwicklungsniveau hinweist. Wenn dem so wäre: Bedeutet das auch eine religiöse Höherwertigkeit? Piaget diskutiert die Probleme einer Antwort, die sich deshalb ergeben, weil es keinen anerkannten Maßstab für die 'Normalität' religiöser Werte gibt.[42]

Anschließend schlägt er eine Psychologie der Werturteile vor. Sie soll nicht die Urteile selbst anzielen, sondern die Wege und Mechanismen analysieren, die zum Urteil führen. Das empirische Herzstück besteht in einem logischen Experiment, das im praktischen Leben darüber entscheiden soll, ob ein Widerspruch zwischen unterschiedlichen Werten vorliegt. Ist es ein Widerspruch, Sozialist und Patriot zu sein? Das Experiment besteht darin, die jeweiligen Prämissen[43] klar vor Augen und ‚im Herzen' zu haben und zu prüfen, wieweit sie mit jenen des anderen Wertes vereinbar sind. Es geht also weniger um einen ‚objektiven' Widerspruch, sondern um die psychische Unvereinbarkeit für diejenigen, die sich selbst treu bleiben wollen. Ein Werturteil ist somit weniger die Anwendung von Logik oder Normen, sondern Angelegenheit persönlicher Erfahrung. Die Psychologie wertet nicht das Resultat, sondern erforscht, wie es zustande gekommen und wie kohärent es ist.[44] In einem weiteren Schritt kann sie auch die Prämissen prüfen.[45] Ein Wert ist um so gewichtiger, je mehr andere Werte er schafft.

5.1.6 Transzendenz und Immanenz

Bei der Tagung von 1928 schritt Piaget auf dem bisherigen Weg weiter.[46] Zunächst stellt er die menscheitsgeschichtliche Entwicklung der Religion vor, sowohl soziologisch (die Art der Religion entspricht der Struktur der jeweiligen Gesellschaft), als auch psychologisch (Religion und persönliche Religiosität resultieren aus der Wechselwirkung zwischen den Anlagen der betroffenen Personen und ihrer Mitwelt).[47] Piaget unterscheidet zwei Typen:

1. heteronome Religion mit einem *transzendenten* Gott, der Gebote erlässt, die unbedingt zu befolgen sind;

---

[41] Ebd. 43-48.

[42] Ebd. 49-55.

[43] Er verdeutlicht diese an Chancengleichheit, internationale Solidarität, soziale Absicherung, Mitbestimmung bzw. starke nationale Verteidigung, adäquate Militärausgaben, Betonung traditioneller nationaler Werte und Tugenden usw.

[44] Piaget 1923, 55-75.

[45] Ebd. 76-82.

[46] Piaget 1928.

[47] Ebd. 7-25.

2. autonome Religion mit einem *immanenten* Gott, der jene höheren Werte verkörpert, die Handlungsanweisungen für das praktische Leben beinhalten.

Auch wenn Psychologie und Soziologie keine normativen Aussagen über Religion machen können, sei die skizzierte Psychologie der Werturteile für die Einschätzung dieser zwei Typen nützlich. Daran schließt Piaget eine der wenigen persönlichen Stellungnahmen zur Religion an:

> *„Aus meiner Sicht offenbaren die Psychologie und die Soziologie, dass die behauptete Existenz des Übernatürlichen eine Illusion ist und zerstören so die klassische Theologie. ... Wenn der Transzendenz wirklich die behauptete Rolle zukäme, wie könnten dann Psychologie und Soziologie trotz des Ausschlusses der Transzendenz solche Fortschritte beispielsweise bei der Erklärung spiritueller Ereignisse machen? ... Um es in aller Geradheit zu sagen: Ich glaube demnach, dass der transzendente Gott mit seiner spirituellen Substanz, seiner Rolle als Weltschöpfer, seinen Wundern (seine direkten Eingriffe in das menschliche Bewusstsein und die Natur) nur ein Symbol ist, das der mythologischen und kindlichen Einbildung zuzuschreiben ist. Dieser Gott ist ohne jeden Bezug zu dem Gott des Geistes und der Wahrheit, den das Gewissen postuliert.“* [48]

Piaget schildert sodann die Nachteile einer transzendenten Religion und heteronomen Moral und stellt ihr die Vorzüge einer autonomen, immanenten Religion gegenüber. Schuld an der Verfälschung von Jesu Botschaft der Liebe sei die paulinische Interpretation. Genau gleich, wie in der neueren Erkenntnis- und Wissenschaftstheorie der naive Realismus vom falsifizierbaren Konstruktivismus abgelöst wurde, müssten die transzendenten Gottesvorstellungen in jene von einem immanenten Gott transformiert werden, und zwar qua Reflexion eigener Erfahrungen. Entgegen üblen Kritiken werde dadurch nicht das Ich an die Stelle Gottes gesetzt, zumal dann nicht, wenn sich der Mensch der unpersönlichen und universalen Normen des Geistes bei der Wahrheitssuche befleißige. Zu wählen sei nicht zwischen der Transzendenz und dem Ich, sondern zwischen Transzendenz, Ich und dem Denken gemäß unpersönlichen Normen. Der Immanentismus identifiziere Gott mit den letzteren. Wenn wir so handeln, dass das Gewissen aufblüht und die Liebe den Egozentrismus und Anthropozentrismus überwindet, nähern wir uns dem Göttlichen. Wenn gemäß Spinoza die Liebe und die geistigen Kräfte sich verbinden und das Gewissen und Denken im Einklang sind, ergibt sich das unübertreffliche mystischen Erlebnis, die Teilhabe am Wahren. Fortschreiten und Rückkehr zur Quelle erscheinen dann dem Bewusstsein als ein und dasselbe.

Wie man sich vorstellen kann, wurden diese Vorstellungen Piagets nicht allgemein akzeptiert. 1929 bekam er Gelegenheit, vor dem gleichen Kreis

---

[48] Ebd. 26-28, leicht redigiert.

den Immanentismus noch einmal zu erörtern.[49] Er erklärt dessen Ablehnung mit einem Zitat Prousts: *„Man wehrt sich gegen das Konzept, ohne zu bemerken, dass man die Sache selbst anerkennt"*. Unter Transzendenz verstand er jedes Prinzip, das als *„außerhalb und höherstehend"* bezüglich der Wirklichkeit charakterisiert wird; unter Immanenz jedes darin lokalisierte Prinzip. Dies dürfe man sich weder in räumlichen Bildern noch materiell vorstellen. Eine sachgemäßere Theologie sieht in einem transzendenten Gott einen Ursachen-Gott: Weltschöpfer, Beeinflusser von Bewusstseinszuständen etc. Auf den immanenten Gott hingegen seien keine Ursachen zu attribuieren; vielmehr sei er als geistige Kraft zu verstehen, als Gott der Werte, der Wahrheit, der Verpflichtung. Der immanente Gott sei die Heimstätte aller Werte, die das Gewissen für sein Funktionieren benötigt.[50]

Um weiterzukommen, müsse zunächst geklärt werden, ob in der Natur Platz für eine andere Kausalität als die natürliche ist. Dies zu erforschen falle in die Kompetenz der Wissenschaft, bei mechanischen oder chemischen Vorgängen ebenso wie bei psychologischen, sozialen oder welchen Prozessen auch immer, selbst mystischen. Wie provisorisch und verbesserungsfähig ihre Einsichten auch sein mögen - sie seien doch die einzig akzeptablen. Alles andere sei praktische Kenntnis, Pseudowissen, subjektive Träumerei oder Überbleibsel vergangener Zeiten. Als Beispiel führte er die Zahlenlehre an, die vom mystischen Beiwerk der Babylonier und der Pythagoräer befreit wurde und heute eine rationale Wissenschaft ist. Das gälte zur Zeit [1929] noch weniger für Biologie, Psychologie und Soziologie, die aber viel jünger seien und sich so oder so zu rationalen Disziplinen entwickeln würden, sei es durch den wissenschaftlichen Nachweis von der Realität bspw. eines Finalismus, sei es durch das Ablegen unangemessener Begriffe.[51]

Es folgen lange Überlegungen über die Rolle der Philosophie. Piaget sieht ihre Aufgabe darin, das Wesen und die Möglichkeiten der Wissenschaften zu ergründen, und nicht darin, sich metaphysisch mit dem Seienden sowie mit jenen Phänomenen zu beschäftigen, die die Wissenschaften untersuchen. Auch sollte sie die Existenz ewiger Werte wie die Freiheit, die Seele und Gott postulieren. Freiheit des Geistes sei die Voraussetzung aller Wissenschaft. Auch gäbe es keine Wissenschaft ohne eine schöpferische Seele. Und ohne immanenten Gott fehlen die intellektuellen und moralischen Werte, die den Geist mit dem Universum verbinden.[52]

---

[49] Piaget 1930.
[50] Ebd. 5-11.
[51] Ebd. 11-17.
[52] Ebd. 17-32.

Piaget entscheidet sich für den immanenten Gott, weil die Annahme eines transzendenten Gottes weder das Problem des Bösen noch jenes des Irrationalen lösen könne.[53] Was beinhaltet diese Wahl? Zum einen eine Position zwischen Realismus und Idealismus: Für den Menschen existiert nichts ohne die Tätigkeit des Geistes, aber seinerseits ist der Geist nichts ohne die Erfahrung. Sein Wirken wird uns verständlich dank dem Studium der Geschichte und der psycho-soziologischen Entwicklung des Denkens. Die entsprechenden Normen des Denkens machen die tiefste Wirklichkeit aus, die der menschliche Geist erreichen kann. Jede wahre Erkenntnis und jede wirklich gute Handlung entsprängen dieser tiefsten Wirklichkeit. Das bedeutet auch, dass im alltäglichen Kampf gegen Lüge und Irrtum das Gewissen sich solidarisch mit den ewigen Werten fühlt und dadurch gestärkt wird. Und diese ewigen Werte sind seit langem mit Gott identifiziert worden.[54]

Aber genügt das, um von religiösem Glauben zu sprechen? Traditionellerweise macht dieser drei Kernaussagen:

1. Das Leben hat einen Sinn.
2. Es gibt Kommunikation zwischen Mensch und Absolutem.
3. Der Glaube transformiert das Leben der Gläubigen.

Punkt 1 ist dadurch verifiziert, dass man sein Dasein den Gedanken unterwirft und die Gedanken den universalen spirituellen Normen. Sie unterstützen den sinnstiftenden Kampf für das Gute und das Wahre. Punkt 2 wird dadurch bestätigt, dass Gott immanent im Denken bleibt, jedoch transzendent in bezug auf das Ich, was eine Kommunikation ermöglicht. Die Richtigkeit von Punkt 3 ist vielfach bezeugt.[55]

Schließlich erläutert Piaget noch, wie sich der Immanentismus auf die Gottesvorstellungen, das Gebet und die Interpretation von Jesu Lehre und Handeln auswirkt. Er schließt ab mit einer Zusammenfassung, die auch den Schlusspunkt unter die hier aufgezeigte Entwicklung setzt.

> *„Der Schritt vom transzendenten Gott, der mit übernatürlicher Schöpfungskraft ausgestattet ist, zum reinen Geist-Gott der immanenten Erfahrung bedeutet den gleichen Fortschritt wie jener vom halb-materiellen Gott der ursprünglichen Religionen zum metaphysischen Gott. Worauf es hier vor allem ankommt, ist, dass dieser Ordnung der Intelligenz ein moralischer und sozialer Fortschritt entspricht, das heißt im Endergebnis eine Befreiung des inneren Lebens.“* [56]

---

[53] Ebd. 32-37.
[54] Ebd. 38-42.
[55] Ebd. 42-46.
[56] Ebd. 53 f.

5.1.7 Piagets Religiosität und ihre Entwicklung

Wir wissen wenig über Piagets Religiosität als Kind. Er berichtet lediglich:

> *"... aber ihr eher neurotisches Temperament [seiner Mutter] machte unser Familienleben ziemlich schwierig. Eine Folge davon war, dass ich sehr bald das Spielen zugunsten von ernsthafter Arbeit vernachlässigte, ebenso um meinen Vater nachzuahmen wie um mich in eine persönliche, nichtfiktive Welt zu flüchten".* [57]

Wahrscheinlich war Religion für ihn bis zum Konfirmandenunterricht kein großes Thema. Und dort überzeugte ihn das vorgestellte Gottesbild wenig. Er war bereits so stark vom wissenschaftlichen Eros erfasst, dass Aussagen nur akzeptabel waren, wenn sie wissenschaftlicher Prüfung standhielten.

Es fällt schwer, diese Position – „Religion ja, Jesus Christus ja, der Gott der Kirche nein" – in ein Stufenschema der religiösen Entwicklung einzuordnen, speziell das von Oser und Gmünder.[58] Dieses Schema scheint einen mehr oder weniger permanenten, transzendenten Gott zu implizieren, der aber im Lauf der Entwicklung jeweils anders gesehen und zu dem eine jeweils andere Beziehung aufgebaut wird. Piaget hingegen intendierte, die traditionelle Gottesvorstellung radikal umzubauen.[59] Seine Entwicklung steht sogar im Gegensatz zur Theorie von Oser und Gmünder. Diese sieht vor, dass sich auf höheren Entwicklungsstufen Transzendenz und Immanenz gegenseitig ‚durchdringen' und als Bedingung der Möglichkeit ihrer jeweiligen Seinsweise erkannt werden, aber nicht, dass die Transzendenz Gottes zugunsten seiner Immanenz aufgegeben wird.

Piaget stand, wie andere Jugendliche und Erwachsene seiner Zeit, unter dem Schock des ersten Weltkrieges. Als Reaktion entwickelte er ein leidenschaftliches Engagement, um zu einer religiösen, moralischen und sozialen Erneuerung beizutragen. Dazu gehörte für ihn auch, das Verhältnis Religion - Wissenschaft akzeptabel zu gestalten. Seine Lösung war im wesentlichen, diese Bereiche so zu bestimmen, dass sie sich nicht überlappen: Religion als Lebensform, Wissenschaft hingegen als Kenntnisquelle der Wirklichkeit. Hätte sich Piaget weiterhin damit beschäftigt, wäre der Dialog zwischen beiden wohl intensiviert worden.[60] Bei seinen religiösen, moralischen und wissenschaftlichen, auch biologischen Interessen hätte das zu einem Engagement in religiöser Umweltethik führen können.

Das wirft die Frage auf, warum sich Piaget in den folgenden 50 Jahren nicht mehr mit den hier erörterten Fragen beschäftigte, zumindest nichts Entsprechendes mehr publizierte. Wir sind auf Vermutungen angewiesen.

---

[57] Piaget 1976 a, 2.
[58] Oser & Gmünder [4]1996, Reich & Oser 2002; vgl. Abschnitt 5.3 dieses Buches.
[59] Klar ersichtlich am letzten Zitat: Piaget 1930, 53-54.
[60] Reich 2002, 104-132.

Zum einen hatte er möglicherweise eine für ihn annehmbare Lösung des kognitiven Konflikts gefunden, was die Motivation für Weiterdenken verminderte. Auch verstärkte sich der Einfluss des Behaviorismus, der der Religionspsychologie starken Abbruch tat, aber auch der der Dialektischen Theologie Barths, die den direkten Zugang zum Wort Gottes durch nichts 'Fremdes', vor allem keine Psychologie verstellen wollte[61]. Zudem war Piaget von seinen wissenschaftlichen und organisatorischen Tätigkeiten, zahlreichen Ehrungen usw. voll und ganz in Beschlag genommen.

Lässt sich diese Rekonstruktion von Piagets Religiosität mit jener von Vidal vergleichen?[62] Vergleichbarkeit ist insofern eingeschränkt, als sich Vidal auf Piagets Verhältnis zum liberalen Protestantismus konzentriert. Er erinnert zunächst an den geistes- und zeitgeschichtlichen Hintergrund und Nährboden von Piagets Überlegungen: die Bemühungen Schleiermachers, Sabatiers und anderen, neuere wissenschaftliche und soziale Entwicklungen in den Protestantismus aufzunehmen. Sodann an die Psychologen James, Hall und Flournoy, die religiöse Erlebnisse als echte Erfahrungen auszuweisen versuchten.[63] Die liberale Richtung des Protestantismus sah keine Gefährdung des Glaubens, wenn er wissenschaftlich analysiert wird, im Gegenteil: tieferes Verstehen könne ihm nur förderlich sein.

Der Ausbruch des ersten Weltkrieges nötigte den Protestantismus zur Gewissenserforschung. Die waadtländische Freikirche veröffentlichte 1915 eine Erklärung, in der sie ihre Mitverantwortung am Krieg einräumte;[64] andere Kirchen übernahmen sie. Dies rief eine Gegenbewegung zum liberalen Protestantismus auf den Plan: Das Versagen wurde weitgehend dem (übertriebenen) Intellektualismus und Immanentismus angelastet. Christen sollten zur Transzendenz zurückkehren und ihren Glauben *leben*. Ähnlich die Christliche Studentenbewegung mit ihrem Motto „Christ zum König machen". Sie appellierte, christlich zu leben, sich sozial zu engagieren und weniger zu theologisieren. „Christlicher Sozialismus" und „Die Lehren Jesu als Inspiration für eine innere Umkehr" waren zentrale Themen. Vidal dokumentiert auch die anerkannte Rolle Piagets innerhalb der Christlichen Studentenbewegung und die positive Kritik seiner „La mission de l'idee".[65]

Detaillierter als hier beschreibt Vidal Piagets Weg zu Bergsons Philosophie und wie er sich teilweise von ihr wieder abkehrte.[66] Auch gibt er auf-

---

[61] Oser & Bucher [5]2002, 940 f.

[62] Vidal 1987.

[63] Flournoy verlangte und erreichte, dass sein Lehrstuhl für experimentelle Psychologie an der Naturwissenschaftlichen Fakultät der Genfer Universität angesiedelt wurde.

[64] Vidal 1987, 274.

[65] Ebd. 280

[66] Kesselring 1988, 31-33 erwähnt zumindest Piagets Beschäftigung mit religiösen Fragen und bettet sie in seinen Lebenslauf ein.

schlussreiche Hintergrundsinformationen, etwa zu den parallelen Arbeiten Piagets mit Kindern.[67] Dies ist insofern relevant, als zwischen seiner Moralpsychologie (von der Heteronomie zur Autonomie)[68] und der von ihm postulierten Entwicklung von einer transzendenten zu einer immanenten Religion Parallelen bestehen. Ansonsten laufen Vidals Analysen und die hier vorliegenden parallel, abgesehen davon, dass er keinen Bezug zur derzeitigen Religionspsychologie herstellt. Problematisch ist auch seine Behauptung, Piaget habe die Ansicht vertreten, die Wissenschaft könne feststellen, welche der zwei Typen von Religion die weiter entwickelte und *deshalb die höherwertigere* sei.[69] Piaget ging diese Frage vorsichtiger und differenzierter an.

Abschließend sei die Hoffnung ausgedrückt, dass Piagets Vorstellungen von der heutigen Religionspsychologie erneut aufgegriffen werden. Nach wie vor haben sie zumindest heuristischen Wert.

5.2 Kohlberg: Von höchster Moral zu mystischer Religion

5.2.1 Die Stufen des moralischen Urteils – exemplifiziert an Gandhi

Kohlberg unterscheidet in seiner weltweit bekannten Theorie des moralischen Urteils, das auf Gerechtigkeit fokussiert ist, sechs Stufen:

Präkonventionell	
Stufe 1	Orientierung des moralischen Urteils an Gehorsam: Recht ist, was belohnt, schlecht, was bestraft wird.
Stufe 2	Orientierung an der Befriedigung persönlicher Zwecke: Gut sein, damit sich andere einem gegenüber auch so verhalten (tit for tat).
Konventionell	
Stufe 3	Orientierung an interpersonellen Erwartungen Gleichgesinnter: Ein ‚guter' Junge, ein ‚nettes' Mädchen sein.
Stufe 4	Orientierung an den Regeln und Gesetzen eines größeren sozialen Systems (law and order).
Postkonventionell	
Stufe 5	Orientierung am Sozialvortrag, der als bestehenden Gesetzen vorausliegend erkannt wird.
Stufe 6	Orientierung an universal gültigen moralischen Prinzipien, bspw. Kategorischer Imperativ.

---

[67] Ebd. 277, 281.

[68] Piaget 1973 a.

[69] Vidal 1987, 285; er bezieht sich auf Piaget 1923, 49.

Auch wenn gewichtige Annahmen Kohlbergs widerlegt wurden – beispielsweise, Kinder urteilten präkonventionell[70] –, ist der Strukturkern seiner Theorie nach wie vor gültig und moralerzieherisch bedeutsam.[71] Ethische Urteilskompetenz entwickelt sich nicht durch bloße Belehrung, sie reift aber auch nicht einfach heran, sondern sie erfordert, dass sich Menschen mit moralischen Problemen und KonfliktpartnerInnen aktiv auseinandersetzen.[72]

Kohlberg hat die von ihm gefundene Stufenfolge auch an einer Biographie verdeutlicht, der von Gandhi, allerdings erst von der Jugend an.[73] Auch verwies er wiederholt auf herausragende Persönlichkeiten als RepräsentantInnen höchster Moralität: Martin Luther King, Abraham Lincoln, Sokrates, Gandhi.[74] Insbesondere letzterer habe sich „auf der höchsten ethischen Stufe" befunden, weil er einen „tiefgehenden und universellen Sinn für Gerechtigkeit mit einem Sinn der vitalen Sympathie oder des Mitgefühls für jede lebende Person" mit seiner Bescheidenheit verknüpft habe.[75] Kohlberg nimmt an, Gandhi habe sich, als er mit 18 Jahren nach London reiste, auf Stufe 4 befunden. Denn der Jura-Student habe vor seinen Freunden das Versprechen an seine Mutter, kein Fleisch zu essen, damit gerechtfertigt, er würde, wenn er es bräche, der sozialen Ordnung seines Herkunftsmilieus schaden.[76] Stufe 5 habe er erreicht, als er in Südafrika für die Besserstellung der coolies (rechtlose ArbeiterInnen) kämpfte und die Gültigkeit der Menschenrechte auch für sie einforderte. Dass Gandhi damals noch nicht die höchste Stufe erreicht habe, folgert Kohlberg daraus, dass sich sein moralisches Denken an einer sozialvertraglichen Sicht des britischen Commonwealth orientierte; immerhin zog er als Führer eines Ambulanz-Korps für England in den Burenkrieg.[77] „Konsistent auf Stufe 6" gelebt habe er erst nach seiner Rückkehr nach Indien, als er den gewaltlosen Kampf gegen die Kolonialmacht aufnahm und der Vater Indiens wurde.[78] Sein zentrales ethisches Prinzip, das er für alle Lebewesen einverlangte, war die ahimsa, wobei Kohlberg nicht eigens hervorhebt, dass Gandhi dieses von der Religion seiner Vorfahren übernommen hatte.

---

[70] Blasi 2000, Nunner-Winkler 1999.

[71] Kohlberg 1995; 2000; vgl. vor allem das Lehrbuch von Oser & Althof 1992 sowie das siebenbändige Kompendium »Moral Development« von Puka 1994; zur Einführung: Garz 1996; zur kritischen Diskussion: Modgil 1988, Klappenecker 1998, 86-109.

[72] Dazu Oser 2001.

[73] Kohlberg 2000, 213-234. Dabei bezog er sich auf Erikson 1971; vgl. Abschnitt 2.3.

[74] Kohlberg 1995, 121; ders. u.a. 1986, 238; ders. & Power 1981, 209-211 u.ö.

[75] Kohlberg 2000, 210 f.

[76] Ebd. 218.

[77] Ebd. 223.

[78] Ebd. 226.

5.2.2 Moralische Urteilsstufen literarischer HeldInnen

Kohlbergs Stufenmodell bot sich auch dafür an, auf literarische Gestalten angelegt zu werden, was auch PsychoanalytikerInnen vielfach taten. Während letztere fragten, ob Dimitri Karamasow, der seinen despotischen Vater erschlug, an einem Ödipuskomplex gelitten habe, interessierte sich die strukturgenetische Moralpsychologie für das moralische Urteilsniveau literarischer Gestalten. Etwa – so in der »Antigone« des Sophokles – das von Kreon, König von Theben, der es unter Todesstrafe verbot, dass der vor den Mauern verwesende Polyneikes bestattet werde, auf dass er nicht in den Hades finde und ewig als Geist umherirre. Antigone, Polyneikes' Schwester, vollzog diese Pflicht, wurde ergriffen und lebendig eingemauert, worauf sich ihr Verlobter Haimon, Kreons Sohn, erdolchte.

Auf welcher Stufe stand Kreon? Auf welcher Antigone? Mit solchen Fragen befasste sich Kohlberg in seinem originellen, aber wenig zur Kenntnis genommenen Aufsatz »Moral psychology and the study of tragedy«.[79] Da er seinen Stufen universale Gültigkeit unterstellte, seien sie auch auf Personen in anderen Kulturen und zu anderen Zeiten anwendbar.[80]

Kreon wird als typischer Repräsentant der Law and order-Mentalität der Stufe 4 identifiziert, argumentierte er doch:

> *„Der Staat ist unsere Planke auf der See; nur wenn die hält, kann es auch Freunde geben. Nur wer so handelt, wahrt des Staates Macht."* (V. 189-191)

Auf der gleichen Stufe wird auch das moralische Urteil der Antigone angesiedelt, die ihre Tat vor Kreon mit dem bekannten Argument rechtfertigte:

> *„Auch hielt ich nicht für so stark dein Gebot, dass Menschenwerk vermöcht zu überholen das ungeschriebene, heilige Recht der Götter."* (454-456).

Kohlberg würdigt dies nicht als eine Moralität universaler Prinzipien, sondern sieht darin Orientierung an der Autorität eines religiösen Systems.[81]

Der Beginn der Trilogie »Orestie« von Aischylos wird von Kohlberg der Stufe 1 zugeordnet. Orestes, dessen Vater Agamemnon, aus Troja heimgekehrt, von seiner Gattin Klytaimnestra und ihrem Liebhaber Aigisthos erschlagen worden war, musste an diesen die Blutrache vollziehen – für Kohlberg bezeichnend für Stufe 1. Hernach jagten ihn die Erinyen hierhin und dorthin, bis er vor dem Gericht auf dem Areopag entsühnt wurde – für Kohlberg charakteristisch für Stufe 4. Aischylos' Trilogie lasse sich als

---

[79] Kohlberg 1973.

[80] Ebd. 32. Kritik: Simpson 1974. Kohlberg 1995, 57 f. kann mit Daten aufwarten, die in der Türkei, Taiwan etc. erhoben wurden und das Universalismuspostulat bestätigen.

[81] Ebd. 35. Solche Stufenzuordnungen sind anfechtbar. Empirisch spannend wäre, zu prüfen, wie Personen auf verschiedenen Stufen das Verhalten von Kreon, etc. deuten.

Entwicklungsprozess hin zu mehr Gerechtigkeit lesen.[82] Als literarische Beispiele für *postkonventionelle* Moralität nennt er »Kriton«, jenen Dialog, in dem Sokrates rechtfertigt, nicht aus dem Gefängnis zu fliehen, sowie die Tragödie »A man for all seasons« über Thomas Morus.[83]

5.2.3 Höchste Moral: Beginn der Religion?

Kohlberg hat biographische Skizzen von Persönlichkeiten hinterlassen, die über Stufe 6 hinauswuchsen, hinein in die religiöse, „mystische" Stufe 7.[84] Religiöse Entwicklung hinke der moralischen insofern nach, als eine religiöse Stufe, sei es nach Fowler,[85] sei es nach Oser,[86] die parallele Moralstufe *voraus*setzt. Religiosität gewinnt Kohlberg und Power zufolge erst dann genuine Eigenständigkeit, wenn die Aporien der am weitesten entwickelten Moralität erfahren (und durchlitten) werden: Warum moralisch sein, wenn doch der Tod alle Menschen auslöschen wird?[87] Zwar könne sich diese Frage auf allen Stufen stellen und auch ‚religiös' beantwortet werden, auf Stufe 1 damit, weil Gott dies verlange, auf Stufe 2 so, damit sich Gott uns gegenüber ähnlich ‚gut' verhalte.[88] Aber erst auf Stufe 6 werde sie zur ultimativen Sinnfrage und münde sie, zumeist nach existenzieller Verzweiflung, bestenfalls in eine kosmische religiöse Perspektive.

Einen Repräsentanten von Stufe 7 fanden Kohlberg und Power in Mark Aurel (121-180), ab 161 römischer Kaiser, Verfasser der »Selbstbetrachtungen«, des letzten bedeutenden Werkes der Stoa. Er habe daran geglaubt, das ganze Universum sei von Vernunft und göttlichem Gesetz durchdrun-

---

[82] Ebd. 33 f.

[83] Jesse 2000, 161-170 identifizierte unterschiedliche Stufen des moralischen Urteils nach Kohlberg in literarischen Werken: Präkonventionelle Moralität schilderte er am Beispiel der Kindheitserinnerungen von Thomas Bernhard, konventionelle an Handkes Beschreibung des Welterlebens seiner zehnjährigen Tochter, postkonventionelle anhand Bernhards Beschreibung eines Krankenhausaufenthaltes, während dem er von den Ärzten in Übereinstimmung mit allgemein gültigen moralischen Prinzipien behandelt wurde.

[84] Kohlberg & Power 1981, Kohlberg 2000, 259-331.

[85] Fowler 1991; dazu Kohlberg 2000, bes. 260 f.

[86] Oser & Gmünder [4]1996; dazu Kohlberg & Power 1981, 230 f.

[87] Kohlberg & Power 1981, 233, 254 u.ö.

[88] Kohlberg 2000, 270 f. spricht Kindern die Kompetenz ab, „eigenständige religiöse Fragen zu stellen". Wenn Kinder nach Gott, dem Himmel etc. fragen, handle es sich um Moral oder Kosmologie. Auch wenn „die Reflexionen von Kindern und Jugendlichen zu religiösen Themen intensiv sein (können)," stellen diese „primär Aneignungen aus der religiösen Gemeinschaft des Kindes dar. Erst bei Erwachsenen und älteren Menschen ist es der Fall, dass wir die Person als jemand sehen, der seine eigene Religion und seinen eigenen religiösen Sinn konstruiert."

gen. Daraus leitete er, sich als kleiner Teil in einem unendlichen Kosmos verstehend, das Prinzip der Gerechtigkeit in einer ungerechten Welt ab.[89]

Eine weitere Repräsentantin ist Andrea Simpson, Interviewpartnerin von Kohlberg[90] und von Fowler.[91] 1898 begann in Boston ihre *„spirituelle Reise"*, als was sie, 78jährig befragt, ihr Leben charakterisierte.[92] Mit zwölf Jahren trat sie der unitarischen Kirche bei, wandte sich dann aber den Quäkern zu und wurde während des Ersten Weltkrieges überzeugte Pazifistin. Nach einer schweren Midlife-Crisis, die durch die Psychose ihres Bruders verschlimmert wurde, beschäftigte sie sich mit östlicher Meditation, speziell Krishnamurti (1895-1986), und entwickelte eine Form der Religiosität, die Fowler seiner fünften Stufe, dem verbindenden Glauben zuordnete:

> *„Ob man es Gott oder Jesus oder Kosmischen Strom oder Wirklichkeit oder Liebe nennt, es kommt nicht darauf an, wie man es benennt. Es ist da. Und was man direkt aus dieser Quelle lernt, bindet einen nicht an Glaubensbekenntnisse ... die dich von deinem Mitmenschen trennen."* [93]

Kohlberg und Power hingegen verorteten Simpson aufgrund ihrer mystischen Erfahrungen mit dem Absoluten auf ihrer Stufe 7. Auch würdigten sie ihre Lebenshaltung der Agape: supererogatorische Werke der Nächstenliebe.[94] Andrea Simpson erklärte sich ihr ehrenamtliches Engagement in Nervenheilanstalten und anderswo mit ihren Erfahrungen des „Kosmischen Fließens", die, wenn sie echt seien, „das Privatleben beeinflussen".[95]

Ein dritter Repräsentant hoch entwickelter Religiosität sei Baruch Spinoza (1632-1677), der in seinem Leben, das er sich mit Glasschleifen verdiente, wiederholt angefeindet, mit Mistgabeln bedroht und aus seiner jüdischen Glaubensgemeinschaft verstoßen wurde. Sein Werk wirkte unterschiedlich: Goethe war, obschon Spinoza „de more geometrico" schrieb, höchst begeistert, speziell von der Gleichsetzung von Gott und Natur: „Die Natur in Gott und Gott in der Natur", wie der Dichterfürst hochbetagt, aber als gültig für sein ganzes Leben bekannte.[96] Theologen hingegen witterten Pantheismus und menschliche Selbstvergottung, erhob doch Spinoza *„den menschlichen Geist (zu einem) Teil des unendlichen Verstandes Gottes"*.[97]

---

[89] Kohlberg & Power 1981, 235.

[90] Kohlberg & Power 1981, 235-243; Kohlberg 2000, 324.

[91] Fowler 1991, 205-217. Zum Zusammenhang seiner Glaubensstufen: Kapitel 6, mit denen des moralischen Urteils: Fowler 1994; vgl. Kohlberg 1980, Oser & Reich 1990.

[92] Kohlberg & Power 1981, 235-243; Kohlberg 2000, 308-324.

[93] Fowler 1991, 210.

[94] Kohlberg & Power 1981, 239; Kohlberg 2000, 309.

[95] Kohlberg 2000, 319.

[96] Goethe 1887, 3, 71. Bei Spinoza 1966, 14 (Ethik I, 15) heißt es: „Alles, was ist, ist in Gott, und nichts kann ohne Gott sein, noch begriffen werden."

[97] Spinoza 1966, 40 (Ethik I, Anhang).

Kohlberg und Power lasen Spinoza von ihrem Konzept von Mystik her: „Seine Haltung gegenüber der Natur als ganzer ist gleich wie die eines Mystikers zu einem übernatürlichen Gott".[98] Dies sei umso mehr höchste Religiosität, als Spinoza Natur und Gott identifizierte und daraus den Schluss zog, der Mensch solle *das* Leben lieben. Dennoch sei im individuellen Leben der freie Wille nur illusionär, weil „*alles von Gott vorher bestimmt ist, nicht zwar durch die Freiheit des Willens oder ein absolutes Gutdünken, sondern durch Gottes absolute Natur oder unendliche Macht"*.[99]

Die dezidierte Absage an die menschliche Willensfreiheit problematisieren Kohlberg und Power nicht. Vielmehr sehen sie Spinozas Determinismus eingebettet in eine umfassendere, mystische Einheit, in der eine den Menschen übersteigende Notwendigkeit (Ananke) herrscht, an die Goethe gedacht haben mochte, als er in den Urworten schrieb: „Da ist's denn wieder, wie die Sterne wollten. Bedingung und Gesetz."[100] Tatsächlich werden in der Mystik menschliche Kategorien, auch der Wille, hinfällig.

Eine weitere Persönlichkeit, die höchste Religiosität prototypisch verkörpere,[101] ist Teilhard de Chardin (1881-1953), Jesuit und Paläontologe, wie kaum ein anderer darum verdient, den Evolutionsgedanken, von der Kirche heftigst verworfen, und Christus zu versöhnen. Darauf reagierten seine Ordensvorgesetzten geradezu providentiell, indem sie ihm die Lehre untersagten und ihn auf Expeditionen schickten, auch nach China, wo er den homo pekiniensis entdeckte. Als seine „Lebensformel" bezeichnete er, „*mit dem 'Werden' eins zu sein"*,[102] mit der gesamten Evolution, die mit der grobstofflichen Kosmogenese begonnen habe, gefolgt von der Biogenese, und schließlich der geistigen Sphäre, der Noogenese, die vorläufig im Menschen gipfelt. Teilhard erfuhr und begriff das gesamte All als *eine* lebendige Einheit, die durch Geist und Liebe zusammengehalten werde.[103] Sie entwickle sich weiter, hin zum Punkt Omega, der jetzt schon in die Evolution hineinwirke und ihr die Richtung vorgebe. *Die* Chiffre von Omega ist für ihn, der als Paläontologe „die Welt nur nach vorwärts (für) interessant" hielt,[104] Christus. Kohlberg und Power bescheinigen dieser Weltsicht, die für viele gebildete KatholikInnen angesichts der evolutionstheoretischen Herausforderung zum intellektuellen Rettungsanker wurde, mystische Qualität. Sie verweisen auf die von Teilhard gelebte Agape, nicht nur den Menschen gegenüber, sondern allem Leben, selbst dem von

---

[98] Kohlberg & Power 1981, 249 (übersetzt A.B.).
[99] Spinoza 1966, 40 (Ethik I, Anhang).
[100] Goethe 1977 a, 523.
[101] Kohlberg & Power 1981, 250-255.
[102] Aus Kopp 1961, 86.
[103] Teilhard de Chardin 1978, bes, 273.
[104] Kopp 1961, 48.

Steinen. Schon als Sechsjähriger habe er sich eine Sammlung von Steinen angelegt, die er hegte und pflegte.[105] Diese gehörten zu seinem Lebensthema: das Geheimnis nicht nur des Gewordenen zu ergründen, sondern auch des noch Werdenden.[106]

Eine lucide Studie schrieb Scarlett zur moralischen und religiös-spirituellen Entwicklung von Abraham Lincoln (1809-1865).[107] Als Präsident der USA geriet er in das Dilemma, entweder seinem früh erworbenen Glauben an die Gleichheit aller Menschen, der die Sklaverei verbot, untreu zu werden, oder das Risiko der Sezession einzugehen. Zweifellos verfügte Lincoln, der schon als kleiner Junge durch seine Freundlichkeit auffiel, auch gegenüber Tieren,[108] über postkonventionelle moralische Prinzipien. Diese nahm er als sakrosankt wahr, als „universales Gut, das die Kulturen transzendiert".[109] Von daher erkläre sich die Beharrlichkeit, mit der er für die Befreiung der Sklaven kämpfte, aber auch die hohe moralische Überzeugungskraft, die sich seinem Charakter verdanke, wie er von gängigen strukturgenetischen Theorien zu wenig in Rechnung gestellt werde.

Kohlberg hat psychobiographische Reflexionen vorgenommen, um einerseits die Sequenz seiner entwicklungspsychologischen Stufen sowie diese selber zu illustrieren, speziell in seiner »Psychologie der Lebensspanne«,[110] sowie um vertieftere Einblicke in die Höchstformen des moralischen Bewusstseins zu erhalten. Dabei öffnete sich ihm auch der Blick in die genuine Religiosität bzw. Mystik. Aber wird er der Religiosität gerecht, wenn er sie jenseits des Ziels der moralischen Entwicklung ansiedelt, das nur von einer verschwindenden Minderheit erreicht wird?[111] Von daher versteht sich das Anliegen von Fritz Oser, eine *eigenständige religiöse Dimension* nachzuweisen, die mehr ist als nur die Anwendung von Logik und Soziomoralität. Diese besteht für ihn im religiösen Urteil, für das er den Status einer „Mutterstruktur" beansprucht,[112] und deren Stufen nun zu skizzieren sind.

---

[105] Aus Kopp 1961, 20 f.

[106] „Lebensthema" ist ein Konzept von Noam 1993, 190, der seine Funktion darin bestimmt, dem Menschen zu helfen, „die vielen Ereignisse, Beziehungen und Kontexte, die in seinem Leben auftreten, zu organisieren". Lebensthemen können auch biographische Identität verbürgen und sind in biographischer Forschung herauszuarbeiten.

[107] Scarlett 1999. Kaum ein Staatsmann wurde so oft psychobiographisch analysiert, u.a. von Clark 1933; vgl. Runyan 1984, 30-34.

[108] Ebd. 47.

[109] Ebd. 27.

[110] Kohlberg 2000.

[111] Zu recht beklagt Klappenecker 1998, 105: „Kein religiöses Diskursniveau ohne moralische Reife."

[112] Oser & Gmünder [4]1996, 57-66.

5.3 Die Stufen des religiösen Urteils nach Oser und Gmünder

Die Theorie von Oser und Gmünder ist der Perspektive der gesamten Lebensspanne verpflichtet und beschreibt fünf qualitativ verschiedene Stufen des religiösen Urteils.[113] Unter diesem wird die Art und Weise verstanden, wie Menschen, mitten im nackten Leben, ihre Beziehung zu einem Letztgültigen, Göttlichen regeln. Eine Schülerin, deren geliebtes Meerschweinchen krank ist, mag Gott versprechen, in die Kirche zu gehen, damit es gesunde. Ein junger Erwachsener hingegen mag überzeugt sein, der Mensch müsse sich selbst durchs Leben schlagen, Gott sei fern, greife nicht ein.

Die Beispiele verdeutlichen, wie Religiosität konzeptualisiert wird: als *Beziehung*, die der Mensch zu jener Wirklichkeit eingeht (oder ablehnt), die er/sie als ultimativ, letztgültig, göttlich erfährt.[114] Religiosität als wie auch immer gestaltete Beziehung zu einem Göttlichen zu bestimmen, erzielte in der Religionspsychologie breiten Konsens.[115] Aktiviert wird diese Beziehung speziell in Situationen der Kontingenz.[116] Solche werden entweder als bedrohlich, ja vernichtend erlebt (Verluste, Krankheit, Tod), oder als überschwänglich, etwa in der Erfahrung von Liebe, der Geburt eines Kindes, einer zu-fallenden Begegnung. In solchen Situationen wird bisher Selbstverständliches fraglich und ein Ungleichgewicht erlebt.

Da aber dem Menschen zutiefst innewohnt, Ungleichgewichte[117] auszubalancieren, können die geschilderten Situationen die Umstrukturierung religiöser Kognitionen initiieren. So im Falle eines Schülers, dem eine schwierige Aufnahmeprüfung bevorsteht: Er verspricht Gott, gute Dinge zu tun, auf dass er ihm helfe. Schafft er die Prüfung, wird sein Gottesbild nicht erschüttert. Fällt er durch, stehen ihm mindestens zwei Möglichkeiten offen, das Gleichgewicht wieder herzustellen. Entweder sagt er sich, für Gott zu wenig getan zu haben; oder er stellt sein bisheriges Gottesbild in Frage.

Gemessen wird die Stufe des religiösen Urteils mit religiösen Dilemmas, speziell dem eines jungen Arztes, Paul. In einem abstürzenden Flugzeug gelobt er, auf eine Karriere der Ersten Welt in zu verzichten, sondern seine Talente in den Dienst der Entwicklungshilfe zu stellen. Die Maschine zer-

---

[113] Gesamtdarstellungen der religionspsychologischen Studien von Oser und Mitarbeitern: Oser & Reich 1992, Oser & Reich 1996 a.

[114] Oser & Gmünder [4]1996, 21-31.

[115] Bereits Hammer 1908, 338: Religiöses Leben als „Verhältnis zu Gott"; James 1979, 41; Spiro 1987, 163; Grom 1992, 368; Beile 1998, 27.

[116] Kontingenz im Sinne von, dass etwas ist, wie es ist, obschon es ganz anders sein könnte, ja überhaupt nicht sein müsste.

[117] Piaget 1976 sprach von „Disäquilibria".

schellt, aber Paul überlebt und ringt um die Entscheidung. - Die fünf Stufen lassen sich wie folgt zusammenfassen:

Stufe 1: Orientierung an einem Letztgültigen, das direkt in die Welt eingreift, sei es belohnend und behütend, sei es sanktionierend und zerstörend. Der Mensch erfährt sich als reaktiv und genötigt, sich im Sinne des Letztgültigen zu verhalten. Typische Antwort: *„Paul muss das Versprechen halten, sonst macht Gott, dass er Bauchweh kriegt."*

Stufe 2: Orientierung an einem Letztgültigen, mit dem ein Do-ut-des-Verhältnis gepflegt wird („Ich gebe, damit Du gibst"). Der Mensch kann auf das Letztgültige einwirken, sei es, um sich vor Sanktionen abzusichern, sei es, um dieses für eigene Ziele in Dienst zu nehmen: *„Gott hat dem Paul geholfen, jetzt soll der auch was Gutes tun."*

Stufe 3: Orientierung an der Selbstbestimmung und Eigenverantwortung des Menschen, die auch gegenüber dem Letztgültigen reklamiert wird. Dieses erhält – sofern nicht in seiner Existenz bestritten (Atheismus) – einen eigenen, vom Menschen getrennten Sektor. *„Paul muss sich selber entscheiden. Wenn er das Versprechen nicht hält und es ihm schlecht geht, straft er sich selber; mit Gott hat das nichts zu tun."*

Stufe 4: Orientierung an der Freiheit des Menschen, die an das Letztgültige zurückgekoppelt wird; dieses ist transzendenter Grund menschlichen Daseins und scheint in der Immanenz zeichenhaft auf. Zudem wird in den bisherigen Wirrnissen des Lebens ein Plan erkannt, gemäß dem sich der Mensch auf ein Vollkommeneres hin entwickelt. *„Gott will, dass sich Paul nach bestem Wissen und Gewissen selber entscheidet."*

Stufe 5: Orientierung an religiöser Autonomie durch unbedingte Inter-sub-jektivität. Das Letztgültige wird im zwischenmenschlichen Handeln zum Ereignis, sofern dieses befreit. Universale Perspektive, die andere Religionen und Kulturen einschließt und als solche gelten lässt. Der Mensch bedarf keiner äußeren Sicherheiten mehr, um religiös zu existieren.

Oser und Gmünder haben eine mögliche sechste Stufe andiskutiert, empirisch aber (noch) nicht validiert. Unter anderem auf den Fundamentaltheologen Peukert[118] zurückgreifend, akzentuieren sie an dieser „eine kommunikative Praxis mit universalem Anspruch, angelegt auf universale Solidarität (kommunikative Praxis mit dem Ultimaten, vermittelt durch zwischenmenschliches Verhalten)".[119] Dies blieb nicht unwidersprochen: Als Alternative wurde auch vorgeschlagen, den ultimativen Zielpunkt der reli-

---

[118]   Peukert 1976.
[119]   Oser & Gmünder [4]1996, 95.

giösen Entwicklung in der Mystik zu bestimmen, wenn das Subjekt seine religiöse Autonomie aufgibt und sein Ich einem Umfassenderen anheim gibt.[120]

Von diesen Stufen wird angenommen, dass sie in einer unveränderlichen Reihenfolge durchlaufen werden (invariante Sequenz). Keineswegs alle Menschen erreichen die höheren Stufen. Viele Erwachsene, oft ‚Opfer' infantilisierender Erziehung, bleiben auf Stufe 2 und sind überzeugt, sich Gottes Gunst zuerst verdienen zu müssen.[121] Auch schließt die Theorie Regressionen auf frühere Stufen aus. Aber greifen Menschen, wenn in ihrer Existenz bedroht, nicht leicht auf Bewältigungsmuster aus der frühen Kindheit zurück, beispielsweise magische Versprechen? Das Kriterium der Regressionsresistenz wird noch zu hinterfragen sein.[122]

Im Zuge dieser Entwicklung werden religiös relevante Dimensionen in ein ausgewogeneres Verhältnis gebracht:[123]

-   „Heiliges versus Profanes
-   Transzendenz versus Immanenz
-   Freiheit versus Abhängigkeit
-   Hoffnung (Sinn) versus Absurdität
-   Vertrauen versus Angst
-   Dauer (Ewigkeit) versus Vergänglichkeit
-   Unerklärlich Geheimnisvolles versus funktional Durchschaubares"

Das Heilige, für Eliade Kristallisationspunkt jeder Religion,[124] wird zunächst konkret lokalisiert, sei es im Kirchenraum, einem heiligen Gegenstand. Im Umfeld der Stufe 3 tritt eine Trennung zwischen dem (wichtigeren) Profanen und dem Sakralen ein. Charakteristisch für höher entwickelte Religiosität ist, wenn Heiliges und Profanes neu vermittelt sind und letzteres so wahrgenommen wird, dass in ihm das Heilige immer schon aufscheint, so für Franz von Assisi in der gesamten Schöpfung.

Um zu prüfen, ob diese Stufen invariante sequenzialisiert sind, wären Längsschnittstudien am angemessensten. Aber die gleichen Personen über Jahrzehnte hinweg zu begleiten und zu befragen, erfordert immens viel Zeit. Eine Alternative sind verschobene Längsschnitte, indem Personen aus unterschiedlichen Altersgruppen befragt werden und dies nach drei Jahren, sechs Jahren etc. wiederholt wird. Auf diese Weise gelang es, die invarian-

---

[120]   Dazu Zwergel 1989, Oser 1989, ders. 2002; Abschnitt 7.5 dieses Buches.
[121]   Bucher 1997, Oser 1992.
[122]   Abschnitt 5.6.1.
[123]   Oser & Gmünder [4]1996, 31-41.
[124]   Eliade 1954, bes. 19-23.

te Sequenz des religiösen Urteils zwischen Kindheit und jungem Erwachsenenalter zu bestätigen.[125]

Eine weitere, reizende Alternative sind Psychobiographien. Lassen sich in der religiösen Entwicklung von Augustinus, Thérèse von Lisieux, Edith Stein und anderen Stufen ausmachen? Die gleichen wie gemäß der Entwicklungstheorie des religiösen Urteils? Vollständig? In gleicher Reihenfolge?

Darüber hinaus ist von Psychobiographien religiöser Persönlichkeiten zu erwarten, Einblicke in Hochformen religiöser Entwicklung zu gewinnen. Solche begegnen in *zufällig* ausgewählten Stichproben – eben nur zufällig. Aber eine strukturgenetische Theorie muss sich über die mögliche Zielperspektive religiöser Entwicklung Rechenschaft geben. Denn die höchste Stufe, wie immer sie konkretisiert werden mag, liefert die Kriterien dafür, vorausgegangene Stufen auf ihre (geringere) Komplexität hin zu prüfen. Auch in der Entwicklungspsychologie des moralischen Urteils sorgt(e) die höchste Stufe für anhaltende und kontroverse Diskussionen. Die Analyse der Moralität bedeutender Persönlichkeiten, etwa Gandhi, Martin Luther King, lieferte wertvolle Impulse (Abschnitt 5.2.1).[126]

Eine berechtigte Kritik an strukturalistischen Ansätzen besagt, konkrete Menschen würden hinter allgemeinen Strukturen zum Verblassen gebracht, ja entindividualisiert.[127] Psychobiographien hingegen können für die Einmaligkeit jedes Menschenlebens sensibilisieren. Wenn für die psychologische Rekonstruktion von Biographien strukturalistische Theorien herangezogen werden, muss die Bereitschaft bestehen, diese auch aufgrund *nur eines* anders gearteten Falles in Frage zu stellen.

Im Folgenden werden drei umfangreiche Psychobiographien abgedruckt; zwei davon verifizieren die Entwicklungssequenz des religiösen Urteils, eine stellt sie in Frage.

---

[125] Di Loretto & Oser 1996.
[126] Kohlberg u.a. 1986, Kohlberg 2000, 234-242; Garz 1992.
[127] Röckelin 1993, 19.

5.4 Vom frommen Pastorenkind zum christentumsfeindlichen Philologen

Die religiöse Entwicklung des jungen Friedrich Nietzsche im Lichte religionspsychologischer Entwicklungstheorien[1]

5.4.1 Vorbemerkungen

Mit mehreren Größen der deutschen Geistesgeschichte teilt Friedrich Nietzsche das Schicksal, in einem protestantischen Pfarrhaus aufgewachsen zu sein, um der dort vermittelten Religion später sein entschiedenes „Anti" entgegenzuwerfen und als bedeutender Christentums- und Religionskritiker in die Geschichte einzugehen. Aber wie und warum entwickelte sich ein Junge, der noch in seinem neunten Lebensjahr mit dem Jesusknaben verglichen wurde und *„als Kind Gott im Glanz gesehen"* habe,[2] zu einem dezidierten „*Antichristen*", für den „*Gott ... eine faustgrobe Antwort, eine Undelikatesse gegen uns Denker (ist)"*.[3]

Diese Frage, theologisch und religionspädagogisch ebenso von Interesse wie psychologisch, lässt sich nicht allein theologisch beantworten.[4] Sie erfordert einen psychogenetischen Zugang. Ausgezeichnete theologische und religionsphilosophische Darstellungen von Nietzsches Religionskritik haben sich der biographischen Methode bedient. Kenntnisreich und gründlich Willers in seiner Studie »Friedrich Nietzsches antichristliche Christologie. Eine theologisch Rekonstruktion«. Diese versucht eine „genetische Textgewinnung": Nietzsches Denken soll „nicht bloß als Produkt, Ergebnis, Endgestalt" erfasst, „sondern als sich entfaltendes Problematisieren zentraler Gedankenlinien" begriffen werden.[5] Selbst Heidegger, im Hinblick auf Nietzsche entschieden gegen biographisch-psychologische Analysen, kam bei der Interpretation seines Spätwerkes nicht ohne eine – allerdings kurze – biographische Skizze aus.[6] Ausgeprägter als bei anderen Philosophen ist Nietzsches Oeuvre mit seiner Biographie verknüpft, ebenso seine Religiosität bzw. Religionskritik. *„Der große Dichter"* – schrieb er in »Ecce homo« im Kapitel mit dem bezeichnenden Titel *„Warum ich so klug bin"* über sich selber – *„schöpft nur aus seiner Realität".*[7]

---

[1] Zur Zitierweise von Nietzsches Schriften: vgl. den Schluss dieser Studie, Seite **175**.

[2] Zum Vergleich mit Jesus unter den Schriftgelehrten: Bohley 1987, 174. *„Als Kind Gott im Glanz gesehen"*: KGW IV 3, 363.

[3] W II, 1082.

[4] Willers 1988, Figl 1984, Henke 1981, Biser 1962, Biser 1982.

[5] Willers 1988, 45.

[6] Heidegger 1961 Bd. 1, 18, sowie 9 f.

[7] KGW VI 3, 285; W II, 1087.

Mehrere Studien verfolgen denn auch die Absicht, Nietzsches religiöse Entwicklung zu rekonstruieren, um vertieftere Einblicke in seine Christentums- und Religionskritik zu gewinnen. Schon 1894, fünf Jahre nach seinem Zusammenbruch neben dem Droschkengaul in Turin, meinte Lou Andreas Salomé, die frühere Brieffreundin, „eine rechte Nietzschestudie ist in ihrer Hauptsache eine *religionspsychologische* Studie".[8] Aber geht man die Arbeiten von Augustin, Balkenohl, Bohley, Guarda, und Pfeil durch,[9] fällt auf, dass sie kaum (entwicklungs-)psychologische Theoreme heranziehen, sondern tiefenpsychologische. Balkenohls umfangreiche Monographie »Der Antitheismus Nietzsches« ist auf der klassischen Analytischen Psychologie von C. G. Jung fundiert. Um die „inneren Zusammenhänge" zwischen der Kindheit Nietzsches und seinen späteren philosophischen und religiösen Anschauungen aufzudecken, „muss die Wirkweise des Unbewussten Gegenstand der Betrachtung sein".[10] Konkret führt dies dazu, dass ein Traum des sechsjährigen Nietzsche, in dem *„zwei Schlangen sich um meine Beine schlängelten"*, dahingehend ausgelegt wird, „dass die Schlange hier als »negatives Mutterbild« erscheint und die Angst davor ausdrückt".[11] Balkenohl beruft sich auf C.G. Jung, wonach „Drache und Schlange ... die Symbolrepräsentanten der Angst vor den Folgen der Tabuverletzung, d.h. der Regression zum Inzest (sind)".[12]

Solche Deutungen sind fragwürdig. Sie partizipieren an den generellen Problemen der Jungschen Symbol- und Traumpsychologie.[13] Gemäß dieser ist von universalen Archetypen auszugehen, die sich in Symbolen, speziell solchen des Traums, manifestieren. Der Symbolbildungsprozess verlaufe weitgehend unbewusst. Aber damit übergeht man Nietzsches Selbstverständnis und läuft man Gefahr, in seine Äußerungen Deutungen hineinzulesen, die mitunter mehr über den Interpreten aussagen.

Diese Studie beschreitet einen *kognitionspsychologischen* Weg. Die religiöse Entwicklung des jungen Nietzsche soll als *seine persönliche Konstruktion und infolgedessen aus seiner Sicht* nachgezeichnet werden. Zudem ist zu prüfen, ob und inwieweit die Theorie des religiösen Urteils nach Oser und Gmünder geeignet ist, diesen Rekonstruktionsprozess zu erhellen. Dabei soll nach Möglichkeit der Fehler vermieden werden, der bei Balkenohl beanstandet wurde: Nietzsches religiöse Entwicklung dafür heranzuziehen, um die Referenztheorie (religiöses Urteil) nur zu illustrieren und vor weiterführender Kritik zu immunisieren.

---

[8] Andreas Salomé 1894, 38.

[9] Augustin 1936, Balkenohl 1976, Bohley 1987 (mit Akzentuierung von Nietzsches „christlicher Erziehung"), Guarda 1964, Pfeil 1975.

[10] Balkenohl 1967, 38.

[11] Ebd. 69 f. – Die Traumschilderung findet sich in: BAW I, 121; W III 47.

[12] Jung GW V, 334.

[13] Dazu Bucher 1990, 159-182; Abschnitt 3.4 dieses Buches.

Die Studie beschränkt sich auf die beiden ersten Jahrzehnte von Nietzsches Leben. 1865 hatte er sich von der Religion seines Elternhauses und seiner Kindheit abgekehrt. Vielmehr beharrte er darauf, *„dass der Mensch nicht im Unendlichen seine Seligkeit suchen soll, sondern auf der Erde seinen Himmel gründe"*. Darin klingt ein zentrales Motiv des »Zarathustra« an, der keinen Gott und kein Jenseits brauchen kann, geschweige denn will.

Welche Materialien sind für die Rekonstruktion von Nietzsches religiösem Werdegang geeignet? Gemäß dem strukturgenetischen Ansatz Äußerungen zu religiösen Fragen, die Nietzsche in seiner Kindheit und Jugend *selber* zu Papier gebracht hat. Da er ein intellektuell frühreifes Kind war und bereits in zartem Alter zu schreiben begann, gibt es eine Reihe von Aufsätzen, Notizen, Tagebucheintragungen und autobiographischen Skizzen. Hinzu kommen Briefe und lyrische Produktionen, darunter zahlreiche Gebete.[14]

Die zu schildernde Entwicklung hin zu einer deistischen, ja atheistischen Weltsicht ist auch für die gegenwärtige religiöse Situation relevant. Damals nur einer kleinen, speziell von Feuerbach beeinflussten Intellektuellenschicht vorbehalten, ist sie mittlerweile weit verbreitet. Zwar sind militante AtheistInnen eine Minorität; aber mehrheitlich gehen die Menschen ihrer Arbeit, ihren Geschäften und Freizeitaktivitäten nach, als ob es Gott nicht gäbe.[15] Gerade im Hinblick auf diesen praktischen Atheismus trifft zu, was Nietzsche von sich selber prophezeit hatte: *„Ich selber bin noch nicht an der Zeit, einige werden posthum geboren."*[16] Die Rekonstruktion seiner religiösen Entwicklung geht damit über bloß historische Erkenntnisinteressen hinaus. Sie könnte dazu beitragen, Faktoren aufzudecken, die dem Glauben an einen personalen Gott hinderlich sind, der Nietzsche zufolge tot sei,[17] von den Kirchen aber nach wie vor zu tradieren versucht wird.

5.4.2 Die frühe Kindheit, oder: „Die allmächtige Leitung Gottes"

„Ich wurde in Röcken bei Lützen den 15. Okt<ober> 1844 geboren und entfing in der heiligen Taufe den Namen Friedrich Wilhelm." So formulierte Nietzsche als Vierzehnjähriger in seinen autobiographischen Skizzen »Aus meinem Leben«. Dem Zitat geht ein Vorspann voraus, der für seine frühe Religiosität bemerkenswert ist. Darin rechtfertigt er die Niederschrift damit, es sei *„immer lehrreich, die allmähliche Bildung des Verstandes und Herzens und hierbei die allmächtige Leitung Gottes zu betrachten!"*[18]

---

[14] BAW II, 63.
[15] Ebertz 1997, 66.
[16] W II, 1099.
[17] BAW I, 1; W III, 13.
[18] Ebd.

Diese Aussage erhellt das religiöse Klima, in das Nietzsche hineingeboren wurde. Sein Vater, der am 10. Oktober 1813 geborene Carl Ludwig Nietzsche, war Pastor.[19] Spätestens seit er in Röcken das Pfarramt bekleidete, stand er den „Erweckten" nahe. In dieser Bewegung, die sich gegen die Rationalisten unter den Theologen richtete, wirkten Gedanken aus dem Pietismus. Vor allem der, Religion sei eine Herzensangelegenheit und erfordere tägliche Selbstprüfung bzw.- wie der junge Nietzsche schrieb – die Betrachtung der „ *allmächtige(n) Leitung Gottes*". Carl Ludwig Nietzsche, des späteren ,Antichristen' Vater, war seinerseits der Sohn eines Theologen: des durch erbauliche und apologetische Schriften bekannten Pfarrers Friedrich August Ludwig Nietzsche. Nietzsches Ahnentafel weist unter den Vorfahren bis ins achte Geschlecht zwanzig Pfarrer auf.[20]

Ebenfalls einem traditionsreichen protestantischen Theologengeschlecht entstammte Nietzsches Mutter, die 1826 geborene Franziska Oehler.[21] Sie, das sechste von elf Kindern, zählte 17 Jahre, als Carl Ludwig Nietzsche, um ihre Hand anhielt. Noch ein Jahr vor der Hochzeit soll sie „heimlich" mit Puppen gespielt haben.[22] Im neuen Haushalt lebte aber auch Carl Ludwigs Mutter Erdmuthe Nietzsche, sowie seine älteren Schwestern Auguste und Rosalie. Auf die Erziehung der Kinder nahmen sie beträchtlichen Einfluss. Dies um so mehr, als sich Friedrich Nietzsches Mutter, in die Ordnung des Röckener Pfarrhauses ergeben einfügte. Bildungsmäßig war sie den Schwägerinnen ebenso unterlegen wie in ihrem Durchsetzungsvermögen. Immer wieder geholfen habe ihr jedoch „unbeirrbare Frömmigkeit".[23]

Diese Pfarrhaus- und Pastorentradition sowie die familiären Verhältnisse prägten Nietzsches Kindheit und religiöse Entwicklung. Schon in seiner Jugend schrieb er: „*Die Tätigkeit des Menschen aber beginnt nicht erst bei der Geburt, sondern schon im Embryon und vielleicht – wer kann hier entscheiden – schon in Eltern und Voreltern.*"[24] Und noch in »Jenseits von Gut und Böse« (1886): „*Aus der Seele des Menschen ist nicht wegzuwischen, was seine Vorfahren am liebsten und beständigsten getan haben.*"[25] Freilich: Die Familientradition, den christlichen Glaubens in einer zusehends von Aufklärung und Wissenschaft dominierten Welt zu verteidigen, setzte Nietzsche nicht fort, jedoch die Pflege der Künste, speziell Dichtung

---

[19] Zu Nietzsches Vater: Wichner 1930, Blunck 1953, 23 f.; Balkenohl 1976, 44-48; Janz 1978 I, 35 f.; Bohley1987, 168-180.

[20] Dazu Blunck 1953, 16 ff. sowie Oehler 1939: Friedrich Nietzsches Ahnentafel.

[21] Oehler 1940.

[22] Förster-Nietzsche 1912, 10. Allerdings muss vielen Informationen von Elisabeth Förster- Nietzsche mit Skepsis begegnet werden, schreckte sie doch, um das Bild ihres Bruders zu beschönigen, selbst davor nicht zurück, Briefe und andere Texte zu fälschen.

[23] Blunck 1953, 27.

[24] BWA II, 60 f. im aufschlussreichen Aufsatz »Willensfreiheit und Fatum«.

[25] W II, 738.

und Musik, wie sie in standesbewussten protestantischen Pfarrhäusern oft über mehrere Generationen intensiv betrieben wurden. Dies schuf ein Klima für musisch Hochbegabte, was Friedrich Nietzsche zweifellos war.

Auch die Dominanz des Weiblichen in Nietzsches Elternhaus und Kindheit spielte in seiner Entwicklung eine Rolle. Dies umso mehr, als Carl Ludwig Nietzsche den Konflikten, die zwischen seiner Gattin und den Schwestern nicht zu vermeiden waren, aus dem Weg ging. Brach ein Streit aus, habe er die Augen geschlossen und sich in andere Gedanken versenkt, „damit er von dem Geplänkel nichts hörte und sah".[26] Die Unfähigkeit, die Erziehungsstandpunkte seiner Gattin gegenüber seinen Schwestern durchzusetzen, kompensierte er mit Reisen, Klavierspiel und der Hingabe an Friedrich Wilhelm. Der Monat seiner Geburt war einer der glücklichsten seines Lebens. In seiner Taufpredigt fand er die Worte:

> „Du gesegneter Monat Oktober, in welchem mir in verschiedenen Jahren alle die wichtigsten Ereignisse meines Lebens geschehen sind,[27] das, was ich heute erlebe, ist doch das Größte, das Herrlichste, mein Kindlein soll ich taufen!! Oh seliger Augenblick, Augenblick, oh köstliche Feier, oh unaussprechlich heiliges Werk, sei mir gesegnet im Namen des Herrn! – mit dem tiefbewegtesten Herzen spreche ich es aus: So bringt mir denn dies mein liebes Kind, dass ich es dem Herrn weihe. Mein Sohn Friedrich Wilhelm, so sollst Du genannt werden auf Erden, zur Erinnerung an meinen königlichen Wohltäter, an dessen Geburtstag Du geboren wurdest."[28]

Der Kindersegen in der Familie Nietzsche hielt an. Gut zwei Jahre später wurde eine Tochter geboren und Elisabeth getauft; wiederum zwei Jahre später der zweite Sohn: Josef. Vater Nietzsche habe „seine drei kleinen Kinder ... als größtes Glück" empfunden.[29] Seine besondere Liebe galt dem Ältesten, der „in seiner ganzen Kindheit wie ein richtiger Bauernjunge ausgesehen habe, rund, braun und rotbackig". Er, der später jahrelang von Kopfschmerzen und anderen Krankheiten gequält wird, sei „von klein an ein sehr gesundes Kind" gewesen, „das der Mutter und der Amme wenig Not machte".[30] Carl Ludwig legte hohe Erwartungen in seinen Erstgeborenen. Er sollte ein „rechtes Gotteskind" werden, „von dem es auch heißt: ‚Und das Kind wuchs und ward stark im Geiste, voller Weisheit, und die Gnade Gottes war bei ihm'".[31] Er scheint es gemocht zu haben, dass sich

---

[26] Förster-Nietzsche 1912, 18.
[27] Gemeint sind Eheschließung und Geburt des Preußenkönigs Friedrich Wilhelm IV.
[28] Aus Förster-Nietzsche 1912, 14. Zu Nietzsches Taufe: Bohley 1980; Bohley 1987, 173 f.
[29] Förster-Nietzsche 1912, 18.
[30] Ebd. 14
[31] Zit. aus Bohley 1987, 174. Es handelt sich um einen leicht modifizierten Vers aus dem Lukasevangelium (2, 40).

Friedrich in seinem Studierzimmer aufhielt, welches bei Hermann Hesse, dessen Vater ebenfalls Prediger war, tabuisiert war:

> *„Denn mit mächtigen Griffel ist es (das Pfarrgebäude) in meine Seele einge-graben. Das Wohnhaus war erst 1820 gebaut und deshalb in sehr netten Zu-stande. Mehrere Stufen führten hinauf zum Parterre. Noch kann ich mich des Studierzimmers in der obersten Etage erinnern. Die Reihen Bücher, darunter manche Bilderwerke, diese Schriftrollen machten diesen Ort zu eine meiner Lieblingsplätze."* [32]

Allerdings genügte der „kleine Fritz", wie er im Haus genannt wurde, den hochgesteckten Erwartungen nicht immer. Oft sei er „leidenschaftlich" gewesen und leicht in Zorn geraten.[33] Den Trotzanfällen trat der Vater ent-schieden entgegen. Er stand in der Tradition des Pietismus und ihrer Päd-agogik, deren Hauptziel darin bestand, den Eigenwillen der Kinder zu bre-chen und sie zur Selbstbeherrschung zu führen.[34] Nicht nur Musik wurde eingesetzt, um das Kind von seinen Begierden abzulenken. Auch zur „Ru-te" wurde gegriffen, um den „wilden Knaben", zwei Jahre alt, zur Raison zu bringen. Zudem zog der Vater Christus als „Miterzieher" heran:

> „Allein jetzt hilft ein Anderer Mächtiger miterziehen, und das ist der liebe heilige Christ, welcher auch bei dem kleinen Fritz schon Kopf und Herz ganz eingenommen hat, dass er von nichts Anderem sprechen und hören will als vom ‚heiligen Kist' – Es ist das etwas gar Liebliches."[34]

Solche pädagogischen Eingriffe führten dazu, dass Nietzsche zu einem ernsten, in sich zurückgezogenen Kind heranwuchs und sich schwer tat, Freunde zu finden. Als Siebzehnjähriger schrieb er:

> *„Verschiedene Eigenschaften entwickelten sich schon sehr frühe, eine gewis-se betrachtende Ruhe und Schweigsamkeit, durch die ich mich von anderen Kindern leicht fernhielt, dabei eine bisweilen ausbrechende Leidenschaftlich-keit."*[35]

Dennoch nahm Nietzsche aus seiner frühen Kindheit eine tiefe Bindung an seinen Vater mit. Nicht bloß in der Jugendzeit sah er in ihm *„das voll-endete Bild eines Landgeistlichen".*[36] Noch im »Ecce homo«, unmittelbar vor seinem Zusammenbruch, schrieb er:

---

[32] BAW I, 2; W III, 14. Fehler Nietzsches in Orthographie und Grammatik, womit er bis ins vierzehnte Lebensjahr Mühe hatte, werden nicht getilgt.

[33] Förster-Nietzsche 1912, 15; Janz 1978 I, 43: „Wenn etwas nicht nach seinem Kopf ging, warf er sich rücklings zu Boden und strampelte vor mit seinen Beinen."

[34] Bohley 1987, 169-171. Zum erziehungsgeschichtlichen Kontext: Rutschky 1977, Dre-ßen 1982, Mallet 1990.

[34] Aus Bohley 1987, 169.

[35] BWA I, 279; W III, 91.

[36] BWA I, 1; W III, 13.

„Ich betrachte es als ein großes Vorrecht, einen solchen Vater gehabt zu haben: es scheint mir sogar, dass sich damit alles erklärt, was ich sonst an Vorrechten habe – das Leben, das große Ja zum Leben nicht eingerechnet." [37]

In diese Hochschätzung wirkte ein, dass Carl Ludwig Nietzsche, als Friedrich noch nicht fünf Jahre zählte, schwer erkrankte und qualvoll starb.

Über diesen frühen Tod wurde viel gerätselt.[38] Die Tochter erzählt von einem Sturz über sieben steinerne Stufen auf das Pflaster des Hofes; ein Hund sei ihm zwischen die Beine gelaufen. Dabei habe er sich eine Gehirnerschütterung zugezogen, die sich beim Löscheinsatz bei einer Feuersbrunst verschlimmerte.[39] Hofrat Oppolzer, Arzt in Leipzig, diagnostizierte „Gehirnerweichung". Schmerzhaft, von Appetitlosigkeit, Apathie und Gehbeschwerden begleitet, zog sie sich über Monate hin. Der geschätzte Prediger und besorgte Vater von drei Kleinkindern wurde zum Todkranken, der in den letzten Wochen auch das Augenlicht verlor. Seine Gattin, noch nicht vierundzwanzig Jahre alt, erhoffte bis zum Ende die Genesung. Sie hielt die Kinder vom Leidenden fern, so dass sein Tod jäh in ihr Leben einbrach:

„Als ich den Morgen erwachte, hörte ich rings um mich lautes Weinen und Schluchzen. Meine liebe Mutter kam mit Tränen herein und rief wehklagend: Ach Gott! Mein guter Ludwig ist tot! Obgleich ich noch sehr jung und unerfahren war, so hatte ich doch eine Idee vom Tode; der Gedanke, mich immer von dem geliebten Vater getrennt zu sehn, ergriff mich und ich weinte bitterlich." [40]

Das Begräbnis hinterließ im Halbwaisen einen tiefen Eindruck. Noch neun Jahre später beteuerte er: *„Nie werde ich die düstere rauschende Melodie des Liedes »Jesu meine Zuversicht« vergessen."* [41]

Ein halbes Jahr später traf die Familie der nächste Schicksalsschlag. Der jüngste Sohn, Josef, starb, noch nicht zwei Jahre alt, an Zahnkrämpfen.[42] Nietzsche will zwei Tage zuvor geträumt haben, wie sein Vater dem Grab entstieg, in die Kirche schritt und mit einem kleinen Kind im Arm zurück-

---

[37] W II, 1074.

[38] Balkenohl 1976, 49 f.; Janz 1978 I, 44 -47; Bohley 1987, 176-180.

[39] Förster-Nietzsche 1912, 18 f. In »Aus einem Leben« erwähnt der junge Nietzsche keinen Sturz, sondern schreibt: *„Im September 1848 wurde plötzlich mein geliebter Vater gemüthskrank"*, BAW I, 4; W III, 15. Seine Schwester änderte folgendermaßen: „Im September 1848 wurde plötzlich mein geliebter Vater infolge eines Sturzes bedeutend krank" (zit. nach Janz 1978 I, 46). Dahinter steht das Anliegen, die nach 1890 aufgeworfene Behauptung zurückzuweisen, Nietzsches geistiger Zusammenbruch sei die Folge einer ererbten psychischen Krankheit (dazu: Förster-Nietzsche 1912, 440-442).

[40] BAW I, 5; W III, 16.

[41] Ebd.

[42] Förster-Nietzsche 1912, 20.

kehrte, um sich mit diesem wieder zur letzen Ruhe zu legen.[43] Eine wirklich Vision?[44] Oder kleidete Nietzsche in diese den Gedanken, der Vater habe das Kind zu sich geholt? Wie dem auch sei: Der Glaube, der früh verstorbene Vater nehme weiterhin Einfluss auf das Schicksal seiner Nächsten, tröstete die Familie. Franziska hielt mit ihm weiterhin Zwiesprache. Ungebrochen an die christliche Verheißung über das Leben nach dem Tod glaubend, richtete sie ihr Leben auf „die Freude der himmlischen Vereinigung" aus.[45] Dies bestimmte auch ihre religiöse Erziehungspraxis. Diese sollte die Kinder zur Gottesfurcht führen. Auch sie sollten einst der himmlischen Vereinigung teilhaftig werden. In der Tat übernahmen sie das Deutungsmuster, wonach ihr Vater ihr Leben weiterhin bestimme. Noch im Alter von zwölf Jahren habe Friedrich, nachdem er von Schulinspektoren wegen kluger Antworten gelobt worden war, seiner Schwester anvertraut: „Ich denke immer, sagte er leise, ob nicht der liebe Papa im Himmel daran schuld ist, dass er uns gute Gedanken gibt".[46]

Die ihres Oberhaupts beraubte Familie konnte im Röckener Pfarrhaus nicht bleiben. Drei Monate, nachdem Josef an der Seite seines Vaters bestattet worden war, übersiedelte sie, wie Erdmuthe Nietzsche, Auguste und Rosalie es wünschten, nach Naumburg. Dort hatten sie Bekannte in gehobenen Kreisen. Friedrich, der mit „großer Lust" durch die Röckener Landschaft mit ihren Teichen und Weidengebüschen streifte,[47] fiel der Abschied schwer. In der Nacht vor dem Wegzug sei er erwacht und auf den Hof getreten, wo im Mondlicht die bepackten Wagen standen:

> *„Ich hielt es geradezu für unmöglich, (mich) an einen anderen Ort heimisch zu werden. Von einem Dorf zu scheiden, wo man Freunde und Leid genossen hat, wo theu(ren) Gräber des Vaters und des kleinen Bruders sind, wo die Bewohner des Ortes immer nur mit Liebe und Freundlichkeit vorkamen, wie schmerzlich war das! Kaum erhellte der dämmernde Tag die Fluren da rollte der Wagen hin auf der Landstrasse und führte uns Naumburg zu, wo uns eine neue Heimat (er)wartete. – Adde, adde, theures Vaterhaus!!"* [48]

Wie hat ein fünfjähriges Kind diese Kontingenzsituationen überstanden? Religiös, mit Hilfe genuin christlicher Symbole! Denn *„ bei diesem doppelten Unglück war im Himmel unser einziger Trost und Schutz".*[49]

---

[43] BAW I, 6; W III, 16. Auch den Tod des Großvaters Oehler (1859) soll, wie Elisabeth Förster- Nietzsche 1912, 97 berichtet, ihr Bruder vorausgeträumt haben.

[44] Balkenohl 1976, 50.

[45] Zit. aus Bohley 1987, 185.

[46] Förster-Nietzsche 1912, 68.

[47] BAW I, 3; W III, 14 vgl. auch BAW I , 8; W III, 18 f.

[48] BAW I, 6 f.; W III, 17. In dieser Erfahrung dürfte eine der Ursachen für Nietzsches spätere Heimatlosigkeit und gleichzeitige Sehnsucht nach Heimat liegen, wie sie bereits aus frühesten Gedichten ersichtlich wird: BAW I, 75, 92, 222 u.a.m.

[49] BAW I, 6; W III, 17.

Ist diese Aussage des vierzehnjährigen Friedrich auch für den kleinen Fritz gültig? Es gibt wenig Anlass, an einer genuin religiösen Deutung dieser schicksalshaften Lebensereignisse auch durch den Fünfjährigen zu zweifeln. Sie werden auf die *„allmächtige Leitung Gottes"* zurückgeführt, auf seinen *„heiligen Willen"*. Und dieser Gott war zugleich der *„einzige Trost und Schutz"*.[50] Vom jungen Nietzsche wird verschiedentlich berichtet, wie „fromm" und nachdenklich gerade in religiösen Dingen er war.[51]

Diese religiöse Lebens- und Kontingenzbewältigung entspricht der Stufe 1 des religiösen Urteils. Gott wird als absolutes Subjekt wahrgenommen. Er verhängt Leid und tröstet zugleich. Der Mensch ist ihm ausgeliefert. Diese Ansicht entspricht der damaligen Lebenssituation des *Kindes* Friedrich Nietzsche! Über welche Möglichkeiten verfügte es denn, den Verlauf der Krankheit seines Vaters und des kleinen Bruders zu beeinflussen? Wie hätte es den Abschied von Röcken und den Umzug in eine fremde Stadt verhindern wollen? Und dennoch musste es, was ihm wiederfuhr, bewältigen! Dies geschah dadurch, dass Friedrich alles auf den Willen Gottes zurückführte, teils auf den des verstorbenen Vaters, auf den er ebenfalls nicht einwirken konnte. Geradezu ein Ankerbeispiel für die Stufe 1 des religiösen Urteils ist, was Nietzsche über diese Ereignisse seiner Kindheit schrieb:

> *„Ich habe nun so manches erfahren, freudiges und trauriges, erheiterndes und betrübendes, aber in allen hat mich Gott sicher geleitet wie ein Vater sein schwaches Kindlein. Viel schmerzliches hat er mir schon auferlegt, aber in allem erkenne ich mit Ehrfurcht seine hehre Macht, die alles herrlich hinausführt. Ich habe es fest in mir beschlossen, mich seinem Dienst auf immer zu widmen. Gebe der liebe Herr mir Kraft und Stärke zu meinen Vorhaben und behüte mich auf meinem Lebensweg. Kindlich vertraue ich auf seine Gnade: Er wird uns insgesamt bewahren, auf dass kein Unfall uns betrübe. Aber sein heiliger Wille geschehe! Alles was er giebt, will ich freudig hinnehmen, Glück und Unglück..."* [52]

Zusammenfassend: Die erste Phase in Nietzsches Leben endete jäh mit dem fünften Lebensjahr. Seine religiöse Erziehung war intensiv und erfolgte im Geiste pietistisch geprägter Theologie und Pädagogik. Das religiöse Urteil entspricht geradezu paradigmatisch der Stufe 1. Gott ist es, der – wahrhaftig ein deus ex machina – die Schicksalsschläge sendet und die geliebten Menschen zu sich holt. Und Gott ist es zugleich, der im von ihm verhängten Unglück tröstet. Diese religiösen Deutungsmuster wurden dem Kinde Friedrich Nietzsche von seinen Bezugspersonen zwar nahegelegt.

---

[50] BAW I, 1, 31, 6.; W III, 13 , 38, 17.

[51] Förster-Nietzsche 1912, 36: „Mein Bruder war ein sehr frommes Kind; er dachte viel über religiöse Dinge nach und war stets bemüht, sein Denken in Handeln umzusetzen"; ebenfalls Pfeil 1975, 15-19.

[52] BAW I, 31; W III, 38.

Dass er sie verinnerlichte, ist auch auf seine Lebenssituation – als Kind – zurückzuführen und ist gemäß der herangezogenen religiösen Entwicklungspsychologie plausibel. Mit Krappmann ist daran zu erinnern, „dass Erwachsene, vor allem sozialwissenschaftlich aufgeklärte Erwachsene über Strafe, Autorität und Macht auf der Basis ihrer entwickelten Vorstellung sprechen, aber vielleicht dabei nicht den im Entwicklungsgang hinter uns gelassenen Denkstrukturen eines Kindes auf früher Entwicklungsstufe gerecht werden".[53]

5.4.3 Die mittlere Kindheit, oder: „Gott im Glanz gesehen"

In Naumburg verbrachte Friedrich Nietzsche seine mittlere Kindheit. Gegenüber Röcken bedeutete die Stadt eine schmerzhafte Umstellung:

> *„Es war für uns schrecklich, nachdem wir so lange auf dem Land gewohnt hatten, in der Stadt zu leben. Deshalb vermieden wir düstere Straßen und suchten das Freie wie ein Vogel, der seinem Käfig entflieht."* [54]

Hinzu kam, dass seine Großmutter und seine Tanten häufig gesellschaftliche Anlässe abhielten, an denen sich Mutter Franziska beklommen fühlte. Die wesentliche Verantwortung für die Erziehung der Kinder lag in den Händen der Verwandten. So setzte die Großmutter durch, dass Friedrich bereits mit sechs Jahren in die Bürgerschule geschickt wurde. Später nahm vor allem Großvater Oehler Einfluss auf die Erziehung und das weitere Geschick seines Neffen. Das Familienklima unterlag hohen gesellschaftlichen und kirchlichen Erwartungen. Elisabeth Förster-Nietzsche dürfte sich nicht getäuscht haben, als sie von sich und ihrem Bruder als von „ungeheuer artigen, wahren Musterkindern" sprach, die „nicht nur aufs Wort, sondern auf den Blick (gehorchten)".[55] Von Friedrich geht die Anekdote, er sei, als auf dem Heimweg nach der Schule ein Platzregen losbrach und alle Kinder die Flucht ergriffen, langsam und gemessen weitergeschritten: „Aber Mama, in den Schulgesetzen steht: Die Knaben sollen beim Verlassen der Schule nicht springen und laufen, sondern ruhig und gesittet nach Hause gehen."[56] Unter den Schulkindern, von denen viele Arbeiterfamilien entstammten, hatte er, der bald „der kleine Pastor" genannt wurde, es nicht leicht:

> *„Ich hatte in meinem Leben schon sehr viel Trauer und Betrübnis gesehen und war deshalb nicht ganz so lustig und wild wie Kinder zu seien pflegten. Meine Mitschüler waren gewohnt mich wegen dieses Ernstes zu necken."* [57]

---

[53] Krappmann 1989, 236, im Kontext von Ausführungen über einen strafenden Gott.
[54] BAW I, 7; W III, 18.
[55] Förster-Nietzsche 1912, 41.
[56] Ebd. 29.
[57] BAW I, 8; W III, 18.

Dies veranlasste die Großmutter, Friedrich aus der Bürgerschule herauszunehmen und in das private Domgymnasium zu schicken. Dort lernte er die zwei Freunde kennen, die seine mittlere Kindheit und Jugend prägten: Gustav Krug und Wilhelm Pinder. Beide entstammten gehobenen Familien und waren Söhne von Vätern, die den Halbwaisen Friedrich beeindruckten und seine Interessen nachhaltig beeinflussten. Vater Pinder brachte ihm die Literatur, insbesondere Lyrik und Goethe nahe; Vater Krug hingegen, der selber komponierte und ein vorzüglicher Virtuose gewesen sei, die Musik. Nietzsche verkehrte oft und gerne in diesen Häusern und bildete die Mitte des Freundeszirkels. Während des Krimkrieges bestand dessen hauptsächliche Beschäftigung darin, die Belagerung von Sewapostel nachzuspielen und akribische Kriegschroniken und Festungstagebücher zu führen.[58]

In dieser Zeit entstanden Nietzsches erste Gedichte und Kompositionen. Er habe darin „*keine Vorbilder*" gehabt, viele Verse seien „*missgelungen*".[59] Auch kleine Schauspiele, zumeist mit Motiven der griechischen Mythologie, entstanden. Hinzu kam die Beschäftigung mit der Wissenschaft:

> „*So kennzeichnet diese ganze Zeit vom 9t. bis 15t. Jahre eine wahre Sucht nach einem 'Universalwissen', wie ich es zu nennen pflegte: auf der anderen Seite wurde das kindliche Spiel nicht vernachlässigt, aber doch auch mit fast doktrinärem Eifer betrieben, so dass ich z.B. über fast alle Spiele kleine Büchlein geschrieben habe.*"[60]

Das Spiel zentrierte sich um „König Eichhorn I", ein gut 4 cm großes Eichhörnchen aus Porzellan, dem zu Ehren Bauten errichtet, Theaterstücke geschrieben und aufgeführt wurden.[61] Solche animistischen Tendenzen sind für das kindlich Symbolspiel charakteristisch, sofern es nicht frühzeitig unterbunden wird. Elisabeth und ihr Bruder hätten im Spiel „eine phantastische Welt geschaffen",[62] in die die Erzieher nur wenig eingriffen. Es sei denn, die Kinder improvisierten während der Ferien mit Laub, Holz und Knochen eine Opferfeier für Wotan, was von dem dazu tretenden Pastor Oehler sogleich „sistiert" worden sei.[63]

Die Höhepunkte der Kinderjahre waren die Weihnachtsfeste. Sie spielten schon in der Erlebniswelt des Kleinkindes eine wichtige Rolle, wenngleich der „Heilige Kist" ebenso sehr als Drohfigur wie als Freudenbringer nahegebracht wurde. Der Entschluss, ein Tagebuch zu schreiben, erfolgte am Weihnachtstag des Jahres 1856:

---

[58] BAW I, 312-327, 332-336.
[59] BAW I, 1, W III, 21. Das hohe Maß an Nietzsches früh einsetzender Selbstkritik ist bemerkenswert.
[60] BAW III, 67; W III, 117.
[61] Förster-Nietzsche 1912, 50-52. Vgl.: BAW I, 310f.
[62] Förster-Nietzsche 1912, 50.
[63] Ebd. 39.

„Was alles durchströmte meine Brust! Es war ja der Tag, an dessen Ende einst zu Bethlehem der Welt das größte Heil wiederfuhr; es ist ja der Tag, an welchem meine Mama mich jährlich mit reichen Gaben überschüttet. " [64]

An einschneidenden Erlebnissen aus dieser Zeit ist der Tod der Tante Auguste im Sommer 1855 zu nennen. Friedrich erfuhr von ihm während der Ferien bei den Großeltern mütterlicherseits und habe *„bitterlich geweint".*[65] Gut acht Monate später starb, davon gebrochen, auch Großmutter Erdmuthe: *„Der himmlische Vater weiß was ich damals geweint habe. "*[66]

Die Todesfälle brachten Veränderungen. Franziska Nietzsche überwand die – wie ihre Tochter später schrieb - „gutgemeinte Bevormundung" und bezog eine eigene Wohnung.[67] In dieser verbrachte Friedrich, ein hervorragender Schüler, noch drei Jahre. Sie waren durch mitunter heftige Kopf- und Augenschmerzen getrübt. Dann wurde ihm im Gymnasium Pforta, einer Schule für Hochbegabte, eine Freistelle angeboten. Nach langem Zögern entschloss sich seine Mutter, in die Trennung einzuwilligen. Sie fiel ihr schwer. Dies auch Friedrich, dessen Kopfkissen oft verweint war. Noch schwerer aber der Schwester Elisabeth. Als sie davon erfuhr, habe sie sich auf die Erde geworfen und wollte nie mehr aufstehen.

Wie wirkte sich dieser Lebensabschnitt auf Nietzsches religiöse Entwicklung aus? Führte der Verlust von Vater, Elternhaus und Heimatdorf dazu, dass Gott, der dies nicht verhinderte, sondern bewirkte, unglaubwürdig und schließlich abgelehnt wurde? Keineswegs! Nietzsche blieb ein frommes und religiös nachdenkliches Kind, obgleich er später schrieb:

„ 'Gott', 'Unsterblichkeit der Seele', 'Erlösung', 'Jenseits', lauter Begriffe, denen ich keine Aufmerksamkeit, auch keine Zeit geschenkt habe, selbst als Kind nicht – Ich war vielleicht nie kindlich genug dazu?" [68]

Dass er in dieser Lebensphase nichtsdestoweniger religiös, ja genuin christlich eingestellt war – davon legen nicht nur seine Schwester und Wilhelm Pinder ein beredtes Zeugnis ab,[69] sondern auch seine autobiographischen Skizzen und damaligen lyrischen Produktionen.

---

[64] BAW I, 375; W III, 9 f., vgl. BAW I, 25, 47, 229, 444.

[65] BAW I, 20; W III, 29. Sie starb vermutlich an Tuberkulose.

[66] BAW I, 21; W III, 29.

[67] Förster-Nietzsche 1912, 66.

[68] W II, 1082. Mit Nietzsches Mutmaßung *„ich war vielleicht nie genug kindlich dazu?"* werden wir uns noch beschäftigen.

[69] Förster-Nietzsche 1912, 36, sowie 46, wo sie Wilhelm Pinder zitiert. „Er hatte ein sehr frommes, inniges Gemüth und dachte schon als Kind über manche Dinge nach, mit denen andere Knaben seines Alters sich nicht beschäftigten." Auch Figl 1984, 47, wendet sich gegen die Ansicht von Blunck 1953, 71, „in Wirklichkeit" sei „das Christentum für den jungen Nietzsche kein Gegenstand intensiver Beschäftigung" gewesen.

Die religiösen Gedichte thematisieren genau *die* religiösen Inhalte, mit denen sich Nietzsche später gar nie beschäftigt haben wollte: den allmächtigen Gott, *„der unsere Wege leitet und dem wir Gehorsam und Anbetung schulden"*,[70] sowie den sündigen Menschen, der sich im Sinne dieses Gottes zu verhalten hat. Pfeil nimmt von diesen Auseinandersetzungen an, dass sie, obgleich „hier und da angelernte Redewendungen verwendet" wurden, „an tieferem Eindringen und selbstständigem Verarbeiten des Überkommenen nicht zweifeln lassen".[71]

Die Vorstellung eines allmächtigen Gottes drückte Nietzsche in mannigfaltigen poetischen Wendungen aus. So ist er:

> *„... der wahre Herrscher*
> *des Himmels und der Erd'."*

> *„Und wenn auch noch so mächtig*
> *Ein großer König war',*
> *So sei doch Gott alleine,*
> *Dem Herrn der Herrn, die Ehr'.*[72]

Gott wird explizit *„allmächtig"* genannt,[73] was vor allem aus der Natur, von ihm erschaffen, ersehen werden könne:

> *„Wo die Natur die schönsten Gaben streue*
> *Wo Wald und Berg der Musen Aufenthalt*
> *Wo stets der Himmel mit azurner Bläue*
> *Auf immer grüne Auen niederstrahlt*
> *Wo jeder Tag und jede Stund aufs Neue*
> *Des Herren segenreiche Allgewalt*
> *Des ewgen Vater liebevolle Treue*
> *Ja sein Bild selbst uns unvergänglich malt."*[74]

Aber auch aus Gewittern, die er mit allen Nervenfasern miterlebte:

> *„So hat auf mich stets ein Gewitter den schönsten Eindruck gemacht; der weithin krachende Donner und die hell aufzuckende Blitze vermehrten nur meine Erfurcht gegen Gott."*[75]

Gott wird als der erfahren, der die Wege des Menschen leitet. So schrieb Nietzsche, als er in Pforta in eine für ihn gänzlich fremde Umgebung eintrat: *„Der Vater im Himmel wird mich auch hier leiten."*[76] Allerdings

---

[70] Ebd. 19.
[71] Pfeil 1975, 19.
[72] BAW I, 408.
[73] Ebd. 445.
[74] Ebd. 51.
[75] Ebd. 8; W III, 19. Ähnlich: BAW I, 49, 56f., 67, 75, 116, 349, 381, 421, 425.
[76] BAW I, 34; W III, 40.

hängt dies davon ab, ob sich der Mensch gemäß den Erwartungen Gottes verhält.

Denn das zweite tragende Motiv in Nietzsches früher Dichtung besagt, der Mensch sei sündig.[77] Verwerfliches Handeln, besonders Hybris, werde von Gott bestraft. Diese Struktur erinnert an die zweite Stufe nach Oser und Gmünder, wonach zwischen Gott und Mensch eine Do ut des-Beziehung besteht; sie wird bereits aus einem der frühesten Gedichte des Zwölfjährigen ersichtlich, wo es heißt, dass *„diese Stadt* (Ninive, A.B.) *stolz geword(en) dadurch von Gott bestrafet sei“.*[78] Aber auch aus einem der frühesten Aufsätze, der von zwei Gemsjägern erzählt, die in ihrer Hybris zu hoch steigen und zur Strafe in einem Gewitter zu Tode stürzen.[79] Gott wird in diesem Aufsatz zwar nicht genannt. Aber der Gedanke, man müsse sich seiner Gnade versichern, taucht wiederholt auf. So soll der Mensch nach dem *„Vorbild“* der *„Gottheit... durch das Leben wallen“*; vor allem aber dürfe er nicht *„voll von Stolz und Segen und Frechheit / Seine Stirne biete(n)/Jener Himmelsmacht“.*[80] Aber sein Segen fehle nicht *„bei rechtschaffenen Arbeiten“*,[81] so beim Grafen von Habsburg, von dem Friedrich in einem Aufsatz erzählt, wie er einem Priester half, einem Todkranken die Sakramente zu bringen: *„So möge auch Gott euch zu Ehren bringen, wie ihr ihn geehret“*[82] - genau das Do ut des-Muster der Stufe 2!

Diese religiöse Urteilsstruktur wird aus weiteren Quellen ersichtlich, so einer Erinnerung seiner Schwester. Sie hatten beide eines ihrer Spielzeuge zu einer Missionsschwester gebracht und wurden dafür gelobt. Bevor sie heimgingen, wollte Elisabeth die weggeschenkte Puppe noch einmal küssen. Dies verleitete die Schwester zur Annahme, die Kinder hätten ihr liebstes Spielzeug geopfert, was aber nicht zutraf. Sie lobte die Kinder noch mehr:

> „Wir wurden rot und röter, - für so kleine Kinder waren wir gut unterrichtete Christen – alle Opferzählungen des alten und neuen Testaments: Isaaks, Ananias und Saphira waren uns wohl bekannt und fielen uns schwer aufs Herz. – Ach, wir hatten durchaus nicht unser liebstes Spielzeug geopfert. Voll tiefer Beschämung entfernten wir uns. In der dunklen Treppenecke sagte Fritz sehr kummervoll: »Ich wollte, Lisbeth, ich hätte die Kavallerie gegeben«. Das waren seine schönsten und liebsten Bleisoldaten. Aber ich war Schlange und Eva genug und fing zögernd an: »Fritz, sollte Gott wirklich unsere allerhübschesten Spielsachen von uns fordern?« ... Aber Fritz meinte mit bedeckter Stimme: »Doch, Lisbeth«.“ Wir fassten uns an den Händen, drückten uns enger

---

[77] Bspw.: BAW I, 49.
[78] Ebd. 349.
[79] Ebd. 82 f.
[80] Ebd. 67.
[81] Ebd. 49.
[82] Ebd. 35.

aneinander und gingen auf die Straße, im tiefsten Grunde unserer Seele einen Blitzstrahl erwartend, der uns beide Schuldige zur Strafe für unsre Halbheit niederstrecken würden."[83]

Auch wenn Elisabeth Nietzsche diese Episode rückblickend idealisiert haben mag, entspricht sie kindlicher Denk- und Erlebnisweise und belegt, dass das Christentum für den Schüler Nietzsche mehr als nur angelernte Sprachhülsen war. Auch seine Ausführungen zur Kirchenmusik bezeugen eine affektiv stark besetzte Religiosität. Als er an einem Himmelsfahrtstag das Halleluja aus Händels Messias hörte, *„deuchte mir doch, es sei der Jubelgesang der Engel unter dessen Brausen Jesus Christus gen Himmel führe".*[84] Bei Mozarts Requiem *„(gingen) die Worte: »Dies irae, dies illae« durch Mark und Bein".*[85] Auch seine ersten Kompositionen im Alter von neun Jahren beinhalteten Bibelverse. Der Vortrag von „Hoch tut euch auf, ihr Tore der Welt, dass der König der Ehren einziehe" (Ps 24, 7), habe die Familie zu Tränen gerührt.[86]

Aufschlussreich für Nietzsches damalige religiöse Urteilsstruktur sind seine ‚theoretischen' Ausführungen über das Wesen und die Funktion der Kirchenmusik: *„Gott hat uns die Musik gegeben, damit wir erstens durch sie nach oben geführt werden."* Musik hingegen, die *„nur zur Belustigung"* diene oder dafür gebraucht wird, *„um sich ziehen zu lassen vor den Menschen, ist sündlich und schädlich".*[87] Dies assoziiert ebenfalls an die für Stufe 2 bezeichnende Gegenseitigkeit. Musik, von Gott den Menschen gegeben, ist nur dann gerechtfertigt, wenn sie ihm zurückgegeben wird.

Entgegen Nietzsches späteren Beteuerungen, haben ihn als Kind theologische Inhalte wie Allmacht Gottes, Erlösung, Jenseits intensiv beschäftigt. Zudem waren sie durch eine identische Struktur geprägt, die der Stufe 2 nach Oser und Gmünder entspricht. Auf dieser Stufe befand sich Nietzsche, als er im Herbst 1858 ins Gymnasium Pforta eintrat. Die Frage, wann genau er diese Stufe formierte, lässt sich nicht beantworten, auch nicht ein auslösendes Lebensereignis benennen. Die Entwicklung verlief gleitend. Sie ist auf das größere Ausmaß an Autonomie und Bestätigung zurückzuführen, wie sie ihm im Freundeskreis und in der Schule zuteil wurde.

Dies erinnert an eine weitere Theorie menschlicher Entwicklung: die der Genese von Ich-Identität von Erik Erikson.[88] Deren viertes Stadium, das lebensgeschichtlich im frühen Schulalter verortet wird und dem häufigsten Alter von Probanden auf Stufe 2 nach Oser und Gmünder entspricht, bein-

---

[83] Förster-Nietzsche 1912, 37f.
[84] BAW I, 26; W III, 27.
[85] Ebd.
[86] Förster-Nietzsche 1912, 43.
[87] BAW I, 26; W III, 34; vgl. auch W III, 930.
[88] Kapitel 2 dieses Buches.

haltet den Erlebnisbereich „Werksinn gegen Minderwertigkeit". Das Kind ist, was es kann,[89] dies den Bezugspersonen und auch Gott gegenüber. Stadium 4 der Identitätswicklung nach Erikson und die Stufe 2 nach Oser und Gmünder weisen Gemeinsamkeiten auf. Von Bedeutung ist hier wie dort das Vertrauen in eigene Kompetenzen und Einflussmöglichkeiten.

5.4.4 Die Jugend, oder: „Auf der Erde seinen Himmel gründe"

Als Nietzsche im Herbst 1858 in Pforta eintrat, schrieb er:

„Der Vater im Himmel wird mich auch hier an seiner Hand führen." [90]

Als er sechs Jahre später die Schule verließ, war Gott zum *„unbekannten"* geworden[91] und trug er in seinem Gepäck das Gedicht »Vor dem Crucifix«:

„Steinblock da oben, blöder Narr.
„Herunter!
„Was willst du noch, was siehst du starr
„Auf diese neuen Wunder?
„Du hast nun ausgerungen. [92]

Was war geschehen?[93]

Pforta liegt eine Stunde Fußmarsch von Naumburg entfernt und beherbergt seit 1543 einen eigenen Schulstaat mit Kirche, Schulräumen und Unterkünften. Besonders gepflegt wurde die humanistische Bildung, speziell die alten Sprachen. Viele Abgänger, auch Nietzsche, wandten sich später der Altphilologie zu. Die Schüler bereiteten sich aber nicht nur auf das Abitur vor, sondern sollten auch „an Gehorsam gegen das Gesetz und den Willen der Vorgesetzten" gewöhnt werden, besonders „an ernstes Arbeiten, Gründlichkeit und Methode in den Studien".[94] Die Lehrerschaft, in der Regel hoch gebildet, beharrte strikt auf Disziplin.

Einblicke in den Schulalltag gewähren Nietzsches Tagebuchaufzeichnungen.[95] Spätestens um fünf musste aufgestanden sein. Um halb sechs versammelte sich die Schülerschaft zum Anhören eines Schrifttextes, um nach dem Morgenkaffee mit dem Unterricht zu beginnen. Dieser zog sich, von Pausen unterbrochen, bis zur Schlafenszeit hin. Über Freizeit verfügten die

---

[89] Erikson 1973, 102.

[90] BAW I, 90.

[91] BAW II, 428 aus dem berühmten Gedicht "Dem unbekannten Gotte".

[92] BAW II, 187; dazu Balkenohl 1976, 76-82; Willers 1988, 68-74.

[93] Zu Pforta in Nietzsches Zeit: Bohley 1976; umfassender zu diesem Lebensabschnitt: Janz 1978 I, 65-132; Förster- Nietzsche 1912, 81-137; Frenzel 1966, 16-32.

[94] Aus Janz 1978 I, 66. Erkennbar wiederum die Tradition der pietistisch geprägten Philanthropien, dazu Dreßen 1982,143-162.

[95] BAW I, 116-141;W III, 42-64.

Jungen nur am Sonntagnachmittag, von der Vesper bis 18 00 Uhr. Friedrich traf sich dann oft mit Mutter und Schwester, die später schrieb, ihr Bruder habe „die feste Gliederung der ganzen Verhältnisse etwas beengend und drückend" empfunden.[96] Gelitten hat er unter Heimweh. Die ein Jahr später geschriebenen Tagebuchaufzeichnungen enthalten Ratschläge des Lehrers Buddensieg, wie diesem zu begegnen sei, auch den: *„Unsere Lieben sind in Gottes Hand; wir sind immer von ihren Gedanken begleitet."* [97]

Schmerzhaft vermisste er Gustav Krug und Willhelm Pinder. In Pforta hatte er es schwer, Freunde zu finden. Erst nach Jahren kam er Paul Deussen und Carl von Gersdorf nahe, dies dann aber sehr intensiv. Diese Freundschaften, in der beginnenden Adoleszenz persönlichkeitsprägend und von enormer sozialisatorischer Wirkung, bestanden lange über Pforta hinaus.[98] Aber in den ersten Jahren in Pforta vertiefte Nietzsche noch mehr, was er bereits im Elternhaus gelernt hatte: schweigen. Nachdem ihn Naumburger Gymnasiasten gekränkt hatten, schrieb er:

> *„Ich habe zu allen geschwiegen; auch schweigen ist eine Antwort und sie sollen doch sehen, dass ich in Pforta schweigen gelernt habe."* [99]

In dieser stummen Zurückgezogenheit, soweit sie im durchreglementierten Schulbetrieb möglich war, entstanden weiterhin lyrische Produktionen. Manchmal voller Weltschmerz:

> *„Ich hab nicht Rast, ich hab nicht Ruh.*
> *Ich wandle stumm zum Strand hinaus*
> *Den Wogen zu, dem Grabe zu!"* [100]

Manchmal Überschwängliches:

> *„Die Vöglein singen wonnig*
> *Weit in den Wald hinein."* [101]

Aber je höher die Klassenstufe, desto geringer die lyrische Produktion. Umso mehr beanspruchen den Gymnasiasten theoretische Ausführungen, etwa zum mythischen Stoff des Ostgotenkönigs Ermanarich.[102] Die zeitliche Belastung durch Unterricht und Repetitorium war enorm. Zumal in den ersten Jahren war er ein Musterschüler mit glänzenden Zensuren.[103] Im

---

[96] Förster-Nietzsche 1912, 89. Nietzsche war in Pforta oft krank; die Beschwerden scheinen psychosomatisch bedingt; vgl. das Krankenbuch in: Janz 1978 I, 128.

[97] BAW I, 116; W III, 42.

[98] Dazu Deussen 1901 oder den Brief an Carl von Gersdorff vom 25.5. 1865, in: W III, 949-952; vgl. Janz 1978 I, 96.

[99] BAW I, 118; W III, 43.

[100] BAW I, 225.

[101] Ebd.

[102] BAW II, 144-154; dazu Janz 1978 I, 94 –96; Balkenohl 1976, 85 ff.

[103] Zeugnisse bei Förster-Nietzsche 1912, 91.

Nachlass aus diesen Jahren tauchen lateinisch verfasste Abhandlungen auf, die auf das spätere Studium der Philologie vorausweisen.[104]

Vor diesem Hintergrund ist auch die Wandlung in Nietzsches religiösem Denken zu betrachten. Zwar boten die äußeren Umstände kaum Anlass, dass die Abkehr vom Christentum einsetze. In Pforta wurden Schriftlesung, Gottesdienst und Gebet gepflegt. Nietzsche hat die Tischgebete in ihrem vollen Wortlaut in sein Tagebuch aufgenommen.[105] Seine spätere Beteuerung: *„Als Atheist habe ich nie das Tischgebet in Pforta gesprochen... Takt"*[106] scheint unzutreffend. Wenn ja, wäre er in der Osterzeit des Jahres 1861 kaum konfirmiert worden. Paul Deussen, der neben ihm vor dem Altar kniete, erinnerte sich später „an die heilige, weltentrückte Stimmung. Wir wären ganz bereit gewesen, sogleich abzuscheiden, um bei Christo zu sein."[107]

Aber der Jugendfreund bemerkt selber, dieses Erlebnis habe „als ein künstlich gezüchtetes Pflänzlein nicht von Dauer sein" können.[108] Schon wenige Monate später rückte Nietzsche vom christlichen Glauben mehr und mehr weg. Als Ursache nennt Deussen „die vorzügliche historisch-kritische Methode, mit welcher in Pforta die Alten traktiert wurden, und die sich dann ganz von selbst auf das biblische Gebiet übertrug".[109] Friedrich Strauß, der die historisch-kritische Methode auf die Bibel anwandte, beeindruckte den jungen Nietzsche außerordentlich. Er empfahl sein »Leben Jesu« seiner Schwester, was „einen Sturm der Entrüstung auslöste, sowohl bei unserer Mutter als auch unsere Tante Rosalie, die in der Dogmatik wohl bewandert war".[110] Von da an verschloss sich Nietzsche seinen Verwandten gegenüber in religiösen Fragen. Elisabeth merkte an, über die „religiösen Empfindungen meines Bruders in der damaligen Zeit (wüssten wir) nur wenig",[111] wenn nicht mehrere themenspezifische Abhandlungen erhalten geblieben wären, die er in Pforta niederschrieb. Diese belegen, dass nicht allein die historisch-kritische Methode zu Glaubenszweifeln und schließlich zur Abkehr vom Christentum führte. Zwar finden sich kurze Abhandlungen und Skizzen Nietzsches zum Alten wie zum Neuen Testament, die an Drewermanns Verdikt über die historisch- kritische Exegese denken

---

[104] BAW II, 123-128: "Prooemium Livi historicarum explicatur"; 155-164: "Primi Ajacis stasimi interpretatio et versio cum bervi praefatione".

[105] BAW I,123f.; W III, 48 f.

[106] KGW IV, 3, 466; vgl. dazu Montinari 1982, 35.

[107] Aus Förster-Nietzsche 1912, 98.

[108] Ebd.

[109] Ebd. – Diese Sicht teilen die meisten Biographen: Frenzel 1966, 52; Figl 1984; 57-62; Reyburn & Hinderks 1946, 25. Anderer Meinung: Balkenohl 1976, bes. 89.

[110] Vgl. den Brief an Elisabeth Nietzsche von Ende November 1861: W III, 932; Förster-Nietzsche 1912, 99.

[111] Förster-Nietzsche 1912, 99.

lassen: Sie führe zu einer objektivierenden Distanz und von Gott und seiner Offenbarung weg.[112] In der Auseinandersetzung mit den fünf Büchern Mose beschäftigt den Gymnasiasten nicht die Heilsgeschichte, die Jahwe mit seinem Volk vor hat. Vielmehr schreibt er lapidar: *„Nicht das Werk eines Einzelnen, sondern vieler Jahrhunderte".*[113] Im Buch Rut sieht er *„eine genealogische geschichtliche Idylle".*[114] Auch das Neue Testament wird historisch-kritisch durchleuchtet und in Zweifel gezogen. Zu Jesu Taufmotiv heißt es: *„Woher weiß das alles Matthäus?"*[115] Die für die Sommerferien des Jahres 1863 vorgenommene Lektüre des „Novum Testamentum" steht unter dem Motto: *„Jesus als Volksredner zu betrachten ... er erräth die Gedanken ... das Poetische in seinen Reden".*[116] Kein Wort von Gott, der in der Gedankenwelt Nietzsches eben noch alles leitete und in Händen hielt! Selbst in den neutestamentlichen Gleichnissen offenbart er sich nicht, sondern: *„1.) der poetisch schaffende Geist"*[117] - nicht Gottes, sondern des Menschen!

Damit ist greifbar geworden, welche Themen nach diesem keineswegs jähen Wegrücken vom christlichen Gott an seine Stelle zu treten beginnen: der Geist bzw. *„das Gefühl des freien Willens".*[118] Von diesem aus wird nicht nur die Versuchung Jesu interpretiert, sondern selbst sein Kreuz: *„Das ist dein Loos- nein! s' ist dein eigener Wille!"*[119]

Aufschlussreich sind auch die Aufsätze: »Fatum und Geschichte« und »Willensfreiheit und Fatum«.[120] Schon in den einleitenden Sätzen des ersten Aufsatzes fällt die nüchterne, distanzierte Betrachtungsweise auf. Sie hat mit der Inbrunst der drei Jahre früher verfassten Gedichte und Gebete nichts mehr gemein. Fortan soll *„die christliche Lehre... mit freiem, unbefangenem Blick"* angeschaut und über sie *„ein unparteiisches und der Zeit angemessenes Urteil"* gefällt werden.[121] Der Aufsatz enthält eine fundamental gewandelte Sicht der Religion im allgemeinen und des Christentums im speziellen.

Handelt es sich um eine religiöse Strukturtransformation, die sich in die Stufentheorie von Oser und Gmünder einfügen lässt? Das religiöse Urteil

---

[112] Drewermann 1984, bes. 27.
[113] Aus Figl 1984, 59. Zur Bedeutung der philologischen bzw. historisch-kritischen Hermeneutik in Nietzsches späterer Religionskritik: 230-253.
[114] Figl 1984, 132.
[115] BAW II, 249.
[116] Ebd. 221.
[117] Ebd. 248.
[118] Ebd.
[119] Ebd. 402 im Gedicht »Gologotha und Gethsemane«.
[120] BAW II, 54 -60, 60-63; dazu: Figl 1984, 52-54; Willers 1988, 56 ff.; Pfeil 1975, 30-33.
[121] BAW II, 54.

der Stufe 3 ist dadurch geprägt, dass der Bereich des Menschen und der des Göttlichen ‚auseinanderdriften‘ und der Mensch für das Seine die Verantwortung selber übernimmt. Genau diese Elemente werden in Nietzsches Weltbild zentral. Die für ihn eben noch plausible Vorstellung, Gott habe alles gewollt und „*gut gemacht*“, wird als „entwürdigend“ zurückgewiesen:

> „*Wir finden, dass die ein Fatum glaubenden Völker sich durch Kraft und Willensstärke auszeichnen, dass hingegen Frauen und Männer, die nach verkehrt aufgefassten christlichen Sätzen die Dinge gehen lassen wie sie gehen, da Gott alles gut gemacht hat, sich von den Umständen auf eine entwürdigende Art leiten lassen. Überhaupt sind Ergebung in Gottes Willen und Demut oft nichts als Deckmäntel für feige Furchtsamkeit, dem Geschick mit Entschiedenheit entgegenzutreten.*“ [122]

Der junge Nietzsche setzte den freien Willen jedoch nicht mit Selbstherrlichkeit gleich. Vielmehr werde ihm durch das „Fatum“ (Schicksal) eine Grenze gezogen. „*Die fatumlose absolute Willensfreiheit würde den Menschen zum Gott machen.*“[123] Was aber sei das Fatum? Er rückte es in die Nähe des Unbewussten, wie es in der Adoleszenz entdeckt wird und das Selbstkonzept verändert.[124] Das Fatum ist „*nichts als eine Kette von Ereignissen, dass der Mensch, sobald er handelt und damit seine eigenen Ereignisse schafft, sein eigenes Fatum bestimmt*“.[125] Insofern wird es nicht als eine Determinierung aus dem Unbewussten aufgefasst. Vielmehr schaffe der Mensch – bewusst und unbewusst – an seinem Schicksal mit.

Für Nietzsches Einstellung zum Christentum waren diese Gedanken folgenschwer:

> „*Wenn wir erst erkennen, dass wir nur uns selbst verantwortlich sind, dass ein Vorwurf über verfehlte Lebensstimmung nur uns, nicht irgend welchen höheren Mächten gelten kann, dann erst werden die Grundideen des Christentums ihr äußeres Gewand ablegen.*“ [126]

Zwar lehnte er das Christentum zu diesem Zeitpunkt noch nicht völlig ab. Aber mit seinen neuen Auffassungen entzog er ihm die Grundlagen - *des* Christentums allerdings, an das er bisher geglaubt hatte. Einige seiner Inhalte reduzierte er – ganz im Sinne der Religionskritik Feuerbachs, die er schon vor der Niederschrift der beiden Aufsätze kennen gelernt hatte – auf eine weltimmanente Anthropologie:

> „*Dass der Gott Mensch geworden ist, weist nur darauf hin, dass der Mensch nicht im Unendlichen seine Seligkeit suchen soll, sondern auf der Erde seinen*

---

[122] Ebd. 60.
[123] Ebd. 62.
[124] So gemäß Untersuchungen von Selman 1982, bes. 389.
[125] BAW II, 60.
[126] Ebd. 63.

Himmel gründe; der Wahn der überirdischen Welt hat die Menschheit in eine falsche Stellung zu der irdischen Welt gebracht: er war das Erzeugnis einer Kindheit der Völker." [127]

Die *"überirdische Welt"*, für Nietzsche in seiner Kindheit lebenswichtig, bezieht er auf die *"Kindheit der Völker"*. Solche Negationen belegen, dass eine Transformation religiöser Urteilsstrukturen erfolgt ist. Was zuvor existenziell bedeutsam war, ist *"niedergerissen"*.[128] Nicht mehr Gott, sondern die Menschheit ist *"Anfang, Mitte, Ende der Religion"*.[129]

Dieser Stufenübergang ist nicht mit punktuellen Lebensereignissen verknüpft. Er erfolgte gleitend, aber nicht 'unkritisch'! Nietzsche spricht von *"schweren Zweifeln und Kämpfen"* und erwägt, ob bei diesem *"Gefühl der eigenen Vermessenheit und Tollkühnheit ... (nicht) schmerzliche Erfahrungen, traurige Ereignisse unser Herz wieder zu dem alten Kinderglauben zurückführen"*.[130]

Aber gerade Unsicherheit (*"Ich weiß nicht, was ich glaube"*[131]) charakterisiert Stufenübergänge. Solche bringen immer auch Verluste und können Ängste und Skrupel auslösen. In einem 1863 entstandenen Gedicht mit dem Titel »Jetzt und ehedem« – der eine Entwicklung impliziert – heißt es:

> *"Ich hab gebrochen alter Zeit*
> *Vermächtniß,*
> *das mir die Kinderseligkeit*
> *Mahnend rief ins Gedächtnis.*
> *Ich hab gebrochen, was mich hielt*
> *In Kindesglauben:*
> *Mit meinem Herzen hab ich gespielt*
> *Und ließ es fast mir rauben."* [132]

Kurz vor dem Abitur, das Nietzsche im Sommer 1864 bestand, scheint seine christliche Frömmigkeit noch einmal aufgeblüht zu sein. Er schrieb drei Gedichte mit dem Titel „Gethsemane und Golgotha":

> *"O Stätten heiligster Vergangenheit*
> *Gethsemane und Gologotha, ihr tönet*
> *Die frohste Botschaft durch die Ewigkeit:*

---

[127] Ebd. Nietzsches Beschäftigung mit der Geschichte beginnt früh: vgl. den Aufsatz »Die Kindheit der Völker« (BAW I, 235-244). Bezüglich der Kulturentwicklung wird das Christentum zwar noch gewürdigt. Aber die geschichtlich–psychologischen Überlegungen über die Entstehung von Religion weisen auf seine „historische Widerlegung" des Gottesglaubens voraus (W I, 1073; dazu Figl 1984, 262-267).

[128] BAW II, 55.

[129] Ebd. 63.

[130] Ebd.

[131] Ebd. 68.

[132] Ebd. 190.

168

Ihr kündet, dass der Mensch mit Gott versöhnet.
Versöhnet durch das Herz, das hier gerungen,
Das dort verblutet und den Tod bezwungen." [133]

Nietzsche ließ das Christentum nicht schlagartig hinter sich, sondern schwankte über mehrere Jahre zwischen Abkehr und neuerlicher Hinwendung. Die Konsolidierung religiöser Tiefenstrukturen braucht Zeit. Aber mehr und mehr manifestierte sich die neu formierte Struktur in anderen Bereichen. Wie bereits ausgeführt, fasste Nietzsche in den ersten Pforta-Jahren die (Kirchen-)Musik als Gabe Gottes auf. In späteren Ausführungen akzentuiert er ihre unterschiedlichen subjektiven Wirkungen. [134] Musik fällt in den Zuständigkeitsbereich des Menschen, der sie nicht von Gott empfängt, sondern selber hervorbringt. Auch das assoziiert an die Stufe 3.

Selbst in Aufzeichnungen mit Titeln wie »*Erstes Buch der Lieder von Horaz*« manifestiert sich diese Struktur. Sein drittes Lied wird als *„Beleg für das mächtige Streben der Menschheit nach dem Göttlichen"* bezeichnet:

> *„... aus dem weichen Abschiedsgefühl quillt eine große, kühne Idee hervor, der Dichter steht zuletzt wie ein Prophet auf einer hohen Warte und überschaut Himmel und Erde."* [135]

Drei Jahre zuvor sah Nietzsche den Dichter als einen, der *unter* Gott steht und zum Himmel aufschaut. Mehr und mehr trat in seinem Weltbild der selbstverantwortliche, schöpferische Mensch an Gottes Stelle. Die Weichen hin zu Zarathustras Proklamierung des „Übermenschen" sind gestellt:

> *„Vor Gott! Nun aber starb dieser Gott! Ihr höheren Menschen, dieser Gott war eure größte Gefahr.*
>
> *Seit er im Grabe liegt, seid ihr erst wieder auferstanden. Nun erst kommt der große Mittag, nun erst wird der höhere Mensch – Herr."* [136]

Es war eine Frage der Zeit, bis Nietzsche seine Christentumskritik auch Mutter und Schwester zu erkennen gab. Nachdem er am 7. Dezember 1864 Pforta verlassen und mit Paul Deussen die Rheingegend bereist hatte, nahm er in Bonn die Studien auf: Theologie und Philosophie – ersteres wohl der Mutter zuliebe. Bald trat er der Studentenverbindung Frankonia bei, die ihn anfänglich stark in Beschlag nahm. In der Theologie hörte er sporadisch Vorlesungen bei Schlottermann über das Johannesevangelium,

---

[133] Ebd. 400-405, hier 401; dazu Pfeil 1975, 25; Willers 1988, 73 f., der ausführt, dass diese Gedichte von ihrer theologischen Struktur mit den zentralen Aussagen der Aufsätze über Fatum und Willensfreiheit identisch seien, weil der Kreuzestod Jesu auf seinen *„eignen Willen"* zurückgeführt wird, BAW II, 402.

[134] BAW II, 171; vgl. auch 114.

[135] Ebd. 137.

[136] W II, 522.

bei Krafft zur Alten Kirchengeschichte,[137] Fächer, die der Philologie nahe stehen. Besonders interessiert haben sie ihn nicht, geschweige denn zum Christentum zurückgebracht. Fünf Jahre später, als ihn, obgleich noch nicht promoviert, die Universität Basel auf den Lehrstuhl für Klassische Philologie berief, sprach er von seinem *„Theologiestudium"* als von *„theologischen Streifenzügen"*; sein Interesse sei bloß *„auf die philologische Seite der Evangelienkritik und der neutestamentliche Quellenforschung gerichtet"* gewesen.[138]

Es war konsequent, zu Beginn des nächsten Semesters Mutter und Schwester zu schreiben: *„Noch dies: Meine Wendung zur Philologie ist entschieden. Beides zu studieren ist etwas Halbes".*[139] Zwar hielt er gerade in dieser Zeit noch einen längeren Vortrag zu einem theologischen Thema: *„Die kirchlichen Zustände der Deutschen in Nordamerika".*[140] Aber als er einige Tage später zu Ostern nach Naumburg kaum, verweigerte er, der früher „der kleine Pastor" genannt wurde, den Gang zum Abendmahl:

> „Es gab eine sehr stürmische, von unserer lieben Mutter Seite tränenreiche Auseinandersetzung, der aber unsere dogmatisch so wohl bewanderte Tante Rosalie ein schnelles Ende bereitete. Sie erklärte, dass es im Leben jedes großen Theologen Zeiten des Zweifelns gegeben hätte, und dass es das beste wäre, wenn man in solchen Zeiten alle Auseinandersetzung unterdrücke. Das leuchtete unserer lieben Mutter sehr ein: sie sprach deshalb den Wunsch, dass von diesen inneren Schwierigkeiten nicht mehr geredet werden dürfe."[141]

Der Diskurs über religiöse Fragen wurde – bis auf einen kürzeren Briefwechsel mit Elisabeth[142] – nicht wieder aufgenommen. Nietzsche geriet mehr und mehr in den Bann der Philologie und äußerte sich nur noch selten zu Religion und Christentum. So im Spätsommer des Jahres 1865 zu Problemen der Weltanschauung. Die geschichtlichen Skizzen enthalten in nuce seinen eigenen Werdegang. Sie beginnen mit dem *„katholischen Mittelalter"*, das sein Gepräge durch folgendes Gottesbild erhalten habe: *„Gott kann machen, was er will. Er regiert die Natur nach moralischen Zwecken. Er schickt Hagel, Sturm, Erdbeben, um Sünden zu strafen."*[143] Dies entspricht der Stufe 1 und damit dem religiösen Weltbild des kleinen Fritz.

Darauf folgt die *„Weltanschauung der protestantischen Orthodoxie"*, in deren Zentrum die *„angeerbte Bosheit"* des Menschen stehe.[144] Bezeich-

---

137 Dazu Figl 1984, 71-95.
138 BAW V, 255.
139 Aus Janz 1978 I, 143.
140 BAW III, 80-97.
141 Förster-Nietzsche 1912, 154.
142 Vgl. Brief Nietzsches vom 11.5.1865 (W III, 953), in dem er seine Sicht verteidigte.
143 BAW III. 125.
144 Ebd. 126.

nend für Stufe 3 sind die Ansichten bezüglich der *„modernen Weltanschauung":*

„Die kopernikanische Weltanschauung ist ins Blut der Zeit übergegangen. Der Unterschied zwischen Himmel und Erde fällt weg. "[145]

5.4.5 Zusammenfassende und abschließende Überlegungen

Die vorliegende Studie beschränkte sich auf die religiöse Entwicklung Nietzsches bis zu seinem zwanzigsten Lebensjahr. An ihrem Anfang stand die Überzeugung, die Widerfahrnisse im Leben würden von einem allmächtigen Gott direkt verursacht, was der Stufe 1 entspricht; an ihrem Ende hingegen ein Weltbild, in dem weder der christliche Gott mehr Platz hatte, noch der Glaube an eine Offenbarung und an Christus. Die Entwicklung entspricht in ihrer Sequenz den drei ersten Stufen nach Oser und Gmünder. Punktuelle Lebensereignisse, die Stufenübergänge auslösten, ließen sich nicht finden. Folgende Figur resümiert die nachgezeichnete Entwicklung:

		Ultimates	
Stufe	Allmächtiger Gott, der alles leitet	Gott, der Sünde und Hybris bestraft	Willensfreiheit des Menschen, Fatum
3			
2			
1			
	1844-1850: Röcken	1850-1858: Naumburg	1858-1865: Pforta

Inwieweit kann die Entwicklungstheorie des religiösen Urteils auch *erklären*, warum die Entwicklung des jungen Nietzsche gerade so verlief? Warum führte sie zur ‚Religion' des „Übermenschen"? Warum blieb sie nicht im Rahmen des Christentums, das fortan im Sinne tieferer Stufen als *„Platonismus fürs Volk"* und als *„romantische Hypochondrie solcher"* abgelehnt wurde, *„die nicht auf festen Beinen stehen"*?[146]

Solche Fragen gehen über den Zuständigkeitsbereich dieser Theorie hinaus. Sie eignet sich primär dafür, die Strukturkomplexität der geschilderten Entwicklungsprozesse zu beschreiben. Können psychoanalytische Theorien sie erklären? Diesen Anspruch vertritt Balkenohl in seiner Studie »Der Antitheismus Nietzsches«. Für die Abkehr Nietzsches vom christlichen Gott macht er die Eltern verantwortlich. Da Nietzsche „seinen leiblichen Vater als Bild der Schwäche erlebt" und dieses Vater-Imago auf Gott

---

[145] Ebd. 128.
[146] W I, 566; W III, 589; vgl. auch W II, 213.

übertragen habe, sei auch „Gott für Nietzsche schwach" gewesen.[147] Die Mutter hingegen habe „das Kind schon früh in ihre psychische Mangelsituation hineingezogen" und so eine ‚gesunde' und befreiende religiöse Entwicklung im Rahmen des Christentums verhindert.[148]

Hinter der ersten These (Nietzsches Vater) steht die klassische psychoanalytische Projektionstheorie, wonach „für jeden der Gott nach dem Vater gebildet ist".[149] Dagegen aber spricht bei Nietzsche, dass Gott zumindest in seiner Kindheit gerade nicht als „schwach" erfahren wurde, sondern als der, der alles leitet und auch dann noch zu trösten vermag, wenn alle menschlichen Anstrengungen scheitern. Erst viel später, als der Gymnasiast sich von der Familie zu lösen begann und die Stufe 3 formierte, wurde Gott schwächer und bedeutungslos. Dem *Selbstverständnis* des *Kindes* Friedrich Nietzsche, wie ihn ein strukturgenetischer Zugang herausarbeiten will, wird Balkenohls psychoanalytische Erklärung nicht gerecht.

Hingegen wird man Balkenohls Einschätzung der problematischen Rolle von Nietzsches Mutter für Friedrichs religiöse Entwicklung schwerlich widerlegen können. Ob aber zutrifft, dass sich Nietzsche aufgrund sehr frühen Hineinbezogenwerdens in ihre „psychische Mangelsituation" von Gott abwandte, scheint fraglich. Im Gegenteil: Die religiöse Atmosphäre, die Franziska Nietzsche für ihre Kinder verbreitete, war emotional positiv (Weihnachtsfeste). Folgenschwerer war, dass sie sich weigerte oder nicht fähig war, mit Friedrich in einen religiösen Diskurs einzutreten, als er Glaubenszweifel äußerte und Ansichten artikulierte, die den ihrigen widersprachen.

Für die religiöse Erziehung ergibt sich, dass Glaubenszweifel nicht gelöst werden, wenn sie verschwiegen oder darauf gesetzt wird, sie würden von selbst abebben. Erforderlich sind vielmehr intensive Diskurse, in denen auf absolutistische Wahrheitsansprüche verzichtet und die Position des Gesprächspartners ernst genommen wird. Nietzsche wäre auch dann nicht zum Christentum zurückgekehrt, wenn ihm dessen zentrale Dogmen indoktriniert worden wären. Vielleicht aber dann, wenn er einen Ansprechpartner, etwa einen jungen Vikar gekannt hätte, mit dem er über die ihn bedrängenden Fragen hätte reden und streiten können.

Dass zwischen Franziska Nietzsche und ihrem Sohn kein religiöser Diskurs aufkam, ist möglicherweise auch darauf zurückzuführen, dass ihr religiöses Urteil der Stufe 2 entsprach. Der Anspruch auf Autonomie Gott gegenüber erschreckte sie, war aber für ihren Sohn selbstverständlich. Sofern Personen mit unterschiedlichen religiösen Tiefstrukturen aufeinander-

---

147 Balkenohl 1976, 84; vgl. auch 71 ff.
148 Ebd. 83.
149 Freud SA IX, 431.

treffen, kann Verständigung schwierig werden. Dies besonders dann, wenn die Person in der Rolle des Erziehers gemäß tieferen Stufen argumentiert.

Als mögliche Ursache dafür, dass die religiöse Entwicklung Nietzsches den geschilderten Verlauf nahm, sind bisher die Eltern in den Blick genommen worden. Eine weitere mögliche Erklärung bietet Nietzsche selber an. In seiner Lebensbeschreibung in »Ecce homo« behauptet er, Begriffen wie *„Gott"*, *„Unsterblichkeit der Seele"*, *„Erlösung"*, *„Jenseits"* keine Aufmerksamkeit geschenkt zu haben, *„selbst als Kind nicht"*. Er fragt selber: *„Ich war vielleicht nie kindlich genug dazu?"*[150] Nun hat sich Nietzsche als Kind mit diesen theologischen Inhalten aber durchaus beschäftigt. Aber in wirklich kindlicher Weise? Durchlebte er die „Erste Naivität", in der die Symbole noch nicht durchschaut, sondern wortwörtlich aufgefasst werden? Nietzsches frühe Texte sprechen dafür. Auf die Erste Naivität folgt die Phase der Symbolkritik.[151] Die Symbole des christlichen Glaubens werden kritisch als Symbole durchschaut und am Wirklichkeitsverständnis speziell der Naturwissenschaft gemessen. Dadurch verlieren sie Relevanz. Erst in der Zweiten Naivität werden sie wieder neu mit Sinn erfüllt und lebensbedeutsam. Zu dieser Haltung ist Nietzsche nicht gelangt, im Gegenteil! Er verwandte größte Anstrengungen darauf, die christlichen Symbole aufzulösen. Warum verharrte er in der Symbolkritik?

In kognitiv entwicklungspsychologischer Hinsicht erfordert Symbolkritik, dass das Subjekt das Studium der formalen Operationen nach Piaget erreicht hat. In der beginnenden Adoleszenz wird es fähig, sein Denken vom Konkret-Gegenständlichen zu lösen. Es denkt über sich selber nach und entwickelt implizite Erkenntnistheorien, vielfach subjektivistisch gefärbte. Auch Nietzsche. Die ersten christentumskritischen Äußerungen traten kaum zufällig in jener Zeit auf, als er die subjektivistische Erkenntnistheorie vertrat, wonach *„wir die Dinge nicht an und für sich (kennen), sondern nur ihre Abbilder auf dem Spiegel unsrer Seele"*, bzw. *„dass der Mensch sie (die Natur) vergeistigt"*.[152] Der Mensch selber ist Ursprung der Erkenntnis. Auch die religiöse Vorstellungswelt ist sein Werk. In diesem Sinne führte Nietzsche *„die Götterwelt der Heiden"* und deren Entstehung auf eine Personifizierung von Naturvorgängen zurück.[153] Aber eine solche Religion ist durchschaut. Sie wird bedeutungslos, desgleichen der Glaube. Vielmehr sei es *„ein Zeichen einer kräftigen Natur, in den Dingen eine unauflösliche Kette von Ursachen und Wirkungen zu erkennen, und nicht bloß zu glauben."*[154]

---

[150] W II, 1082.
[151] So Ricoeur 1974, an den sich die folgenden Ausführungen anlehnen.
[152] BAW II, 1082.
[153] Ebd.
[154] Ebd. 270.

Der kognitive Entwicklungsschub, wie er in der Adoleszenz erfolgt und dazu führt, dass „Kinder spontan Konzepte wie Für-wahr-Halten, Einsicht und Glauben (verwenden)",[155] bewirkt nicht zwingend ein zersetzendes Durchschauen des Christentums. Aber dieses setzt umso eher ein, je distanzierter und reflexiver das Subjekt ist, bzw. je weniger das entsprechende religiöse Symbolsystem affektiv besetzt ist. Ermangelte die Religiosität des Kindes Friedrich der Ersten Naivität also doch? Kann ein frühes und altklug anmutendes Beherrschen von dogmatistischem Vokabulars dazu führen, dass dieses später bedeutungslos wird? In der religiösen Erziehung ist ein sparsamer Umgang mit diesem Vokabular jedenfalls dringend geboten.

Abschließend ein kurzer, zugegebenermaßen spekulativer Blick auf Nietzsches weitere religiöse Entwicklung. Während seiner Basler Professur nahm er dem Christentum gegenüber eine Haltung des „behutsamen", nichtsdestoweniger „feindseligen Schweigens" ein.[156] Aber alsbald verschärfte er die Theismus- und Christentumskritik. Der „Tod Gottes" wurde als das „größte neuere Ereignis" proklamiert,[157] die Lehre des „Übermenschen" verkündet und das Christentum gegeißelt, bis Nietzsche am 3. Januar 1889 in Turin schluchzend einem ausgepeitschten Pferd um den Hals fiel. Aber noch in der geistigen Umnachtung beschäftigte ihn Gott, dessen Tod er immer wieder verkündet hatte: „Lieber Professor, zuletzt wäre ich sehr viel lieber Basler Professor als Gott."[158]

Gemäß der Stufentheorie des religiösen Urteils führt die Entwicklung dann über Stufe 3 hinaus, wenn das Subjekt, nachdem es Autonomie internalisiert hat, sich wieder an ein transzendentes Wesen zurückbindet. Dies bedeutet keine Regression zu religiöser Heteronomie, sondern vielmehr eine entkrampfende Befreiung: vom Anspruch nämlich, alles aus alleinigen Kräften leisten zu müssen. Gott wird fortan als tragender Grund von Sein und Dasein erfahren, als Bedingung der Möglichkeit menschlicher Freiheit.

Diese Strukturtransformation erfolgte bei Nietzsches nicht mehr. Zwar proklamierte er den Tod Gottes. Aber in seiner Psyche starb Gott nicht. Vielmehr hat er ihn, wie Jakob, überwältigt, festgehalten, mit ihm gerungen:

> „Du schadenfroher unbekannter Gott.
> Haha! Du schleichst heran?
> Bei solcher Mitternacht.
> Was willst du? Sprich!
> - Nein! Komm zurück,
> Mit allen deinen Martern!

---

[155] Elkind 1977, 174.
[156] W I, 14.
[157] W II, 205.
[158] W III, 1351 im Brief vom 6.1.1889 an Jacob Burckhardt.

Zum Letzten aller Einsamen
O komm zurück! ...
All meine Tränen-Bäche laufen
Zu dir den Lauf!
O komm zurück,
Mein unbekannter Gott! Mein Schmerz!
Mein letztes – Glück!" [159]

War Nietzsche „Atheist"? Gab es ein Äquivalent, das die Leerstelle auszu-
füllen vermochte, die der – proklamierte – Tod Gottes hinterließ? Dieses
Ersatzstück war bei Nietzsche der Mensch bzw. Übermensch. Aber diesem
haftet Tragisches an. Er kommt von sich selber nicht frei. In literarischen
Skizzen thematisierte Nietzsche die Apotheose eines Menschen, der darauf
sich selber vernichtet. Schon im frühen Gedicht »Vor dem Crucifixe«.[160]
Mehr noch im um 1870 entstandenen Fragment zu Empedokles. Unmittelbar nachdem dieser Pan getötet, vor dem Ätna die Wiedergeburt und seine
Göttlichkeit verkündet hatte, stürzt er sich in den Krater.

Diese Zeugnisse können im Lichte der strukturalistischen Entwicklungstheorie so interpretiert werden, dass es Nietzsche nicht mehr gelang, die
religiösen Tiefenstrukturen der Stufe 3 zu zerbrechen. Er blieb ihr Gefan-
gener. Der Anspruch, alles aus eigenen, über-menschlichen Kräften zu
leisten, begann ihn zu verzehren; die befreiende Rückbindung an ein Göttliches unterblieb, das fortan als die Bedingung der Möglichkeit einer neuen
Form von Freiheit und Gelassenheit hätte erfahren werden können. Warum
diese lösende Strukturtransformation nicht mehr erfolgte, sondern inneres
Zerreißen einsetzte, beantwortet die Theorie des religiösen Urteils nicht.
Aber sie erwies sich als ausgezeichnet geeignet, die religiöse Entwicklung
Nietzsches bis zum jungen Erwachsenenalter strukturell zu beschreiben.

Schriften von Friedrich Nietzsche

BAW: Werke und Briefe. Historisch-kritische Gesamtausgabe. He-
        rausgegeben von Joachim Mette, München 1934 ff.

KGW: Kritisch Gesamtausgabe: Werke. Herausgegeben von G. Colli
        und M. Montinari, Berlin 1967 ff.

W: Werke in drei Bänden. Herausgegeben von Karl Schlechta,
        München 1956.

---

[159] W I, 14.
[160] BAW II, 187-189; vgl. ebd. 312 das Gedicht »Rhein zu Thal, Rhein zur Höh«.

175

Micha Brumlik

5.5 Stufen religiöser Entwicklung bei Martin Buber?[1]

5.5.1 Vorbemerkung

Eine psychohistorische Untersuchung der religiösen Entwicklung Martin Bubers, der als einer der bedeutendsten Religionsphilosophen dieses Jahrhunderts gelten kann, stößt auf erhebliche Schwierigkeiten. Denn im Unterschied zu dem thematisch meist fest umrissenen, bibliographisch gut erfassten, biographisch geklärten und – wie mir scheint – leicht sequenzialisierbaren Werk von J. Piaget, T. de Chardin und A. N. Whitehead ist Bubers Werk trotz einer Fülle von Sekundärliteratur weder biographisch geklärt noch leicht sequenzialisierbar. Dies liegt nicht zuletzt an seinem kaum übersehbaren Werk, das in deutscher Sprache durch drei Bände der »Werke« (Schriften zur Philosophie, zur Bibel, zum Chassidismus) mit rund 3600 Seiten sowie durch drei Bände Briefe mit rund ebensoviel Seiten repräsentiert ist. Dabei umfassen Werke und Briefe bei weitem nicht alles, was Buber verfasst hat; kleinere vermischte Schriften sind in den »Werken« nicht aufgeführt; keineswegs alles ist aus dem Hebräischen übersetzt, zudem ist es bis jetzt nicht gelungen, Bubers gewaltige sprachliche Leistung, seine Bibelübersetzung, in einen eindeutigen und inhaltlich ausgewiesenen Zusammenhang zu seinen sonstigen Arbeiten zu stellen. Für eine biographische Untersuchung ist zudem misslich, dass Bubers erste Schriften, die er zwischen 1897 und 1923 verfasst hat, kaum zugänglich sind. In Hans Kohns 1930 erschienener Monographie über Buber sind 23 Buchveröffentlichungen, 18 von ihm besorgte Editionen sowie 155 kleinere Aufsätze, Artikel, Ansprachen etc. aufgeführt. Damals war Buber bereits zweiundfünfzig Jahre alt und hatte den schöpferischen Höhepunkt seines Lebens noch vor sich. Bis zu seinem Tod im Jahre 1965 erschien eine mindestens ebenso umfangreiche, wissenschaftlich und philosophisch bedeutendere Anzahl von Schriften. Damit sind noch vor Beginn einer psychohistorischen Skizze deren Grenzen festgelegt. Die quantitative Fülle und die thematische Vielfalt von Bubers Werk (Kunst, Religionsphilosophie, Mystik, Erwachsenenbildung, Pädagogik, sozialistische Theorie, ganz zu schweigen von Zionismus, Palästinafrage, Bibelwissenschaft und Sprachphilosophie, Psychiatrie, Weltpolitik...) machen beim gegenwärtigen Zustand der Erschließung jeden Versuch, Endgültiges aussagen zu wollen, noch vor Beginn hinfällig. Es kann daher nur darum gehen, auf der Basis der bereits erschlossenen Werkteile und der vorliegenden fragmentarischen Biographien eine erste Schneise in das Dickicht dieses dem dialogischen

---

[1] Bibliographische Angaben zu den Originalschriften Bubers: Seite 210.

Verhältnis von Gott und Mensch zugesprochenen Lebens zu schaffen und einige Entwicklungslinien freizulegen.

5.5.2 Biographische Skizze

Martin Buber wurde im Jahre 1878 in Wien geboren und wuchs wegen der Trennung seiner Eltern, seit er drei Jahre alt war bei seinem Großvater, dem Midraschgelehrten Salomon Buber in Lemberg auf. Im Jahre 1892, als Buber vierzehn Jahre alt war, verließ er das großväterliche Haus und wechselte in das Haus seines unterdessen zum zweiten Mal verheirateten und nun ebenfalls in Lemberg lebenden Vaters über. Aufgrund eigener Mitteilungen wissen wir, dass Buber in den Jahren, die er als Kind bei seinem Großvater verbrachte, zum ersten Mal dem Chassidismus begegnete.

Im Jahre 1896, also im Alter von achtzehn, verließ der klassisch-jüdisch gebildete Buber Lemberg, um sich in Wien zu immatrikulieren. Er belegte Philosophie und Kunstgeschichte, wechselte auch die Universität, studierte im Wintersemester 1897/98 und 1898/99 in Leipzig und im Sommer 1899 in Zürich. Im Sommer 1898 und im Herbst 1899 hörte er in Berlin. In jenen Jahren befasste sich der junge Buber in keiner Weise mit jüdischen oder religionswissenschaftlichen Fragen. Er unterliegt den Einflüssen Nietzsches, Simmels und Bergsons, hört in Wien Mach, Wundt und Stumpf und schließlich in Berlin Dilthey und Simmel. Der junge Buber saugt die großen geistigen Strömungen der Jahrhundertwende, Lebensphilosophie, Positivismus und Geisteswissenschaften in sich auf. Seit 1897 engagierte er sich in der neuentstehenden zionistischen Bewegung und befasste sich mit der christlichen Mystik von Renaissance und Reformation, also mit Böhme, Cusanus, Paracelsus, Weigel und Zinzendorf.

1899 lernte Buber seine spätere Frau Paula Winkler in Zürich kennen und vertiefte zunächst sein zionistisches Engagement, indem er 1901 wieder nach Wien übersiedelte, wo er die Leitung zionistischer Publikationen übernahm, die ihm Gelegenheit gaben, sich von der engeren Parteiarbeit zu lösen. Zugleich setzte eine immer intensivere Beschäftigung mit der jüdischen Überlieferung und dem Chassidismus sowie der Mystik im Allgemeinen ein. 1904 promovierte Buber in Wien mit einer Arbeit über »Beiträge zur Geschichte des Individuationsproblems«, die sich mit Cusanus und Böhme auseinander setzte. Für die nächsten acht Jahre (1904-1912) konstatieren Bubers Biographen eine Phase der Zurückgezogenheit, in der sich sein künftiger geistiger Durchbruch ankündigte. 1905 und 1906 entstanden die beiden ersten Bücher über den Chassidismus – zu jener Zeit lebte Buber in Florenz. Zudem befasste er sich mit der Mystik und der Epik der Völker: mit dem finnischen Epos Kalewala, vor allem aber mit chinesischer Mystik. 1906 erschien »Die Geschichte des Rabbi Nachman«,

1908 »Die Legende des Baalschem«, 1909 die »Ekstatischen Konfessionen« 1910 die Edition der »Reden und Gleichnisse des Tschuang Tse« sowie die »Lehre vom Tao«. Die Versenkungsphase Bubers endete gemäß seiner Biographen 1913 mit dem Buch »Daniel – Gespräche von der Verwirklichung«. Während dem ersten Weltkrieg befasste er sich wieder intensiver mit politischen und zionistischen Fragen. 1919 begann er mit der ersten Niederschrift von »Ich und Du«, das 1923 in endgültiger Fassung erschien, und in dem er seine Lehre vom dialogischen Bezug zwischen Gott und Mensch darlegte. Mit der Niederschrift dieses Buches hat Bubers religiöse Entwicklung, wie man vermuten darf, ihren Zenit erreicht. Die nächsten Jahre sind der Ausarbeitung und Entfaltung dieses Gedankens gewidmet. Ob und wenn, warum sich nach »Ich und Du« noch eine Weiterentwicklung seines religiösen Denkens vollzogen hat, ist eine Frage, die die bisherige Biographik kaum beschäftigt.

1933 kamen die Nationalsozialisten an die Macht, Buber legte freiwillig seine Frankfurter Professur nieder und war bis 1938 in der jüdischen Erwachsenenbildung in Deutschland tätig. Im März 1938 verließ er Deutschland und ging nach Palästina, wo er an der Hebräischen Universität Jerusalem Sozialphilosophie lehrte. 1941 erschien – zunächst auf Hebräisch – Bubers einziger Roman »Gog und Magog«, in dem die Frage abgehandelt wird, ob es dem Menschen erlaubt ist, die Gottheit mit mystischen Praktiken dahingehend zu beeinflussen, dass die Menschheit bald erlöst wird.

Nach dem zweiten Weltkrieg setzte sich Buber für die Erwachsenenbildung in Israel, für die Versöhnung zwischen Juden und Arabern, Juden und Christen und nicht zuletzt zwischen Juden und Deutschen ein. Bereits 1951 nahm er in Deutschland wieder einen Preis an. Reisen, Ehrungen, Vorträge in aller Welt sowie eine rege schriftstellerische und editorische Tätigkeit erfüllten sein Leben bis zum achtzigsten Geburtstag im Jahre 1958 – dem gleichen Jahr, in dem seine Frau starb. 1961 konnte Buber die Bibelübersetzung abschließen, 1965 starb er im Alter von siebenundachtzig Jahren.

Für eine psychohistorische Untersuchung sind Krisen und deutliche Einschnitte in einem Lebenslauf erste, vorläufige Anhaltspunkte für das Ende bzw. den Anfang einer Entwicklungsphase. Dabei müssen äußere Ereignisse und kognitive Strukturänderungen keineswegs unmittelbar aufeinander abbildbar sein – Verzögerungen, Latenzzeiten etc. machen dies sogar unwahrscheinlich. Phasen tiefer geistiger Umbrüche können sich während eines scheinbar harmonischen Lebensabschnittes ereignen, genauso wie äußerlich bewegte Lebensphasen keineswegs von kognitiven Umbrüchen begleitet sein müssen. Wir können also in einer Biographie sowohl nach kognitiven als auch nach affektiven Umbrüchen suchen, ohne damit bereits eine systematische Vorentscheidung getroffen zu haben. Die Suche nach Brüchen dient zunächst als heuristisches Schema, das dann durch eine theoretisch angeleitete Interpretation dieser als Umbruchphasen markierten Ereignisse validiert oder widerlegt werden muss.

5.5.3 Krisen und Phasen in Bubers Leben

Eine erste Krise stellt mit hoher Wahrscheinlichkeit die Trennung von den Eltern im Alter von drei Jahren dar. Sodann ist der erneute Wechsel in das Haus des Vaters im Jahre 1892, im Alter von vierzehn, als Krise zu bewerten, ebenso der Aufbruch des Jahres 1896, als Buber im Alter von achtzehn das väterliche Haus verließ, um zu studieren. Die Begegnung mit Paula Winkler im Jahre 1899, im Alter von nur 21 Jahren, dürfte ein ähnlich bedeutsamer Einschnitt sein. Die Jahre von 1899 bis zur Promotion im Jahre 1904, in denen sich Buber vor allem mit der Mystik befasste, dürfen als weitere Phase angesehen werden, die mit der Dissertation endete. Danach zog sich Buber in einer Art geistiger Latenzphase für acht Jahre zurück – er war, als er 1912 diese Phase beendete, vierunddreißig Jahre alt.

Die erste Fassung von »Ich und Du«, die Buber im Jahre 1919, nach dem epochalen Einschnitt des Ersten Weltkrieges verfasste, ließ ihn bereits einundvierzig Jahre alt sein. 1923, als die endgültige Fassung erschien, war Buber fünfundvierzig.

Ich unterstelle, dass vor allem die Emigration nach Palästina im Jahre 1938 – Buber war damals fünfzig Jahre alt – einen weiteren Einschnitt darstellte. Die von mir durch Emigration und Nationalsozialismus postulierte Krise bearbeitete Buber in »Gog und Magog«.

Das Ende des Krieges, die erneuten Kontakte mit Deutschland seit 1951 stellen einen letzten, geschlossenen Abschnitt dar – Buber beginnt diese Phase im Alter von dreiundsiebzig Jahren und schließt sie im Alter von achtzig ab, jenem Jahr, da seine Frau stirbt. Die allerletzten Jahre seines Lebens, zwischen 1958 und 1965, bilden die letzte Phase. Wir können also folgende Phasen (und Krisen) benennen:

1. Phase: Frühe Kindheit, beendet durch Trennung der Eltern und Übersiedlung zum Großvater.

2. Phase und Krise: Übergang zum Schulalter.

3. Phase: Kindheit und Jugend, beendet durch Übersiedlung zum Vater.

4. Phase: Adoleszenz, beendet durch Weggang aus dem Elternhaus zum Zweck des Studiums.

5. Phase: Postadoleszenz, beendet durch Bekanntschaft mit seiner Frau.

6. Phase des frühen Erwachsenseins, beendet durch die Promotion.

7. Phase der Latenz zwischen jungem und reifem Erwachsensein, beendet durch das Erscheinen der »Geschichten des Rabbi Nachman«.

8. Phase des reifen Erwachsenseins: kristallisiert sich in der ersten Niederschrift von »Ich und Du« und endet mit der Emigration 1938.

9. Phase des hohen Erwachsenseins: beginnt mit der Emigration, durchläuft eine kritische Phase, die durch das Erscheinen von »Gog und Magog« gekennzeichnet ist, und dauert bis 1951.

10. Phase des Alters, beendet durch den Tod seiner Frau.

11. Phase des Greisenalters, beendet durch den Tod..

Diese heuristische Phaseneinteilung soll nun im folgenden mit einigen Phaseneinteilungen unterschiedlicher Entwicklungspsychologien konfrontiert werden: Psychoanalyse, kognitive Entwicklungspsychologie, dynamische und kognitive Religionspsychologie, speziell die Stufen des religiösen Urteils nach Oser und Gmünder. Als vorläufiger Versuch ergibt sich:

1. Phase und Krise (Übersiedlung zum Großvater im Alter von drei Jahren)

Nach Maßgabe der Psychoanalyse befand sich Buber in der analen Phase, die durch den Gegensatz von Autonomie versus Scham und Zweifel charakterisiert ist. Kognitiv und moralisch müsste er sich auf der Ebene der präoperatorischen Stufe und des instrumentellen Hedonismus befunden haben, während seine religiöse Entwicklung durch einen intuitiv-projektiven Glauben bzw. eine Do ut des-Perspektive charakterisiert war.

2. Phase und Krise (Übergang in die Schule bis Übersiedlung ins väterliche Haus)

Nach Maßgabe der Psychoanalyse müsste Buber damals die Latenzzeit abgeschlossen und sich im Übergang zur Pubertät befunden haben. In kognitiver Hinsicht ist diese Phase durch konkrete Operationen und in religiöser Hinsicht durch einen mythisch-literalen Glauben bzw. noch immer durch eine Do ut des-Perspektive ausgezeichnet.

3. Phase und Krise (Kindheit und Jugend / Übersiedlung zum Vater)

Gemäß der Psychoanalyse befand sich Buber in der Pubertät, im Schulalter, das durch Werksinn versus Minderwertigkeitsgefühl charakterisiert ist. Kognitiv und moralisch müsste er sich auf der Ebene noch konkreter bzw. schon formaler Operationen und auf der „law and order" Stufe befunden haben. Religiös müsste er durch einen synthetisch-konventionellen Glauben bzw. durch eine deistische Haltung zu charakterisieren sein, da nach Oser und Gmünder die religiöse Entwicklung der moralischen hinterherhinkt.

4. Phase (Weggang aus dem Vaterland / Aufbruch zum Studium)

Psychoanalytisch gesehen befand sich Buber in der Adoleszenz, die durch Identität versus Identitätsdiffusion gekennzeichnet ist, während er sich kognitiv und moralisch auf der Ebene der formalen Operationen und der Staatsvertragsorientierung befunden haben müsste. Religiös müsste er einem individuierend-reflektierenden Glauben angehangen bzw. sich auf Stufe 4 (Korrelation und Heilsplan) befunden haben.

5. Phase und Krise (Studium und Bekanntschaft mit seiner späteren Frau)

Psychoanalytisch gesehen befand sich Buber im frühen Erwachsenenalter, das durch Intimität versus Isolierung ausgezeichnet ist. Kognitiv und moralisch befand er sich auf der Ebene der formalen Operationen und einer prinzipienorientierten Moral, während er sich in religiöser Hinsicht auf der Ebene universalisierenden Glaubens bzw. religiöser Autonomie durch unbedingte Intersubjektivität befunden haben müsste.

6. Phase und Krise (Phase des jungen Erwachsenseins)

Psychoanalytisch befand sich Buber nun im Erwachsenenalter, das sich durch den Generativität versus Selbstabsorption auszeichnet. In moralischer Hinsicht müsste er sich, wenn Kohlbergs Spekulation über Stufe 7 stimmig ist, auf der Stufe einer postkonventionell-universalistische Religiosität und nach Oser und Gmünder im Übergang zur Stufe universeller Kommunikation und Solidarität befunden haben.

7. Phase und Krise (Latenz- und Rückzugsphase)

Psychoanalytisch ist dies die Phase des Übergangs zum reifen Erwachsensein, religiös die Phase des Übergangs zum universalisierenden Glauben und zur Haltung universeller Kommunikation im indikativischen Status.

8. Phase und Krise (Niederschrift von »Ich und Du« / Emigration)

In psychoanalytischer Hinsicht trat Buber nun in das reife Erwachsenenalter ein, das durch den Integrität versus Verzweiflung gekennzeichnet ist, während er in religiöser Hinsicht den universalisierenden Glauben und die Haltung universeller Kommunikation (Stufe 5) erreicht haben könnte.

9. Phase und Krise (hohes Erwachsensein, »Gog und Magog«)

Die Psychoanalyse verfügt über keine auch nur annähernd ausgearbeitete Theorie dieses Altersabschnittes, allenfalls über singuläre klinische Fälle und darauf aufbauende Spekulation. Eine solche Theorie spricht vom „Ligurinus Schock", der ein Kürzel für eine bestimmte Form der midlife crises ist. Bei ihr handelt es sich um das Wiederauftreten der Adoleszenzkrise in verdeckter Form. Analogisiert man dazu die entsprechenden kognitiven und moralischen Stufen, so müsste in verdeckter Form die Kontraktorientierung und in religiöser Hinsicht ein Wiederaufleben des individuierend-reflektiven Glaubens bzw. der korrelativ - heilsplanmäßigen Haltung zu vermuten sein.

10. Phase und Krise (Alter) sowie 11. Phase und Krise (bis zum Tod seiner Frau und danach)

Psychoanalytische Hypothesen hierzu sind mir nicht mehr bekannt. Die kognitive Theorie könnte hier mit organisch und sozial verursachten Regressionen rechnen. Dynamische und kognitive Religionspsychologie könnten ebenfalls Regressionen prognostizieren.

Es wird dem psychologisch gebildeten Leser aufgefallen sein, dass diese Hypothesen an einer Reihe von Mängeln leiden. Zum einen ist die Hypothesenbildung von einer bruchlosen altersbezogenen Koordination der durch die unterschiedlichen Entwicklungstheorien behaupteten Phasen ausgegangen. Eine solche Koordination dürfte nur auf der Basis einer Fülle empirischer Daten – die nicht vorhanden sind – vorgenommen werden. Zum anderen leidet die Konstruktion – aber das teilt sie mit allen schematisierenden Entwicklungspsychologien – daran, die individuelle Reaktion auf Lebensereignisse nicht berücksichtigt zu haben, obwohl die neuere life-span Psychologie[2] gerade dies fordert. Endlich dürfte dem Leser nicht entgangen sein, dass die Frage nach der Bedeutsamkeit der sozialen Randbedingungen der Lebensalter völlig unterlaufen wurde.[3]

Wenn im folgenden die heuristische Konstruktion von Phasen und Krisen noch durch eine zweite, nämlich die quasi objektivistische Koppelung unterschiedlicher entwicklungspsychologischer Ansätze vervielfacht wird, so geschieht dies in genau dem Bewusstsein, das die neuere life-span Psychologie fordert: nämlich einer stärkeren Berücksichtigung der je einzelnen Verarbeitungs- und Erfahrungsmodi. In dieser Perspektive stellt sich die nun folgende Prüfung der naiv gewonnenen Hypothesen als ein hermeneutisches Verfahren klassischer Art dar: eine Korrektur allgemeiner Theorien durch einzelne Fälle und eine Einordnung einzelner Fälle auf der Basis allgemeiner Theorien. Dieser hermeneutische Zirkel ist nicht zu vermeiden, sondern bewusst zu akzeptieren. Er weiß sich dabei durch die wissenschaftstheoretische Einsicht gestützt, dass der Grenzfall der theoretischen Durchdringung narrativ angeordneter Ereignisse letzten Ende die narrative Beschreibung eines Falles, also eine Geschichte ist.

---

[2] Z.B. Lehr 1978.
[3] Neugarten & Dartan 1978.

5.5.4 Versuch einer Bestätigung bzw. Falsifikation der Hypothesen

Im folgenden wird versucht, für die aufgestellten Hypothesen Belege aus Bubers Schriften, den Mitteilungen seiner Biographen und eigenen autobiographischen Schriften zu finden. Zumal die letzteren stellen ein besonderes Problem dar. Inwiefern dürfen sie als authentische Mitteilungen über frühkindliche Zustände gelten? Inwiefern kann ausgeschlossen werden, dass es sich dabei nicht um bereits im Licht der eigenen Theorie vorinterpretierte Äußerungen handelt? Die Antwort ist einfach: Es kann überhaupt nicht ausgeschlossen werden und wiederum gilt, dass es sich hierbei um einen hermeneutischen Zirkel handelt, dem nicht zu entrinnen ist. Freilich steht eine Möglichkeit der kritischen Prüfung zur Verfügung: die Konsistenzprüfung. Sollten sich widersprüchliche oder inkonsistente Gruppen von Äußerungen auffinden lassen, so wäre damit sowohl die Verlässlichkeit der autobiographischen Äußerungen als auch der Status der naiv konstuierten Theorien angegriffen, und mindestens die vorgeschlagene theoretische Rekonstruktion des Lebenslaufes müsste modifiziert werden.

5.5.4.1 Erste Phase und Krise (Übersiedlung zum Großvater)

Buber berichtet in seinem 1960 herausgegebenen Erinnerungsband »Begegnung« aus dieser Zeit das folgende:

„Die früheste Erinnerung, die für mich in dieser Weise charakterisiert ist, stammt aus meinem vierten Lebensjahr. Etwa ein Jahr vorher war das Heim meiner Kindheit zusammengebrochen. Damals war ich zu meinen Großeltern väterlicherseits nach Lwow (Lemberg), der damaligen Hauptstadt des österreichischen ‚Kronlands' Lalizien, gebracht worden. Sie waren beide Menschen von hohem Rang, im genauen Sinn adelige Menschen, und in eigentümlicher Weise einander zugepasst und einander ergänzend. Dem Bereden von Dingen der eigenen Existenz waren sie beide abhold. Von dem, was sich zwischen meinen Eltern ereignet hatte, wurde natürlich in meiner Gegenwart nicht gesprochen; ich vermute aber, dass es auch zwischen ihnen beiden kaum je, es sei denn in praktischem und unausweichlichem Zusammenhang, Gegenstand des Gesprächs war. Das Kind selbst erwartete, seine Mutter bald wiederzusehen; aber es brachte keine Frage über die Lippen. Dann begab sich einmal, was ich hier zu erzählen habe.

Das Haus, in dem meine Großeltern wohnten, hatte einen großen quadratischen Innenhof, umgeben von einem bis ans Dach reichenden Holzaltan, auf dem man in jedem Stockwerk den Bau umschreiten konnte. Hier stand ich einmal, in meinem vierten Lebensjahr, mit einem um mehrere Jahre älteren Mädchen, der Tochter eines Nachbarn, deren Aufsicht mich die Großmutter anvertraut hatte. Wir lehnten beide am Geländer. Ich kann mich nicht erinnern, dass ich zu meiner überlegenen Gefährtin von meiner Mutter gesprochen hatte. Aber ich höre noch, wie das große Mädchen zu mir sagt: ‚Nein, sie kommt niemals zurück.' Ich weiß, dass ich stumm blieb, aber auch, dass ich an der Wahrheit des gesprochenen Wortes keinen Zweifel hegte. Es blieb in mir haften, es verhaftete sich von Jahr zu Jahr immer mehr in meinem Herzen, aber schon nach etwa zehn Jahren hatte ich begonnen, es als etwas zu spüren, was nicht bloß mich, sondern den Menschen anging. Später einmal habe ich mir das Wort 'Vergegnung' zurechtgemacht, womit etwa das Verfehlen einer wirklichen Beziehung zwischen Menschen bezeichnet war. Als ich nach weitern zwanzig Jahren meine Mutter wiedersah, die aus der Ferne mich, meine Frau und meine Kinder besuchen gekommen war, konnte ich in ihre noch immer zum Erstaunen schönen Augen nicht blicken, ohne irgendwoher das Wort 'Vergegnung', als ein zu mir gesprochenes Wort, zu vernehmen. Ich vermute, dass alles, was ich im Lauf meines Lebens von der echten Begegnung erfuhr, in jener Stunde auf dem Altan seinen ersten Ursprung hat. "

Ich habe diesen Text vollständig wiedergegeben, weil er *der* autobiographisch-genetische Schlüsseltext zu Bubers Werk ist. Verfasst wurde er etwa 1960, als Buber schon über achtzig war - er berichtet darin Episoden aus seinem vierten, fünfzehnten und fünfunddreißigsten Lebensjahr, also aus der Zeit der ödipalen Krise, der Pubertät und dem Ende seiner intellektuellen Latenzphase, während der er u.a. seine Familie gegründet hatte.

Die Auswertung dieses, sowie aller anderen Texte wird sich vornehmlich auf die religiöse Dimension beziehen und die anderen, in den Hypothesen benannten Aspekte nur aus Gründen der Verdeutlichung und Absicherung hinzuziehen. Nach Maßgabe der motivationalen und kognitiven Religionspsychologie hätte sich Buber damals in der Phase des intuitiv–projektiven Glaubens bzw. einer Do ut des-Phase befunden haben müssen; eventuell auch in der vorausgehenden Phase des Gefühls völliger Abhängigkeit. Wenn man zusätzlich die inhaltlichen Bezüge des religiösen Verhältnisses, nämlich: Heiliges versus Profanes; Transzendenz versus Immanenz ... hinzuzieht, so lässt sich die bezeichnete Szene den Dimensionen Hoffnung versus Absurdität („Nein, sie kommt niemals zurück"); Vertrauen versus Angst sowie Unerklärliches versus Durchschaubaren und Überdauerndes versus Vergängliches zuordnen: Buber wird mit der hoffnungslosen, beängstigenden, unerklärlichen und offensichtlich immer gültigen Aussage konfrontiert, dass seine Mutter nie mehr zurückkommt. Er reagiert darauf im Alter von vier Jahren nach eigenen Aussagen damit, dass er sich erinnert – an den Verlust. Weder Abhängigkeit noch magische Instrumentalisierung werden berichtet. Gleichwohl schildert die Szene Gefühle der Abhängigkeit und des Vertrauens. Das Kind ist mit einem großen Mädchen zusammen, dessen auch niederschmetternden Worten er traut – beide lehnen an einem nicht gerade vertrauenserweckenden Holzgeländer. Auffällig ist, dass Buber auf dessen Bemerkung stumm bleibt – ebenso wie es auffällig ist, dass im Hause der Großeltern diese Verlusterfahrung offenbar niemals besprochen wurde. *Der Mangel an Kommunikation und Zweifel, die vertrauensvolle Hinnahme des Verlustes scheint zu indizieren, dass sich Buber damals, der Hypothese zum Trotz, noch auf der ersten Stufe religiöser Entwicklung befunden hat.*

5.5.4.2 Zweite Phase und Krise (Übergang zum Schulalter)

„Ich kam erst mit zehn Jahren in die Schule. Bis dahin erhielt ich Privatunterricht, hauptsächlich in Sprachen, sowohl meiner eigenen Neigung und Begabung wegen, als auch, weil für die Großmutter ein sprachlich zentrierter Humanismus der Königsweg der Erziehung war. Die Vielheit der menschlichen Sprachen war schon in meiner Knabenzeit ein Problem, das mich immer neu belehrte, aber in der Belehrung auch wiederum von neuem beunruhigte. Ich musste jeweils zunächst aus der hebräischen Transkription den altfranzösischen Wortlaut herauslesen und nun diesen erst mir selber, dann dem Großvater verständlich machen. Hernach aber, wenn ich allein in meinem Zimmer im väterlichen Hause saß, bedrängte mich die Frage: Was heißt das und wie geht das zu, etwas, was in einer Sprache geschrieben worden ist, durch etwas, was man in einer anderen Sprache zu sagen pflegt?"[4]

Hier schildert Buber eine erste Dezentrierungs- und Reversibilitätserfahrung, was exakt mit der Prognose bezüglich des Entstehens der konkreten Operationen übereinstimmt. Gemäß der empirischen Erfahrung des Hinterherhinkens der religiösen Stufen musste sich Buber damals immer noch auf der Do ut des-Stufe befunden haben. Er selbst schildert aus jener Zeit die folgenden religiösen Erfahrungen:

„In meiner Kindheit verbrachte ich jeden Sommer auf einem Gut in der Bukowina. Wohl ist die legendäre Größe der (chassidischen) Ahnen in den Enkeln geschwunden, und etliche bemühen sich, durch allerlei kleine Magie ihre Macht zu bewahren; aber all ihr Treiben vermag das angeborene Leuchten ihrer Stirn nicht zu verdunkeln, die angeborene Erhabenheit ihrer Gestalt nicht zu verzerren: ihr unwillkürlicher Adel spricht zwingender als all ihre Willkür... Dies habe ich damals, als Kind, in dem schmutzigen Städtchen Sadagora von der ‚finsteren' chassidischen Masse, der ich zusah, erfahren – wie ein Kind solche Dinge erfährt, nicht als Gedanken, sondern als Bild und Gefühl: dass es der Welt um den vollkommenen Menschen zu tun ist und dass der vollkommene Mensch kein anderer ist, als der wahrhafte Helfer."[5]

Im folgenden fragt Buber, ob nicht die Macht des Zaddiks von den Gläubigen in einem weltlichen Sinne missbraucht bzw. mißdeutet worden sei – als Instrument der Heilsvermittlung. Damit legt Buber nahe, genau diese missdeutete, gleichwohl höchst intensive Perspektive erlebt zu haben, was eine Bestätigung der Hypothese bezüglich der Do ut des-Einstellung des Kindes darstellen würde.

---

[4] Buber 1960, 9.
[5] Buber 1969, 28 f.

5.5.4.3 Dritte Phase und Krise (Kindheit und Jugend)

Buber selbst berichtet über diese Übersiedlung wenig, gibt zudem eine genaue Beschreibung seines Vaters und erzählt in der schon oben zitierten Passage über seine Mutter, dass ihm im Alter von vierzehn die Erfahrung der „Vergegnung" nicht mehr nur als etwas Individuelles, sondern insgesamt den Menschen Betreffendes erschien. An seinem Vater schien ihm bemerkenswert, dass es ihm um den *„ echten menschlichen Kontakt mit der Natur"*[6] ging und dass dem ein Engagement im Bereich des Sozialen entsprach. Zudem war Bubers Vater ein *„ elementarer Erzähler"*.[7] Buber resümiert diese Erfahrungen, indem er sagt, dass der Einfluss seines Vaters auf ihn bzw. seinen geistigen Werdegang von anderer Art als der der Großeltern war: *„Er kam gleichsam gar nicht vom Geiste her. "*[8]

Unter den unterschiedlichen religiösen Erfahrungen, die Buber aus seiner Schul- und Kinderzeit erzählt, ragen zwei Erzählungen hervor, von denen die eine – undatiert – womöglich noch in die Phase des Wohnens bei seinen Großeltern fällt und in der es um die Erfahrung der Andersheit geht, und eine, die sich mit den Lesererfahrungen des Siebzehnjährigen befasst. Buber berichtet, dass er diese Erfahrungen während der Sommerferien auf dem Gut der Großeltern gemacht habe, woraus man vielleicht schließen kann, dass er zu dieser Zeit schon nicht mehr in regulärer Weise bei den Großeltern lebte. Während dieser Zeit schlich er sich oft in den Stall und kraulte einem Schimmel den Hals:

> *„Das war für mich nicht ein beiläufiges Vergnügen, sondern eine große, zwar freundlich, aber doch auch tief erregende Begebenheit. Wenn ich sie jetzt, von der sehr frisch gebliebenen Erinnerung meiner Hand aus, deuten soll, muss ich sagen: was ich an dem Tier erfuhr, war das Andere, die ungeheure Andersheit des Anderen, die aber nicht fremd blieb, wie die von Ochs und Widder, die mich vielmehr ihr nahen, sie berühren ließ. "*[9]

Die berichtete Erfahrung ist einmal mehr die Erfahrung einer Dezentrierung. Sofern wir sie, was plausibel ist, im Alter von vierzehn ansiedeln, handelte es sich um den kognitiven Egozentrismus der Adoleszenz, der im Alter von 15/16 auf „der kognitiven Ebene durch die allmähliche Differenzierung zwischen eigenen Interessenschwerpunkten und dem Denken anderer..., auf der affektiven durch eine allmähliche Integration der Gefühle anderer mit den eigenen Emotion" überwunden wird.[10] Ob sich dem nun eine „deistische" Haltung zuordnen lässt, ist für das Alter von vierzehn nicht zu sagen, wohl aber für das fünfzehnte und das siebzehnte Lebens-

---

[6] Buber 1969, 11.
[7] Buber 1969, 11.
[8] Buber 1969, 10.
[9] Buber 1960, 15.
[10] Elkind 1977, 177.

jahr. Dass die Erfahrung der Andersheit und eine „deistische" Haltung bei Buber zusammengehören, dürfen wir der Komposition seines Erinnerungs-bändchens entnehmen, in dem auf die Episode „Das Pferd" unmittelbar die Episode „Zwei Philosophen" folgt. Buber berichtet aus der Adoleszenz von Lesererlebnissen, die er als Krise erfuhr:

> *„Es waren Vorgänge, die die Kontinuität, die Voraussetzung aller echten Bildungsarbeit, durchbrachen, katastrophale Vorgänge, - nur dass im ersten von ihnen die Philosophie der katastrophalen Situation lösend und helfend entgegentrat, wogegen sie im zweiten nicht bloß aufrührend wirkte, sondern mich in das Reich eines sublimen Rausches entführte, dem ich erst nach langer Zeit endgültig zu entrinnen vermochte, um auf den Weg der Gewissheit des Wirklichen zu gelangen."*[11]

Buber berichtet, dass ihn damals die Frage nach den Grenzen von Zeit und Raum quälend umgetrieben hatte und ihn erst die Lektüre von Kants »Pro-legomena zu einer jeden künftigen Metaphysik« daraus befreit hätte:

> *„Diese Philosophie hat eine große beruhigende Wirkung auf mich ausgeübt. Ich brauchte nun nicht mehr, gepeinigt, der Zeit ein letzteres abzufragen zu suchen, sie war ja nicht über mich verhängt, sie war mein, sie war ‚unser'."*[12]

Dies entspricht seiner Struktur nach und der Hypothese gemäß der deisti-schen Einstellung, die Ultimates und Individuelles voneinander trennt – wie ja auch Kants ganze Philosophie deistisch ist. Doch scheint die damit erworbene Einstellung in gewisser Weise instabil gewesen zu sein. Die Lektüre von Nietzsches »Zarathustra« vollzog am *„ Geist des Siebzehnjäh-rige n... doch eine gleichsam negative Verführung, "*[13] weil Nietzsche die ontologische Frage, die für Buber mit der Lektüre Kants ruhiggestellt wor-den war, wieder aufbrach und durch die Ontologie der „ewigen Wieder-kehr" ersetzte. Von ihr sagt Buber, dass er sie nie hätte annehmen können. Gleichwohl:

> *„Wie er mir (Buber spricht hier über sich selbst) nach so vielen Jahren, in der Erinnerung erscheint, hätte sich von ihm von Kant her, der die Zeit als Form ‚unserer' Anschauung verstand, der Weg zum Fragen der Frage eröff-nen können: ‚Wenn aber die Zeit nur eine Form ist, in der wir anschauen, wo sind ‚wir'? sind wir mitsamt der Zeit nicht in der Ewigkeit?' Damit ist freilich eine ganz andere Ewigkeit gemeint als die kreisartige, die Zarathustra als das ‚Fatum' liebt; die in sich unerfaßliche ist gemeint, die die Zeit aus sich ent-sendet und uns in das Verhältnis zu ihr setzt, das wir das Dasein nennen, und wer dies erkennt, dem zeigt die Wirklichkeit der Welt kein Angesicht des Ab-surden und Unheimlichen mehr: weil Ewigkeit ist. Dass mir der Zugang zu*

---

[11] Buber 1960, 16.
[12] Buber 1960, 18.
[13] Buber 1960, 19.

diesem Weg lang verschlossen blieb, ist zu einem nicht geringen Teil auf jene
Berückung durch Zarathustra zurückzuführen."[14]

Strukturell gesehen erweist sich freilich diese zweite Krise erst als der Übergang in den voll entfalteten Deismus/Atheismus, der ja mit Nietzsche Transzendenz generell negiert und nicht nur mit Kant die Frage nach ihr einklammert. Mithin hätte Buber in seinem siebzehnten Lebensjahr die Phase des Deismus in ihrer vollen Entfaltung erreicht, eine Entwicklung, die in seinem vierzehnten Lebensjahr einsetzte. Beide geistigen Entwicklungen bahnten sich kurz vor entscheidenden lebensgeschichtlichen Veränderungen, der erneuten Übersiedlung zu seinem Vater und dem Weggang aus dem väterlichen Haus an. Bemerkenswert scheint die strukturelle Parallelität zwischen der Auflösung des kognitiven Egozentrismus und der Ausbildung des Deismus/Atheismus/Immanentismus.

Die Psychoanalyse postuliert für diese Lebensphase einen Grundkonflikt zwischen Werksinn und Minderwertigkeitsgefühl, bzw. für die Frühadoleszenz einen Konflikt zwischen Identität und Identitätsdiffusion, während die kognitive Psychologie die volle Ausbildung formaler Operationen postuliert. In beiden Fällen geht es um die Abgrenzung von der Welt und den Anderen bzw. um die erneute Kontaktaufnahme mit ihr. Bubers kantische Phase könnte einen kognitiven Egozentrismus darstellen, der aber bereits die Trennung zwischen sich selbst und der Welt – wenn auch nur in Klammern – anerkannt hat, während der Nietzscheanismus die Realität der „Außenwelt" ebenso anerkennt wie die Perspektivität und Relativität des sich selbst als eines unter anderen wahrnehmenden Individuums. Die Lösung der frühadoleszenten Identitätskrise besteht also in der Übernahme einer positiven perspektivistischen Identität, einer Anerkenntnis der eigenen Wirklichkeit als einer notwenig und tatsächlich begrenzten. Dass diese perspektivische Fassung der eigenen Identität und die deistische Fassung des religiösen Problems instabil war, zeigen Bubers Haltungen bei Studienbeginn.

5.5.4.4 Vierte Phase und Krise (Weggang aus dem Elternhaus)

Buber hielt während seines dritten Semesters in Leipzig einen Vortrag über Ferdinand Lassalle, den er nach eigenen Angaben unkritisch bewunderte. Sein Vortrag, der das Publikum mit seiner heroischen Darstellung begeisterte, stieß auf großen Beifall. Zudem begrüßte ihn nach dem Vortrag noch ein ehemaliger Kampfgenosse Lassalles mit den enthusiastischen Worten: „Ja! So, so ist er gewesen." Buber kommentiert die Folgen dieses Lobes so:

---

[14] Buber 1960, 19.

„Ein fast zärtliches Gefühl wandelte mich an: ‚Wie gut ist das, bestätigt zu werden!' Aber schon sprang mich jäh ein Schreck an und durchstieß die leichtfertige Freude: ‚Nein, sondern ich, ich bin der Bestätiger gewesen, der lügenhafte Bestätiger eines Idols.'[15]

In psychoanalytischer Hinsicht drückt sich bei dem neunzehnjährigen Buber noch ein Grundkonflikt der frühen Adoleszenz aus: Identität versus Identitätsdiffusion, wobei Buber dieses Thema hier an der Frage abarbeitet, ob und wie er sich zu einem hochbesetzten Identifikationsobjekt verhalten soll. Es wird ganz deutlich, dass Buber sich der Angemessenheit seiner Urteile unsicher und nicht in der Lage ist, ihnen zu trauen. Mit anderen Worten: Buber äußert in dieser Episode ein heftiges Misstrauen gegen den eigenen Egozentrismus, der ihm gerade dann deutlich wird, wenn er durch die Zustimmung anderer gespiegelt und quasi verobjektiviert wird. Die Unangemessenheit seiner identifikatorischen Urteile über Lassalle tritt dann hervor, wenn sie von dritter Seite kognitiv und affektiv gestützt werden. Es wird nicht deutlich, ob es sich hierbei um denselben Egozentrismus handelt, der mit der Kantrezeption begann und dann durch die Nietzscherezeption mitsamt ihrem Perspektivismus nur partiell überwunden wurde, oder um eine neue Form des Egozentrismus. Für unsere Fragestellung ist von besonderem Interesse, dass es nach Bubers eigener Auskunft eine künstlerische, eventuell religiöse Erfahrung gewesen ist, die ihm beim Erringen einer dezentrierten, realitätsangemessenen Weltsicht geholfen hat:

„In den folgenden Wochen versuchte ich, mit höchst unzulänglichen Mitteln dem gebührenden Misserfolg, die zermalmte Heroenbüste durch eine Art von analytischer Darstellung zu ersetzten, diese erwieß sich als eine nur scheinbar recht mäßigere Simplifikation. Langsam, zaghaft, beharrlich wuchs die Einsicht in die Wirklichkeit menschlichen Daseins und in die spröde Möglichkeit, ihr gerecht zu werden. Bach half mir. [16]

Buber studierte damals in Leipzig, der Stadt Bachs. Und es war die Musik Bachs, die sein Erleben damals besonders prägte und beeinflusste, ohne dass Buber später angeben konnte und wollte, wie und warum:

„Was dort am stärksten auf mich gewirkt hat, war zweifellos das Hören von Bachs Musik, und zwar Bachs Musik so gesungen und gespielt – dessen war ich damals gewiss und bin ich gewiss geblieben, - wie Bach selber wollte, dass sie gesungen und gespielt wird. Aber ich würde vergeblich zu sagen unternehmen, ja, ich kann es nicht einmal mir selbst klar machen, auf welche Weise Bach mein Leben beeinflusst hat; offenbar wurde der Grundton meines Lebens irgendwie modifiziert und erst von da aus der Gedanke. [17]

---

[15] Buber 1960, 22 f.
[16] Buber 1960, 23.
[17] Buber 1960, 22.

Gemäß unserer Hypothese müsste sich Buber in der vierten Phase der religiösen Entwicklung bzw. im Übergang von der dritten zur vierten Phase befunden haben. In dieser Phase, sagt Oser über den Übergang, beginne die Person die Konzeption der Stufe 3, die Selbstherrlichkeit des Menschen zu verneinen. Stufe vier soll sich demgegenüber durch eine neue Vermitteltheit zwischen der Entscheidungsautonomie des Subjekts und dem Unbedingten auszeichnen, wovon nach Bubers eigenen Aussagen keine Rede sein kann. Wir dürfen daher auf jene Übergangsphase von Stufe drei nach Stufe vier, in der auch der religiösen Egozentrismus sich umstrukturiert, schließen. Die Faszination durch Bachs Musik als eines quasi objektiven Gehaltes könnte dem entsprechen. Diese Vermutung lässt sich durch ein weiteres Indiz erhärten. Zu Beginn seines Studiums in Wien interessierte sich Buber nicht so sehr für Vorlesungen und Seminare, sondern für das Theater:

> *„Wenn dann tief unten vor mir der Vorhang aufging und ich in die Ereignisse des dramatischen Agon als, wie spielhaft auch, dennoch jetzt und hier sich begebend blicken durfte, war es doch das Wort, das 'richtig' gesprochene Menschenwort, was ich recht eigentlich in mich aufnahm. Die Sprache – hier erst, in dieser Welt der Fiktion aus Fiktion, gewann sie ihre Adäquatheit; gesteigert erschien sie wohl, aber zu sich selber.."*[18]

An der artistischen Erfahrung des fiktiven Dialogs rückt Buber das Verhältnis von Fiktion und Wirklichkeit als ein solches Verhältnis überhaupt erst ins Bewusstsein. Der Wunsch, nach dem objektivistischen Perspektivismus Nietzsches zu einem neuen Gleichgewicht zu kommen, drückt sich sowohl in der Identifikationskrise (Lassalle), der Erfahrung des Theaters als auch der Musik Bachs aus. In allen drei Erfahrungen sieht sich Buber auf der Suche nach einer Objektivität, die er sich als Ursprung deutet. Es war die politische Bewegung des Zionismus, die ihm diese Möglichkeit gab:

> „Für Buber bedeutete der Zionismus mehr noch: er wurde dem suchenden und schweifenden Jüngling der Halt, der ihn zugleich zu seinem Ursprung zurückführte. .... *Der Zionismus stellte für ihn wieder den Zusammenhang her mit seiner Kindheit, mit Vater und Großvater, mit den Generationen vor ihnen und der Art, die sie in der natürlichen Folge des Geistes und Blutes ihm überkommen hatte.*" [19]

Sieht man von dem uns heute unerträglichen Blut-und-Boden Tonfall des Biographen ab, so hat er doch richtig beobachtet, dass Buber die sich anbahnende Krise des frühen Erwachsenenalters durch die Suche nach einer konkreten Objektivität kompensierte.

---

[18] Buber 1960, 21.
[19] Köhn 1979, 24, kursiv: M.B.

5.5.4.5 Fünfte Phase und Krise (Bekanntschaft mit seiner Frau)

Dem entspricht in psychoanalytischer Hinsicht, die das frühe Erwachsenenalter durch den Gegensatz von Isolierung und der Suche nach Intimität
gekennzeichnet sieht, Bubers Bekanntschaft mit Paula Winkler im Jahre
1899 sowie seine verstärkte Mitarbeit in der zionistischen Bewegung, die
bis 1904, dem Tod Theodor Herzls, andauert. Aus jener objektivistischen,
der Stufe vier zusteuernden Phase ist uns ein Bericht Bubers über eine
Auseinandersetzung mit Herzl im Jahre 1902 überliefert, die er selbst unter
den Titel »Sache und Person« gebracht und im Jahre 1933 verfasst hat.
Herzl hatte auf dem zionistischen Kongress einem politischen Freund unrecht getan, und Buber sowie ein anderer zionistischer Politiker suchten
Herzl nach seiner Rede auf, um ihn zum Einlenken zu bringen:

> *„Sogleich war mir zwingend offenbar geworden, es war unmöglich, hier inner-
> lich Vertreter einer Seite zu bleiben. Dort war ein Mensch, mein Freund und
> Mitkämpfer wund, ein öffentliches Unrecht war ihm geschehen; aber hier war,
> der das Unrecht getan, die Wunde geschlagen hatte, ein Mensch, auch irrege-
> führt noch mein Führer, eiferkrank, bis zur Selbstverzehrung eifernd für seinen
> Glauben. Für den Vierundzwanzigjährigen war das eine der ersten Stunden, in
> denen er den Boden der Tragödie betrat, wo das Rechthaben aufhört. Es gibt
> nur eins zu lernen, was noch größer ist: wie aus dem Grab des Rechthabens das
> Recht aufersteht. Aber das habe ich erst viel später gelernt.“*[20]

Hatte Buber anlässlich seines Vortrages über Lassalle sich noch auf den
eigenen Egozentrismus bezogen, so ging es diesmal um den Egozentrismus
jener Person, die jenes politische Programm verkörperte, welches Buber
aus eben diesem Egozentrismus herausriss. Die Unterscheidung zwischen
Person und Sache, die Versachlichung der Sache, für die er sich engagierte,
wird manifest. Diese entspricht in moralisch-kognitiver Hinsicht hypothe-
sengemäß einer Kontraktorientierung und müsste in religiöser Hinsicht zur
vollen Ausbildung der vierten Stufe (Korrelation, Heilsplan) geführt haben.

1899 und 1900 hielt Buber Vorträge über Jakob Böhme.[21] 1903 machte er
die Bekanntschaft Gustav Landauers, der die Schriften Meister Eckharts
herausgab. Bubers Vorträge und Schriften für die „Neue Gemeinschaft"
zeigen eine große Kunst- und Zukunftsbegeisterung. Parallel zum Halt in
Zionismus und Ehe tritt das Engagement für Leben, Kunst und das Kom-
mende:

> „Und wo geht es Buber auch um die Künder jener Zeit, die Johannesnaturen,
> die den Sinn für das Kommende besitzen, die an den eigenen Schmerzen die
> werdende Gestaltung eines neuen Menschheitslebens erkennen'."[22]

---

[20] Köhn 1979, 24 f.
[21] Kohn 1979, 29.
[22] Kohn 1979, 35.

1902 bis zu Herzls Tod verknüpfte Buber seine politischen und geistigen Interessen, indem er sich zusätzlich in die jüdische Überlieferung einarbeitete und dabei die Suche nach konkreter Objektivität mit der Suche nach einer angemessenen Lösung seiner geistigen Krise verband. In der 1918 erschienenen Schrift »Mein Weg zum Chassidismus« äußerte er sich hierzu:

> *„Bis ich eines Tages ein Büchlein aufschlug, das »Zewaat Ribesch«, das ist das Testament des Rabbi Israel Baal Schem betitelt war, und die Worte mir entgegenblitzten: ‚Er ergreife die Eigenschaft des Eifers gar sehr. Er erhebe sich im Eifer von seinem Schlafe, denn er ist geheiligt und ein anderer Mensch geworden und ist würdig zu zeugen und ist worden nach der Eigenschaft des Heiligen, gesegnet sei er, als er seine Welt erzeugte.'*
>
> *Das war es, dass ich im Nu überwältigt, die chassidische Seele erfuhr. Urjüdisches ging mir auf, im Dunkel des Exils zu neubewusster Äußerung aufgeblüht: die Gottesebenbildlichkeit des Menschen als Tat, als Werden, als Aufgabe gefasst. Und dieses Urjüdische war ein Ur-menschliches, der Gehalt menschlicher Religiosität. Das Judentum als Religiosität, als ‚Frömmigkeit', als Chassidut ging mir da auf. Das Bild aus meiner Kindheit, die Erinnerung an den Zaddik und seine Gemeinde stieg empor und leuchtete mir. Ich erkannte die Idee des vollkommenen Menschen und ich wurde des Berufs inne, sie der Welt zu verkünden.“*[23]

Wiederum schien es ein Leseerlebnis zu sein, das es Buber ermöglichte, die Wandlungen, die er durchlaufen hatte, zu begreifen. Religiosität erschien ihm – unter Bezug auf dem Chassidismus – nunmehr als etwas Aktivisches, als eine Haltung, die sich stets auf Gemeinschaft bezieht. Diese Erfahrung schien Buber dazu gebracht zu haben, sich von der Ebene der konkreten Objektivität, dem Reich der Politik, der zionistischen Arbeit zurückzuziehen und sich nun endgültig der ersten Ausarbeitung einer auch als solchen konzipierten Religionsphilosophie zu widmen. Es ging Buber dabei um eine quasi aktivistisch-konzipierte religiöse Mystik. Es wird zu überprüfen sein, ob diese Phase mitsamt ihrer Semantik sich in das Ablaufschema der kognitiven Religionspsychologie einpassen lässt, mit anderen Worten, ob die Passbedingungen für eine Zurechnung zur vierten Stufe tatsächlich erfüllt sind oder ob hier eine erste Anomalie vorliegt

5.5.4.6 Sechste Phase und Krise (Phase des jungen Erwachsenenseins)

Unsere Hypothesen postulierten für diese Phase eine aus der moralischen Urteilskompetenz erwachsende postkonventionelle universalistische Religiosität (Stufe 7 nach Kohlberg) und in religiöser Hinsicht eine religiöse Autonomie durch unbedingte Intersubjektivität. Bubers denkerische „La-

---

[23] Kohn 1979, 47.

tenzphase" ist in zwei Teile zu zerlegen: Eine Phase, in der er seine mystischen Konzepte voll zur Entfaltung brachte, und eine zweite, in der er diese allmählich überwand. Im Folgenden zwei Belege für Bubers mystische Phase. In einem Text aus dem Jahre 1907 heißt es:

> *„Buddha schaut die Dinge, ist die Dinge, schaut die Welt, ist die Welt. Sein Verneinen, sein Absagen ist nichts als die vollendete Tat."*[24]

Hier kommt zum Ausdruck, was als aktivisch konzipierte Mystik bezeichnet wurde. Im Buddha fließen Immanenz und Transzendenz zusammen, Ultimates und Endliches werden eins, Anschauen und Handeln gehen ineinander über. In moralischer Hinsicht würde dies der von Kohlberg postulierten Stufe sieben entsprechen, während religionspsychologisch die vierte Stufe (immanente Transzendentalisierung des Ultimaten) in höchster Entfaltung vorliegt. Dann hinkte aber die religiöse der moralischen Entwicklung nicht nur eine, sondern mindestens zwei, wenn nicht drei Stufen hinterher. Auf jeden Fall handelt es sich religionspsychologisch bestenfalls um die vierte Stufe. Denn in Bubers Mystik wird die Beziehung zwischen dem mystischen Menschen und dem Göttlichen unter Ausblendung der anderen Menschen beschrieben. Zudem ist diese Beziehung als die mystische Beziehung zwischen einem Gefäß und dessen göttlichem Inhalt vorgestellt:

> *„Vielmehr trägt das Gleichnis die Einheit der Lehre in alle Welt hinein, so dass, wie sie zuvor das All in sich umhegte, nun das All ihrer voll erscheint, und kein Ding ist so gering, dass sie sich weigerte, es zu füllen. Wer solcherart die Lehre nicht eifernd verbreitet, sondern sie in dem Wesen offenbart, der gewährt jedem, die Lehre nun auch in sich zu entdecken und zu beleben."*[25]

So Buber im Nachwort zu der 1910 erschienenen Sammlung der Reden und Gleichnisse des Tschuang Tse. Oser postuliert für diese Phase die Fixierung auf einen Heilsplan. Mindestens dieser Teil der Theorie stimmt mit Bubers religiöser Entwicklung nicht überein, da das mystische Denken jener Jahre die Idee eines Heilsplanes nicht kennt. Hier zeigt sich zum ersten Mal, dass die Phasen der von Oser u. a. entwickelten Religionspsychologie doch weniger strukturell, sondern sehr viel inhaltsbezogener, d.h. semantisch aufgeladener ist, als den Verfassern bewusst ist.

Bubers mystische Phase jener Jahre stellt eine partielle Falsifikation der prognostizierten Entwicklung dar. Es lässt sich auch leicht angeben, warum. Sowohl die Transzendentalisierung der Subjektivität als auch ihre Korrelation mit einem Heilsplan sind bestenfalls empirisch-universelle Semantiken. Beide Momente haben Oser u. a. offensichtlich in der Auseinandersetzung mit dem Christentum gewonnen, das als Erbe des Juden-

---

[24] Buber o. J., 9.
[25] Buber 1981, 79.

tums geschichtlich, d.h. heilsplanmäßig denkt. Es ist nicht zu übersehen, dass die Vorstellung eines Heilshandelns Gottes eine verhältnismäßig junge und verhältnismäßig partikulare Vorstellung ist, die es im (ost)asiatischen Raum mindestens nicht in der Form linearer Fortschritts, sondern allenfalls in der Form einer zyklischen Zeit gibt. Freilich ist einzuträumen, dass die Idee einer zyklischen Zeit als vorgegebene Bahn des menschlichen Lebens noch strukturell mit der Idee eines Heilsplanes kompatibel sein kann. Inkompatibel mit dieser Idee sind jedoch die mystischen Vorstellungen eines erfüllten, stehenden Jetzt, das durch Meditation und Versenkung eingeholt werden kann. Diese Form von Religiosität lässt sich, soweit ich sehe, mit dem vorgegebenen Schema nicht mehr zur Deckung bringen.

5.5.4.7 Siebte Phase (Übergangs- und Latenzphase)

Man darf vermuten, dass Buber die Phase seiner mystischen Versenkung in im Jahre 1913 mit dem Erscheinen der »Daniel-Gespräche« abgeschlossen hat. Wir haben oben bis etwa zum Jahre 1910 die Entfaltung seines mystischen Denkens konstatiert und müssten nun untersuchen, ob und wann sich nach 1910 eine Wendung zur nächsten Stufe anbahnt. 1911 erschienen die chinesischen Geister- und Liebesgeschichten sowie die »Drei Reden über das Judentum«, in denen sich die Abkehr von einer aktivisch gedachten Versenkungsmystik ankündigt, wobei die mystische Versenkung zurücktritt und das gestaltende Handeln hervortritt. Dort heißt es dann:

„Die religiöse Sehnsucht der Menschheit, die in dieser Stunde erwachende, ist den Urkräften des Judentums verwandt. Aufs letzte unerträglich ist heute den sich Besinnenden die Zweiheit von Geist und Welt, der Gegensatz einer ideellen Unabhängigkeit der Seele und einer tatsächlichen Abhängigkeit des Lebens vom entseelten Getriebe. Sie wollen nicht länger das Joch dieses von den Kirchen sanktionierten Widerspruchs tragen, wollen die Einheit von Geist und Welt fassen und verwirklichen und durch sie die wahre Freiheit, die Freiheit in Gott. Der aufgeteilte Mensch ist notwendigerweise unfrei, nur der geeinte wird frei. Der aufgeteilte Mensch wird immer wieder nur Aufteilungen wirken können, nur der geeinte wird die Einheit erreichen. Der geeinte, der einende, der vollkommene Mensch, der in Gott freie ist das Ziel der Menschheitssehnsucht, die in dieser Stunde erwacht; und er ist der Sinn der religiösen Urkräfte des Judentums.“ [26]

Hier findet sich eine starke Zuwendung zu den Menschen, die durch die immer noch wirkende Befassung Bubers mit politischen Fragen, zumal mit dem Zionismus gefördert wird. Der Gedanke, dass der wirkende Mensch die von den Zeitläuften hervorgerufene Entzweiung beheben könne, tritt immer stärker in den Vordergrund. Diese wirkende Behebung der Ent-

---

[26] Aus Kohn 1979, 320.

zweiung wird von Buber als jüdisches Urmotiv bezeichnet – eine Einschätzung, die sich durch die religionssoziologischen Untersuchungen Max Webers bestätigen ließ, der aktivistische Religionen danach unterschieden hat, ob sich die Menschen als Gefäß oder als Werkzeug Gottes verstehen. Weber ordnet die jüdisch-christliche Tradition der zweiten, den Buddhismus und Taoismus hingegen der ersten Strömung zu. Den Ausgang aus der Vereinigungsmystik vollzog Buber in seiner verstärkten Beschäftigung mit der jüdischen Tradition seit 1905/6. Hier tritt die für die kognitive Religionspsychologie bedeutsame Frage nach dem Verhältnis von semantischen Gehalten und entwicklungspsychologischen Strukturen ein weiteres Mal auf. In welchem Verhältnis stehen erlernte und erworbene Inhalte und Strukturen? Können andere Semantiken Strukturänderungen (mit)bewirken, oder werden die Semantiken der Struktur erst hinterher unterlegt? Auf jeden Fall scheint es der aktivische Faktor von Bubers Erfahrung und Denken gewesen zu sein, der den Übergang von einer abweichend ausgebildeten vierten Stufe zur fünften Stufe mitbestimmt hat. Diese fünfte Stufe zeichnet sich theoretisch durch religiöse Autonomie in Form unbedingter Intersubjektivität aus. Buber begann diese Phase mit der ersten Niederschrift von »Ich und Du« im Jahre 1919. Es scheint unumgänglich, zwischen diesen Zeitpunkt und dem Erscheinen des »Daniel«, in dem Buber die Phase seiner mystischen Versenkung zuerst überwunden hatte, noch einen weiteren Entwicklungsschritt zu postulieren, in dem die Positionen von »Ich und Du« vorbereitet werden, in dem der Gedanke der religiösen Autonomie durch unbedingte Intersubjektivität sich explizit vorbereitet. Tatsächlich ist Buber in den Jahren zwischen dem Ausbruch des ersten Weltkrieges und der Niederschrift von »Ich und Du« durch gegensätzlichste Auffassungen geprägt. So heißt es in dem 1914 verfassten Essay »Die Burg«:

> „Unsere Welt, die farbige Welt, ist die Welt; aber sie ist es in ihrem Geheimnis, in ihrer – nicht ureinigen, sondern geeinten – Glorie; und die Glorie ist aus dem Werden und aus der Tat. Wir vermögen nicht hinter der Vielheit die lebendige Einheit zu finden. Wir vermögen aus der Vielheit die lebendige Einheit zu tun." [27]

Wie für viele andere Angehörige seiner Generation war es der erste Weltkrieg, der künftige Entwicklungen beschleunigen sollte. Auch Buber begrüßte den Krieg als die Offenbarung des Neuen:

> „Nicht in ihrem Bekenntnis, in ihrer Hingabe tut sich das Göttliche kund. Sie werfen das Vertraute, das Sichere, das Bedingte hin, um sich in den Abgrund des Unbedingten zu stürzen. Und eben dies, dass sie es tun, ist die Offenbarung des Unbedingten in einer Zeit, die von ihm verlassen schien. Dessen haben wir uns in den Schrecken und bitteren Schmerzen dieses Krieges, und un-

---

[27] Buber o. J., 21.

säglich über sie alle hinaus, zu freuen. Es ist eine fruchtbare Gnade; es ist die
Gnade der neuen Geburt.“ [28]

heißt es in einem Brief an Frederik van Eeden. Der Krieg wird als Herausforderung für menschliches Handeln begriffen, perverserweise als Gnade. Man mag zugute bringen, dass diese Zeilen schon im Oktober 1914 verfasst wurden – gleichwohl dokumentieren sie, wie weit Buber noch vom Denken konkreter Intersubjektivität und wirklichen Leidens entfernt war. So schlimm der Krieg für Buber auch gewesen sein mag, letztlich war er für ihn eine Offenbarung auf dem Wege zur Wirklichkeit.

Zudem ist es der Gemeinschaftsgedanke, der Buber aus seiner Versenkung herausführte. In einem 1914 datierten Text, der in die 1918 erschienene Sammlung »Mein Weg zu Chassidismus« aufgenommen wurde, heißt es:

> *„Als Kind hatte ich ein Bild des Zaddiks empfangen und durch die befleckte Wirklichkeit hindurch die reine Idee, die Idee des wahrhaften Führers einer wahrhaften Gemeinde zu ahnen bekommen. Zwischen Jugend und Mannesalter war mit dann aus der Erkenntnis der chassidischen Lehre diese Idee als die des vollkommenen, Gott in der Welt verwirklichenden Menschen aufgegangen.“* [29]

Das aktivische und gemeindebezogene, weltbejahende Denken führte Buber auf die jüdische Tradition zurück. Zudem nimmt er den Chassidismus dafür in Anspruch, die Gebrochenheit einer modernen Religiosität zu überwinden: Heiliges und Profanes seien im Chassidismus in vorbildlicher Weise ineinander überführt, ihre Trennung überwunden. Darin ist der alte pharisäische Gedanke einer Heiligung auch des Diesseits, des Handelns in der Welt enthalten und zu seiner höchsten Form entwickelt. Es sind Volk und Gemeinschaft, die es dem einzelnen Menschen ermöglichen, zu einem neuen Gespräch mit Gott zu kommen. Nur vor dem Hintergrund einer solchen Gemeinschaft ist Religiosität möglich. Eine partikularistische Beschränkung auf weniger als den ganzen Menschengeist wäre Entheiligung:

> *„Das Verhältnis zum Unbedingten ist ein Verhältnis des ganzen, in Geist und Seele ungeteilten Menschen; die Handlungen, die diesem Verhältnis zum Ausdruck bestimmt sind, von dem Jasagen der ganzen Menschenseele ablösen, sie von der Übereinstimmung mit dem ganzen Menschengeist unabhängig machen, heißt sie entheiligen...“* [30]

Dabei ist der „Menschengeist“ noch der Geist der ganzen Person, nicht der Geist aller Menschen. Von einer unbedingten Intersubjektivität kann also auch noch in dieser Phase keine Rede sein. Die unbedingte Intersubjektivität ist zwischen Gott und Mensch, Einzelmensch und Einzelmensch. Dies

---

[28] Briefe I, 377/ 8.
[29] Buber 1960, 31.
[30] Buber 1938, 38/8.

würde freilich genau der prognostizierten fünften Stufe entsprechen, die sich von der postulierten sechsten dadurch unterscheidet, dass sie noch nicht den Gedanken einer universellen Solidarität übernommen hat. Unbedingte Intersubjektivität würde in diesem Zusammenhang die voll entwickelte Reziprozität in den Beziehungen und Ansprüchen von Gott und Mensch bedeuten. Es wird zu überprüfen sein, ob Buber in »Ich und Du«, das 1923 erschien, dieses Postulat einlöst.

5.5.4.8 Achte Phase (»Ich und Du« bis zur Emigration)

„Die Gottesbegegnung widerfährt dem Menschen nicht, auf dass er sich mit Gott befasse, sondern auf dass er den Sinn an der Welt bewähre. Alle Offenbarung ist Berufung und Sendung. Aber wieder und wieder vollzieht der Mensch statt der Verwirklichung eine Rückbiegung auf den Offenbarenden; er will sich statt mit der Welt mit Gott befassen. Nur steht ihm nun, der Rückgebogenen, kein Du mehr gegenüber, er kann nichts anderes als ein Gottes-Es in die Dinglichkeit einstellen, von Gott als einem Es zu wissen, glauben und von ihm zu reden.“[31]

Bubers Theorie der Intersubjektivität unterscheidet zwischen zwei grundlegenden Beziehungsmodi, die sich in der Sprache zeigen: Ich – Du und Ich – Es, zwei Relationen, die wir heute mit der Sprechakttheorie als illokutionär oder perlokutionär, bzw. mit der Theorie des kommunikativen Handelns als instrumentell oder kommunikativ bezeichnen können. Bubers origineller Gedanke besteht in der systematischen Verknüpfung dieser beiden Grundmodi mit zwei Grundmodi der Beziehung des Menschen zum Ultimaten: Erfahrung des Ultimaten in meditativer Selbstversenkung versus Erfahrung des Ultimaten durch tätiges Handeln in der Welt. Buber kreuztabelliert diese Modi nicht, sondern ordnet zu: Einer reifzierenden Beziehung zu Gott entspricht eine Abkehr von der Welt, während eine Zuwendung zur Welt zugleich eine dialogische Beziehung zu Gott ermöglicht.

Diese Zuwendung zur Welt entspricht der auf der Basis der Psychoanalyse prognostizierten Haltung: Integrität versus Lebensekel. Allerdings ist darauf hinzuweisen, dass die religiöse Entwicklung erwartungsgemäß der motivationalen und kognitiven Entwicklung hinterherhinkt. Der Buber der unbedingten Intersubjektivität zwischen Gott und Mensch hat den Gedanken einer universellen Solidarität noch nicht gefasst. Zudem ist noch nicht deutlich, wie die Binnenstrukturen des Verhältnisses Gott/Mensch aussehen. Die Zuordnung von Weltzuwendung und dialogischer Beziehung zu Gott sind eine elegante Auflösung diese Problems, übergehen aber die Fra-

---

[31] Buber 1965, 117.

ge nach der wechselseitigen bzw. einseitigen Abhängigkeit von Gott und Mensch.

Tatsächlich schien Buber in jener Zeit Gott als Gott, d.h. als eigenständiges Gegenüber nicht fassen zu wollen, mindestens nicht im Sinne einer Abhängigkeitsbeziehung. In Bezug auf das thoratreue Judentum ist dies ein neuer Gedanke. In einem Brief an Franz Rosenzweig aus dem Jahre 1924 heißt es:

> *„Nein, es ist mir nicht klar. Denn wie ich Ihnen gesagt habe, da Gott mir kein Gesetzgeber, sondern nur der Mensch ein Gesetznehmer ist, gilt mir das Gesetz nicht universal, sondern personal nämlich nur das von ihm, was ich als zu mir gesagt anerkennen muss (z.B. je älter ich werde und je tiefer ich die Unruhe meines Wesens erkenne, umso mehr der Ruhetag)."* [32]

Auf den ersten Blick scheint dies einer religiösen Autonomie durch unbedingte Intersubjektivität zu entsprechen – ein Eindruck, der freilich täuscht. Wohl kann die Selbstinterpretation Bubers als eines Gesetzesnehmers religiöse Autonomie belegen, ob aber seine selektive Bereitschaft, das (selbstgegebene?) Gesetz anzunehmen, dem Gedanken einer unbedingten Intersubjektivität zwischen Gott und Mensch(en) entspricht, kann bezweifelt werden. Von einer voll entwickelten Reziprozität zwischen Gott und Mensch kann hier keine Rede sein, sofern gelten soll, dass in einer voll entwickelten reziproken Beziehung die Ansprüche beider Partner als Ansprüche gleichermaßen anerkannt werden. Die kognitive Religionspsychologie postuliert deshalb für diese Stufe, dass der Ort des Ultimaten als norma normans in die menschliche Kommunikation hineinverlegt wird. Dem scheint Bubers Denken zu entsprechen. In einem Brief an Theodor Bäuerle schrieb er 1929:

> *„Diese Welt, so scheint es mir, ist weder Gottes, noch des Teufels, sondern vorerst ihr eigen und des Menschen. Und für diesen gilt Gottes Gebot durchaus nicht im Sinn eines Entweder – Oder, sondern in die Wirklichkeit der menschlichen Situation hinein, wo wir jeweils etwas erfüllen können, eben nach dem Vermögen dieser Stunde, dieser Person, und dieses Etwas (...) ist genau das, was Gott von diesem Menschen fordert, das menschliche quantum satis."* [33]

Wenn sich Buber während dieser Phase auf der postulierten fünften Stufe befinden sollte, so stellt sich die Frage nach der Wirklichkeit Gottes und damit der Wirklichkeit der dialogischen Beziehung zwischen Gott und Menschen erneut. An dieser Stelle wird Bubers Konzeptualisierungsproblem zugleich zum Konzeptualisierungsproblem der kognitiven Religionspsychologie, die nicht systematisch, d.h. theologisch ausweisen kann, wa-

---

[32] Briefe II, 201.
[33] Briefe II, 329/30.

rum Gott nur in und durch Intersubjektivität erfahrbar sein soll. Buber scheint zu postulieren, dass nur durch die Erfahrung menschlicher Intersubjektivität eine dialogische Beziehung zu Gott möglich ist. Dies hat die kognitive Religionspsychologie übernommen. Sie übersieht aber ein weiteres Mal, dass es sich bei solcher Konzeptualisierung um eine semantische, d.h. inhalts- und kulturgeladene und keine strukturelle Interpretation handelt. Für die gesetzestreu jüdische und die reformatorische Theologie ist diese intersubjektivistische Annahme schlechthin inakzeptabel. Die Wirklichkeit Gottes verschwindet hinter menschlicher Intersubjektiviät und ist von dieser kaum noch zu unterscheiden. Man wird sich daher fragen müssen, warum von Gott überhaupt noch die Rede ist und ob es legitim ist, die Wirklichkeit menschlicher Kommunikation zum Ultimaten zu erklären. Man mag diese Fragen so oder so beantworten: Auf keinen Fall aber scheint es plausibel, diese spezifische theologische Theorie als universell vorfindliche Beziehungsstruktur zum Ultimaten auszuzeichnen. Um zu belegen, dass das Verhältnis Gott und Mensch – auch und gerade unter Einbeziehung ihrer intersubjektiven Konstitution – ganz anders gefasst werden kann, zitiere ich eine Äußerung des reifen Karl Barth, die er nach seiner Phase einer absoluten Differenz und Abhängigkeit des Menschen von Gott verfasst hat:

> „Diese Gnade Gottes entscheidet und hat schon entschieden über unser Menschsein. Was heißt ein Mensch sein, da durch Gottes Gnade darüber entschieden ist? Dies offenbart: ein solcher sein, der steht und geht, lebt und stirbt darin, dass Gott ihm gnädig ist, dass er sich ihm zu eigen gemacht hat ... ein solcher sein, für dessen Menschsein Jesus Christus nach dem Willen, im Namen und Auftrag Gottes, in der ganzen Weisheit und Machtfülle Gottes selber vor Gott steht...“[34]

Ein auch für die kognitive Religionspsychologie bedeutsamer Begriff wie „Gnade" ist in der Barthschen Theologie systematisch berücksichtigt, während er in der Theologie des Bubers jener Phase so gut wie keine Rolle spielt. Der Buber der fünften Phase stellt in der Tat einen eindeutigen Beleg für die Prognose der kognitiven Religionspsychologie dar, weist damit aber auch auf deren spezifischen, semantischen Kern hin, der weit mehr impliziert, als dies eine strukturalistische Theorie tun dürfte.

5.5.4.9 Neunte Phase (hohes Erwachsensein, »Gog und Magog«)

1933 kamen die Nationalsozialisten an die Macht und drängten die deutschen Juden während der nächsten fünf Jahre in ein kulturelles Ghetto, das in gewisser Weise eine Selbstbesinnung auf die eigene Kultur und Religion zur Folge hatte. 1938 ging er nach Jerusalem, 1939 brach der zweite Welt-

---

[34] Barth 1976, 207.

krieg aus, und zu Beginn der vierziger Jahre wurde die Katastrophe des europäischen Judentums auch in Palästina bekannt, wenngleich die volle Wahrheit über die Massenvernichtung sich erst 1942/43 ihren Weg bahnte. 1941 veröffentlichte Buber seinen einzigen Roman. In ihm geht es um zwei chassidische Schulen, die während der napoleonischen Kriege darum ringen, ob es erlaubt sei, mit kabbalistischen, d.h. letztlich magischen Praktiken die messianische Zeit herbeizuzwingen. In gewisser Weise nahm Buber hier das Thema der Theodizee (wieder) auf, ja sogar die Frage, ob es dem Menschen erlaubt sei, Gott zu zwingen, um das Heil herbeizurufen. Buber bekennt im Vorwort, dass er beiden Seiten dieser Auseinandersetzung ihr Recht lassen wolle, wenngleich er selbst eher auf der Seite jener stehe, die an ein Heil auf der Basis innerer Umkehr glauben und jede kabbalistische Erlösungstechnik ablehnen:

> *„Das andere ist, dass er die Erlösung seiner Welt der Macht unserer Umkehr überantwortet hat: Es steht geschrieben ‚Kehrt um, abgekehrte Söhne, ich will eure Abkehrungen heilen'. Gott will seine Schöpfung nicht anders als mit unserer Hilfe vollenden können. Er will sein Reich nicht offenbaren, ehe wir es gegründet haben. Die Krone des Königs der Welt will er nicht anders sich aufsetzen, als mit seiner Schechina nicht eher vereinigen, als bis wir sie ihm zuführen. Mit bestaubten und blutenden Füßen lässt er sie die Landstraße der Welt ziehen, weil wir uns ihrer nicht erbarmen. Darum sind alle Berechnungen der Endzeit falsch und alle Bemühungen, den Messias zu bringen, müssen missglücken. Ja, all dies lenkt von dem einem ab, worauf es ankommt, durch unsere Umkehr die Schechina ihm wieder zuzuführen. Wohl ist da ein Geheimnis. Aber wer es kennt, kann es nicht kundtun, und wer es kundzutun vorgibt, erweist, dass er es nicht kennt. Und wohl ist da ein Wunder. Aber wer es vollbringen will, verfehlt es. Nur wer sich seiner nicht unterfängt, darf hoffen, daran teilzuhaben. Die Erlösung ist nah. Es hängt nur noch an unserer Umkehr.“*[35]

Diese Rede, die Buber dem „Heiligen Juden" von Pzysha in den Mund legt, dürfen wir als seine eigene Auffassung ansehen. Wenn wir für die vorige Phase religiöse Autonomie konstatiert haben, so finden wir nun noch einmal das Moment der vierten Stufe, den Heilsplan, sowie bereits Momente der Stufe sechs (universelle Kommunikation und Solidarität im indikativischen Status). Buber bzw. die Figur, der er seine Auffassung in den Mund legt, gibt vor, zu wissen, was Gottes Wille ist, nämlich jenes eigenverantwortliche Handeln bzw. die geistige Umkehr der Menschen, die Buber selbst immer gefordert hat. Im Unterschied zu Äußerungen der letzten Phase ist nun aber explizit von einem Willen und Anspruch Gottes die Rede, wodurch mir der Autonomismus seiner vorherigen Phase überwunden zu sein scheint, ohne dass er thematisch etwas zurückzunehmen hätte. Gewiss, Gesetz und Offenbarung gelten auch jetzt noch als zweierlei –

---

[35] Buber 1978, 297.

gleichwohl rückt die Eigenständigkeit, d. i. die Wirklichkeit Gottes stärker in den Vordergrund. Buber findet hierfür den Begriff „Geheimnis". Dass dieses nicht kundgetan werden kann, verbürgt Gottes Eigenständigkeit. Die Differenz von Gott und Mensch und damit die Eigenständigkeit beider, die erst volle Reziprozität ermöglicht, ist ein Thema, das Buber erst jetzt, unter der furchtbaren Erfahrung des Genozids an den Juden, aufzugehen scheint. Aus jener Zeit stammt der Begriff der „Gottesfinsternis", der Gedanke eines Rückzugs, eines Sich-Verhüllens Gottes. In seiner Abwesenheit wird Gott als jener sichtbar, der mehr und anderes ist, als nur jenes ewige Du, das durch menschliche Kommunikation sichtbar wird. Erst in der Erfahrung des Übels enthüllt sich Gott als der, der er wirklich ist:

> „Die Frühzeit der israelitischen Religion kennt keinen Satan: wenn auf den Menschen eine Macht stößt und ihn bedroht, gilt es auch in ihr, sei sie auch noch so nächtig-grauenhaft und grausam JWHW wiederzuerkennen und ihm standzuhalten, da er doch nichts anderes von mir heischt als mich."[36]

Bubers Vertrauen in die Fähigkeit des Menschen zur Umkehr in seine Autonomie scheint zu schwinden, wenngleich er diese Erfahrung immer und wieder biblischen Schriftstellern in dem Mund legt:

> „Vom Menschen aus gibt es keine Stetigkeit, nur von Gott aus. Der Psalmist hat erfahren, dass Gott und er stets beieinander sind. Aber er vermag seine Erfahrung nicht als ein Wort Gottes auszusprechen."[37]

Erst unter dem Eindruck einer unübersehbaren Theodizeeproblematik begann Buber jene Differenzerfahrung zu artikulieren, die der Dialektischen Theologie nach 1918 eignete. Erst diese Erfahrung schien es Buber zu ermöglichen, Gott als einen wirklichen Anderen, als ein wirkliches Gegenüber zu begreifen, eine Erfahrung, die es geradezu erschwert, an ihn zu glauben, ihn zu akzeptieren. In einer im Jahre 1951 gehaltenen Rede fragt Buber: „Wie ist in einer Zeit, in der es Auschwitz gibt, noch ein Leben mit Gott möglich?"[38] und 1952 wird sein Buch »Gottesfinsternis« erscheinen. Im „Bericht aus zwei Gesprächen", die sich in der „Gottesfinsternis finden, berichtet Buber über Ereignisse in der Zeit der Weimarer Republik:

> „'Wie gut lässt es sich verstehen', sagte Buber damals nach eigener Aussage zu einem Gesprächspartner, ,dass manche vorschlagen, eine Zeit über von den letzten Dingen zu schweigen, damit die missbrauchten Worte erlöst werden. Aber so sind sie nicht zu erlösen. Wir können, das Wort ,Gott' nicht reinwaschen, und wir können es nicht ganz machen; aber wir können es, befleckt und zerfetzt wie es ist, vom Boden erheben und aufrichten über einer Stunde großer Sorge'."[39]

---

[36] Buber 1964, 70.
[37] Buber 1964, 979.
[38] Kohn 1979, 452.
[39] Buber 1960, 43 f.

Die Unterscheidung zwischen Gott und dem Wort von ihm, das Angelegenheit der Menschen ist, untermauert die Wirklichkeit Gottes und damit das, was die kognitive Religionspsychologie den „indikativischen Status" nennt. Der Gesichtspunkt „universeller Kommunikation" scheint dadurch gewährleistest, dass Buber stets den „Menschen als solchen" bzw. jedes menschliche Gespräch im Auge hat.

Zusammenfassend lässt sich sagen, dass Buber vermutlich angesichts des Genozid an den Juden und seiner starken Beschäftigung mit der Theodizee in den vierziger Jahren die egozentrisch eingefärbte Phase religiöser Autonomie überwunden hat. Das erneute Nachdenken über Gottes Willen und Pläne könnte eine partielle Regression auf Stufe vier indizieren, während der Gedanke einer allgemeinen möglichen Erlösung vorwärts weist. Ist damit schon die sechste Stufe erreicht, von der Oser und Gmünder behaupten:

> „Die höchstmögliche Vermittlung wird erst erreicht, wenn von einer Verheißung ausgegangen wird, die befähigt, Schuld, Unrecht, Tod, Leiden usw. auswirken zu lassen im ausschließlichen Vertrauen auf das Angenommensein auch und gerade im Scheitern, im Schmerz durch das Unbedingte..."[40]

Wiederum zeigt sich die stark theologische Prägung der kognitiven Religionspsychologie. Bubers indikativische Erkenntnis, dass es auf das menschliche Handeln ankommt, sein Schweigen darüber, ob und wie der einzelne Mensch von Gott letztlich angenommen ist, würde ihn allenfalls auf einer Stufe fünfeinhalb belassen. Zwar lässt er den Juden in »Gog und Magog« davon sprechen, dass da ein Geheimnis sei und ein Wunder, dass es dem Menschen aber nicht vergönnt sei, es auszusprechen und zu erkennen. Die Dezenz und Seriosität von Bubers theologischem Denken verbietet es ihm angesichts der Menschheitskatastrophe des Nationalsozialismus, angesichts der „Gottesfinsternis" von mehr zu sprechen. Will eine deskriptive und explanotorisch angelegte Psychologie sich in der Tat anmaßen, hier wertende Urteile zu fällen? Und beweist sie nicht, indem sie das tut, dass sie doch mehr normative Theologie als Psychologie ist? Hat sie sich der Verzweiflung dieses Jahrhunderts tatsächlich gestellt oder extrapoliert sie nicht nur menschliche Wünschbarkeiten, die so aber auch anders sein können? Eine Betrachtung von Bubers letzten Lebensphasen wird zeigen, ob und wie er die Erfahrung der „Gottesfinsternis" weiter verarbeitet hat.

5.5.4.10 Zehnte Phase (Wiederaufnahme der Beziehungen mit Deutschland bis zum Tod seiner Frau)

Schon 1951 besuchte Buber, darob von der jüdischen Öffentlichkeit heftig kritisiert, Deutschland, um den Goethepreis in Hamburg entgegenzuneh-

---

[40] Oser & Gmünder [4]1996, 95.

men. In dieser Zeit wendete er sich verstärkt den psychologischen Komponenten seiner Dialoglehre zu. Doch auch die Ausarbeitung jener Phase geht von der Möglichkeit des Menschen und damit der Aufforderung an den Menschen aus, durch sein Handeln das Gute zu wirken. Anders als im (lutherischen) Christentum beharrt Buber auf der jüdischen Einsicht, dass es auf das menschliche Handeln ankommt. Indikativischer Status von Solidarität und Kommunikation zwischen Gott und Menschen und vor allem unter den Menschen kann dann nur heißen, dass es trotz aller menschlichen Fehlerhaftigkeit stets und immer die Möglichkeit zur rettenden Umkehr gibt, die von Gott nicht zurückgenommen wird:

> *„Wenn aber die so Angerufenen dem Ruf beharrlich widerstreben, verstummt die Alternativik, und die nahende Katastrophe wird wie ein unveränderliches Verhängnis angesagt. Und doch bleibt sogar in dieser Ansage noch die Pforte der Gnade für die menschliche Gnade offen. Der realen Wirkungskraft des dialogischen Verhältnisses zwischen Gottheit und Menschheit .. ist auch hier noch kein Ende gesetzt."* [41]

Aber mehr als die Möglichkeit der Umkehr, die bereits höchste Gnade darstellt, vermag Buber nicht zu verheißen. Das unbedingte Angenommensein des Christentums ist hier nicht getroffen. Buber argumentiert zutiefst aus dem Judentum heraus, wenn er behauptet, dass die Gnade im offenen Handlungshorizont des Menschen liegt. Das Missverständnis der billigen Gnade kann gar nicht erst entstehen:

> *„Der Mensch ist so erschaffen, dass er verstehen kann, aber nicht verstehen muss, was Gott ihm sagt. Gott gibt den erschaffenen Menschen den Nöten und Ängsten nicht preis, er leiht ihm den Beistand seines Worts, er spricht zu ihm, er spricht ihm sein Wort zu. Der Mensch aber horcht nicht getreuen Ohrs auf das ihm Zugesprochene, er vermengt schon im Hören Himmelsgebot und Erdensatzung miteinander, Offenbarung des Seienden und die Orientierungen, die er sich selber zurechtmacht."* [42]

Letzten Endes ist es einzig und allein der Glaube, der es den Menschen ermöglicht, auf Gott zu hören. Frei in ihrem Handeln, wie sie sind, ist es ihr Glaube, der sich die Verheißung auf Gottes Gnade und Güte zuspricht. Sind solche Zweifel und Limitationen ein Indiz dafür, dass die sechste Stufe nicht wirklich erreicht worden ist? Oder kann die kognitive Religionspsychologie von Buber lernen, dass Gottes Wort nicht wirklich besessen werden kann, sondern dass auch seine indikativischen Zusagen immer und wieder durch das Nadelöhr des Zweifels und der Verzweiflung hindurch müssen?

---

[41] Buber 1964, 931.
[42] Buber 1960, 46/7.

Gerade wenn die kognitive Religionspsychologie sowohl ihr Thema („das Ultimate") als auch ihren (psychologischen) Gegenstand, nämlich die Menschen, die sich auf das für sie Ultimate beziehen, ernst nehmen will, wird sie dem Zweifel mehr an systematischem Rang einräumen müssen als bisher. Es ist wieder das Problem der Theodizee, an dem sich die vorgeschlagene Verwirklichung der sechsten Stufe zu brechen scheint. In einer Meditation über das erste Buch der Könige, von der Buber 1960 berichtet, heißt es:

> *„...wir haben einzig den Glauben – wenn wir ihn haben. Nichts kann mich an einen Gott glauben machen, der Saul bestraft, weil er seinen Feind nicht ermordet hat. Und doch kann ich auch heute noch den Abschnitt, der dies erzählt, nicht anders als mit Furcht und Zittern lesen. Aber nicht ihn allein. Immer, wenn ich einen biblischen Text zu übertragen oder zu interpretieren habe, tue ich es mit Furcht und Zittern, in einer unentrinnbaren Schwebe zwischen dem Worte Gottes und den Worten der Menschen."* [43]

Die Sehnsucht nach dem guten Gott, die durch das Problem der Theodizee nicht mehr in Verlegenheit gebracht werden kann, erweist sich als Wunsch und Wille – als Glauben. Aber der Glaube an Gott und der Glaube daran, dass er so ist, wie ihn sich die Menschen wünschen, ist nicht miteinander identisch. Die Folge der Einsicht in die geheimnisvolle Wirklichkeit Gottes, „die unentrinnbare Schwebe zwischen den Worten Gottes und den Worten der Menschen" ist in der Sequenzialisierung der kognitiven Religionspsychologie nicht anzutreffen. Wiederum ist zu entscheiden, ob es sich dann um eine Anomalität des untersuchten Gegenstandes oder um einen Validitätsfehler des Instruments handelt. Ich würde auf die zweite Möglichkeit setzen, weil es – analog der Entwicklung der moralischen Urteilsfähigkeit –auf den postkonventionellen Stufen keine objektivierbaren Beurteilungskriterien mehr gibt, sondern nur gleichermaßen diskutable Positionen. In dem Augenblick, in dem die diskursive Hypothetizität moralischer Normen bewusst ist, ist es nicht mehr möglich, auf der Basis inhaltlicher Vorannahmen (Kontraktualismus versus Prinzipialismus) Höherstufungen vorzunehmen. Und so wie wir im Beriech moralischer Urteile im postkonventionellen Stadium alle gleich kompetent sind, über Moralen zu diskutieren, so sind wir im Bereich des Glaubens auf der postkonventionellen Ebene alle gleichermaßen Glaubende, die unterschiedliche Erfahrungen artikulieren können. Ob es dann noch ein rationales Entscheidungsverfahren geben kann, derlei Erfahrungen zu bewerten, scheint mir fraglich, weil Erfahrungen an semantische Potentiale anknüpfen – ganz unabhängig von strukturellen Dispositionen. Und wenn der Überhang der Semantik im Bereich des Glaubens ohnehin stärker ist als in der Moral, so ist zu schließen, dass die semantische Beliebigkeit religiöser Erfahrungen auf der höchsten

---

[43] Buber 1960, 47.

Stufe zu Inkommensurabilitäten führen kann. Es scheint mir gegen den Sinn eines kognitiv phasentheoretischen Ansatzes zu sprechen, auf der Basis unterschiedlicher Semantiken zu sequenzialisieren. Vom späten Martin Buber wäre zu lernen, dass auch andere religiöse Erfahrungen möglich sind.

5.5.4.11 Elfte Phase und Krise (Tod seiner Frau bis zum eigenen Tod)

Bubers Frau starb im Jahre 1958, zwei Jahre später publizierte Buber das autobiographische Bändchen »Begegnungen«, in dem sich die anfangs zitierte Passage „Die Mutter" findet. Hier zieht der Zweiundachtzigjährige, der zwei Jahre später sein Lebenswerk, die Verdeutschung der Schrift abschließen wird, Bilanz. Vier Jahre zuvor war ihm deutlich geworden, dass der Weg, den er gegangen war, einer objektiven Anforderung entsprach. So schrieb er 1956 in »Der Chassidismus und der abendländische Mensch«:

> *„Zwar wusste ich von Anbeginn, dass er nicht eine Lehre war, die von ihrer Anhängern in dem oder jenem Maße verwirklicht wurde, sondern eine Art von Leben, zu der die Lehre den unerlässlichen Kommentar abgab. Jetzt aber zeigte es sich mit überwältigender Deutlichkeit, dass in der Aufgabe, die mich angefordert hatte, dieses Leben auf eine geheimnisvolle Weise involviert war."*[44]

Zwei Jahre nach dem Tod seiner Frau artikuliert Buber die Urerfahrung, die ihm offensichtlich jene später als Anspruch und Aufgabe erfahrene Reaktion aufgenötigt hatte: es war die Erfahrung eines Verlustes, die Erfahrung von Abhängigkeit und Sinnlosigkeit. „Nein, sie kommt niemals zurück", sagte das große Mädchen zu Buber; auch im reifen Mannesalter konnte er diese Erfahrung nicht anders als „Vergegnung" bezeichnen. All dies berichtete er im hohen Alter von zweiundachtzig Jahren.

> *„Ich vermute, dass alles, was ich im Lauf meines Lebens von der echten Begegnung erfuhr, in jener Stunde auf dem Altan seinen Ursprung hatte."* [45]

Buber artikuliert eine religionspsychologisch-genetische Vermutung über die prägende Kraft basaler Erfahrungen. Es ist die Abwesenheit, die fehlende Begegnung, die ihn zur Lehre von der Begegnung und des Dialogs mit Gott über den Dialog zwischen den Menschen geführt hat. Es war die Erfahrung der Verzweiflung, über die er nach langen Wirren zu einer Beziehung zu Gott gelangte. Diese Erfahrung, die in Bubers Leben trotz aller Anstrengung wieder und wieder bestätigt wurde – bei der Vernichtung der europäischen Juden und beim Tod seiner Frau – führte zu einer Haltung des frommen Akzeptierens des Waltens Gottes, zur Annahme einer ver-

---

[44] Buber 1963, 936.
[45] Buber 1960, 5 f.

hüllten Offenbarung, die ebenso radikal erfahren wird wie zuvor die Möglichkeit menschlicher Freiheit und Intersubjektivität. Ob man dies fromme Akzeptieren des göttlichen Waltens als eine Regression auf frühere Stufen bezeichnen will, hängt von der normativen Rekonstruktion des Phasenmodells ab.

Eine solche Rekonstruktion aber ist ihrerseits erfahrungsgeladen und damit nicht in der Lage, mehr als nur Vorschläge für ein angemessenes Verhältnis zum Ultimaten machen zu können. Um entscheiden zu können, ob Stufungen, wie sie die kognitive Religionspsychologie vorschlägt, sachlich zulässig sind, wäre m.E. zunächst eine theologisch begründete Theorie religiösen Argumentierens zu entwickeln, die – soweit ich sehe – derzeit noch nicht vorliegt. Hier, und nur hier, wäre der Ort, zwischen Glaubenserfahrung, der Stringenz offenbarender Rede, wie wir sie in der Schrift finden, und der „Reife" des Glaubens zu unterscheiden. Spätestens hier dürfte die kognitive Religionspsychologie mit ihren Sequenzialisierungen in erhebliche Schwierigkeiten kommen. Welcher Stufe ist eines von Bubers letzten Worten zum Problem der Theodizee und zu seinem eigenen Tun zuzurechnen?

> *„Ich bin in diesen letzten Jahren, in einem überschweren Forschen und Fragen, immer neu vom Schauder des Jetzt gepackt, nicht weiter gekommen, als dass ich nunmehr eine Offenbarung durch Verbergung des Antlitzes, ein Sagen durch Schweigen kenne."* [46]

So bekennt sich der Denker und Künder des dialogischen Lebens schließlich zu einer Offenbarung durch das Schweigen. Wie würde die kognitiver Religionspsychologie mit jenem Worte Jesu, den Martin Buber stets als seinen Bruder ansah, umgehen:

> „Wahrlich, ich sage Euch, wenn ihr nicht umkehrt und werdet wie die Kinder, so werdet ihr nicht in das Himmelreich eingehen. Wer sich also für gering hält wie dieses Kind, der ist der Größte im Himmelreich." (Mt 18,5)

5.5.5 Diskussion der Ergebnisse

5.5.5.1 Methodisch/methodologische Vorbemerkung

Der Versuch, anhand von Bubers Schriften so etwas wie eine Psychohistorie seiner Entwicklung anhand der Kategorien der kognitiven Religionspsychologie nachzuzeichnen, leidet an einer Reihe erheblicher methodischer Mängel, die vor einer Diskussion der Ergebnisse aufgeführt werden müssen.

---

[46] Wehr 1968, 128.

Die Auswahl der Texte zur Bestätigung bzw. Widerlegung der naiven Hypothesen war selektiv und entsprach nicht dem geforderten Objektivitätsideal. Dieses hätte vorausgesetzt, sämtliches Material nach Phasen und Jahrgängen von einer Gruppe entsprechend trainierter Rater vollständig auswerten und einstufen zu lassen, was schon aus technischen Gründen unmöglich war. Eine andere, ökonomischere Möglichkeit wäre gewesen, konsequent die aufgestellten Hypothesen zu falsifizieren. Dies hätte den Vorteil gehabt, sich auf wenige Textstellen beschränken zu können, die eine ganze Theorie wiederlegen können. Dagegen sprach, dass der strenge Falsifikationismus seit Lakatos[47] überholt ist, mehr noch, dass nach Maßgabe der zu prüfenden Theorie selbst einzelne Äußerungen keine Widerlegung oder Bestätigung darstellen können, da Entwicklungsprozesse diskontinuierlich und disparat verlaufen. Das Vorkommen einzelner Äußerungen in einem bestimmten Lebensabschnitt sagt wenig – was zählt, ist ein durch das häufige Auftreten bestimmter Äußerungen stabilisiertes Niveau.

Infolgedessen wurde eine hermeneutische Validierung versucht. Ausgewählte Passagen, die mir aufgrund meiner Vorkenntnis als typisch für bestimmte Lebensabschnitte erschienen, wurden mit den naiv konstruierten Hypothesen konfrontiert und auf ihre Konsistenz geprüft. Bei starken Inkonsistenzen habe ich mich entschieden, der Theorie unrecht zu geben, und zwar aus der substantiellen Annahme heraus, dass die menschliche Beziehung zum Ultimaten vor allem das Ergebnis von Erfahrungen mit erlebter Kontingenz ist, von Erfahrungen, die vor dem Hintergrund einer Kultur und religiösen Tradition stehen. Traditionen und Kulturen sind vor allem eine Frage der Semantik und weniger der kommunikativen Pragmatik.

5.5.5.2 Auswertung und Konklusion

Für die erste Phase scheint zu gelten, dass Buber sich der aufgestellten Prognose zum Trotz noch auf der ersten religiösen Urteilsstufe befand und nicht, wie entwicklungspsychologisch zu erwarten, auf der zweiten Stufe.

Für die zweite Phase schien sich zu bestätigen, dass sich Buber erwartungsgemäß auf der zweiten Stufe befand. Die Untersuchung seiner dritten Lebensphase ergab eine Unschärfe bei der Bestimmung des Eintritts der „deistischen" Stufe. Mangels biographischen Materials musste offen bleiben, ob sie eher eher früh, im Alter von vierzehn, oder erwartungsgemäß im Alter von 15-17 erreicht wurde. Auf jeden Fall war es möglich, die dritten Stufe in zwei Subphasen zu differenzieren: Eine erste, während der der religiöse Egozentrismus subjektivistisch als solcher erfahren wird, und eine zweite Unterphase, in der diese subjektivistische Einklammerung aufgeho-

---

[47] Lakatos 1970.

ben und in ein quasi objektives Weltbild verwandelt wird. Entwicklungs-mäßige Vorbedingung einer „deistischen" Weltsicht scheint ein voll aus-geprägter Egozentrismus, der hernach objektiviert werden muss.

Für die vierte Phase von Bubers Leben ergab sich nicht der direkte Über-gang auf die vierte Stufe, sondern eine Übergangsphase, die durch die Er-fahrung von Objektivität in Kunst und Sozialität angestoßen wurde. In sei-nem fünften Lebensabschnitt findet Buber nicht zu der prognostizierten vierten Stufe, sondern zu einer aktivisch konzipierten Mystik. Er bildet diese Haltung in der sechsten Phase seines Lebens so aus, dass es schwer ist, zwischen der fünften und sechsten Stufe zu unterscheiden.

Auf die Phase der Rückgewinnung der Objektivität des Ultimaten folgt eine 17 Jahre dauernde Phase mystischen Denkens, das sich aufgrund sei-ner semantischen Eigentümlichkeiten einer Zuordnung zu der prognosti-zierten vierten Stufe entzog. An dieser Stelle scheint mir eine ernsthafte Falsifikation der Stufentheorie vorzuliegen. Nach dem Ende dieser mysti-schen Phase hatte ich eine siebte Übergangs- und Latenzphase zu der voll ausgebildeten fünften Stufe postuliert, eine Vermutung, die sich halten ließ. In ihr konzipiert Buber bereits den Gedanken der Intersubjektivität, aber doch so, dass mindestens die volle Intersubjektivität auf Gott nicht und auf die Menschen vor allem in Form partikularer Gemeindebildung gedacht wird.

Erst die achte Phase, die von »Ich und Du«, repräsentiert die voll ausgebil-dete fünfte Phase, freilich in einer eigentümlich egozentrischen Verzer-rung, in einem religiösen Denken, das die Wirklichkeit der Ansprüche Got-tes anthropozentrisch relativiert. Man kann dies der fünften Stufe zurech-nen, wird dann aber auf das gravierende Problem aufmerksam, dass die unbedingte Intersubjektivität unter den Menschen noch zu keiner Rezipro-zität mit dem Ultimaten führen muss oder kann. Dies provozierte die Frage nach den theologischen Voraussetzungen der kognitiven Religionspsycho-logie.

Die Analyse der neunten Phase ergab eine verstärkte Berücksichtigung der Wirklichkeit Gottes unter der Perspektive der Theodizeefrage, die durch die Erfahrung des Genozids an den europäischen Juden intensiviert wurde. Hier hält Buber am Gedanken der unbedingten Intersubjektivität fest, kon-zipiert aber zugleich einen Heilsplan Gottes, der im Gewährenlassen menschlicher Freiheit besteht. Ob ein solcher Heilsplan als Regression auf die vierte Stufe anzusehen ist, hängt von den spezifisch theologischen Vor-annahmen der Theorie ab. Dass Buber in diesem Zusammenhang mit dem Begriff des „Geheimnisses" operiert, verweist auf eine andere, eigene Konzeption religiöser Entwicklung, die mit den religiösen Urteilsstufen inkompatibel ist.

Entsprechend wies die zehnte Phase seines Lebens eine erneute und nun sehr reflektierte Subjektivierung des Glaubens bzw. ein neues, bewusstes Ausbrechen des Egozentrismus auf. Dabei kommt Buber nun ganz und gar die Frage von Glauben und Zweifel zu Bewusstsein, d.h. die beinahe schockartige Erkenntnis der Ungewissheit darüber, was Gott mit der Welt wirklich will. Hier entsprechen Bubers Ausführungen in keiner Weise der von der kognitiven Religionspsychologie als möglich postulierten sechsten Stufe. Das führt mich zum Schluss, die Möglichkeit einer inhaltlich bestimmbaren sechsten Stufe überhaupt in Frage zu stellen, da die Gläubigen auf einem postkonventionellen Stadium allesamt Experten sind.

In der letzten Phase dringt Buber zum erfahrungsmäßigen Hintergrund seines religiösen Denkens vor und offenbart damit einen Nukleus einer ganzen Religionspsychologie: Kontingenz- und Verlusterfahrungen stellen jenen Hintergrund dar, jene „Mutterstruktur", auf deren Basis sich religiöses Denken entwickelt. Zu fragen wäre, ob bei anderen früheren Erfahrungen andere theoretische Entwürfe zustande kommen.

Die religiöse Stufentheorie ist in ihrer vorliegenden Gestalt als falsifiziert anzusehen. Und zwar deshalb, weil die offensichtlich inhaltlich-theologisch geprägte Hintergrundstheorie für sich nicht mehr Expertizität beanspruchen kann als der untersuchte religiöse Experte Buber. Es scheint unbefriedigend, wenn eine theologisch belehrte Psychologie vorschreiben will, wie angemessen theologisch zu denken und vor allem zu glauben wäre. Theorie darf sich nicht a limine dem religiösen Experten gegenüber als überlegen ansehen, sondern muss dessen Auffassungen als gleichwertig ansehen. Wenn dieser zu anderen Urteilen kommt, reduziert dies den Geltungsanspruch der psychologischen Theorie. Von Buber belehrt, müsste die Stufentheorie entweder ihre Spekulationen über die Phasen fünf und sechs aufgeben, inhaltlich anreichern oder tatsächlich so aller semantischen Gehalte entkleiden, dass Vergleiche ohne Rückgriff auf religiöse Inhalte möglich werden.

Und endlich: Wie bei allen Arbeiten der kognitivistischen Schule bleibt das Verhältnis von Entwicklungslogik und -dynamik ungeklärt. Dies tritt besonders dann hervor, wenn Phasen beobachtet werden, die sich einer Sequenzialisierung entgegensetzen, so bei Buber die mystische Phase. Seinen Aussagen zufolge spielen diskontinuierliche, kontingente Erfahrungen eine viel größere Rolle als die prognostizierten Geleise einer ohnehin nur ex post rekonstruierbaren Entwicklungslogik. Dies bringt mich zu dem Schluss, dass Religionspsychologie viel stärker erfahrungsbezogen und das heißt dynamisch orientiert sein muss, als dies das kognitive Programm zulässt.

Die Heiligkeit Gottes und die Frömmigkeit des Menschen – kurz die religiösen Urphänomene – kann die kognitive Religionspsychologie kaum anders als defiziente, anfängliche Modi einer frühen Stufe ansehen. Wenn sie sich nicht selbst als religiöse Expertin privilegieren will, was ihr als Wissenschaft weder möglich noch erlaubt ist, hat sie vor diesen Erfahrungen zurückzutreten und ihnen gerecht zu werden.

Primärliteratur

Buber, M.: Ereignisse und Begegnungen, Berlin o. J.

Buber, M.: Worte an die Jugend, Berlin 1938.

Buber, M.: Begegnungen. Autobiographische Fragmente, Stuttgart 1960.

Buber, M.: Gog und Magog, Heidelberg 1978.

Buber, M.: Nachwort zu „Reden und Gleichnisse des Tschuang-Tse, Frankfurt 1981.

Buber, M.: Gesammelte Werke, Bd. I. Schriften zur Philosophie, München Heidelberg 1962.

Buber, M.: Gesammelte Werke, Bd. II, Schriften zur Bibel, Heidelberg 1964.

Buber, M.: Gesammelte Werke, Bd. III, Schriften zum Chassidismus, München / Heidelberg 1963.

Buber, M.: Briefwechsel aus sieben Jahrzehnten, Hrsg. von Grete Schaeder Bd. I 1897 – 1918, Heidelberg 1972; Bd. II 1918 – 1938, Heidelberg 1973; Bd. III 1938 – 1965, Heidelberg 1975.

5.6 Die religiöse Entwicklung des Dichters Rainer Maria Rilke

Ein strukturgenetischer Rekonstruktionsversuch

Meinem Lehrer Dr. Franz Dilger †

5.6.1 Vorbemerkungen[1]

Wer sich einen Aufenthalt im Wallis nicht ohne den Gang vom Dorf Raron hinauf zum bronzenen Felsenhügel und zur alten Pfarrkirche vorstellen kann, an deren südlichem Gemäuer, zwischen zwei dem Wind trotzenden Rosenstöcken, der Dichter Rainer Maria Rilke begraben liegt, wird nicht ohne Skepsis an eine theoretische Untersuchung über den Begleiter so vieler Stunden herangehen. Dem Versuch, Rilkes religiösen Werdegang mittels der strukturgenetischen Theorie der Religiosität von Oser und Gmünder zu rekonstruieren, wird er/sie Bedenken entgegenbringen. Auch diese Theorie ist ein Allgemeines; aber jeder Mensch, auf den sie angelegt wird, ist ein Einmaliger. Dies gilt besonders von Rilke. In einer Zeit, in der anonyme Massenphänomene überhand zu nehmen begannen, verkörperte er *den* Individualisten. Kompromisslos seiner Berufung gehorchend, verließ er seine Heimat, seine Frau, seine Tochter, um über die im »Malte« noch bodenlosen Ängste den Weg nach Duino zu finden, zum Engel, und dann den nach Muzot, zu Orpheus, zur Rühmung des Daseins trotz Vergänglichkeit und Tod.

Was rechtfertigt eine solche Untersuchung? Zunächst: Rilkes religiöse Entwicklung kann aufgrund der Quellenlage von früher Kindheit an und im Detail nachgezeichnet werden. Vor allem kann von ihr erhofft werden, zur Klärung jenes Streites beizutragen, der seit fünfzig Jahren über Rilkes Religiosität ausgetragen wird[2]. In den Jahren nach seinem Tod galt er als Mystiker, religiöser Erneuerer, Seelsorger.[3] 1949 versetzte Mason das Pendel auf die andere Seite: Der „Beter" wurde zum „narzisstischen Ästhetizisten", der „Mystiker" zum „Gotteslästerer"![4]

---

[1] Die Arbeit wurde 1985 geschrieben und wird, obgleich der Verfasser in einzelnen Punkten zu anderen Urteilen gelangt ist, weitgehend unverändert wiedergegeben; eingearbeitet wurden einige zwischenzeitlich erschienene Studien. **Die Kürzel von Rilkes Werken sind am Schluss der Studie (S. 250) aufgelistet.**

[2] Umfassend Müller 1964, 15 ff., 36 ff.; kürzer: Betz 1999.

[3] Key 1911; Bäumer 1935; Wild 1936; Amstutz 1948.

[4] Mason 1949, 71 ff.; Kohlschmidt 1953, 77 ff.; 1977, 71ff.

In der Diskussion unterblieb, spezifisch entwicklungspsychologische Theorien der Religiosität heranzuziehen.[5] Die umfassende werkgeschichtlich-biografische Studie zu Rilkes „Gott", die von Imhof,[6] bediente sich der Deutungsmuster der Jungschen Tiefenpsychologie.[7] Ohnehin dominieren in der Rilke-Forschung, spätestens seit der wegweisenden Studie von Simenauer,[8] psychoanalytische Deutungen des Zusammenhangs von frühkindlichen Erfahrungen und dem späteren Werk.[9] Seit den siebziger Jahren kamen vermehrt Studien hinzu, die sich an den Narzissmus- und Selbsttheorien orientieren.[10] Eine *kognitiv-entwicklungspsychologische Theorie der Religiosität* wird hier *erstmals* auf Rilkes Werk angelegt. Sofern sich aufweisen ließe, dass auch die religiöse Entwicklung Rilkes psychologisch validierten Stufen folgte, könnte geprüft werden, ob sich die unterschiedlichen Beurteilungen seiner Religiosität auf einzelne Stufen beziehen.

Eine entwicklungspsychologische Theorie der Religiosität basiert auf Vorausnahmen darüber, worin Religiosität besteht. Nach Oser und Gmünder beinhaltet sie die Beziehung, die der Mensch zu einem Letztgültigen, Göttlichen aufbaut, die vor allem in kontingenten Lebenssituationen zum Tragen kommt. Religiosität wird nicht auf die Zugehörigkeit zu einer Konfession enggeführt. Die Fragestellung ist eine *psychologische*: Wie entwickelte und veränderte sich bei Rilke im Verlaufe seines Lebens die Beziehung zu einem Letztgültigen? Wie weit geben seine Dichtungen, Tagebücher, Briefe und Notizen darüber Aufschluss?

Wenn Strukturen religiösen Urteilens aus literarischen Texten erschlossen werden sollen, die zu so unterschiedlichen Gattungen wie Tagebuch, Brief, Roman, Gedicht gehören, gerät man in einen Gegensatz zu der in der Literaturwissenschaft lange vertretenen Position, das literarische Werk sei „autonom".[11] Von daher wurde die biografische Methode vielfach abgelehnt. Dem gegenüber wird hier unterstellt, dass literarische Texte immer auch biografisch bedingt sind. Und sei es nur in dem allgemeinen Sinn, dass der Autor nur solche kognitiven, moralischen und auch religiösen Strukturen in

---

[5] Zwischenzeitlich (1986) erschien eine dafür relevante Studie von Friedrich Loock mit dem Titel »Adoleszenzkrise und Identitätsbildung. Zur Krise der Dichtung in Rainer Maria Rilkes Werk«, in der seine Kindheit und Jugend und die darauf Bezug nehmenden literarischen Erzeugnisse von entwicklungspsychologischen Theorien aus angegangen werden: moralisches Urteil nach Kohlberg, Identitätsbildung nach Habermas, Narzissmustheorie. Die Studie zeigt die Relevanz der Entwicklungspsychologie für die Literaturwissenschaft überzeugend auf, geht aber nicht eigens auf Rilkes Religiosität ein.

[6] Imhof 1983.

[7] Kritisch zu zentralen Konstrukten C.G. Jungs: Bucher 1990, 159-182.

[8] Simenauer 1953.

[9] Priskill 1993, Klages 1964.

[10] Meerwein 1989, Kleinbard 1993, Schank 1995.

[11] Barthes 1964; Dubois 1974.

sein Werk einfließen lassen kann, die er selber schon gebildet hat.[12] Es wäre zu wünschen, wenn auch die Literaturwissenschaft vermehrt in den Dialog mit der Entwicklungspsychologie eintreten und die Einsicht Platz greifen würde, dass die Autoren nicht mit ihrem Meisterwerk, sondern als Kind begonnen haben, Rilke nicht mit den Elegien, sondern den kindlichen Geburtstagsversen für Mutter und Vater.

5.6.2 Die Kindheit, oder: Im Mädchenrock Jesu Wundmale küssen

Eine der frühesten Photographien zeigt Rilke als zwei Jahre alten Jungen, der, Spitzenhöschen und ein Röckchen tragend, mit dunklen, weit aufgeschlagenen Augen dem Betrachter entgegenblickt. Die Intensität seines Blickes ist ebenso erstaunlich, wie seine Bekleidung ungewohnt ist. Der Uneingeweihte könnte meinen, ein Mädchen habe posiert. Zwar war es in der zweiten Hälfte des 19. Jahrhunderts nicht unüblich, auch Jungen in Mädchenröcke zu stecken.[13] Aber Sophie Rilke, die sich selber Phia zu nennen pflegte, erzog ihren Sohn, dem sie am 4.12.1875 in Prag das Leben schenkte, ausdrücklich als Mädchen, und zwar bis ins fünfte Lebensjahr.[14] Zu gerne hätte sie ein Mädchen geboren, nachdem ihre Tochter Sophie gestorben war. Während der Schwangerschaft habe Sophie die Madonna angefleht, ihr eine Tochter zu schenken, die sie dafür ins Kloster zu schicken versprach.[15]

Sophies Ehe mit dem 13 Jahre älteren Josef Rilke erwies sich bald als Fehlschritt. Dieser hatte eines Halsleidens wegen seine Militärkarriere abbrechen müssen und war in Prag als Bahnbeamter untergekommen. Dort schloss er die Bekanntschaft mit Sophie Entz, die er 1873 heiratete. In seinem Beruf scheint er nicht ausgefüllt gewesen zu sein, versuchte er doch wiederholt, zum Verwalter gräflicher Güter zu avancieren. Hinzu kam, dass Sophie, die Tochter einer vornehmen, aus dem Elsass eingewanderte Familie, Ansprüche an den Lebensstandard stellte, die ihr Gatte mit seinem Gehalt nicht einzulösen vermochte. 1884 wurde die Ehe aufgelöst.

Die familiären Verhältnisse, in die René Maria Rilke geboren wurde, waren für ihn, der ein Einzelkind blieb, ungünstig. In den Jahren vor dem Eintritt in die Militärschule St. Pölten (1886) erzog ihn vornehmlich die Mutter. Sie begegnete der jeweiligen Wärterin mit größtem Misstrauen, wechselte sie doch diese während des ersten Lebensjahres vierundzwanzigmal. Dass er als Mädchen erzogen wurde, blieb Rilke stets erinnerlich.[16] René

---

[12] Diese Einsicht übertrug Kreft 1982; 1986 in die Literaturdidaktik; vgl. Loock 1986.

[13] Weber-Kellermann 1985, 79 f.

[14] Sieber 1932, 70 ff.

[15] Wydenbruck 1949, 23.

[16] Dazu sein Brief an Ellen Key vom 3.4.1903, in GB I, 332 ff.

213

spielte mit Puppen, nannte sich selber Ismene und sagte von René, der sei ein Nichtsnutz, er habe ihn fortgeschickt. Diese Rolle habe er ganze Nachmittage lang durchgespielt.[17]

Folgen für René zeitigte auch ihre Weigerung, ihn mit Gleichaltrigen spielen zu lassen. So blieben ihm, der in Prag als Deutschsprechender ohnehin zu einer Minderheit gehörte, zahlreiche sozialisatorische Erfahrungen versagt. Während die Gleichaltrigen in den Gassen spielten und rauften, lernte er als Fünfjähriger schon französische Vokabeln und gute Manieren. Die Mutter hatte Freude, besonders vor den Besuchern, wenn sie vom artigen Kind entzückt waren.[18] Hat Rilke das „Drama des begabten Kindes" erlitten, die narzisstische Besetzung seines Selbst durch eine Mutter, die sich in ihrem Leben selber oft hat verleugnen müssen?[19]

Aus heutiger Sicht problematisch war die Erziehung durch den Vater. Dieser scheint den ihm selber unerfüllt gebliebenen Wunsch nach dem Offizierspatent auf seinen Sohn projiziert zu haben. Hanteln habe er ihm geschenkt, Bleisoldaten für strategische Spiele, ihn zum Rapport zitiert und mit Orden ausgezeichnet.[20] „Substitution des idealen elterlichen Selbst unter das Kind" – so wohl die Diagnose von Horst E. Richter.[21]

Sicherlich versuchte René den von Vater und Mutter in ihn gelegten Erwartungen zu genügen. Was wäre ihm, dem „schutzlosen Kind",[22] anderes übrig geblieben? Und gewiss hat er seine Eltern geliebt und um ihre Liebe gerungen, was in den an sie gerichteten Glückwunschgedichten zum Ausdruck kommt.[23] Später wurde ihm ihre narzisstische Besetzung seines kindlichen Selbst bewusst. Im Gedicht »Dauer der Kindheit« spricht er, Erkenntnisse von Alice Miller vorwegnehmend, von „Verrat":

> „Lange Nachmittage der Kindheit...
> immer noch nicht
> Leben; immer noch Wachstum,
> das in den Knien zieht -, wehrlose Wartezeit.

---

[17] Sieber 1932, 72. Vgl. auch die bezeichnende Stelle im Malte (SW VI, 742) „Es fiel uns ein, dass es eine Zeit gab, wo Maman wünschte, dass ich ein kleines Mädchen wäre und nicht dieser Junge, der ich nun einmal war..."

[18] Mit 19 Jahren schrieb Rilke an die Freundin Bally, seine Mutter habe ihn eigentlich nur in neuen Kleidern und vor staunenden Bekannten geliebt: Leppin 1926/1927, 631.

[19] Miller 1983, bes. 63 ff. Dieser Interpretation schloss sich Schank 1995, 59 f., 239, 607 an. Möglicherweise wirkte sich die narzisstische Besetzung auf die als „narzisstisch" kritisierten Beziehungen Rilkes zu den Frauen aus: Goll 1978, 86; Kunisch 1975, 450 ff.

[20] Sieber 1932, 73.

[21] Richter 1969, 75 ff.

[22] Wiederholt charakterisiert Rilke die Kindheit als Zeit äußerster Schutzlosigkeit, bspw.: SW II, 230 ff.

[23] SW III, 475 ff.: René zählte damals acht Jahre.

Und zwischen dem, was man sein wird, vielleicht,
und diesem randlosen Dasein -: Tode,
unzählige. Liebe umkreist, die besitzende,
das immer heimlich verratene Kind
und verspricht es der Zukunft; nicht seiner. "[24]

Auch die religiöse Erziehung war – aus heutiger Sicht – in vielem fragwürdig. Sophie vermittelte ihrem Sohn ein der damaligen Zeit weitgehend entsprechendes, aber devotisches Christentum. Als ihre Ehe zum Leidensweg wurde, sei sie bittflehend von einer Kirche zur anderen geeilt und habe sie sich einer Frömmigkeit hingegeben, die schon ihre Zeitgenossen als „bigott" charakterisierten.[25] Bezeichnend ist, was sie später über den Morgen nach Renés Geburt schrieb:

> „Klein und zart war unser süßer Bubi, - aber prächtig entwickelt, - und als er Vormittags im Bettchen lag, bekam er das kleine Kreuzchen, - so wurde Jesus sein erstes Geschenk."[26]

Später wurde René dazu angehalten, das Kruzifix zu küssen, auf die Wundmale, wo Jesus Schmerzen leide:[27]

> „Als die Eltern Rilke abends in ihrem Haus Gäste hatten und zu Tische saßen, kam das Mädchen und meldete der Hausfrau, der Kleine wolle nicht einschlafen. Die Mutter eilte ans Bettchen. Renetscherl schluchzte vorwurfsvoll: ‚Aber Mama, wie kann ich denn einschlafen – ich habe doch dem lieben Gott noch keinen Kuss gegeben.' Sie reichte ihm das Messingkruzifix, und das Kind beruhigte sich."[28]

Zur Gebetserziehung erfahren wir:

> „Sehen Sie, da habe ich René gelehrt, wie man beten muss – war drei Jahre alt – dass das große Schmerzen waren vom Heiland, dass wir deswegen nie klagen dürfen, wenn wir Schmerzen haben."[29]

Diese halb sublim erotische, halb masochistische Hinführung zum Beten und zu Jesus kann im Kind Schuldgefühle wegen Jesu Tod hervorrufen.[30] Auch kann eine unvermittelte und befreiende Begegnung mit Jesus erschwert, wenn nicht verbaut werden. Genau dies sollte bei Rilke eintreten.

René sprach Gott als „Himmelspapa" an, Maria nannte er „Himmelsmama". Auch er, der später die Duineser Elegien schrieb, verfügte als Kind über das Bild eines anthropomorphen Gottes, der oben im Himmel ist. Er

---

[24] SW II 290, dazu Schank 1995, 181-188.
[25] Sieber 1932, 48.
[26] Ebd. 64.
[27] Ebd. 72.
[28] König 1963, 19.
[29] Ebd.
[30] Solche beschreibt Moser 1976.

schrieb ihm die Macht zu, unvermittelt – ein Deus ex machina – ins Welt-
geschehen einzugreifen. So berichtet seine Mutter, wie er, sechsjährig, an
ihrem Krankenlager kniete und Gott anflehte, er möge ihr Fieber senken.
Als dies auf sich warten ließ, habe er sich bei Gott beklagt. Die Erklärung
Sophies, dass auch andere Kinder Bitten an Gott herantrügen und er nicht
Zeit habe, alle gleichzeitig zu erfüllen, habe ihn sogleich beruhigt.[31] Diese
Episode assoziiert an die Stufe 1 des religiösen Urteils, gemäß der Gott die
Allmacht zugeschrieben wird, direkt ins Weltgeschehen einzugreifen.

Die religiöse Erziehung durch die Mutter hat in Rilke tiefe, aber zwiespäl-
tige Eindrücke hinterlassen. In der Frühphase seines Schaffens thematisierte er die überspannte Religiosität seiner Mutter:

> *„Arme Heilige aus Holz*
> *kam meine Mutter beschenken;*
> *und sie staunten stumm und stolz*
> *hinter den harten Bänken.*
>
> *Haben ihrem heißen Mühn*
> *sicher den Dank vergessen,*
> *kannten nur das Kerzenglühn*
> *ihrer kalten Messen.*
>
> *Aber meine Mutter kam*
> *ihnen Blumen geben.*
> *Meine Mutter die Blumen nahm*
> *alle aus meinem Leben.“*[32]

Die ersten Strophen thematisieren die Unwirksamkeit devotischer Heili-
genverehrung. Obgleich sie von seiner Mutter „beschenkt" wurden, haben
sie *„den Dank vergessen"*. Mit ihnen kann nicht gehandelt werden. Dies
assoziiert an das Do-ut-des-Muster der zweiten Stufe, wie es Rilke, als er
diese Verse schrieb, bereits als unzureichend durchschaut hatte. In der letzten Strophe klagt der Dichter *seine* Mutter an, ihn zugunsten ihrer Frömmigkeit vernachlässigt zu haben. Zwanzig Jahre später erhebt er im Gedicht: *„Ach wehe, meine Mutter reißt mich ein"* den Vorwurf noch einmal:

> *„Von ihr zu mir war nie ein warmer Wind.*
> *Sie lebt nicht dorten, wo die Lüfte sind.*
> *Sie liegt in einem hohen Herzverschlag*
> *und Christus kommt und wäscht sie jeden Tag."* [33]

---

[31] König 1963, 18. In seiner Retrospektive im »Malte« scheint dies Rilke ein wenig anders
– distanzierter? – gesehen zu haben: *„...aber es war ihr (Mama A.B.) eine Beruhigung,*
dass ich gerne kniete und die Hände bald gekrümmt und bald aufrecht faltete, wie es
mir gerade ausdrucksvoller schien" (SW VI, 810).
[32] SW I, 149.
[33] SW II, 102.

„Ihre Lippen gehören ihrem Gott, und ihre Worte sind aus einer fremden Sprache", heißt es auch in der frühen Erzählung »Einig«.[34] Zwar hinterließen die Weihnachtsfeste in Rilke tiefe Eindrücke:

> *„Ich soll dir sagen: du*
> *bist immer noch die Seligkeit von einst*
> *und ich bin wieder dunkles Kind und tu*
> *die stillen Augen auf, in die du scheinst."*

heißt es in einem Gedicht aus dem Jahre 1914.[35] Dennoch vermuten die meisten Biographen, Rilkes spätere Absage an das Christentum sei durch Sophies „bigotte" Frömmigkeit mit verursacht worden.[36] Von der Entwicklungstheorie des religiösen Urteils aus lässt sich dazu nur vermuten, dass Sophies Religiosität der Stufe 2 entsprach. Sie vermittelte René ein dieser Stufe entsprechendes Christentum, wie es Rilke später schroff verwarf, allerdings erst *nachdem* er diese Stufe durchschaut hatte.

Nicht nur die Eltern, sondern auch die Piaristenschule, die René in Prag zwischen 1882 und 1886 besuchte, beeinflusste seine religiöse Entwicklung. Es wäre aufschlussreich, Einblick in den ihm erteilten Religionsunterricht zu erhalten. Vermutlich lag auf Renés Pultplatte der 1878 in Prag erschienene bischöfliche Katechismus. Dieser wiederspiegelt die Abwehrhaltung der katholischen Kirche gegenüber den modernistischen „Irrtümern".[37] Religion wurde satzhaft und Moral kasuistisch vermittelt:

> „Religion ist die Lehre von Gott. Sie lehrt uns: 1. Wer Gott ist; 2. Was wir Gott schuldig sind."[38]

Der Katechismus enthält Denkmuster der Stufe 2. Nicht von Gottes unbedingter Liebe ist die Rede, sondern von menschlicher Schuld ihm gegenüber. Diese Katechese, die aus ihrer Zeit heraus zu verstehen ist, zielte nicht religiöse Autonomie an. Dennoch hat Rilke im Unterricht religiöse Sachkenntnisse aufgenommen und ist sein Interesse für sie geweckt worden. Dies gilt für die Beschäftigung mit dem Tode, wozu er schon früh Neigung verspürte, sowie die Mariologie, was sich in den »Marienliedern«[39] und im »Marienleben« niederschlug, das der ersten Duineser Elegie vorausging.[40]

Zusammenfassend: René Rilke, ein Einzelkind, erlebte eine problematische Kindheit. Sie wurde von seiner Mutter, die ihrerseits ein Kind ihrer

---

[34] SW IV, 96, dazu Schank 1995, 318-328.

[35] SW II, 98.

[36] Corbach 1948, 12 ff.; Klatt 1948, 33; Berendt 1957, 92; Müller 1964, 356 ff.

[37] Bspw. Läpple 1981, 172 ff.

[38] Aus: Müller 1964, 357.

[39] W I, 182 ff.; Rilke schrieb sie im Sommer 1898, im Alter von gut 22 Jahren.

[40] SW I, 665 ff.

Zeit und der damals plausiblen Erziehungsmaximen war (Brechen des kindlichen Eigenwillens etc.),[41] stärker geprägt als von seinem Vater. Einigen Interpreten zufolge habe er sich von ihr nie wirklich lösen können.[42] In seinem Werk hat er, der „Dichter der Kindheit", Kindheit wiederholt thematisiert und zu bewältigen versucht.

Bezüglich seiner religiösen Entwicklung ließen sich Äußerungen auffinden und Episoden belegen, die der Stufe 1 entsprechen. Der Übergang auf die zweite Stufe, auf der er sich 1886, im Jahr des Eintritts in die Militärschule St. Pölten, befand, ließ sich jedoch nicht genau datieren.

5.6.3 Die Militärschulzeit, oder: Das Sterbebett des Kindheitsgottes

1886 brach René Rilkes Kindheit ab. Seine Eltern beschlossen den Umstand zu nutzen, dass in der Militärschule St. Pölten ein Platz frei geworden war. Der verzärtelte, im Umgang mit Gleichaltrigen wenig geübte, sensible Junge wurde vor die Kaserne gefahren und dort den Offizieren übergeben, die seine Erziehung an die Hand nahmen. Dreißig Jahre später schrieb er an den ehemaligen Deutschlehrer Generalmajor Sedlakowitz:

> *„Ich hätte, glaube ich, mein Leben, das, was ich jetzt, ohne es im ganzen zu erfassen, auf gut Glück so nennen darf, nicht verwirklichen können, wenn ich nicht, durch Jahrzehnte, alle Erinnerungen an die fünf Jahre meiner Militärerziehung verleugnet und verdrängt hätte: ja, was hab ich nicht alles für diese Verdrängung getan?"*[43]

In der langgestreckten Kaserne, die Rilke mit einem „Gefängnis" verglich, teilte er, eben noch von seiner Mutter verhätschelt, das Schicksal tausender Jungen, die, kaum zehn Jahre alt, für die Offizierslaufbahn delegiert wurden. Unterrichtet wurden sie auch in Fechten, Exerzieren, Dienstvorschriften. Viele von ihnen überstanden diese Jahre ohne Traumata. Nicht aber René! Seine Zeugnisse sind zwar – Turnen und Fechten ausgenommen – gut bis vorzüglich.[44] Dennoch durchlitt er alltägliche, stumme Verzweiflung. Sie äußerte sich in langwierigen psychosomatischen Beschwerden. Rilke brachte sie erst viel später zur Sprache.[45]

Gelitten hat er vor allem unter den Demütigungen durch die Kameraden:

---

[41] Schank 1995, 61-72.

[42] Prater 1989, 27; Pilgrim 1989, 157.

[43] B, 642 ff.; Brief vom 9.12.1920.

[44] Dazu Kim 1973, 41 ff.

[45] Zu erwähnen sind die frühen Erzählungen: »Pierre Dumont«, in: SW IV, 407 ff.; »Turnstunde« in: SW IV, 600 ff.; »Ewald Tragy«, die zwar nicht in der Militärschule spielt, aber von ihr handelt, in: SW IV, 512 ff. – Ein spätes Dokument ist »Erinnerung«, in SW V, 1079 ff. Dazu Loock 1986, Teil III, Kim 1973. – Rilke trug sich Jahre mit dem Gedanken getragen, einen Roman über die Militärschulzeit zu schreiben.

„Ich war zehn Jahre. Nach der ärgsten Verzärtelung kam ich (der nie Geschwister oder Gespielen gekannt hatte bisher) unter fünfzig Knaben, die mir alle mit der gleichen höhnischen Feindschaft begegneten."[46]

Wegen seiner Eigenbrötelei und Unbeholfenheit vor allem im Turnen und Fechten wurde René zum Gespött. Und bald zum dankbaren, weil wehrlosen Objekt der Aggression, die in dieser Exerzieratmosphäre gut gedieh.

Wie hat der Zögling Rilke dies überstanden und bewältigt? Religiös! In einem Brief an die Jugendfreundin Bally erzählt der Neunzehnjährige die hinsichtlich der religiösen Entwicklung aufschlussreiche Episode:

„In meinem kindlichen Sinn glaubte ich, durch meine Geduld nahe dem Verdienst Jesu Christi zu sein, und als ich einst einen heftigen Schlag ins Gesicht erhielt, so dass mir die Knie zitterten, sagte ich dem ungerechten Angreifer – ich höre es noch heute – mit ruhiger Stimme: ,Ich leide es, weil Christus gelitten hat, still und ohne Klage, und während du mich schlugst, betete ich zu meinem guten Gott, dass er dir vergebe'."[47]

Hat es René mit der Vergebung ernst gemeint? Oder sie als letzte Waffe benutzt? Der *„Feigling"* sei *„verstummt"*, danach in *„Hohngelächter"* ausgebrochen. Die Episode belegt eine für dieses Alter intensive Religiosität, die lebensbedeutsam war. Sie assoziiert an die Stufe 2 nach Oser und Gmünder. Das Ertragen der Qualen setzt vor Gott und Christus ins Recht. Weil er leidet, rückt er in die Nähe des *„Verdienstes Christi"*. Rückblickend spricht er aber von einem *„kindlichen Sinn"*.

Bei dieser Form der Religiosität blieb Rilke nicht stehen. Die *„überlebensgroße Einsamkeit"* unter einem *„Himmel der Aufsicht und Ungnade"*[48], die häufigen Demütigungen und *„die marternde Schlaflosigkeit traumtoller Nächte"*[49] führten dazu, dass seine kindliche Religiosität versagte:

„In der Militärschule, nach langen und bangen Kämpfen, gab ich meine Kinderfrömmigkeit preis, machte mich von ihr frei, um danach noch trostloser allein zu sein",[50]

schrieb er 1903 an Ellen Key. Diese Stelle ermöglicht es, festzulegen, wann die Struktur der Stufe 2 des religiösen Urteils zerbrochen ist: vor

---

[46] GB I, 332, Brief vom 3.4.1903 an Ellen Key.

[47] Leppin 1926/1927, 631.

[48] Vgl. SW V, 1079, im Fragment »Erinnerung«.

[49] Im Brief an L. Ganghofer vom 16.4.1897, in: GB I, 38.

[50] Brief vom 3.4.1903, in: GB I, 338 f. Möglicherweise nimmt auch folgende Stelle aus dem Malte (SW VI, 810) darauf Bezug: *„Ziemlich in Ruhe gelassen, machte ich frühzeitig eine Reihe von Entwicklungen durch, die ich erst viel später in einer Zeit der Verzweiflung auf Gott bezog, und zwar mit solcher Heftigkeit, dass er sich bildete und zersprang, fast in demselben Augenblick. Es ist klar, dass ich ganz von vorn anfangen musste hernach. Und bei diesem Anfang meinte ich manchmal, Maman nötig zu haben, obwohl es ja natürlich richtiger war, ihn allein durchzumachen."*

dem fünfzehnten Lebensjahr! Denn damals wurde Rilke, gebrochen und krank, aus der Militär-Oberrealschule Mährisch-Weißkirchen, wohin er zwischenzeitlich verlegt worden war, entlassen. Die geschilderten Kontingenzerfahrungen vermochte er mit den bisher formierten Strukturen nicht mehr sinnhaft zu deuten und zu bewältigen. Rückblickend spricht Rilke von einem Verlust: er sei noch *„trostloser allein"* gewesen als zuvor. In diesem Vakuum wurden aber neue Elemente aufgebaut:

> *„Aus allen diesen langsamen und oft über meine Kraft schweren Erfahrungen wuchs mir der Glaube, dass die recht haben, welche in einer gewissen Entwicklungsphase ihres Geistes meinen und sagen: Es gäbe keinen Gott ... Aber diese Erkenntnis ist etwas unendlich Bejahendes für mich..."* [51]

Paradigmatisch beschrieb Rilke aufgrund eigener Erfahrungen den Übergang von der zweiten zur dritten Stufe. Weil in diesen *„schweren Erfahrungen"* der Beistand Gottes ausblieb, muss der Mensch die Verantwortung selber übernehmen. In dieser *„Entwicklungsphase"* verstand sich Rilke als Atheist, wobei sich sein Atheismus auf das Gottesbild der früheren Stufe bezog. Krisenhafte Stufenübergänge in der religiösen Entwicklung sind oft mit atheistischen Haltungen verbunden, die notwendig sind. [52]

Als Rilke seinen Kinderglauben verlor, entstanden die ersten Gedichte. In der Kirchhofsecke, in der er sich häufig verkroch, im Spital, in dem die Aufenthalte länger und länger wurden, erfuhr er die poetischen Ekstasen eines knabenhaften Dichtertums. *„Klage über Trauer"*, *„Gewitter"*, *„An die Mutter"* überschrieben, schwanken die Verse zwischen Melancholie und jünglingshafter Sehnsucht nach dem ausziehenden Heer. [53] Die Produktionen scheinen rauschhaft über ihn gekommen zu sein, ließen ihn die Anstalt vergessen und ermöglichten, zu überleben. [54] Rückblickend sprach er von einem *„Geheiß Gottes"*, unter dem er, im Spital liegend, die Verse geschrieben habe. In diesen intensiven Erfahrungen der Inspiration kann man nicht nur Rilkes ersten Durchbruch zum Dichter sehen, sondern auch eine Wurzel seiner späteren, eng mit Inspiration verknüpften Religiosität.

Die in St. Pölten erfolgte Transformation des religiösen Urteils ist auch aus der dichterischen Produktion zu ersehen, speziell aus einem Vergleich der Geburtstagsgedichte, die Rilke 1889 und im folgenden Jahr für seine Mutter schrieb. Während ihr René im ersten noch beteuert:

> *„Ich fleh: »O Herr, laß lang noch glücklich sein*
> *und schenke Glück und Frieden*
> *dem vielgeliebten teuren Mütterlein«,*

---

[51] Brief an Ellen Key vom 14.2.1904; aus: Mason 1949, 70.
[52] Zum Konzept des Entwicklungsatheismus: Oser et al 1994.
[53] Die Gedichte sind – in zeitlicher Folge – abgedruckt in: SW III, 475 ff.
[54] Vgl. Brief vom 17.12.1906 an Clara Rilke, in: B, 141 ff., bes. 145.

Der Himmel wird den Wunsch erhören,
den fromm ein kleines Herze spricht,
des Kindes Wünsche streng verwehren,
kann der barmherz'ge Vater nicht..." [55]

kommen ein Jahr später die Worte „Herr" und „Himmel" nicht mehr vor. Vielmehr verbleibt das Gedicht im Diesseits, lobt die Mutter und das von Rilke erträumte, göttliche Leben:

„Nun, ein Leben solls heut werden
wie in des Olympos Höhn,
wie bisher auf Erden
noch kein Sterblicher gesehn." [56]

In der Militärschule war für René kein Bleiben mehr: *„Hier eingerückt, schon wieder krank!"* Seine Klagen häuften sich; sein Druck auf den Vater, ihn aus dem „Gefängnis" herauszuholen, nahm zu. 1891 wurde er wegen dauernder Kränklichkeit und im Einvernehmen mit Josef Rilke entlassen.[57]

Zusammengefasst: Der zweite Abschnitt in Rilkes Leben (1886-1891) ist in religiöser Hinsicht durch den Verlust des kindlichen Glaubens geprägt, verursacht durch die Erfahrungen in der Militärschule. Die Struktur der Stufe 2 zerbrach. An ihrer Stelle formierte Rilke ansatzweise die Struktur der Stufe 3, wonach der Mensch auf sich selbst gestellt und selbst verantwortlich ist. Der Stufenübergang führte in den Atheismus und ließ sich mit geradezu idealtypischen Äußerungen von Rilke selber belegen.

5.6.4 Die Ablösung, oder: „Über mir ist niemand, nicht einmal Gott"

Nachdem René sich in Prag erholt hatte, schickten ihn die Eltern nach Linz auf die Handelsakademie. *„Es wurde nicht viel besser... in Linz..., wo ich eine trostlose Comptoirzukunft vor mir dämmern sah."*[58] Dort distanzierte er sich endgültig vom väterlichen Wunschplan, dennoch zum Offizier zu avancieren. Bestärkt durch erste Gedichtspublikationen in Zeitungen, entschloss er sich, *„ganz Literat"* zu werden.[59] Nach einer Liebesaffäre verließ er die Handelsakademie fluchtartig. Von der Familie zum „verlorenen Sohn" erklärt, kehrte er nach Prag zurück.[60] Nun griff der väterliche Onkel Jaroslaw ein. Der verworrene Bildungsgang seines Neffen sollte zu einem

---

[55] SW III, 479.
[56] SW III, 481.
[57] Zur Entlassung und den darüber verbreiteten Gerüchten: Kim 1973, 73 ff.
[58] Im Brief vom 16.4.1897 an L. Ganghofer, in: GB I, 38.
[59] Ebd; vgl. auch den Brief vom 3.4.1903 an Ellen Key, in: GB I, 335.
[60] Zum Motiv des „verlorenen Sohnes" in Rilkes Werk und seiner biographischen Bedingtheit: Kim 1973.

familienwürdigen Abschluss gebracht werden. Sein Stipendium ermöglichte Rilke den Besuch des Gymnasiums. 1895 bestand er mit ausgezeichnetem Erfolg das Abitur. Damals stand sein Name schon auf drei Gedichtbänden, in die seine künstlerisch oft leichtfertigen Publikationen eingeflossen waren. Später wird er von ihnen sagen, sie wären besser in der Schublade geblieben.[61]

Sein frühes Dichtertum musste Rilke behaupten. Sein Vater, der ihn bis über sein dreißigstes Lebensjahr hinaus finanziell unterstützte, stand diesem skeptisch, ja besorgt gegenüber. Vorerst fügte sich René den familiären Plänen. Er immatrikulierte an der Prager Universität, im zweiten Semester ganz im Sinne seines Onkels an der juristischen Fakultät. 1896 kehrte er Prag, seinen Eltern und Verwandten den Rücken und zog nach München. Dort schrieb er sich zwar wieder an der Universität ein. Aber sein Entschluss, ganz Literat zu werden, war nicht mehr zu erschüttern:

> „Mit jedem Tag wird mir klarer, dass ich recht hatte, mit aller Kraft von vornhinein mich gegen die Phrasen zu stemmen, die meine Verwandten lieben: Kunst ist, was man so nebenher in den Freistunden betreibt, wenn man aus der Kanzlei kommt.... Das ist mein Glaube: Wer sich der Kunst nicht ganz mit allen Wünschen und Werten weiht, kann niemals das höchste Ziel erreichen." [62]

Ohne die Ablösung von den Erziehungsinstanzen hätte Rilke seine „dunklen Anlagen" nicht entfalten können.[63] Die ‚Abnabelung' schlug sich im dichterischen Werk nieder. Die erst postum veröffentlichte Novelle »Ewald Tragy« widerspiegelt seine damalige Stimmung und Weltanschauung.[64] Ewald teilt seinem Vater und seinen Tanten wiederholt den Entschluss mit, nach München zu ziehen. Aber sie nehmen ihn nicht ernst. Nur das Hausmädchen nimmt sich seiner an und hört: „Ich bin mein eigener Gesetzgeber und König, über mir ist niemand, nicht einmal Gott. ... Es gibt keinen wie ich, hat nie einen solchen gegeben."[65] Und in der Tat entringt sich Ewald Tragy, der ein Dichter werden will und seine Identität mit diesem Lebensentwurf verknüpft hat, der Umklammerung durch die Familie und zieht nach München.

Auch diese Lebenserfahrungen wirkten sich auf Rilkes religiöses Urteil aus. Sie festigten die Stufe 3, wie sie sich in der Wendung: „Über mir ist niemand, nicht einmal Gott" idealtypisch zeigt. Von dieser Stufe aus lehnte er die eigene frühere Religiosität und solche religiösen Denkmuster ab, die

---

[61] Vgl. den Brief vom 17.8.1924 an Hermann Pongs, in: B, 876 f.

[62] Brief vom 16.4.1897 an L. Ganghofer, in: GB I, 40.

[63] Brief vom 30.12.1921 an Xaver von Moos, in: B, 724 f.

[64] SW IV, 532; dazu: Kim 1973, 128 ff.

[65] SW IV, 532.

für ihn als Kind lebenswichtig waren. Aufschlussreich ist das im Alter von 17 Jahren geschriebene *„Glaubensbekenntnis"*:

> *„Ihr lippenfrommen Christen*
> *nennt mich den Atheisten*
> *und flieht aus meiner Näh'*
> *weil ich nicht wie ihr alle*
> *betöret in der Falle*
> *des Christentums geh."* [66]

In den folgenden Strophen tituliert Rilke die Priester als Betrüger, den Papst als *„ersten Sünder"*, die Kirchgänger allesamt als *„Schafe"*. Kompromisslos wird auch die christliche Eschatologie abgelehnt, zumal die Vorstellung eines himmlischen Lohnes bzw. einer höllischen Strafe. Imaginären Warnungen seitens der Gläubigen stemmt er sich entgegen und proklamiert:

> *Ich glaub an eine Lehre,*
> *von der man sagt, sie wäre*
> *auf Erden selbst sich Lohn.*
> *Die Lehre, die ich übe,*
> *die Lehre heißt die Liebe,*
> *sie ist mir Religion."* [67]

Dieses „Glaubensbekenntnis" ist charakteristisch für die Stufe 3, wird doch das Lohn- und Strafmuster, auf Stufe 2 noch plausibel, abgelehnt. Zudem setzt das Gedicht die Immanenz absolut. Das autonome Subjekt steigt zur letztgültigen Instanz auf. Es begreift sich nicht länger einem externen Göttlichen untertan, aber auch nicht mehr einer religiösen Gemeinschaft. Zwar hat Rilke in diesen Versen so ziemlich alles reproduziert, was im ausgehenden 19. Jahrhundert an Religionskritik zu haben war. Und doch ist dieses Gedicht nicht nur ein Plagiat. Bezeichnend für Stufe 3, widerspiegelt es eine rebellische Haltung jener Religion gegenüber, die die Kindheit bestimmt hatte. Sie muss. transformiert werden, damit das Subjekt zu religiöser Autonomie gelangen kann.

Noch heftiger spricht die Ablehnung des Christentums durch den jungen Rilke aus der Kurzgeschichte »Der Apostel«. Diese ist durch Nietzsches Lehre vom „Übermenschen" beeinflusst:

> *„Der, den sie Messias nennen, hat die ganze Welt zum Siechenhaus gemacht.*
> *Die Schwachen, Elenden und Hinfälligen nennt er seine Kinder und Lieblinge."* [68]

---

[66] SW III, 489.
[67] SW III, 491.
[68] SW IV, 452 ff., hier 456; dazu Nietzsche II, 1186 ff.

Auch für Rilke dürfte die Prosaskizze bald fragwürdig geworden sein; veröffentlicht hat er sie nie. Aber sie liefert Aufschlüsse über seine Geisteshaltung, als er nach München zog, sowie über die Autoren, die ihn beeinflussten. Rilke ist in der religionskritischen Aufklärung des 19. Jahrhunderts verwurzelt.[69] Feuerbach und Nietzsche sind die Fanale. Die Religionskritik beider assoziiert an Stufe 3. Zarathustras Proklamation: „Gott starb – nun wollen wir, dass der Übermensch lebe!" gibt diese bündig wieder.[70]

Der Zusammenhang zwischen Rilkes Loslösung von den Erziehungsinstanzen und der Verwerfung der kindlichen Frömmigkeit ist – aus tiefenpsychologischer Sicht – auch von Imhof herausgearbeitet worden.[71] Renés Gottesvorstellung sei mit dem Bild seines Vaters verflochten gewesen. Als er sich von diesem löste, wurde auch der Gott der Kindheit überflüssig und starb.

> *„Das ist oft im Wesen unfähiger Menschen, sie wollen sich, solange es geht, von den Eltern erhalten und verantworten lassen. Solange dieser Gott lebt, sind wir alle Kinder und unmündig. Er muss einmal sterben dürfen, denn wir wollen selbst Väter werden."* [72]

Aber damit war Rilkes religiöse Entwicklung nicht abgeschlossen:

> *„Jeder kommt in Trauerkleidern vom Sterbebett seines Kindheitsgottes; aber bis er zuversichtlich und festlich geht, geschieht in ihm die Auferstehung Gottes."* [73]

Zusammengefasst: Der dritte Abschnitt in Rilkes Leben (1891-1896) ist in religiöser Hinsicht sowohl durch die Konsolidierung der dritten Stufe als auch durch die Loslösung vom Christentum geprägt, das eben noch existenziell bedeutsam war, fortan aber im Sinne der Stufe 2 gedeutet und verworfen wurde. Gleichzeitig löste er sich von der Familie und der Vaterstadt; in der Berufung zum Dichter fand er eine neue Ich-Identität.

5.6.5 Mit Lou nach Russland, oder: „Die Auferstehung Gottes"

In München war René Rilke als Literat im Jahre 1896 ein unbeschriebenes Blatt. Die lyrischen und dramatischen Versuche trieb er eifrig voran. In den Literatencafes war er, noch immer vom Stipendium seines Onkels Jaroslaw lebend, häufiger anzutreffen als in den Hörsälen. Bald schloss er die Bekanntschaft mit dem gleichaltrigen Romancier Jakob Wassermann. Eine

---

[69] Doll 1957. Auf die Beeinflussung durch Nietzsche verweist auch Loock 1986, 192 f.
[70] Nietzsche II, 523. Zur Frage, ob und inwieweit hier von einer „höherstufigen" Religion gesprochen werden kann: Abschnitt 5.6.8, Fetz & Bucher 1986.
[71] Imhof 1983, 32 ff.
[72] Fr. Tgb. 52 (aus dem 1898 geschriebenen »Florenzer Tagebuch«).
[73] Ebd. 53.

schicksalhafte Begegnung! Nicht nur empfahl ihm dieser die Lektüre des »Niels Lyhne« von Jacobsen, die sich auf seine künstlerische Entwicklung auswirkte,[74] sondern arrangierte in seiner Wohnung auch ein Zusammentreffen mit der Russin Lou Andreas-Salomé. Rilke bewunderte sie als die Verfasserin der religionsphilosophischen Studie »Jesus, der Jude« und hatte sie bereits brieflich angeschrieben. Sie hätte seine zwar junge Mutter gewesen sein können und war auch für Friedrich Nietzsche, Paul Rée und Carl Friedrich Andreas Schicksal und Verhängnis. Aus Rilkes Leben war sie fortan nicht mehr wegzudenken. Auf den ersten Blick verliebte er sich in die hochgebildete Russin. Bald schwärmte er sie in seinen Briefen mit „Du" an:

> *„Ich habe Dich nie anders gesehen, als so, dass ich hätte beten mögen zu Dir.."* [75]

Schon damals soll jenes berühmte Gedicht entstanden sein, das in das „Buch der Pilgerschaft" einging und nur vorgäbe, an Gott gerichtet zu sein:

> *„Lösch mir die Augen aus: Ich kann dich sehn,*
> *wirf mir die Ohren zu: Ich kann dich hören,*
> *und ohne Füße kann ich zu Dir gehen*
> *und ohne Mund noch kann ich dich beschwören.*
> *Brich mir die Arme ab, ich fasse dich*
> *mit meinem Herzen wie mit einer Hand ..."* [76]

Solchen Werbungen widerstand Lou nicht. Als sie mit ihrer Freundin Frieda von Bülow nach Wolfratshausen bei Berlin zog, folgte ihr Rilke. Er mietete sich in Wilmersdorf ein, in der Nähe des Ehepaars Andreas, so dass er Lou fast täglich sehen konnte. Zahlreiche Gedichte entstanden, in die auch religiöse Motive eingingen:

> *„Das Land ist licht und dunkel ist die Laube,*
> *und du sprichst leise und ein Wunder naht.*
> *Und jedes deiner Worte stellt mein Glaube*
> *als Betbild auf an meinem Pfad.*
>
> *Ich liebe dich. Du liegst im Gartenstuhle,*
> *und deine Hände schlafen weiß im Schoß.*
> *Mein Leben ruht wie eine Silberspuhle*
> *in ihrer Macht. Lös meinen Faden los."* [77]

An die Stelle Gottes tritt die Geliebte. Mit dem „Du" in der ersten Strophe könnte zwar ein personaler Gott gemeint sein, der sich im Wort offenbart. Aber der Dichter dachte an Lou. Unter ihrem Einfluss begann Rilke, die

---

[74] Vgl. das Selbstzeugnis Rilkes über den Einfluss des »Niels Lyhne« in: B, 878 f.
[75] Brw. R.-Lou, 21.
[76] SW I, 313; dazu Andreas-Salomé 1974, 138 f.
[77] SW III, 177.

Wirklichkeit nicht mehr nur in ästhetischen Kategorien wahrzunehmen, sondern – anders als Kierkegaard gemäß seinem ethisch-religiösen Verdikt über die Ästhetik[78] - gleichzeitig auch in religiösen. Davon handelt des 1898 entstandene »Florenzer Tagebuch«, das er als *„Rechenschaftsbericht"* seiner Italienreise geschrieben und Lou gewidmet hat. In ihm legt er seine neuen Anschauungen über die Kunst, Gott, die Liebe und das Künstlertum dar. Vor den Kunstwerken Michelangelos, in der Toskana und vor der Weite des Meeres in Viareggio erlebte er den *„Frühling"* und die *„Auferstehung Gottes"*,[79] und zwar in der Kunst und durch die Kunst: *„Gott ist das älteste Kunstwerk"*.[80] Es seien die Künstler, die als *„Ahnen Gottes"* diesem zu seinem Werden verhelfen müssten.[81]

Zwar ist der Subjektivismus, dem Rilke stellenweise des Wort redet – *„die Kunst geht von Einsamen zu Einsamen in einem hohen Bogen über das Volk hinweg"*[82] – ausgeprägt und elitär. Er verrät die Nachwirkungen des »Zarathustra«, aber auch den Einfluss der Lebensphilosophie jener Frau, unter deren Bann er stand. Dennoch enthält dieses mitunter schwärmerisch, ja pathetisch geschriebene Tagebuch zentrale Motive des Spätwerkes: Kunst als Religion, als Weg zu Gott und als Verwirklichung des Göttlichen in der Welt, die Würdigung des „Hiesigen" und der Liebe.[83]

Noch entscheidender als die Eindrücke in der Toskana wirkten sich auf Rilkes Religiosität die zwei mit Lou unternommenen Russlandreisen aus. Die erste, im April 1899 angetreten, führte ihn, die Geliebte und deren Gatten zunächst nach Moskau. Hier begegnete er nicht nur Tolstoj, sondern erlebte er auch die letzte Osternacht des 19. Jahrhunderts, so intensiv und *„bis ins Blut hinein, dass dieses eine Mal fürs ganze Leben ausreiche"*.[84] Begegnungen mit Künstlern folgten, Museumsbesuche und Visiten bei Lous Verwandten in Petersburg. Ende Juli reiste Rilke, um viele Bekanntschaften reicher, nach Berlin zurück. Die Begegnung mit russischer Frömmigkeit, die er intensiver wahrnahm als die sozialen Missstände,[85] hatte ihn in seiner religiösen Haltung bestärkt, die russische Landschaft ihn tief beeindruckt.

Nachhaltiger wirkte die zweite Reise. Nicht nur hatte sich Rilke auf diese zusammen mit Lou intensiv vorbereitet. Vor allem aber fuhren sie alleine

---

[78] Kierkegaard 1975 (¹1843), bes. Teil II; zum Problem: Burkhardt 1962; Grözinger 1987.
[79] Fr. Tgb, 53.
[80] Ebd.
[81] Fr. Tgb, 353.
[82] Ebd. 52.
[83] Nach Müller 1964, 77 ff. enthält das Tagebuch bereits eine „vollständige Weltanschauung".
[84] Brief an Lou vom 31.4.1904, in: Br. 1902-1906, 144.
[85] Leppmann 1983, 138, 150 f.

und für länger. Moskau, Jasnaja Poljana, dann Kiew mit seinen Höhlen-klöstern, in denen Rilke während einer Prozession mit kerzentragenden Mönchen „in mystische Verzückung" geraten sei.[86] Tage auf einem Wol-gadampfer reihten sich an, eine unvergessene halbe Woche beim befreun-deten Bauerndichter Droschin. Das Ende der Reise war durch Verstim-mungen getrübt. Lou fuhr alleine zu Verwandten nach Finnland. Rilke schrieb ihr von Petersburg aus fast täglich Briefe, in denen er um ihre Rückkehr flehte, und die sie mehr verstimmten als erwärmten.[87] Das Ende der Russlandreise bedeutete das Ende ihrer Lebensgemeinschaft. Kaum in Berlin angekommen, folgte Rilke einer Einladung des befreundeten Malers Heinrich Vogeler und übersiedelte in die Künstlerkolonie Worpswede.

Auch die Erfahrungen mit Lou, Florenz, vor allem aber Russland haben sich auf Rilkes künstlerische und religiöse Entwicklung ausgewirkt. Auf-schlussreich ist eine Notiz, die er zwei Jahre nach Florenz schrieb:

> *„Einmal, unten am südlichen Meer, kam ein junger Philosoph zu mir, dessen auf sehr sicheren Wegen erreichbarer Gott inmitten stiller, spielender Syste-me saß, und sprach zu mir von diesem erkannten Gotte mit vollem, jungen Empfinden. Und fragte, da er ein wenig von anderen Dingen wusste: ,Wie ist es in der modernen Kunst, glaubt die an Gott?' Ich erschrak. Wie sollte ich antworten. In großer Verwirrung blickte ich hinaus auf das schwere, dunkle Meer. Und empfand die große Schönheit meiner Florentiner Tage und alles Gütigsein der Landschaft, in welcher ich lebte. Und war umgeben von Güte. Und sagte tief ergriffen: ,Ja, man weiß, keiner kann etwas machen ohne ihn.' Das sagte ich, - ehe ich ihn gefunden hatte; meine Stimme trug, seltsam fest-lich, dieses fremde Bekenntnis, das ich noch nicht begriff."* [88]

Gott wird in die nächste Nähe zur Natur gerückt,[89] die als gütig erfahren wird. Er allein ermögliche menschliches Leben und Handeln: „*Keiner kann etwas machen ohne ihn.*" Dies verweist auf eine Strukturtransformation von der dritten zur vierten Stufe. Ihr bezeichnendes Merkmal besteht darin, dass der göttliche Bereich und der des Menschen neu miteinander koordi-niert werden. Gott wird als transzendental begriffen, als der, der menschli-che Freiheit und Selbstentfaltung ermöglicht und trägt. Der Mensch kann sich davon entlasten, alles aus eigenen Kräften leisten zu müssen und sucht – so Rilke – „*nach einer anderen Gravitation, die ihn einbeziehe*".[90]

Sind auch die für das religiöse Urteil konstitutiven Gegensatzpaare (Trans-zendenz versus Immanenz, Heiliges versus Profanes etc.) neu vermittelt

---

[86] Brutzer 1934, 104.

[87] B, 18 ff.

[88] Fr. Tgb., 355.

[89] Am gleichen Abend schrieb Rilke auch den bezeichnenden Satz: „*Mir ist Gott über-haupt ,sie', die Natur. Die Bringende, die das Leben schenkt*" (ebd. 353).

[90] Aus Imhof 1983, 37.

bzw. in ein Gleichgewicht gebracht worden, das der vierten Stufe entspricht? Diese These wird am »Stundenbuch« überprüft, das Rilke als „inspiriert" auffasste und hinsichtlich seiner Botschaft gelten ließ, obschon ihm sein „lyrisches Ungefähr" alsbald nicht mehr behagte.[91]

Die Stundenbuchgebete wurden und werden unterschiedlich ausgelegt.[92] Wer ist der *„umkreiste"*, *„unbewusste"*, *„aus dem Nest gefallene"*, *„dunkle"* Gott? Ausgelöst durch den Aufsatz „Ein Gottsucher" von der schwedischen Frauenrechtlerin und Erzieherin Ellen Key war lange und einmütig vom „Mystiker" Rilke die Rede.[93] „In unzähligen Bildern stellt sich Rilkes Ringen um Gott im Stundenbuch dar," so Wild, der Rilke noch über Angelius Silesius stellt.[94] Anders hingegen Mason. Für ihn ist der „Gott" des Stundenbuches ein „feierliches Stilmittel" für die „Apotheose des Rilkeschen Narzissmus".[95]

Die Zuordnung dieser Texte zu religiösen Entwicklungsstufen hängt davon ab, wie sie ausgelegt werden. Folgt man Mason und anderen, welche den Gott des Stundenbuches als Rilkes „Artefakt" bestimmen,[96] legt sich die Zuordnung zur dritten Stufe nahe. In der Gefolgschaft jener hingegen, die Rilke als „Beter", ja „Mystiker" würdigen,[97] ergibt sich eine höheren Stufe der religiösen Entwicklung.

Die Problematik besteht nicht nur darin, dass unterschiedliche Religions- bzw. Mystikverständnisse an die Stundenbuchgebete herangetragen werden; die Schwierigkeit liegt auch in ihnen selbst. Noch und noch wird das Wort *„Gott"* genannt; mit vielfältiger, oft befremdlicher Metaphorik wird er umkreist. Zwar wird er noch und noch als *„Du"* angesprochen. Aber dieses *„Du"* bleibt stumm. Zumeist ist es das *„Ich"* des Beters, das anruft, rühmt, wirbt, sich ängstigt. Mit diesem *„Du"* meint Rilke nicht den biblisch-christlichen Gott, der sich im Wort mitteilt. Ausdrücklich schreibt er, dieses Du sei *„ohne Wort geoffenbart"*:[98] in schweigenden russischen Bauern in der Dämmerungsstunde.

Aber wer ist dieses *„Du"*? Bald wird es angesprochen: als *„Nachbar"* (SW I, 255), *„dunkles Gewebe von hundert Wurzeln"* (254), *„Dom"* (261),

---

[91] Zur Inspiriertheit des Stundenbuches: Kunisch 1975, 221 f.; Rilkes Brief an Clara Rilke vom 13.10.1907, in: B, 187; zur späteren Wertung des Stundenbuches durch Rilke: Brief vom 14.5.1911 an Marlise Gerding, in: B, 280 ff.

[92] Eine Übersicht über die kontroversen Standpunkte bietet Müller 1964, 15 ff.

[93] Key 1911.

[94] Wild 1936, bes. 32; Bäumer 1935.

[95] Mason 1949, 71 f.

[96] Mason 1949, 71 ff.; Kohlschmidt 1953, 77 ff.; ders.: 1977, 84 f.: Leppmann 1983, 139 f.

[97] Bäumer 1935; Wild 1936; Schäfer 1938; zur Frage der Mystik: Stachel 1989; vgl. Abschnitt 5.6.8.

[98] SW I, 293.

228

„Nacht" (290), „der dunkle Unbewusste" (276). Bald wird das „Du", mit „Gott" gleichgesetzt, beschrieben: als „Turm" (253), „der große Mauerbrecher einer belagerten Stadt" (286). Es ist nicht eingrenzbar, sondern umfasst alles.

Sofern das Göttliche im Seinsganzen, vor allem in der Natur erfahren wird, handelt es sich um eine dem Pantheismus nahestehende, zumindest „natürliche Religion".[99] Dazu bekannten sich viele namhafte Dichter: Goethe („die Natur in Gott und Gott in der Natur"[100]), Hölderlin, Hesse, Hamsun. Von daher wird einsichtig, warum bei Rilke Religion und Ästhetik nicht zu trennen sind. Die Wahrnehmung (Aisthesis) des Schönen – und auch des Schrecklichen, das Rilke in Paris, der „schweren Stadt", erfahren wird – ist immer auch die des Göttlichen, das allen Dingen innewohnt.

Dies assoziiert an die vierte Stufe nach Oser und Gmünder, auf der das Irdische zu einem „Gleichnis des Göttlichen" wird. Die Gegensatzpaare Transzendenz versus Immanenz klaffen nicht mehr auseinander wie auf Stufe 3, sondern bedingen und durchdringen sich. Dies zeigen folgende Verse, in denen ein „Er" Gott wieder erkennt:

> *„Erst später naht er der Natur*
> *und fühlt die Winde und die Fernen,*
> *hört dich geflüstert von der Flur,*
> *sieht dich gesungen von den Sternen*
> *und kann dich nirgends mehr verlernen,*
> *und alles ist dein Mantel nur."* [101]

Dieses „Du" ist zwar allgegenwärtig: in der „Flur", in den „Sternen"; aber es ist damit nicht identisch, vielmehr ist die Natur sein „Mantel". Das Göttliche bleibt letztlich doch entzogen. Obgleich in der Immanenz erscheinend, wahrt es Transzendenz.

Ähnlich das Dimensionenpaar Heiliges versus Profanes: das Heilige ist auf den profanen Bereich hin entgrenzt:

> *„Und keine Kirchen, welche Gott umklammern*
> *wie einen Flüchtling und ihn dann bejammern*
> *wie ein gefangenes und wundes Tier, -*
> *die Häuser gastlich allen Einlassklopfern*
> *und ein Gefühl von unbegrenzten Opfern*
> *in allem Handeln und in dir und mir."* [102]

Solche Naturerfahrungen, die zugleich Gotteserfahrungen sind, beschenken den Beter mit Vertrauen, dessen Quelle nicht in ihm liegt:

---

[99] Zur „natürlichen Religion": Leese 1954.
[100] Goethe 1887, 3, 321 (Weimarer Ausgabe)
[101] SW I, 322.
[102] SW I, 329.

> *„So bin ich nur als Kind erwacht,*
> *so sicher im Vertraun*
> *nach jeder Angst und jeder Nacht*
> *dich wieder anzuschaun. "* [103]

Dies drückt auch ein Herbstgedicht aus, dessen letzte Verse lauten:

> *„ Wir alle fallen. Diese Hand da fällt.*
> *und sieh dir andre an: es ist in allen.*
>
> *Und doch ist Einer, welcher dieses Fallen*
> *unendlich sanft in seinen Händen hält. "* [104]

Die solipsistische Weltsicht der Stufe 3, wonach der (Über-)Mensch alles aus eigenen Kräften leisten könne bzw. müsse, ist überwunden. *„Wir alle fallen"*, aber nicht aus der Hand Gottes.

Die Haltung, die den im Stundenbuch entfalteten Gotteserfahrungen angemessen ist, besteht für Rilke in Frömmigkeit und Liebe zu allen Dingen:

> *„ Gib mir eine kleine Weile Zeit:*
> *Ich will die Dinge so wie keiner lieben,*
> *bis sie dir würdig sind und weit. "* [105]

Aber auch in einem gesammelten, mit einem Baum verglichenen Dasein, das nicht *„hoffährtig"* und nicht eigenmächtig ist:

> *„Nur wir, in unserer Hoffahrt drängen*
> *aus einigen Zusammenhängen*
> *in einer Freiheit leeren Raum,*
> *statt klugen Kräften hingegeben*
> *uns aufzuheben wie ein Baum. "* [106]

Soll der Mensch also völlig passiv werden? Nein, vielmehr erscheint Gott auch als der, der den Menschen frei lässt und seine Entfaltung will:

> *„ Von deinen Sinnen hinausgesandt,*
> *geh bis an deiner Sehnsucht Rand;*
> *gieb mir Gewand!*
>
> *Lass dir alles geschehn: Schönheit und Schrecken.*
> *Man muss nur gehen: Kein Gefühl ist das fernste.*
> *Lass dich von mir nicht trennen. "* [107]

Göttliches scheint für Rilke aber nicht nur in der Natur auf, sondern ermöglicht auch die Inspiration. Künstlertum und Religiosität, schon im

---

[103] SW I, 297.
[104] SW I, 400; dazu Schäfer 1938, 57 f.
[105] SW I, 297.
[106] SW I, 320.
[107] SW I, 294.

»Florenzer Tagebuch« aufeinander bezogen, durchdringen sich stärker und stärker, so im »Chanson orpheline«", das im Umfeld des Stundenbuches entstand:

> *„O Nächte, Nächte, Nächte*
> *möchte ich schreiben*
> *und immer, immer über Blättern bleiben,*
> *und sie erfüllen mit den leisen Zeichen,*
> *die nicht von meiner müden Hand sind. Die*
> *verraten, dass ich selber Hand bin, Eines,*
> *der mir wunderbare Dinge tut."* [108]

Nicht das eigenmächtige Subjekt schafft das Gedicht. Vielmehr wird es ihm von einer unverfügbaren, als numinos wahrgenommenen Macht in einem Akt der Gnade geschenkt.[109] Der Dichter ist Empfänger und nicht eigenmächtiger Schöpfer, der Angerufene und der Gehorchende, wenn die Strömung einsetzt; aber auch der Wartende und oft Verzagte, wenn sie aussetzt. Denn solche Diktate sind Rilke nicht dauernd zugekommen. Und schon gar nicht auf Abruf. Dies zeigen die Datierungen der Stundenbuch-gebete:[110] die einzelnen Bücher entstanden binnen weniger Tage. Darauf folgten Wochen der Erschöpfung, des Wartens, der Angst.

Zusammenfassend: Die vierte Sequenz in Rilkes Leben (1897-1901) ist in religiöser Hinsicht dadurch geprägt, dass er den jugendlichen Atheismus und Solipsismus, die der Stufe 3 entsprechen, überwand. Ausgelöst durch die Liebe zu Lou und die Erfahrungen in Russland, die sich im »Stunden-buch« niederschlugen, formierte er ein neues religiöses Bewusstsein, das an die Stufe 4 assoziiert. Fortan wurde Gott als der wahrgenommen, der in der Natur und in den Dingen aufscheint, ohne aber mit diesen identisch zu sein, und der die dichterische Inspiration gewährt. Diese Religiosität hat Rilke nicht mehr als institutionell, vor allem nicht mehr als christlich ver-standen, vielmehr ist sie von einer zusehends heftigeren Christentumskritik begleitet. Ein Exkurs über Rilkes „Antichristlichkeit" scheint angebracht, kann er doch – ex negativo – zur Religiosität des reifen Rilke hinführen.

---

[108] SW III, 667.

[109] So Kunisch 1975, dessen Darlegungen ich mich anschließe; zum Stundenbuch: 221 f. Loock 1986, 98 wendet sich gegen diese Sichtweise und meint, bei Rilke habe die Kunst die Religion abgelöst. „In der entzauberten Welt stiftet dichterische Subjektivi-tät Verzauberung aus eigenem Vermögen" (ebd. 165). Diese Interpretation, die an die Stufe 3 denken lässt, wird Rilkes eigenem Selbstverständnis nicht gerecht.

[110] Vgl. die Angaben von Herausgeber Ernst Zinn, in: SW I, 848 ff.

Exkurs: „Dir liegt nichts an den Christen"[111]

> „Was mir damals Rilke eröffnete, schien für ihn selber bedeutsam. Er wolle gar nicht, meinte er, einen Mittler zwischen sich und Gott, ... der Mittler würde ihn nur daran hindern, auf Gott einzugehen und sich mit Gott einzulassen. Christus sei ihm im Wege."[112]

Erinnert dies nicht an das Messingkruzifix, wie es der kleine René allabendlich küsste? Wie dem auch sei: Rilke hat Christus von seiner Jugend bis zu seinem Tod abgelehnt, konsequent und oftmals schroff. Schon im »Worpsweder Tagebuch« nannte er *„Christus eine große Gefahr"*, weil er, *„der Allzunahe"*, Gott verdecke.[113] Die deutlichste Formulierung steht in einem 1912 aus Spanien an die Fürstin von Thurn und Taxis geschickten Brief, in dem er sich zu einer *„beinah rabiaten Antichristlichkeit"* bekennt und Christus mit einem Telephon vergleicht: *„Hallo, wer dort?"* – und niemand antworte.[114] Rilke empfand nicht nur Christus, sondern jeden Mittler zwischen Mensch als *„Gestell"*, das die Gottesliebe aufhalte.

Abgelehnt hat Rilke nicht nur den Stifter des Christentums, sondern auch die Kirche. 1901 trat er aus ihr aus, um Clara Westhoff, eine Protestantin, heiraten zu können. 20 Jahre später, im berühmten Arbeiterbrief, unmittelbar nach den Elegien und Sonetten verfasst, verunglimpfte er sie, wie vor ihm schon Kierkegaard, als *„métier"*, als *„bürgerliche Beschäftigung sur place"*.[115] Konsequent verfügte er in seinem Testament, auch im Falle schwerster Not wolle er nicht von einem *„geistlichen Zwischenhändler gekränkt"* werden[116]. Begraben wurde er – der die Kapelle von Muzot restaurieren ließ – nach katholischem Ritus und, am südlichen Gemäuer der Kirche in Raron, in geweihter Erde.

Auch die Theologie seiner Zeit berührte ihn nicht. Mit der Barthschen Dialektischen Theologie hätte er, der Gott im Diesseits suchte, wenig anfangen können. Barth warf ihm vor, „ähnlich fromme Unverschämtheiten auf dem Gewissen (zu haben) wie Angelus Silesius".[117] Supranaturalismus, Kluft zwischen Transzendenz und Immanenz, ein Gott nur des Wortes – das beunruhigte Rilke. Verständlich, dass er nicht nur die christliche Eschatologie ablehnte – als *„Vertröstung irdischer Seligkeiten an ein zukünftiges Jerusalem"*[118] –, sondern auch die *„christliche Haltung"* dem *„Irdischen"*

---

[111] Ein Vers aus dem Stundenbuch: SW I, 139.
[112] So Rilke im Schloss Duino zu seinem Freund Kassner 1976, 5.
[113] Fr. Tgb., 354.
[114] Brief vom 17.12.1912, in: B, 378 ff. – Zur Absage im dichterischen Werk: Überblick bei Müller 1964, 404 f.
[115] SW VI, 1114 f.
[116] Salis 1936, 176.
[117] Aus Jens 1986, 51; dazu den Brief vom 6.1.1923 an Gräfin Sizzo, in: B, 802 ff.
[118] SW VI, 1114 f.

gegenüber. Dieses sei entwertet worden: Gott selber sei gekränkt.[119] Die ärgste Schuld des Christentums sah er in der Verdrängung des Geschlechtlichen, für ihn die *„Wurzel allen Erlebens"*, in dem Gott selber gegenwärtig sei.[120]

Vor dem Hintergrund der strukturgenetischen Religionspsychologie zeigt das Christentum, wie es Rilke in seiner Kindheit auferlegt bekam, in seiner Jugend abschüttelte und bis zu seinem Tod kritisierte, die Charakteristika der Stufe 2. Transzendenz und Immanenz getrennt, das Heilige gesondert vom Profanen, im Himmel Gott, ein *„Erzpatron"*,[121] das Irdische abgewertet, der Mensch sündig und in den Fesseln einer triebfeindlichen Moral! Damit konnte sich ein Dichter, der von frühester Jugend an von naturmystischen Anwandlungen überwältigt wurde, nicht anfreunden:

> *„Mehr und mehr kommt das christliche Erlebnis außer Betracht; der uralte Gott überwiegt es unendlich. Die Anschauung, sündig zu sein und des Loskaufs zu bedürfen als Voraussetzung zu Gott, widersteht immer mehr einem Herzen, das die Erde begriffen hat. "* [122]

Franz von Assisi hätte sich gegen die Entwertung des Irdischen gewehrt:

> *„Das Hiesige recht in die Hand nehmen, herzlich, liebevoll, erstaunend, als unser, vorläufig, Einziges: das ist zugleich, es gewöhnlich zu sagen, die große Gebrauchsanweisung Gottes, die meinte der heilige Franz von Assisi aufzuschreiben in seinem Lied an die Sonne. "* [123]

Rilkes – pauschale! – Absage an das Christentum (gleichzeitig entdeckte die Liturgische Bewegung den Leib[124]) wird ebenso kontrovers ausgelegt wie das Stundenbuch. „Unglaube" – so Müller.[125] Zu recht, sofern man das ‚orthodoxe' Christentum zur Norm erhebt! Anders Corbach: Mit seiner Abgrenzung vom Christentum sei Rilke – wie vor ihm schon Kierkegaard – diesem näher gekommen als „manche christlich gefärbte Schönrednerei".[126] Karl Rahner dürfte sich mit dem Dichter der Elegien, den J.H. Baden zu den vorbildlichen „christlichen Erziehern" zählt, verstanden haben.[127]

---

[119] Ebd.
[120] Ebd. 1123 f., vgl. die »Sieben Gedichte«, in: SW II, 435 ff.
[121] SW VI, 1119.
[122] Aus dem Brief vom 22.2.1923 an Ilse Jahr, in: B, 820.
[123] SW VI, 1115.
[124] Guardini 1918.
[125] Müller 1964, bes. 424.
[126] Corbach 1949, 20.
[127] Baden 1975, 55 ff.; dazu Focke 1948, 148 ff., der vom jungen Rahner herkommt; Rahner 1956, bes. 354 ff., wo er selbst auf Rilke verweist.

5.6.6 Paris, die „schwere Stadt",[128] oder: Gott im blinden Zeitungsverkäufer

In der Künstlerkolonie Worpswede, wohin Rilke nach seiner zweiten Russlandreise übersiedelte, lernte er Clara Westhoff kennen, die er 1901 heiratete. Mindestens ein Jahr lang war er bemüht, sie und die Tochter Ruth auch materiell zu erhalten, indem er Artikel und Rezensionen schrieb. Aber er, der nur Dichter sein wollte, konnte sich dem Diktat einer geregelten Arbeit nicht unterwerfen. Auch war es ihm nicht gegeben, in das Schicksal einer Familie einzuwilligen und es zu bestehen.[129] Schon den Sommer 1902 verbrachte er nicht mehr bei Clara und der einjährigen Tochter, sondern auf dem Landsitz des Gönners Schönaich-Carolath. Es sollte nicht das letzte Mal sein, dass er, der Mittellose und Fremde, die Gemächer seiner Mäzenen und Freundinnen bewohnte und sich in Briefen lange über die in Marmorwannen genossenen Hamambäder ausließ.[130] Im Herbst 1902 reiste Rilke mit der Absicht, eine Monographie über den Bildhauer Auguste Rodin zu schreiben, nach Paris, wohl nicht ahnend, dass er sein Privatsekretär werden würde. Dessen „toujours travailler" wurde auch zu seiner Maxime und wirkte sich in der dichterischen Produktion aus. Paris war aber nicht nur eine künstlerische Bereicherung, sondern eine Heimsuchung:

> *„Ich möchte Dir sagen, liebe Lou, dass Paris eine ähnliche Erfahrung für mich war wie die Militärschule; wie damals ein großes banges Erstaunen mich ergriff, so griff mich jetzt wieder des Entsetzen an vor alledem, was, wie in einer unsäglichen Verwirrung, Leben heißt. Damals als ich ein Knabe unter Knaben war, war ich allein unter ihnen; und wie allein war ich jetzt unter diesen Menschen, wie fortwährend verleugnet von allem, was mir begegnete; die Wagen fuhren durch mich hindurch, und die welche eilten, machten keinen Umweg um mich und rannten voll Verachtung über mich hin wie über eine schlechte Stelle, in der altes Wasser sich gesammelt hat. Und oft vor dem Einschlafen las ich ... im Buche Hiob und es war alles wahr an mir,...* "[131]

„Lass dir alles geschehen, Schönheit und Schrecken".[132] Letzteres, das Rilke in Russland noch nicht sah, begegnete ihm in Paris auf Schritt und Tritt. Bettler, Veitstänzer, Kinder mit Ausschlägen, Sterbende und Sterbefabriken, die verschimmelten Innenseiten der Abbruchhäuser, Anonymität. Das alles stürzte in das *„erlernte Sehen"*[133] ein und wurde dichterische Form im dritten Teil des Stundenbuches *„Von der Armut und vom Tode"*, mehr noch in den »Aufzeichnungen des Malte Laurids Brigge«:

---

[128] Dazu Brief an H. Vogeler vom 17.9.1902, in: B, 44.
[129] Zu Rilkes Schicksal, ohne Schicksal (= Bindung an Menschen) zu sein: Kunisch 1975, 450 ff.
[130] Dazu Benn 1975, 1734.
[131] Brief vom 18.7.1903 an Lou, in: GB I, 360.
[132] Ein Vers aus dem Stundenbuch: SW I, 294.
[133] SW VI, 710 f.

„So, also hierher kommen die Leute, um zu leben, ich würde eher meinen, es stürbe sich hier. Ich bin ausgewesen. Ich habe gesehen: Hospitäler. Ich habe einen Menschen gesehen, der schwankte und umsank." [134]

Dennoch blieb Paris für Rilke der geographische Mittelpunkt der nächsten Jahre. 1903 verbrachte er einige Monate in Italien und schrieb den dritten Teil des Stundenbuches. Sodann längere Aufenthalte in Skandinavien; dann wieder Paris, Göttingen, Berlin, Wochen auf Capri, Paris, Leipzig, 1910 die ersten Tage auf Duino, die Reise nach Ägypten und 1912, nach der Niederschrift der beiden ersten Duineser-Elegien, die nach Spanien. Immer wieder Schaffenskrisen, Enttäuschungen, Ängste, langwierige Depressionen, die Rilke sogar bewogen, sich einer Psychoanalyse zu unterziehen. Beim Freudschüler Gebsattel war schon alles geplant. Aber Rilke legte sich nicht auf die Couch und schrieb, eine gelingende Behandlung könnte nebst den Teufeln auch die Engel austreiben, was das Ende der dichterischen Produktivität bedeutet haben könnte. [135]

Erst der Ausbruch des Ersten Weltkrieges, der Rilke in Leipzig überraschte, bedeutete das Ende der Pariser Zeit. Während seine Habe in der Rue de Tollier versteigert wurde, zog er nach München. Mehr und mehr litt er unter dem Krieg. Bei dessen Ausbruch hatte aber auch er rühmende Verse gefunden: *„Heil mir, dass ich Ergriffene sehe ..."* [136]

Wie wirkten sich diese Erfahrungen auf Rilkes religiöse Entwicklung aus? Lässt sich eine Strukturtransformation auf die fünfte Stufe nachweisen, die durch die „Einheit von unendlicher Gottes- und Nächstenliebe" charakterisiert ist? [137] Oder erfolgte ein Rückwurf auf das selbstverantwortliche, von Gott getrennte Ich, das die gott-lose Welt allein überstehen muss (Stufe 3)?

Rilkes Religiosität blieb mit dichterischer Produktivität und der Inspiration verknüpft, obgleich sich seine Sichtweise des Gedichts und der Dinge grundlegend änderte. War im »Stundenbuch« und im »Buch der Bilder« das *„Ding"* noch *„Vorwand für das Gefühl"*, [138] so sind die »Neuen Gedichte« durch das vor den Plastiken Rodins und den Bildern Cézannes erlernte Bemühen charakterisiert, das lyrische Ich, das zuvor über die Dinge hingeflutet war, zurückzunehmen und das Ding so zu sehen, wie es sich zeigt. Das Gedicht soll ihm zur „Dingwerdung" verhelfen. Dies änderte aber nichts an seinem Verständnis des lyrischen Produktionsvorganges selber:

---

[134] SW IV 709.

[135] Dazu den Brief vom 24.1.1912 an Dr. Gebsattel, in: B, 321 f.

[136] SW II, 87.

[137] Oser & Gmünder 1984, 101 f, (⁴1996, 92 f.).

[138] SW V, 208 ff.; dazu Ryan 1972, 8 ff.; Stephens 1982, 327 ff., der hinsichtlich der Stundenbuchgedichte von einer „Ästhetik des Vorwandes" spricht.

„Manchmal ist es da, dann bin ich der Herr meiner Tiefen, die sich auftun, strahlend und schön und schimmernd im Dunkel; aber ich habe nicht den Zauberspruch getan, Gott tut ihn, wenn es Zeit ist, und mir gebührt nur, geduldig zu sein und zu warten und meine Tiefen gläubig zu ertragen." [139]

In den »Neuen Gedichten« thematisierte er, in der Tradition seherischer Dichter stehend, [140] wiederholt die Inspiration. Hans Berendt hat die »Neuen Gedichte« vom Begriff der Inspiration aus gelesen und als fortwährendes Ringen um Eingebung interpretiert. [141] Den *„jetzt noch stillen Mund"* des *„frühen Apollo"* bestimmte er als die erwartete Inspiration. [142] *„Buddha in der Glorie"* hingegen wird zur festgehaltenen und gelungenen Inspiration und stehe nicht umsonst am Ende des Zyklus. [143]

Schon aufgrund dieser Sicht der literarischen Produktion, die primär Diktat und Empfangenes ist, braucht nicht eine Regression auf die dritte Stufe angenommen zu werden. Die Großstadtängste und Depressionen führten nicht dazu, dass Rilke die Welt als gottlos wahrnahm. Im Gegenteil: Gott tritt gerade im Elend in Erscheinung: so in der Gestalt eines blinden Zeitungsverkäufers, der verzweifelt seine Journale loszuwerden versucht:

„Mein Gott, fiel es mir mit Ungestüm ein, so bist du also. Es gibt Beweise für deine Existenz. Ich habe sie alle vergessen und keinen je verlangt, denn welche ungeheure Verpflichtung läge in deiner Gewissheit. Und doch, nun wird mirs gezeigt. Dieses ist dein Geschmack, hier hast du Wohlgefallen." [144]

Diese Stelle aus dem »Malte« lässt an die fünfte Stufe nach Oser und Gmünder denken, auf der das Göttliche im zwischenmenschlichen Bereich gegenwärtig werde. Auch die Rilkesche Liebeslehre, die er gegen Ende des Malte entfaltet, spricht für diese Deutung. Sie besagt, dass die Liebe pervertiert werde, wenn die Liebenden die Geliebten halten und nicht alles daran setzen, ihre *„Freiheit zu vermehren"*:

„Denn das ist Schuld, wenn irgendeines Schuld ist:
Die Freiheit eines Lieben nicht vermehren
und alle Freiheit, die man in sich aufbringt.
Wir haben, wo wir lieben, ja nur dies:
einander lassen; denn dass wir uns halten,
das fällt uns leicht und ist nicht erst zu lernen." [145]

So Rilke 1908 im »Requiem« für die befreundete Malerin Paula Modersohn-Becker, die bei der Geburt ihres ersten Kindes starb.

---

[139] Brief vom 13.2.1903 an E. Key, in: Br. 1902 – 1906, 60f.
[140] Kunisch 1975, 224 ff.
[141] Berendt 1957.
[142] SW I, 481; Berendt 1957, 43 ff.
[143] SW I, 642; Berendt 1957, 50 ff.
[144] SW VI, 903; dazu Müller 1964, 168 ff.
[145] SW I, 654.

Von Liebenden verlangt Rilke, dass sie den Geliebten frei lassen. Aber dieses Opfer schwächt nicht, sondern versetzt in ein *„stärkeres Dasein".* Lieben ist Hinausstrahlen des Herzens ins Unendliche. Selbst Gott – mehr noch Christus – werde, weil Gegenstand des Liebens, zum Hindernis:

> *„Es widerstrebt mir (ich will es gleich sagen), die Liebe zu Gott für ein besonderes abgegrenztes Handeln des menschlichen Herzens zu halten; ich vermute vielmehr, dass dieses Herz jedes Mal dort, wo es sich selbst überrascht, über den bisher äußersten Kreis seiner Leistung nach allen Seiten einen neuen weiteren Kreis hinaustreibend, - dass dieses Herz bei jedem seiner Fortschritte seinen Gegenstand durchbricht oder einfach verliert und dann unendlich hinausliebt. "* [146]

Auch Rilkes Liebeslehre wird kontrovers beurteilt. Für Holthusen ist sie schlichtweg falsch,[147] für Mason „Solipsismus" und „Narzissmus".[148] Gerechter dürfte ihr Müller werden, der sie in den Zusammenhang mit der allgemeinen Liebesproblematik der Gegenwart stellt.[149] Auch Fromm, der den Verfall der Liebe in der modernen Lebenswelt beklagte, will die Liebe als Akt verstanden wissen, der die Freiheit des Anderen erhöht.[150] Rilkes Liebeslehre weist Gemeinsamkeiten mit der fünften, zugegebenermaßen schwierig formulierten Stufe des religiösen Urteils auf:

> *„Die nicht-kontingente, unbedingte Intersubjektivität wird zum signifikanten Ort der Manifestation des Transzendenten; weil es als die Ermöglichung endlicher Freiheit erscheint, gilt der andere in seiner Freiheit als das eigentliche Sinnziel des Handelns. "* [151]

Allerdings hat Rilke diese Lehre nicht nur dichterisch gestaltet, sondern auch seinen Nächsten und Geliebten aufgezwungen: Der Duse, Magda von Hattingberg.[152] Vor allem seiner Frau Clara, die ihn lassen musste, damit er seinen dichterischen Auftrag erfüllen konnte. Darunter hat Rilke mitunter schwer gelitten.[153] Die geistige Beziehung zu ihr blieb intensiver als in mancher Ehe. Geschieden wurde sie nie, ihre Korrespondenz füllt Bände.

Wann erfolgte die Strukturtransformation zur fünften Stufe? Im Unterschied zu den früheren Stufenübergängen lässt sich dieser nicht genau datieren. Jedoch lässt er sich erklären: als Rilkes Bestreben, das existenzielle Gleichgewicht, wie es durch die Erfahrungen, die unter das Stichwort „Pa-

---

[146] SW VI, 1042.
[147] Holthusen 1982, 144.
[148] Mason 1964 b, 94 ff.
[149] Müller 1964, 481 ff.
[150] Fromm 1989 IX, 437-518.
[151] Oser & Gmünder 1984, 101 (⁴1996, 93).
[152] Dazu Magda von Hattingberg 1943.
[153] Vgl. den Brief an Lou vom 28.12.1911, in dem sich Rilke der *„Rücksichtslosigkeit"* den Mitmenschen gegenüber bezichtigt, in: B, 302; dazu Kunisch 1975, 450 ff.

ris" subsumierbar sind, erschüttert worden war, wieder zu gewinnen. Dabei wurden neue Elemente internalisiert: die unbedingte Anerkennung des Anderen, der Einsatz für die Freiheit der Geliebten, die Wahrnehmung des Göttlichen im zwischenmenschlichen Bereich.

Zusammenfassend: Sofern man Rilkes Liebeslehre nicht als Narzissmus verwirft, sondern als aufrichtiges Anliegen anerkennt, lässt sich eine zeitlich zwar nicht genau datierbare Strukturtransformation auf die fünfte Stufe diese Modells annehmen. Dies verhinderte aber nicht, dass weiterhin Depressionen, Schaffens- und Beziehungskrisen über ihn kamen.

5.6.7 Das Spätwerk, oder: „Jubel und Ruhm aufsinge zustimmenden Engeln...“[154]

1912, als Gast der Fürstin von Thurn und Taxis im Schloss von Duino weilend, schrieb Rilke die beiden ersten Duineser-Elegien. Die Freundin berichtet, wie er in der Absicht, die Antwort eines geschäftlichen Briefes zu überlegen, ans Meer hinunterstieg. Plötzlich, als ob sie ihm die heftige Bora zugeschrieen habe, seien die Eingangsverse der Elegien da gewesen:

> *„Wer, wenn ich schriee, hörte mich denn aus der Engel Ordnungen?“* [155]

Viele Jahre ließen sie ihn nicht mehr los:[156] Jahre der Schaffenskrisen und mitunter tiefer Depressionen, Jahre des Krieges, in München und später, als Eingezogener, in Wiener Kriegsarchiven überstanden: Jahre des Abwartens und Nichtbegreifens dessen, was über Europa hereingebrochen war:

> *„Ich war fast alle Jahre des Kriege, par hasard plutôt abwartend in München, immer denkend, es* müsse *ein Ende nehmen, nicht begreifend, nicht begreifend, nicht begreifend!“* [157]

Nach dem Waffenstillstand übersiedelte er in die Schweiz. Im Turm von Muzot, oberhalb Siders im Kanton Wallis, fand er seine letzte Wahlheimat. Hier setzte die Strömung, die 1912 in Duino eingesetzt hatte und oft zu versiegen schien, wieder ein. Binnen weniger Tage vollendete er die Elegien. Darüber hinaus entstanden 50 an Orpheus gerichtete Sonette, die er als *„Zusatzgeschenk“* bezeichnete. Am 11.2.1922 schrieb er Lou:

> *„Denk! Ich habe überstehen dürfen bis dazu hin. Durch alles. Wunder. Gnade. – Alles in ein paar Tagen. Es war ein Orkan wie auf Duino: alles, was in mir Faser, Geweb war, Rahmenwerk, hat gekracht und sich gebogen.“* [158]

---

[154] Ein Vers aus der zehnten Elegie, SW I, 721.
[155] SW I, 685; dazu Thurn und Taxis 1932, 40 f.
[156] Zur Entstehungsgeschichte: Mason 1964 a, 211-222.; Fülleborn 1983, 375.
[157] Aus dem Brief vom 21.1.1920 an L. Schlözer, in: B, 617.

Zu den zahlreichen und gegensätzlichen Deutungen der Elegien und Sonette kann hier keine neue hinzugefügt werden.[159] Aber eine Arbeit über Rilke kommt nicht um sie herum. Nicht nur belasteten sie zehn Jahre seines Lebens. Auch schrieb Rilke ihnen eine Bedeutung zu, die ihn übersteige:

> *„Und ich bin es, der den Elegien die richtige Erklärung geben darf? Sie reichen unendlich über mich hinaus."* [160]

Die Elegien beschreiben einen Weg, der von der Klage zum Jubel führt, von der Angst und vom Zweifel hin zur unbedingten Bejahung des Lebens *und* des Todes. Dieser wird nicht mehr als Abbruch des Daseins gefürchtet, sondern als notwendiger Teil der „großen Einheit" angenommen. Die ersten Verse der Elegien beginnen mit dem Eingeständnis in die Nichtigkeit und Schwäche des menschlichen Daseins im Vergleich zu dem der Engel:

> *„Wer, wenn ich schriee, hört mich denn aus der Engel*
> *Ordnungen? Und gesetzt selbst, es nähme*
> *einer mich plötzlich ans Herz: Ich verginge vor seinem*
> *stärkeren Dasein. Denn das Schöne ist nichts*
> *als des Schrecklichen Anfang, den wir noch grade*
>   *ertragen,*
> *und wir bewundern es so, weil es gelassen verschmäht,*
> *uns zu zerstören. Ein jeder Engel ist schrecklich."* [161]

Diese Engel, die – Rilke besteht darauf[162] - keine christliche Gottesboten sind, verwandeln sich am Ende des Weges in solche, die dem Menschen zustimmen, sofern er das Dasein als ganzes (auch den Tod) bejaht:

> *„Dass ich dereinst, an dem Ausgang der grimmigen*
>   *Einsicht,*
> *Jubel und Ruhm aufsinge zustimmenden Engeln."* [163]

Während im Eingangteil der ersten Elegie die Ortlosigkeit des Menschen beklagt wird, die Kontingenz seines Daseins:

> *„Ach, wen vermögen*
> *wir denn zu brauchen? Engel nicht, Menschen nicht,*
> *und die findigen Tiere merken es schon,*
> *dass wir nicht sehr verlässlich zu Hause sind*
> *in der gedeuteten Welt. Es bleibt uns vielleicht*
> *irgendein Baum an dem Abhang, dass wir ihn täglich*
> *wiedersähen; es bleibt uns die Straße von gestern*

---

158   Brief vom 11.2.1922, in: B, 743.
159   Dazu umfangreiche Literaturangaben in: Fülleborn 1982, 366 ff., Guardini 1953; Steiner 1969; Kunisch 1975, bes. 175 ff.; Kippenberg 1948 u.a.m.
160   Im berühmten „Elegienbrief" vom 13.11.1925, in B, 894 ff.
161   SW I, 685.
162   So im Elegienbrief, in B, 897; dazu Guardini 1953, bes. 30.
163   SW I, 721.

und das verzogene Treusein einer Gewohnheit,
der es bei uns gefiel, und so blieb sie und ging nicht. " [164]

vollzieht sich am Ende des Weges der Umschlag in den bejahenden Entschluss:

> *„Erde, du liebe, ich will. O glaub, es bedürfte*
> *nicht deiner Frühlinge mehr, mich dir zu gewinnen-,*
>   *einer,*
> *ach, ein einziger ist schon dem Blute zuviel.*
> *Namenlos bin ich zu dir entschlossen, von weit her.*
> *Immer warst du im Recht, und dein heiliger Einfall*
> *ist der vertrauliche Tod.* " [165]

Das *„Schwindende"* und die Menschen in ihm als *„die Schwindendsten"*, die, *„wo (sie) fühlen, verflüchtigen"* und *„nirgends bleiben"*, sondern *„immer Abschied nehmen"*[166] - das alles wird nun bejaht. Der Schritt vom Zweifel in die Gewissheit, vom Nein zum Ja, von der Klage zum Jubel, den Malte noch nicht konnte,[167] wird vollzogen. Daraus entspringt *„überzähliges Dasein"*. Indem die vergänglichen Dinge von uns Vergänglichen bejaht werden, werden sie, in Unsichtbares bzw. Geistiges verwandelt, ins Bleibende hinaufgehoben. Sofern es gelingt, *„die Erde in Unsichtbares zu verwandeln"*,[168] breche Jubel hervor:

> *„Rühmen, das ist's! Ein zum Rühmen Bestellter,*
> *ging er hervor wie das Erz aus des Steins*
> *Schweigen. Sein Herz, o vergängliche Kelter*
> *eines dem Menschen unendlichen Weins.*
>
> *Nie versagt ihm die Stimme am Staube,*
> *wenn ihn das göttliche Beispiel ergreift.*
> *Alles wird Weinberg, alles wird Traube,*
> *in seinem fühlenden Süden gereift.*
>
> *Nicht in die Grüften der Könige Moder*
> *straft ihn die Rühmung Lügen, oder*
> *daß von den Göttern ein Schatten fällt.*
>
> *Er ist einer der bleibenden Boten,*
> *der noch weit in die Türen der Toten*
> *Schalen mit rühmlichen Früchten hält.* " [169]

---

[164] SW I, 685.

[165] SW I, 720.

[166] SW I, 710 am Schluss der achten Elegie.

[167] Die Stelle im Malte, in: SW VI, 756: *„Nur ein Schritt, und mein tiefes Elend würde Seligkeit sein. Aber ich kann diesen Schritt nicht tun."* Dazu Baden 1975, 61 ff.

[168] Dazu Kunisch 1975, 381 ff.

[169] SW I, 735.

Hätte Rilke Christus auch dann abgelehnt, wenn er gewusst hätte, dass ihn das frühe Christentum mit Orpheus verglich, weil er die Grenzen zum Tod ebenfalls durchstoßen hat und aus der Unterwelt zurückgekehrt ist?[170] Rilkes Bejahung des Daseins trotz Vergänglichkeit und Tod, die sich nur paradox artikulieren kann, hat christliche Parallelen. Sie erinnert an eine Stelle bei Paulus:

> „Wir sind wie Sterbende, und seht, wir leben: wir werden gezüchtigt und doch nicht getötet; uns wird Leid zugefügt, und doch sind wir fröhlich; wir sind arm und machen doch viele reich; wir haben nichts und haben doch alles."[171]

Dass die Elegien religiös bedeutsam sind, wurde verschiedentlich bestritten. Bürger stellte sie unter Ideologieverdacht: Rilke wolle gesellschaftliche Innovationen verhindern.[172] Holthusen apostrophiert Rilkes Spätwerk generell als „pseudoreligiöse Erlösungslehre" und bezeichnet Orpheus als Projektion „narzisstischer Innerlichkeit".[173] Auch für Mason sind die Elegien bloße „Innerlichkeitslehre", „Monumente des Rilkeschen Narzissmus".[174]

Mit Guardini[175] halte ich am religiösen Charakter der Elegien und Sonette fest. Damit wird unterstellt, dass der spätere Rilke eine hohe Stufe religiöser Entwicklung erreicht hat. Oser und Gmünder sprechen von einer „sechsten Stufe", in der eine „kommunikative Praxis unter universalem Anspruch" zentral ist.[176] Zusätzlich wird sie dadurch charakterisiert, dass das Subjekt sich von einem Letztgültigen als ganz und gar angenommen erfährt, trotz Kontingenz und Tod, und „absolut" und „umsonst"! Paulus von Gott, der sich in Christus offenbart hat. Rilke hingegen von der Erde, vom „*Hiesigen*", das auf den Tod hin transparent und von Göttlichem durchdrungen ist.

In Rilkes Spätwerk sind die Gegensatzpaare, die das religiöse Urteil nach Oser und Gmünder ausmachen, in eine hoch differenzierte Gleichgewichtsform gebracht. So Vertrauen versus Angst bzw. Jubel und Klage, die dialektisch – wenn nicht paradoxal – aufeinander bezogen sind:

---

[170] Dazu Rahner 1966, 65 ff.

[171] 2 Kor 6, 9 f.; vgl. 1 Kor 15, 51 ff.

[172] Bürger 1982, 271 ff.

[173] Holthusen 1982, 138 ff.

[174] Mason 1964 b, bes. 95: „Der Engel der »Duineser Elegien« ist nun Rilkes Narzissmus in seiner denkbar höchsten Vollkommenheit."

[175] Guardini 1953, 364 f.: "Diese Worte (VV 71-76 der 9. Elegie) bilden den tiefen Ausdruck von Rilkes Frömmigkeit: seiner gläubigen Bereitschaft gegenüber dem ‚Auftrag'."

[176] Zur Stufe 6: Oser & Gmünder: 1984, 102 ff. (⁴1996, 94 ff.); dazu Zwergel 1989; Oser 1989.

> *„Nur im Raum der Rühmung darf die Klage*
> *gehn, die Nymphe des geweinten Quells.“* [177]

Immer wieder zeigt sich die paradoxale Einheit dessen, was an sich gegensätzlich ist. Auch bei Vergänglichkeit versus Ewigkeit. Das „Schwindende“ ist zugleich Bleibendes; die Zeit schreitet fort, und ist doch genichtet:

> *„Wir sind die Treibenden.*
> *Aber den Schritt der Zeit,*
> *nehmt ihn als Kleinigkeit*
> *im immer Bleibenden.“* [178]

Auch das Heilige ist kein begrenzter Sektor wie im Weltbild tieferer Stufen. Vielmehr umfasst es das gesamte Profane, selbst den Tod:

> *„Engel (sagt man) wüssten oft nicht, ob sie unter*
> *Lebenden gehen oder Toten. Die ewige Strömung*
> *reißt durch beide Bereiche alle Alter*
> *immer mit sich und übertönt sie in beiden.“* [179]

An dieser Stelle ist auf die Prosaschrift »Erlebnis« hinzuweisen, die bereits 1912 entstand.[180] Rilke berichtet ungewohnt sachlich von einem Erlebnis, das ihm im Schlossgarten zu Duino widerfuhr. An den Stamm eines strauchartigen Baumes angelehnt, habe er plötzlich und intensiv die Einheit seines Körpers mit der Natur erfahren. Die Verstorbenen des Hauses seien da gewesen; er selber auf die *„andere Seite der Natur“* geraten: in den Bereich des Todes. Ein spiritistisch-okkultes Erlebnis?[181] Oder eine mystische Erfahrung, in der die Kategorien unseres alltäglichen Daseins, Raum und Zeit, überschritten worden und weggefallen sind?

Auch Transzendenz und Immanenz sind in eine hohe Gleichgewichtsform gebracht. Sie bedingen und durchdringen sich: Göttliches scheint in einer

---

[177] SW I, 735.

[178] SW I, 745; vgl. SW I, 769 das 26. Sonett, sowie den Brief an Hulewicz vom 13.11.1925, wo es über die Toten heißt: *„In jener größten, »offenen« Welt sind alle, man kann nicht sagen, »gleichzeitig«, denn eben der Fortfall der Zeit bedingt, dass sie alle sind.“* B, 897.

[179] SW I, 688. Ausgenommen sind die *„Leidstadt“* und der *„Trostmarkt der Kirchen“* in der 10. Elegie (SW I, 721 ff.), wo die Fühlung zur Erde und zu den Dingen verloren gegangen sei, was als Zeit- und Kirchenkritik Rilkes zu lesen ist; Müller 1964, 285 ff.

[180] SW VI, bes. 1037; dazu Kunisch 1975, 370 ff.; Günther 1952, bes. 36.

[181] Nach Guardini 1953, 14, der sich auf Erinnerungen der Fürstin von Thurn und Taxis bezieht, war Rilke medial veranlagt; vgl. Berendt 1957, 355 ff. Wie aus dem Brief vom 11.8.1924 an Nora Purtscher-Mydenbruck ersichtlich wird, nahm er im Kreis der Fürstin Thurn und Taxis an Séancen teil, warnt aber, *„in sie (die entsprechenden Erfahrungen) zu flüchten“*, und meint von ihnen generell: *„Warum sollten sie nicht, wie alles noch Unerkannte oder überhaupt Unerkennbare, ein Gegenstand unseres Bemühens, unseres Staunens, unserer Erschütterung und Ehrfurcht sein“* (B, 871).

„Anemonenblüte"[182] und in der gesamten Natur auf.[183] Ein so erfahrenes Dasein ist in dem Sinn ‚magisch', dass es geheimnisvoll wird und nicht mehr funktional erklärt werden kann.[184] Selbst die täglichen Früchte werden zum Mysterium:

> *„Voller Apfel, Birne und Banane,*
> *Stachelbeere ... Alles dieses spricht*
> *Tod und Leben in den Mund ... Ich ahne ...*
> *Lest es einem Kind von Angesicht,*
>
> *wenn es sie erschmeckt. Dies kommt von weit.*
> *Wird euch langsam namenlos im Munde?*
> *Wo sonst Worte waren, fließen Funde,*
> *aus dem Fruchtfleisch überrascht befreit.*
>
> *Wagt zu sagen, was ihr Apfel nennt.*
> *Diese Süße, die sich erst verdichtet,*
> *um, im Schmecken leise aufgerichtet,*
>
> *klar zu werden, wach und transparent,*
> *doppeldeutig, sonnig, erdig, hiesig-:*
> *O Erfahrung, Fühle, Freude-, riesig!"* [185]

Wann erfolgte die Strukturtransformation auf diese religiöse Urteilsstufe? Sie müsste vor oder ins Jahr 1912 datiert werden. Damals schrieb er die ersten Elegien und die Prosaschrift »Erlebnis«. Auch diese Transformation ist auf sein Bestreben zurückzuführen, zwischen Sein und Dasein, zwischen Ich und Welt, ein noch adäquateres Gleichgewicht (Äquilibrium) zu finden. Dieses bestand darin, dass die Spaltung zwischen Sein und Dasein überwunden und die „große Einheit" erfahren wurde.

Rilke wurden solche Erfahrungen nicht immer zuteil, vielmehr quälten ihn immer wieder Ängste und Depressionen, besonders in den Jahren des Ersten Weltkrieges. Oft schien die dichterische Inspiration zu versiegen. Rilke bezeichnete sich selbst als „Karikatur seiner Geistigkeit";[186] es entstanden Verse wie:

> *„Da steht der Tod, ein bläulicher Absud*
> *in einer Tasse ohne Untersatz...*

---

[182] Dazu SW I, 753 das 5. Sonett, sowie den Kommentar von Bassermann 1948, 34 ff.

[183] SW II, 185 das im gleichen Zeitraum entstandene Gedicht.: *„Jetzt wäre es Zeit, dass Götter treten ..."*

[184] Oser & Gmünder 1984, 41 (⁴1996, 39 f.)

[185] SW I, 739. – Rilkes Religiosität wurde auch generell als Magie bezeichnet (dazu Müller 1964, 324 ff., 439 ff.; Kunisch 1975, 209 ff.). Dieses Urteil scheint verfehlt, weil magisches Denken tieferen religiösen Urteilsstrukturen entspricht und Rilke es nicht mehr nötig hatte, Gott mit magischen Praktiken zu kalkulierten Reaktionen zu zwingen.

[186] Angaben bei Lou Andreas-Salomé 1965, 115 ff.

> *Das hat der Trinker, den der Trank betrifft,*
> *bei einem fernen Frühstück abgelesen.*
> *Was sind denn das für Wesen,*
> *die man zuletzt wegschrecken muss mit Gift?*
>
> *Blieben sie sonst? Sind sie denn hier vernarrt*
> *in dieses Essen voller Hindernis?*
> *Man muss ihnen die harten Gegenwart*
> *ausnehmen wie ein künstliches Gebiss.*
> *Dann lallen sie, Gelall, Gelall ...* " [187]

Die Entwicklung zu einer hohen religiösen Bewusstseinsstruktur ist kein schmerzfreier Prozess, sondern führt durch Ängste. Davon berichten auch Mystiker: von der Nacht, der Wüste, die durchschritten werden muss.

Die Jahre, die ihm nach der Vollendung der Elegien und Sonette beschieden waren, verbrachte Rilke zumeist in Muzot und in Paris, in entkrampfter Heiterkeit und im Bewusstsein, seinen dichterischen Auftrag erfüllt zu haben. Auch davon berichten die Mystiker: Wenn Gott gewirkt hat und die Einung erfolgt ist, kommt der Friede. Sowohl bei Meister Eckhart als auch bei Nikolaus von der Flüe hat er das letzte Wort. Rilke fertigte noch kongeniale Übersetzungen von Paul Valéry an und schrieb die »vergers«, in denen friedsame Verse wie die folgenden stehen:

> *„J' ai vu dans l'oeil animal*
> *la vie paisible qui dure*
> *le calme impartial*
> *de l' imperturable nature."* [188]

Bald nötigten ihn gesundheitliche Beschwerden zu Kuraufenthalten in Valmont und Bad Ragaz. Er litt an Schwellungen in der Mundhöhle, die ihn am Sprechen hinderten und Menschenscheu hervorriefen. 1926 diagnostizierte der befreundete Arzt Dr. Hämmerli akute und schnell fortschreitende Leukämie. Sie soll wegen einer Verletzung durch einen Rosendorn ausgebrochen sein. Der Dichter, der 23 Jahre früher geschrieben hatte:

> *„O Herr, gieb jedem seinen eignen Tod,*
> *das Sterben, das aus jenem Leben geht,*
> *darin er Liebe hatte, Sinn und Not."* [189]

ertrug die Schmerzen ohne lindernde Mittel. Mitten in der Agonie beteuerte er der Freundin Frau Wunderly: *„Vergessen Sie nie, das Leben ist eine Herrlichkeit."*[190] In der Morgenfrühe des 29. Dezember 1926 starb Rilke,

---

[187] SW II, 103 f.; das Gedicht soll in den ersten Kriegsjahren in München entstanden sein.
[188] SW II, 551.
[189] SW I, 347.
[190] Aus Salis 1936, 202.

gut fünfzig Jahre alt, in Valmont. Seinem Wunsch gemäß, wurde er in Raron beigesetzt. Auf den Grabstein setzte der Steinmetz den Spruch:

> *„Rose, o reiner Widerspruch, Lust*
> *Niemandes Schlaf zu sein unter soviel*
> *Lidern.“* [191]

5.6.8 Abschließende Überlegungen

Hat sich die strukturgenetische Theorie des religiösen Urteils nach Oser und Gmünder bewährt, um Rilkes religiösen Werdegang nachzuzeichnen? *In der Tat ließen sich unterschiedliche Stufen aufweisen, deren Sequenz dem Modell von Oser und Gmünder entspricht.* Auch ließen sich zwei Stufenübergänge biographisch präzis verorten: der von der zweiten zur dritten Stufe, der in der Militärschulzeit erfolgte und den Verlust des bisher lebensbedeutsamen katholischen Glaubens nach sich zog. In späteren Briefen hat Rilke diesen Transformationsprozess in weitestgehender Übereinstimmung mit der herangezogenen Entwicklungstheorie beschrieben. Dies gilt auch für die dritte Stufe. Obgleich sie als pamphletischer jugendlicher Atheismus in Erscheinung trat, kommt ihr in der Entwicklung von Rilkes Persönlichkeit und Religiosität insofern eine Logik zu, als er auf ihr seine „Ich-Identität“ formierte und die notwendige Distanz zur konventionellen Religion fand, um eine eigenständigere Religiosität zu formieren. Mit der Theorie sachlich übereinstimmend, beschrieb Rilke sodann den Übergang zur vierten Stufe, der durch die Erfahrungen mit Lou und Russland ausgelöst wurde.

Nicht mehr genau datieren ließ sich die Strukturtransformation auf eine fünfte, wenn nicht sechste Stufe. Aufweisen ließen sich jedoch Analogien zwischen Rilkes Liebeslehre, den Elegien, Sonetten und den bei Oser und Gmünder heuristisch beschriebenen höchsten Stufen. Diese Unschärfen (welche Stufe denn?) sind auch darauf zurückzuführen, dass Oser und Gmünder den Zielpunkt religiöser Entwicklung noch nicht definitiv abgesichert haben.[192] Bisher wurde nicht hinreichend geprüft, welche Bedeutung dabei der Mystik zukommt. Zwar wird die auf Stufe 6 anzutreffende Position: „Es ist das Bei-sich-sein, indem man beim anderen ist“, als mystisch qualifiziert.[193] Aber geht es in wirklicher Mystik, so der Meister Eckharts, nicht um mehr: um „Leer- und Zunichtewerden“, damit sich Gott in den „ledig“ gewordenen Menschen „einbilden“ oder „eingebären“ kann?[194]

---

[191] SW II, 185. Der Interpretationen sind viele: Bollnow 1951, 307 ff.; Bassermann 1948, 17 ff.; Wolff 1972.

[192] Oser 1989, bes. 245 ff.

[193] Oser & Gmünder 1984, 104 (⁴1996, 96).

[194] Stachel 1989, 167 ff.

War Rilke ein Mystiker? Holthusen, Mason, Kohlschmidt, Kassner haben nicht nur dies entschieden verneint, sondern Rilke eine religiöse Haltung überhaupt abgesprochen. Hätten diese Autoren Rilkes religiöse Entwicklung strukturgenetisch nachgezeichnet, wäre diese, weil seine Religiosität bloßer „Narzissmus mit religiösen Stilmitteln" sei, auf der dritten Stufe abgeschlossen worden. Die Frage, ob Rilke ein Mystiker war, erweitert sich zu der, ob er in seinen späteren Jahren überhaupt religiös war. Nach Mason habe Rilke schon vor 1898 seine „Einstellung zur religiösen Frage völlig entwickelt ... Da bleibt der Mensch ganz auf sich selber und auf seine irdische Umgebung angewiesen."[195] Dies entspricht Stufe 3, auf der sich Rilke bis gegen 1897 in der Tat befunden hat. Die Ansicht Masons, in den folgenden Jahren sei Rilkes religiöse Entwicklung stehen geblieben, trifft nicht zu, im Gegenteil. Sie nahm genau den Verlauf, den die Stufentheorie prognostiziert: hin zu einer neuen Korrelation von Göttlichem und Irdischem, hin zur Erfahrung Gottes als Bedingung der Möglichkeit menschlichen Handelns, speziell in der Dichtung. Da Stufe 3 – wie schon oft kritisiert[196] - nicht in jedem Fall als explizit religiös qualifiziert werden kann, die Entwicklung über sie hinaus aber zu einem Gottesverhältnis hinführt, das sowohl autonomer als auch differenzierter und integrierter ist,[197] kann Rilke für die Zeit nach 1898 eine religiöse Haltung zugeschrieben werden, die der Stufe 4 entspricht. Die Stufentheorie zeigt, dass sich die kontroversen Bewertungen von Rilkes Religiosität auf unterschiedliche Entwicklungsstadien beziehen.

Im Umfeld der Elegien und Sonette ließen sich Motive nachweisen, die der Mystik vertraut sind: der Wegfall von Raum und Zeit,[198] die Erfahrung, dass nicht mehr das Ich, sondern ein Anderes, Göttliches wirkt, sowie die Einsicht, dass das Mystische nicht auf den Begriff zu bringen, sondern „unsagbar" und „namenlos" ist.[199] Der Mystik nahestehend ist auch die Erfahrung, dass „Gott in allen Dingen" wohnt und aus allem ersehen werden kann, bei Rilke selbst aus einer Anemone, aus Früchten.

Genügt die hier in Anschlag gebrachte strukturgenetische Theorie? Sie erhellt Rilkes religiösen Werdegang in der Tat. Aber gelegentlich war auf die Erklärungskraft (neo-)psychoanalytischer Ansätze hinzuweisen, spe-

---

[195] Mason 1949, 75 f.

[196] Exemplarisch: Schweitzer & Bucher 1989.

[197] Fetz & Bucher 1986, 227.

[198] Eckhart 223, in der Predigt: „Intravit. Jesus in templum". Bei Rilke ist vor allem auf den „*Weltinnenraum*" hinzuweisen: vgl. das Gedicht: „*Es winkt zu Fühlung* ... (SW II, 94), wo es heißt: „*Durch alle Wesen reicht der eine Raum: / Weltinnenraum. Die Vögel fliegen still / durch uns hindurch. O, der ich wachsen will, / ich seh hinaus, und in mir wächst der Baum*"; dazu Kunisch 1975, 370 ff.

[199] Kunisch 1975, bes. 219.

ziell im Kontext der frühen Kindheit. Relevant sind die Selbsttheorien,[200] besonders von Heinz Kohut,[201] sowie ihre Applikationen auf die Erziehung durch Alice Miller.[202] Die Psychoanalytikerin belegt, wie verhängnisvoll es sein kann, wenn Eltern, narzisstisch auf sich fixiert, das wahre Selbst ihres Kindes unterdrücken und dieses als Projektionsfläche ihres nicht verwirklichten, idealen Selbst missbrauchen. Dies widerfuhr Rilke, wurde er doch von seiner Mutter fünf Jahre lang als Mädchen behandelt[203] und genötigt, sich ein Bravheitskorsett anzulegen, um die Wertschätzung der Eltern zu gewinnen. Und genau dafür brachten sie ihn in die Militärschule, aus der heraus er, der selber litt, die depressiv verstimmte Mutter mit seinen Geburtstagsgedichten zu trösten versuchte.[204]

Auf solche frühkindlichen Traumatisierungen reagieren Menschen unterschiedlich, sei es mit Wiederholungszwang an eigenen Kindern,[205] sei es dadurch, die in den Kinderjahren unterdrückten Gefühle der Kränkung und Demütigung abzuführen, wobei die „für die Gesellschaft angenehmste und profitabelste Form" die Dichtung sei.[206] Rilke verstand sein dichterisches Schaffen wesentlich als (selbst-)therapeutische Aufarbeitung der Kindheit. Es sei seine Bestimmung, *„die Kindheit ..., ihr Unbewältigtes ... in Erfundenem und Gefühltem verwandelt aufzubrauchen in Dingen, Thieren, worin nicht? – wenn es sein muss in Ungeheuern."*[207] Selbsttheorien bieten somit eine Erklärung dafür, warum Rilke überhaupt dermaßen viel Energie in seine Dichtung steckte, die ja die Basis für die in diesem Aufsatz vorgenommene Analyse seiner religiösen Denkentwicklung bildet.

Begrenzt wird eine strukturgenetische Entwicklungstheorie der Religiosität vor allem dadurch, dass, bevor sich ein Kind überhaupt gemäß der Stufe 1 artikulieren kann, in der Interaktion mit Mutter und Vater sowie im vorsprachlichen Phantasieleben Prozesse stattgefunden haben, die speziell die Gottesvorstellung prägen.[208] Dies spricht nicht prinzipiell gegen die hier herangezogene Theorie, sondern dafür, sie mit weiteren entwicklungspsychologisch relevanten Theoremen zu ergänzen, in diesem Falle mit den in der Religionspsychologie ohnehin gut beheimateten Selbsttheorien.[209]

---

[200] Dies belegt Schank 1995 in seiner ausgezeichneten Studie »Kindheitserfahrungen im Werk Rainer Maria Rilkes«

[201] Kohut 1979.

[202] Miller 1980; dazu Schank 1995, 55 f.

[203] Shaly 1989.

[204] SW III, 479 f.; dazu Schank 1995, 245 ff.

[205] Miller 1983, 21 f.

[206] Miller 1980, 293.

[207] Brw. R.Lou 353.

[208] Rizzuto 1979.

[209] Wulff 1991, 317-368.

Psychoanalytisch zu rekonstruieren wäre Rilkes Absage an das Christentum. Besteht ein Zusammenhang zwischen dem allabendlichen Küssen des Kruzifixes und der späteren Verwerfung von Christus als „allzu nahes" Hindernis der Gottesliebe? Dafür spricht sein gespanntes Verhältnis zur Mutter, deren Religiosität ihm noch als Erwachsener Widerwille erregte. 1904, als Sophie Rilke nach Rom kam und dabei gelegentlich ihren Sohn traf, schrieb er Lou: *„Jede Begegnung mit ihr ist eine Art Rückfall ... Dann graut mir vor ihrer zerstreuten Frömmigkeit, vor ihrem eigensinnigen Glauben"*.[210] Eine positive Beziehung zu einer Religion ergibt sich umso leichter, wenn die Beziehungen zu deren RepräsentInnen emotional positiv gefärbt sind.

Angezeigt ist eine tiefenpsychologische Betrachtung auch bei zahlreichen Motiven in Rilkes Werk, so Puppe[211] und Engel.[212] Kinder bilden solche Symbolgestalten nicht nur zum spielerischen Vergnügen. Vielmehr erfüllen sie psychohygienische Funktionen[213] und können sie sich dermaßen tief einprägen, dass sie das ganze Leben bedeutsam bleiben und sich einem Dichter immer wieder zur Gestaltung aufdrängen, bei Rilke umso mehr, als er sein Schaffen auch als Aufarbeitung der Kindheit verstand.

In Rechnung zu stellen ist auch Sozialisationstheoretisches sowie die Analyse der jeweiligen Lebenswelt und Mentalität. Auch religiöse Entwicklung spielt sich stets vor dem Hintergrund von sozioreligiösen und soziokulturellen Gegebenheiten ab, auch bei Rilke. Nicht nur, dass seine Russlanderfahrungen in den Jahren nach 1914 nicht mehr möglich gewesen wären; nicht nur, dass der Adel des fin de siècle die ökonomische Basis für sein Dichterleben und seine Reisen zur Verfügung stellte. Einflussreich war die Religionskritik des 19. Jahrhunderts, speziell die Nietzsches, die Rilkes Transformation auf die dritte Stufe gefördert hat. Und was Rilkes Kindheitserfahrungen betrifft, so sind diese vor dem Hintergrund der im neunzehnten Jahrhundert vorherrschenden pädagogischen Alltagstheorien zu sehen.[214]

Der vorliegende strukturgenetische Rekonstruktionsversuch von Rilkes religiöser Entwicklung führt zu folgenden Desideraten:

---

[210] Brw. R.-Lou, 145 f.

[211] Dazu die vierte Elegie: SW I, 698 f.; sowie Steiner 1967; Günther 1952, 136 ff. und die psychoanalytische Interpretation von Dettmering 1974.

[212] Zum Motiv des Engels: Kunisch 1975, 390 ff.; Greifenstein 1949. Hingewiesen sei auf die frühen „Engellieder" (SW I, 156 ff.) und weitere Gedichte (SW I, 380; 508), besonders „Der Schutzengel" (SW I, 381) wo von diesem gesagt wird: *„Du hast mich oft aus dunklem Ruhn gerissen, / wenn mir das Schlafen wie ein Grab erschien / und wie Verlorengehen und Entfliehn. - / da hobst du mich aus Herzensfinsternissen"*.

[213] Rizzuto 1979; Bettelheim 1986, 360 ff.

[214] Schank 1995, 61-72.

- Es sollten weitere – empirische und theoretische – Anstrengungen um die höchste(n?) Stufen unternommen werden.

- Weit umfassender als bisher sollte die Mystik einbezogen werden, dies einerseits hinsichtlich des (möglichen) Endpunktes religiöser Entwicklung; andererseits hinsichtlich religiös und mystisch relevanter Haltungen wie Sammlung, Betrachtung, Schweigen, Meditation, die auch auf tieferen Stufen möglich sind.

- Einbezogen werde sollte der für die Religiosität konstitutive Bereich der Imagination, Phantasie und Vorstellungskraft, wobei sich eine Zusammenarbeit mit solchen psychoanalytischen Theorien nahe legt, die kognitive Entwicklungstheorien selber mit einbeziehen (Rizzuto). Im Sinne einer Ergänzung zu berücksichtigen wären auch neopsychoanalytische Objekt-Beziehungstheorien (Winnicott, Rizzuto).

Und bei Rilke gilt nicht zuletzt, dass seinem Werk am gerechtesten wird, wer offen in die Räume seiner Gedichte eintritt:

> *„Stiller Freund der vielen Fernen, fühle*
> *wie dein Atem noch den Raum vermehrt.*
> *Im Gebälk der finstern Glockenstühle*
> *laß dich läuten. Das, was an dir zehrt,*
>
> *wird ein starkes über dieser Nahrung.*
> *Geh in der Verwandlung aus und ein.*
> *Was ist deine leidenste Erfahrung?*
> *Ist dir Trinken bitter, werde Wein.*
>
> *Sei in dieser Nacht aus Übermaß*
> *Zauberkraft am Kreuzweg deiner Sinne,*
> *ihrer seltsamen Begegnung Sinn.*
>
> *Und wenn dich das Irdische vergaß,*
> *zu der stillen Erde sag: Ich rinne.*
> *Zu dem raschen Wasser sprich: Ich bin.“* [215]

---

[215] SW I, 770 f.

Aus den Schriften Rainer Maria Rilkes

SW I bis VI	Sämtliche Werke, Herausgegeben vom Rilke-Archiv in Verbindung mit Ruth Sieber – Rilke durch Ernst Zinn, Insel Verlag 1955 ff.
Fr. Tgb.	Tagebücher aus der Frühzeit, Leipzig 1942.
B	Briefe, Herausgegeben vom Rilke-Archiv. In Verbindung mit Ruth Sieber-Rilke. Besorgt durch Karl Altheim, Insel Verlag 1980.
GB 1-6	Gesammelte Briefe, Herausgegeben von Ruth Sieber-Rilke und Carl Sieber, Leipzig 1936-1939.
Br. 1902-1906	Briefe aus den Jahren 1902-1906. Herausgegeben von Ruth Sieber-Rilke und Carl Sieber, Leipzig 1930.
Brw. R.-Lou	Rainer Maria Rilke und Lou Andreas-Salomé: Briefwechsel. Mit Erläuterungen und einem Nachwort herausgegeben von Ernst Pfeiffer, Zürich & Wiesbaden 1950.

5.7 Religiöse Urteilsstufen bei weiteren Persönlichkeiten: Spekulatives und Kritisches

Die Stufentheorie des religiösen Urteils, die sich auf die Entwicklung religiöser Kognitionen hinsichtlich der Beziehung Mensch – Göttliches fokussiert,[1] hat sich in drei Fallstudien (Pestalozzi,[2] der junge Nietzsche, Rilke) bewährt. Zwar war auch vorzuschlagen, sie mit weiteren religions- und entwicklungspsychologischen Theoremen zu ergänzen, um religiöse Entwicklung differenzierter und umfassender (auch frühe Kindheit) zu erklären. Bereits von einem postpiagetianischen oder postoserschen Paradigma zu sprechen und zu behaupten, der kognitiv-entwicklungspsychologische Zugang habe ausgedient,[3] ist nicht gerechtfertigt. Religiosität hängt nach wie vor und weiterhin von den ohnehin stets emotional eingefärbten Kognitionen ab, die Menschen über ein Letztgültiges entwickeln. Es ist ein enormer Unterschied, ob von diesem gedacht wird, es könne mit Gebeten oder magischen Praktiken dazu bewogen werden, in der Welt zu intervenieren, oder ob es außerhalb der Immanenz lokalisiert wird, unfähig oder nicht willens, Irdisches zu beeinflussen.

Brumlik, in seiner gründlichen Studie zu Buber, schlussfolgerte jedoch, die Stufensequenz des religiösen Urteils sei falsifiziert. Dennoch identifizierte auch er beim Autor von »Ich und Du« die Stufen 1 und 2 sowie eine deistische Phase, die er in zwei Subphasen ausdifferenzierte: eine stärker egozentrische, und eine, in der diese „subjektivistische Einklammerung" in ein objektives Weltbild verwandelt wird. Interessanterweise hat jüngst Wagener auf der Basis einer Befragung von 271 Jugendlichen und jungen Erwachsenen vorgeschlagen, die Stufe 3 ebenfalls in eine Stufenabfolge 3 a und 3 b auszudifferenzieren. Während sich der Mensch auf 3 a „souverän" fühle und jene Inhalte auswähle, die „seinen Lebensstil narzisstisch bestätigen", erfolge auf 3 b qua „Metakognition" eine Abstrahierung des Gottesbildes.[4] Dies kommt der Differenzierung von Brumlik nahe. Überdies identifizierte Brumlik die fünfte Stufe bei Buber, als dieser »Ich und Du« verfasste, als „voll ausgebildet".

Am gravierendsten gegen die Stufentheorie spreche, dass sich Stufe 4 nicht nachweisen lasse. Vielmehr habe Buber in seinem fünften Lebensabschnitt eine „aktivistisch konzipierte Mystik" betrieben, in der er „Urjüdisches" (wieder) entdeckte, das Heilige in dieser Welt und in der menschlichen

---

[1] Ausdrücklich benennt Oser 1988, 57-61 auch die Stränge religiöse Erfahrung sowie religiöses Wissen, ohne das Erlebnisse nicht als religiös identifiziert werden können; zur Multidmensionalität des Religiösen: Grom 1992, 378-381.

[2] Hager 1994.

[3] Wulff 1993, Streib 2001 b, Day 2001.

[4] Wagener 2002, 58 f.

Tat. Aber genau dies assoziiert an die vierte Stufe des religiösen Urteils, auf der Immanenz und Transzendenz neu vermittelt werden.

Angesichts dieser Konvergenzen zwischen Bubers religiöser Entwicklung und der Stufentheorie des religiösen Urteils fällt es schwer, diese als gänzlich falsifiziert anzusehen. Vielmehr bewährte sie sich, Oerter zufolge die „empirisch am besten fundierte religiöse Entwicklungstheorie",[5] zumindest partiell auch bei Martin Buber.

5.7.1 Religiöse Urteilsstufen bei weiteren Persönlichkeiten

Zugegebenermaßen spekulativ – Psychobiographie sei unweigerlich „spekulativ"[6] – kann die Theorie des religiösen Urteils auf weitere Persönlichkeiten bezogen werden, deren religiöse Entwicklung bisher im Lichte anderer Theorien zur Sprache kam. Exemplarisch trifft dies auf den *hospitalisierten Propheten* zu (Abschnitt 1.4.2), dessen Gottesbeziehung und -bild sich in seiner religiös-psychischen Krise vor und während dem Aufenthalt in der Psychiatrischen Klinik Burghölzli veränderte: Nicht mehr der oben sitzende Gebieter, der zufrieden zu stellen ist und Freiheit einschränkt (Stufe 2), sondern anwesend und wirkend in den sozialistischen Idealen (Stufe 3, 4?).

Auch eine Grunderfahrung *Luthers* (1.5.2) lässt sich im Lichte dieser strukturgenetischen Religionstheorie deuten. Vor dem Turmerlebnis litt er unter einem existenziellen Ungenügen gegenüber Gott, dem der Mensch mit all seinen Werken nicht gerecht werden könne. Erfuhr er nicht, wie vor ihm schon Paulus (1.5.1) und nach ihm John Wesley (2.4), die Grenzen der Stufe 2: Leistungen $\Rightarrow$ Lohn, Rechtfertigung? Daraus befreite ihn die Erfahrung, dass die Rechtfertigung durch Gott gar nicht verdient zu werden braucht und es auch nicht kann, sondern im Glauben immer schon geschenkt ist. Gott als die dem Menschen vorausliegende „Bedingung der Möglichkeit für alles Entscheiden und Handeln" ist bezeichnend für Stufe 4.[7] Auch differenzierte Luther fortan zwischen Gesetz und Evangelium, die er zuvor „für dasselbe" gehalten habe.[8] Differenzierung bei gleichzeitiger Integration ist ein Indiz für Strukturtransformation und Entwicklung.[9]

Diese Deutung wirft jedoch das Problem auf, dass bei Luther eine deistische Stufe 3 nachgewiesen werden müsste. Dies scheint allein schon deswegen unwahrscheinlich, weil „Deismus" erst nach seinem Tod artikuliert

---

[5] Oerter 1996, 35.
[6] Anderson 1981, 460 f.
[7] Oser & Gmünder [4]1996, 89.
[8] Luther 1963, 33.
[9] So schon 1959 Dehm im Anschluss an Kurt Lewin und Heinz Werner.

wurde, erstmals von Paul Viret im Jahre 1564.[10] Doch dies bedeutet nicht, dass ein entsprechendes Existenzgefühl nicht zuvor schon erlebt wurde. Epikur (341-270) lokalisierte die Götter in den atomlosen Zwischenräumen, so dass sie keinerlei Einfluss auf das Weltgeschehen nehmen können. Ganz mit ihrer eigenen Glückseligkeit beschäftigt, kümmern sie sich nicht um die Menschen, die infolgedessen „zur Freiheit gebracht" seien (Stufe 3).[11] Auch Luther hat in seinen skrupulösen Anfechtungen darunter gelitten, dass Gott ferne sei. Und Oser und Gmünder erwägen, ob die reformatorische Zwei-Reiche-Lehre nicht bezeichnend sei für Stufe 3.[12] Denn es werde klar zwischen dem weltlichen und dem göttlichen Regiment unterschieden. *Gegen* die Zuordnung Luthers auf Stufe 3 spricht aber seine epochale Erfahrung, von Gott schon immer angenommen und gerechtfertigt zu sein, was mitnichten deistisch ist, sondern bezeichnend für höhere Stufen.

Eindeutiger scheint die Stufenzuordnung bei **Freud**. Seine religionskritische »Zukunft einer Illusion« lässt er mit Heines Versen ausklingen lässt: „Den Himmel überlassen wir den Engeln und den Spatzen."[13] Als erklärter Atheist hielt er sich an den „*Gott Logos*" – „Es gibt keine Instanz über der Vernunft"[14] –, auch wenn er Realist genug war, die „*Stimme des Intellekts*" für „*leise*" zu halten.[15] Die Psychobiographie seines religiösen Werdegangs von Rizzuto (1.6.2) zeigte, dass ihn als Kind solche Personen schwer enttäuschten, für die Gott existenziell relevant war, und damit indirekt auch Gott selber. Aber von der „*Leibeigenschaft (der religiösen Vorstellungen, A.B.) bin ich, sind wir frei*"[16] und von Gott nicht mehr niedergehalten wie kleine Menschenkinder, aber auch nicht mehr, wenn auch bloß illusionär, behütet - idealtypisch für Stufe 3!

Als Argument gegen die Stufentheorie könnte vorgebracht werden, dass nicht alle religiösen Persönlichkeiten, über die dieser Band berichtet, die dritte Stufe des religiösen Urteils formiert zu haben scheinen, aber in der Christentumsgeschichte Meilensteine setzten, ja heilig gesprochen wurden. Von **Jean Calvin** stammen Aussagen, die an Stufe 1 assoziieren, obschon ihm der Entwicklungs- und Fortschrittsgedanke nicht fremd war, ordnete er doch das Alte Testament dem Glauben von Kindern zu, den der Christen dem reifen Jünglingsalter.[17] Aber wer dem Menschen den freien Willen

---

[10] Kessler 1995, 60.
[11] Epikur 1968, Frg. 54 f., 46.
[12] Oser & Gmünder [4]1996, 86.
[13] Freud SA IX 183.
[14] SA IX, 162.
[15] Ebd. 186.
[16] Ebd. 187.
[17] Aus Schweitzer 1992, 67.

abspricht[18] und die Lehre der Prädestination, biblisch mit Mt 22,14 begründet,[19] dahingehend konkretisiert, Gott habe auch die Verbrecher, längst vor ihrer Geburt, auf ihre Untaten festgelegt, sodass sie überhaupt nicht anders können, ist vom Umkehr- und Freiheitsgedanken des Evangeliums, aber auch von Stufe 3 oder 4 weit entfernt. Dieser Gott, für Fromm ein „Tyrann",[20] kann nicht umgestimmt oder beschwichtigt werden: „Dem Menschen wird die Entscheidung über sein Schicksal völlig aus der Hand genommen."[21]

Der große Reformator und Herrscher über den Genfer Gottesstaat: Auf der religiösen Urteilsstufe wie jüngere Kinder? Das befremdet. Und man könnte – wie dies Theologen zu tun pflegen – ,humanistischere' Deutungen versuchen.[22] Die Prädestination, von Calvin auch als „verborgene Leitung Gottes" bezeichnet:[23] ein „Heilsplan" im Sinne der Stufe 4?[24] Dagegen aber spricht, dass auf Stufe 4 Freiheit gelebt werden kann und nicht zwischen den auserwählten Guten und den von Anfang an Verdammten unterschieden, sondern für die gleiche Würde *aller* Menschen eingetreten wird.

Calvin als Repräsentant der Stufe 1 irritiert auch deswegen, weil er eine Konversion durchlief,[25] durch die er sich vom Papsttum unwiderruflich löste. Fortan unterstellte er dem römischen Pontifex, das Volk in der ersten Kindheit festzuhalten.[26] Da die papalistische Kirche den reformatorischen Einspruch aufgrund solcher Praktiken provozierte, die symptomatisch sind für Stufe 2, speziell Ablasshandel, ist davon auszugehen, dass Calvin die Struktur dieser Stufe durchschaut und hinter sich gelassen hatte.

Zwei Mutmaßungen drängen sich auf: Entweder war Calvins Bekehrung eine *Regression* auf Stufe 1, auf der der Mensch das Letztgültige nicht be-

---

[18] Calvin 1994, 145: „.... *dass er* (der Mensch, A.B.) *nicht imstande ist, das Gute und das Böse frei zu wählen, das, was man den freien Willen nennt*".

[19] „Viele sind berufen, aber nur wenige auserwählt."

[20] Fromm 1989 I, 268.

[21] Ebd; vgl. auch Calvin 1994, 161: „*Denn die Saat des Wortes Gottes schlägt nur in jenen Wurzeln und trägt Frucht, die der Herr durch seine Erwählung von Ewigkeit zu seinen Kindern und zu Erben des himmlischen Reiches vorherbestimmt hat. Allen anderen, die schon vor der Erschaffung der Welt durch denselben Ratschluss Gottes verworfen sind, kann die lautere und wahre Verkündigung der göttlichen Wahrheit nur ein Geruch des Todes und zum Tode sein (II Kor 2,16)."*

[22] Jacobs 1973, 139 zufolge habe Calvin den absoluten Willen Gottes so bestimmt, dass dieser den menschlichen Willen „eher schöpfungsgemäß zur Entfaltung bringt". Bezeichnend ist das „eher". Bouwsma 1992, 113 f. charakterisiert den Gott Calvins, der von Anfang an determinierte und prädestinierte (auch für die Hölle), als „mild, liebenswürdig, nett, und voller Mitleid." (übersetzt A.B.)

[23] Calvin 1994, 171.

[24] Oser & Gmünder [4]1996, 90.

[25] Pfister 1944, 344.

[26] Aus Schweitzer 1992, 67.

einflussen kann. Dies widerspräche klar einem Kriterium des genetischen Strukturalismus, der Regressionsresistenz.[27] Oder: Stufe 3, grundsätzlich durch die Trennung zwischen den menschlichen und göttlichen Bereich charakterisiert, besteht in *zwei Varianten*. Gemäß der gängigen Variante schwindet die Relevanz Gottes in dem Maße, in dem der Mensch sein Schicksal selbst in die Hand nimmt. Gemäß der zweiten Variante wird Gott gleichsam alles; der Mensch hingegen nähert sich, was seine Freiheit und Selbstwirksamkeit anbelangt, dem Nichts.

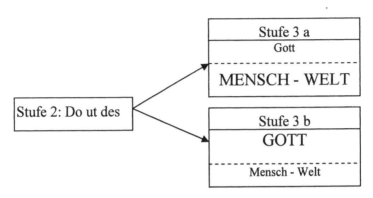

Freilich handelt es sich um zwei fundamental verschiedene Typen von Gottesbeziehung. Es ist fraglich, welchen Nutzen das Postulat *einer* gleichwohl identischen Struktur hat. Um dieses kommt aber nicht herum, wer am strukturgenetischen Kriterium der invarianten Sequenz festhält und überzeugt ist, dass religiöse Urteilsstrukturen vor Regressionen gefeit sind. Sollte zutreffen, dass Stufe 3 in zwei Varianten existiert, einmal auf den Menschen gepolt, das andere Mal auf das Letztgültige, wären Faktoren zu identifizieren, die erklären, warum Personen diese oder jene Variante entwickeln.

Sind Regressionen in der religiösen Urteilsentwicklung wirklich auszuschließen? Die meisten der in diesem Band erörterten religiösen Persönlichkeiten haben in ihrer frühen Kindheit religiöse Erfahrungen gemacht. Solche können sich einkapseln und in späteren Lebensabschnitten, etwa wenn extreme Hilflosigkeit oder Angst erfahren wird, wieder hervorbrechen und das religiöse Erleben und Verhalten (etwa magische Praktiken) determinieren.[28]

---

[27] Oser & Gmünder [4]1996, 76.

[28] Auch für das moralische Urteil sensu Kohlberg 1995 wird Regressionsresistenz behauptet. Dem gegenüber legt Garz dar, dass im Bereich des „nackten Lebens" Menschen unabhängig von ihrer moralischen Urteilsstruktur handeln (dazu Oser & Althof 1992, 244). Dies dürfte auch auf das religiöse Urteil zutreffen: Auch TheologInnen auf hohem Urteilsniveau können in Situationen der Lebensgefahr magische Versprechen machen etc.

Auch die religiöse Urteilsentwicklung weiterer Persönlichkeiten scheint vor Stufe 3 zum Abschluss gekommen zu sein. *Zinzendorf* (1.3.2) war von Kindesbeinen an bis ins hohe Alter tief beeindruckt, dass Jesus *für ihn* blutige Martern litt. Dies schärfte er den Kindern ein, die genötigt wurden, sich ganz an die kirchlichen Vorschriften zu halten, um ihr Heil nicht zu verlieren. Lohn und Strafe durch Gott sind maßgebliche Bezugsgrößen der Frömmigkeit auf Stufe 2. Auch machte die Herrenhutter Brüdergemeinde um 1740 eine schwere Krise durch, als die infantilisierenden Diminuitive („Seitenhöhlchen") überhand nahmen und die Frömmigkeit auf die Seitenwunde Christi fixiert wurde. Die Fixierung auf ein punktuelles Heiliges ist kennzeichnend für ‚tiefere' Stufen; auf der vierten Stufe scheint Heiliges im *gesamten* Profanen auf.

Damit wird nicht behauptet, Zinzendorf, oft gemäß Stufe 2 argumentierend, sei wenig fromm gewesen. Auch die fromme katholische Heilige par excellence, ***Thérèse von Lisieux***, die ihre Mutter Oberin um Erlaubnis dafür bat, früh sterben zu dürfen, wuchs in einem Milieu intensivster Frömmigkeit auf, das Züge der Stufe 2 trägt: Strafender Gott, Selbstopfer, absoluter Gehorsam, um ewige Glückseligkeit zu erlangen (1.3.4). Frömmigkeit kann, in unterschiedlichster Intensität, auf allen Stufen gelebt werden. Jedoch bestehen empirische Indizien, dass sie auf den Stufen 1 und 2, aber auch auf den höheren, intensiver praktiziert wird als auf der dritten.[29]

Dies wirft die schon oft und kontrovers diskutierte Frage auf, ob und inwieweit Stufe 3, mitunter atheistisch in Erscheinung tretend, bei Rilke (wenn auch zeitlich begrenzt) ebenso wie bei Nietzsche, gegenüber einer frommen Stufe 2, die bei Thérèse sogar zur Heiligsprechung führte, eine religiöse *Höher*entwicklung ist.[30] Diese Frage stellt sich umso schärfer, wenn sich Personen auf Stufe 3 als *weniger* religiös verstehen und ihre religiöse Entwicklung als *Rückgang* deuten.[31] Wer qualitative Religionspsychologie favorisiert, die das religiöse Selbstverständnis von Subjekten rekonstruieren will,[32] müsste entschiedenen Widerspruch einlegen. Dieser Einwand auch gegen strukturgenetische Deutungen von religiösen Entwicklungsverläufen wiegt eben so schwer wie der gegenüber psychoanalytischen Deutungen, die das subjektive Selbstverständnis von Menschen ebenfalls übergingen.

Als ‚höhere' Stufe kann die dritte dann gelten, wenn religiöse Entwicklung als „Entwicklung zu einer autonomeren Person" identifiziert wird.[33] Dafür

[29] Bucher 1996 a, 164 f.
[30] Döbert 1988, Fetz & Bucher 1986; dazu Oser 1988, 79-81.
[31] Beispiele in Bucher 1988; Schweitzer & Bucher 1989.
[32] Exemplarisch Porzelt 1999 zu jugendlichen Intensiverfahrungen, die er nicht vorschnell religiös vereinnahmt.
[33] Oser 1988, 80.

ist erforderlich, sich von den religiösen Sozialisationsinstanzen der Kindheit zu emanzipieren und auf „eigenen Füssen zu stehen", auch in religiöser Hinsicht.[34] Dies impliziert die Frage: Die Entwicklung *wessen* wird erfasst? Der menschlichen Autonomie, insofern sie auch auf Religiosität abfärbt?

Wenn dem so ist, mag man kritisieren, die soziale Dimension der Religiosität werde zu wenig akzentuiert, sondern vielmehr dem Ideal des auf sich selbst gestellten, autonomen Menschen bzw. – so der feministische Einwand[35] – des Mannes gehuldigt. Beschworen werde das moderne aufklärerische, vernunftorientierte Freiheitspathos der Ersten Welt. Eine Erklärung dafür könnte sein, dass der ‚geistige' Vater der strukturgenetischen Theorien, Jean Piaget (1896-1981), ein der Aufklärung verpflichtetes Weltbild und Geschichtsverständnis verfochten hat.[36] In ein liberal protestantisches Milieu hineingeboren, beschäftigte er sich bereits als Gymnasiast intensiv mit religös-philosophischen Fragen, so dem Verhältnis von Metaphysik und Wissenschaft, aber auch der Entwicklung innerhalb der Religion. Fortschritt sei dann zu konstatieren, wenn sich Religiosität von Egozentrizität, Konkretheit, Heteronomie, Transzendenz löst und sich hin zu Objektivität, Abstraktion, Autonomie und Immanenz bewegt,[37] was an Stufe 3 nach Oser und Gmünder denken lässt.

Freiheit ist jedoch dem Evangelium zutiefst inhärent: „Zur Freiheit hat uns der Messias befreit" (Gal 5,1), Männer wie Frauen, Juden wie Heiden. Dass diese Botschaft in der Christentumsgeschichte auch unterdrückt wurde, oft aufgrund handfester Machtinteressen oder um Erwachsene auf religiösen Infantilismus zu fixieren,[38] setzt ihren legitimen Anspruch nicht außer Kraft.

Ohnehin kann die Entwicklungstheorie des religiösen Urteils als plausibler Versuch gewürdigt werden, das neuzeitliche Freiheitsdenken, in seinen Ursprüngen christlich, mit dem Glauben an ein transzendentales Göttliches zu versöhnen. Vielleicht macht gerade das die Attraktivität einer *höher*führenden Stufentheorie aus, auch der Fowlers.[39] ReligionspädagogInnen, von Englert zu ihrer Glaubensgeschichte befragt, erinnerten sich vielfach an einen autoritären Kindheitsglauben, aus dem sie sich in Richtung eines persönlichen Erfahrungsglaubens befreiten.[40] Entwicklung als Fortschritt zu deuten, hat eine lange Tradition und ist für viele unmittelbar plausibel.

---

[34] Ebd.

[35] Ray & McFadden 2001, 202 f.

[36] Zu seiner religiösen Entwicklung: Vidal 1987 sowie Reich in Abschnitt 5.1.

[37] Ebd. 288.

[38] Bucher 1997.

[39] Kapitel 6.

[40] Englert 2000, bes. 229.

Dieses ‚Dogma' beherrschte in der zweiten Hälfte des 19. Jahrhunderts die Mentalität zahlreicher Wissenschaftler (Spencer, Häckel), aber auch die von Pionieren der Religionspsychologie, so G. Stanley Hall, der ausdrücklich von *höher*führenden Stufen des religiösen Bewusstseins sprach.[41]

Als Freiheitsgeschichte deutete die Dichterin **Luise Rinser** (1911-1998) ihre religiöse Entwicklung. Selma Polat hat diese in einer schönen biographischen Studie nachgezeichnet, allerdings ohne psychologische Theorien des Lebenslaufs oder der Religiosität heranzuziehen.[42] Rinsers Weg entspricht in seiner Grundstruktur frappant der Entwicklungstheorie des religiösen Urteils. In den sinnenfreudigen Katholizismus Bayerns hineingeboren, praktizierte sie als Kind intensive Religiosität, kniete lange auf kalten Böden, um Jesus zu gefallen, ja eine Heilige zu werden, was deutlich dem Muster der Stufe 2 entspricht.[43] In der Gymnasialzeit begann sie zu zweifeln und sich gegen den autoritären Religionslehrer ebenso aufzulehnen wie gegen Gott, um sich schließlich von ihm völlig zu entfernen. Von den Nazis ins Gefängnis gesteckt, erfuhr sie,

> *„dass man ohne Gott, ohne metaphysische Kräfte und Hilfe, leben können muss. Ich war ganz auf mich selbst geworfen. Jetzt hol raus aus dir, was du hast! Jetzt zeig, wer du bist ohne alle Zuwendung von außen und oben!"* [44]

Damit umschrieb sie das Lebensgefühl auf Stufe 3 idealtypisch. Auf dieser blieb sie jedoch nicht stehen. In den fünfziger Jahren setzte eine neue Zuwendung zur Kirche ein und entgrenzte sich ihr Bild von Gott, der *„nämlich alles (ist), das Leben"*.[45] In den Sakramenten werden *„die großen Geheimnisse"* des Lebens neu *„lebendig"*.[46] Vermittlung von Immanenz und Transzendez ist bezeichnend für Stufe 4. Schließlich wandte sich die Dichterin und Brieffreundin von Karl Rahner, durch binnenkirchliche Entwicklungen (Kirchenwinter) enttäuscht, einer mystischen Religiosität zu, die auch aus östlichen Quellen genährt wurde (Stufe 5, 6?).

Auch **Van Gogh** lehnte sich, wie wir gesehen haben (1.6.1), gegen die Kirche seiner Herkunftsfamilie auf und erfuhr die Verwerfung des „Pfaffengottes" als *Befreiung*, die ihm ermöglichte, Gott neu in der Natur zu finden. Gott in vom Chirocco gepeitschten Zypressen ebenso wahrzunehmen wie in einer südlichen Sternennacht, assoziiert an die auf Stufe 4 geleistete Vermittlung von Immanenz und Transzendenz.

---

[41] Hall 1923, 285 f.; dazu Huxel 2000: „Das Christentum als evolutionistische Menschheitsreligion"; kritisch Wheeler et al 2002, 73 f.

[42] Polat 2001; Runyan 1984, 71 zufolge machen die meisten Biographien von Konzepten und Theorien der Sozial- und Humanwissenschaften erstaunlich wenig Gebrauch.

[43] Polat 2001, 35.

[44] Ebd. 40 f.

[45] Ebd. 43.

[46] Ebd. 49.

Und nicht zuletzt repräsentiert die Religiosität von **Gandhi**, der in einem hinduistischen Kontext aufwuchs[47] und davon überzeugt war, dass sich „*alle Religionen entwickeln*",[48] eine hohe Stufe der Religiosität. Diese duldet keine Diskriminierung von Menschen um ihrer Religionszugehörigkeit willen,[49] sondern zielt deren Freiheit an, „universale Solidarität ... vermittelt durch zwischenmenschliches Verhalten", wie Oser und Gmünder in ihren „Bemerkungen zu einer möglichen Stufe 6" ausführen.[50] Der Erhabene erfuhr Gott als „*das Wesen des Lebens*"[51] und bekannte, sein Beten sei „*die Rettung meines Lebens*" gewesen. Allerdings nicht ein „*betteln-des*" Beten, das ihm in seiner Zeit in Afrika völlig misslungen sei, sondern eines, das die Wahrheit und Befreiung (auch anderer Menschen) anzielt.[52]

5.7.2 Kritische Würdigung

Stufen des religiösen Urteils ließen sich – in der von der Theorie prognostizierten Entwicklungslogik und Sequenz – in zahlreichen Glaubensgeschichten nachweisen. Einschränkend ist aber anzumerken, dass es sich überwiegend um Persönlichkeiten handelt, die in biblisch-christlich geprägten Kontexten lebten, zu deren Tradition die Vorstellung eines personalen Göttlichen gehört. Zu einem solchen ist leichter eine *Beziehung* einzugehen als zu einem apersonalen Letztgültigen, etwa einer blinden Schicksalsmacht. Ein Forschungsdesiderat sind demnach am religiösen Urteil orientierte Psychobiographien im außerchristlichen Raum, etwa im Buddhismus, oder in atheistischen Kontexten.

Auch lebten die meisten der analysierten Persönlichkeiten *nach* der Aufklärung. Diese brachte einen ungeheuren Freiheitsschub gegenüber der Kirche und ermöglichte in breiten Kreisen der Bevölkerung allererst ein deistisches Lebensgefühl sowie religionskritische Attitüden, die zuvor als Kapitalverbrechen geahndet wurden. War im späten Mittelalter religiöse Entwicklung über Stufe 2 hinaus überhaupt zu erwarten, wenn doch die Furcht vor Teufeln, Dämonen, Hexen übermächtig war? Die meisten Menschen konnten nicht anders, als magische Abwehrhandlungen im Sinne der

---

[47] Es gibt – leider nicht vollständig veröffentlicht – Daten zur Entwicklung des religiösen Urteils bei Hindus, Buddhisten und Angehörigen einer afrikanischen Stammesreligion: Dick 1982; vgl. Oser 1988, 57 f.

[48] Aus Kraus 1957, 184 (kursiv, A.B.).

[49] „*Der Glaube an die Wahrheit und Gleichheit aller Religionen ist meine Grundeinstellung seit Jahren gewesen ... Es gibt keine Religion, die absolut vollkommen wäre.*" aus Kraus 1957, 187 f.

[50] Oser & Gmünder [4]1996, 94 f.

[51] Aus Kraus 1957, 189.

[52] Ebd. 190.

Stufe 2 auszuüben.[53] Hätten Ablasspredigten Gehör finden können und wären sie befolgt worden, wenn die Furcht vor Jenseitsstrafen, durch Peterspfennige zumindest zu verkürzen, nicht allgegenwärtig gewesen wäre?

Andererseits wurde bereits angemerkt, dass es Zeugnisse für ein religiöses Bewusstsein im Sinne der Stufen 4 und 5 gibt, die älter sind als die Aufklärung. So Bekenntnisse des gnadenhaften Geschenkt-Seins, oder das in der Paulinischen Ethik begegnende Indikativ-Imperativmuster, das der Stufe 4 zu entsprechen scheint. Den KorintherInnen schrieb er: „Schaffet den alten Sauerteig weg, denn ihr seid ja frei vom Sauerteig" (1 Kor 5,7). Weil Gott den Menschen die Freiheit zugesprochen hat, bevor sie sich diese verdienen können, sollen und *können* sie ein christliches Leben führen. Die Frage aber ist, ob Paulus sich länger auf Stufe 3 befunden hat, auf der Gott, an den er auch als Christenverfolger glaubte, ferne ist, der Mensch hingegen ganz auf sich selbst gestellt. Zumindest denkbar wäre, dass Stufe 2, wenn die Hoffnungslosigkeit erkannt wird, Gott durch Werke zu ‚kaufen', abrupt aufgelöst und in Stufe 4 transformiert wird. Dies umso mehr, wenn im sozioreligiösen Kontext der neuzeitliche Topos des auf sich selbst gestellten Individuums, welches das Leben bewältigen muss, ohne auf göttliche Hilfe zählen zu können, nicht existiert.

Wiederholt wurde eingewandt, die Annahme, religiöse Entwicklung, wenn sie denn erfolgt, führe stets ‚höher', sei eine Ideologie aus dem Evolutionismus des 19. und frühen 20. Jahrhunderts. Sie berge die Gefahr in sich, ursprünglichere Formen der Religiosität, etwa die von Eingeborenen, als primitiv abzutun, wenn nicht – wie tausendfach geschehen – zu verfolgen, ja zu vernichten.[54] Dennoch sei die Frage erlaubt: Ist Religiosität, die die Menschen nötigt, immer wieder zu opfern (einst selbst erstgeborene Kinder), sich zu unterwerfen, Werke zu verrichten, damit die Ängste – so vor Gottes Strafe, Teufeln, usw. – nicht übermächtig werden, wirklich gleichwertig wie eine, die intensive Erfahrungen der Freiheit gewährt, nicht nur *von* Gott, sondern auch *für* ihn und die Mitmenschen? Erst recht gilt dies für Religiosität, wenn in dieser die Menschheit in Gute und Böse separiert und dazu aufgerufen wird, letztere zu vernichten, wie auch in der Christentumsgeschichte tausendfach geschehen. Ist es infolgedessen nicht legitim, anhand der Kriterien „mehr Freiheit", „umfassendere religiöse Perspektive", „mehr Toleranz" und andere mehr ‚tiefere' und ‚höhere', begrenztere und umfassendere, unreife und reifere Formen der Religiosität auseinander

---

[53] Delumeau 1989, Angenendt 1997; Meyer o.J., 190, wo geschildert wird, wie realistisch Dämonen erlebt wurden, oder 216-233, wo der alltägliche „Aberglaube" abgehandelt wird, unter anderem der, eine Schwangere, wenn sie vor einem Speiseschrank stehen bleibe, bekomme ein gefräßiges Kind, was aber rückgängig gemacht werden könne, wenn sie den Säugling in den Speiseschrank setze und so lange schreien lasse, bis sie neun Arbeiten verrichtet habe.

[54] Wheeler et al 2002, 73 f.

zu halten?[55] Und ist somit nicht wünschenswert, dass *Erwachsene* über die Stufe 2 hinausgelangen, die im Kindesalter durchaus angemessen ist?[56]

Eine Stärke der Theorie ist, dass sie erklärt, *warum* religiöse Entwicklung –als Strukturtransformation – geschieht. Weil der Mensch grundsätzlich bestrebt ist, seine religiös-kognitiven Strukturen, die mit seinem affektiven System untrennbar verwoben sind, im Gleichgewicht zu halten.[57] Die Psychobiographien haben gezeigt, dass es oft Krisen und Konflikte waren, die Strukturtransformationen auslösten, so bei Martin Luther, John Wesley, Rainer Maria Rilke, dem hospitalisierten Propheten.

Wie ein religiöser Konflikt ausgeht, hängt auch davon ab, welche religiösen Modelle greifbar sind. Wäre der junge Rilke dezidierter Atheist geworden, wenn er nicht Nietzsche gelesen hätte? Der Dichter des »Zarathustra« war im ausgehenden 19. und im 20. Jahrhundert für viele Heranwachsende geradezu ein Vorbild, sich von der Kirche zu lösen und Selbstbestimmung zu beanspruchen. Religiöse Entwicklung hängt von zahlreichen kontextuellen Faktoren, speziell Identifikationsangeboten ab, die im Zentrum von Sundéns religiöser Rollentheorie stehen (Kap. 4), die komplementär auf die Stufentheorie des religiösen Urteils bezogen werden könnte.

Da Religiosität auf gleichen Stufen unterschiedlich in Erscheinung treten kann – bald glaubensmäßig intensiv, bald lax, bald angstbesetzt, bald von Vertrauen getragen etc. –, wäre in Erwägung zu ziehen, die Stufentheorie zu einem Stufen-Zustand-Konzept (stage-state-approach nach Runyan) zu erweitern.[58] Dafür wären unterschiedliche religiöse Zuständen zu identifizieren, die auf den einzelnen Stufen gehäuft auftreten. So kann Stufe 1 von Kindern als ausgesprochen positiv und hilfreich erlebt werden, wenn sie Gott die Macht zuschreiben, für sie zu sorgen und sie vor Unfällen zu bewahren. Aber Gott als einer, der direkt interveniert, kann auch die Quelle von ‚Furcht und Zittern' sein und Entwicklung abwürgen.[59]

Grafisch lässt sich ein solcher stage-state-approach wie folgt darstellen:

---

[55] So der Philosoph Chlewinsky 1998 in seiner luciden Studie »Search for maturity«.

[56] So Streib 2000 b, 151 f., der zwar das Konzept von „Stufen" durch „religiöse Stile" ersetzt, aber für das Kindesalter einen „instrumental-reziproken oder do-ut-des Stil" annimmt, was der Stufe 2 nach Oser und Gmünder mehr als nahe kommt.

[57] Piaget 1976.

[58] Runyan 1984, 100-110.

[59] Frielingsdorf 1992.

	Glaubensintensität[60]		Religiöse Gefühlslage		
Stufen	stark	schwach	positiv, beglückend	indifferent	negativ, angstaus- lösend
1					
2					
3					
4					
5					

Ansatzweise ausfüllen lässt sich diese Matrix dank Beiles Studie über den Zusammenhang von religiösem Urteil und religiösen Emotionen.[61] Letztere sind umso mehr zu berücksichtigen, als Religiosität auch in eindeutig emotionalen Kategorien definiert wurde, am bekanntesten als „Gefühl schlechthinniger Abhängigkeit" von Schleiermacher. Beile zeigte, dass religiöse Ängste – wenn überhaupt – im Umfeld der Stufe 2 auftreten, auf der Stufe 4 hingegen vor allem „gleichzeitiges Erleben von Glück und Schauer".[62] Auf Stufe 2 begegnet somit eine divergente religiöse Gefühlslage, auf Stufe 4 eher eine ,positive'.

Erwiesen ist zudem, dass religiöse Selbstwirksamkeit, sachlich in der Nähe zur Glaubensintensität, auf den Stufen 2, 4 und 5 signifikant stärker artikuliert wird als auf Stufe 3. Erklären lässt sich dies damit, dass Personen auf Stufe 2 glauben, mit Gebeten und religiösen Akten das Letztgültige beeinflussen zu *können*.[63] Von daher ist es kein Zufall, dass die intensiven Frömmigkeitsphasen bei Rilke (Militärschulzeit), Nietzsche, Rinser u.a.m. mit Stufe 2 zusammenfallen. Auf den Stufen 4 und 5 hingegen wird Religiosität eher intrinsisch und um ihrer selbst willen vollzogen.

Auch ist zu vermuten, dass weniger komplexe religiöse Urteilsstrukturen bei *Erwachsenen* zu einem anderen ,state' von Religiosität führen als bei Kindern, die ihren ,allmächtigen' Bezugspersonen ,ausgeliefert' sind. Möglich sind ,infantile' Frömmigkeitsformen, wie sie in diversen religiösen Sondergruppen gepflegt werden, etwa bei der ,Sekte' der Kinder Gottes (heute „Familie der Liebe"). Im Opus Dei wird den Angehörigen, die, obschon erwachsen, oft als „mein Sohn" bzw. „meine Tochter" angesprochen werden, eingeschärft, nicht auf die eigene religiöse Vernunft zu vertrauen.[64] Wenig komplexe Urteilsstufen können im Erwachsenenalter fun-

---

[60] Damit wird auch eine Anregung von Nipkow 1988, bes. 16 f. aufgegriffen, der an Luthers Grade des Glaubens erinnerte.

[61] Beile 1998; vgl. Oser 1994.

[62] Ebd. 217.

[63] Di Loreto & Oser 1996, 79 f.; Rollett & Karger 1999, 150.

[64] Dazu Bucher 1997, 134-144.

damentalistisch in Erscheinung treten, auch der von Streib beschriebene religiöse Do-ut-des-Stil, der frappant der Stufe 2 nach Oser und Gmünder ähnelt.[65]

Zusammenfassend: Die vorgestellten Psychobiographien zum religiösen Urteil führten zu konstruktiv-kritischen Anfragen an die Theorie:

- Folgt auf die Auflösung der Stufe 2 stets eine deistische Phase, in der die Leerstelle, die der wegdriftende Gott hinterlässt, mit der Selbstbestimmung des Menschen ausgefüllt wird? Immerhin schließen sich immer wieder junge Menschen religiösen Sondergruppen an, die ihre Individualität massiv einschränken (bis hin zur Preisgabe des Eigennamens) und religiöse Autoritäten (bspw. Gurus) absolut setzen. Ein vergleichbarer Entwicklungsgang zeigte sich auch bei Jean Calvin.

- Könnte es nicht sein, dass Stufe 3, von Anfang an eine ‚Achillesverse' der Theorie, in zwei Varianten existiert, wobei eine auf den Menschen, die andere auf Gott gepolt ist? Kann dann aber noch von *einer* Entwicklungssequenz des religiösen Urteils die Rede sein, die die Kriterien von ‚harten' Stufen erfüllt?

- Muss Stufe 3 in jedem Fall durchlaufen werden bzw. könnte es, in sozioreligiösen Milieus, in denen die aktive Präsenz Gottes in der Welt selbstverständlich ist, nicht sein, dass Stufe 2 abrupt in Stufe 4 transformiert wird? Anders gefragt: Ist Stufe 3 nicht ein typisches Phänomen der aufgeklärten westlichen Welt?

- Stimmt die Annahme, religiöse Entwicklung führe stets höher, in allen Fällen mit der subjektiven Sicht religiöser Entwicklung überein? Speziell den Übergang auf Stufe 3 konzeptualisieren zahlreiche InterviewpartnerInnen als Religions- und Glaubensverlust.[66]

- Dies impliziert auch die Anfrage, ob Regressionen im religiösen Erleben und Verhalten, aber auch im Urteilen wirklich auszuschließen sind?

- Die Variable ‚Religiöses Urteil' kann 5 Ausprägungen annehmen. Angesichts der „Vielfalt religiöser Erfahrung" (William James) ist dies wenig. Jedoch birgt die Theorie das Potenzial in sich, ausdifferenziert und ausgebaut zu werden, speziell in Richtung eines stage-state-approach.

- Darüber hinaus ist die Theorie, weil sie in der Beziehung Mensch – Letztgültiges einen klaren Fokus hat, bestens geeignet, auch auf andere theoretische Ansätze bezogen zu werden, auch und gerade sozialpsy-

---

[65] Streib 2001 b, 151; ders. 2001 c.
[66] Bucher 1988.

chologische, um den Beziehungsaspekt von Religiosität – sowohl gegenüber Gott als auch den signifikanten Anderen – noch stärker herauszuarbeiten. Integrierbar sind auch neoanalytische Ansätze, speziell die an der Objektbeziehungstheorie orientierte Entwicklungstheorie der Gottesrepräsentanz bei Rizzuto, sowie Sundéns religiöse Rollentheorie: Geht ein Stufenübergang mit einem religiösen Rollenwechsel einher?

Die Theorie des religiösen Urteils stand von Anfang in Konkurrenz zur Theorie der Glaubensentwicklung von James W. Fowler. Er und seine SchülerInnen verfassten psychobiographische Studien, die im nächsten Kapitel erörtert werden.

Sechstes Kapitel

Vom Säuglingsglauben zum „Reich Gottes": Psychobiographien nach James W. Fowler

Im Juli 1990 stritten der Paderborner Erzbischof Degenhardt und Privatdozent Drewermann, damals im Zenit seiner Popularität, über das Wunder der Brotvermehrung.[1] Drewermann entmythologisierte Mk 6,30-44: Wer seine Armut, weniger die äußere als vielmehr die innere, mit Anderen teile, erlebe einen Segen, viel größer als erwartet.[2] Anders hingegen der Erzbischof, der ohne jedes Wenn und Aber auf der Realität der Wundererzählung bestand, weil zum katholischen Glauben die sichtbaren Handlungen Jesu gehörten, die nicht nur symbolisch zu verstehen seien, sondern als wirklich.

Dass sich die Kontrahenten nicht fanden, ist Etzold zufolge damit zu erklären, dass sie auf unterschiedlichen Stufen des Glaubens nach James W. Fowler standen: der Erzbischof auf der dritten (synthetisch-konventioneller Glaube), der Privatdozent hingegen, im Konflikt mit der Kirche, mindestens auf der vierten (individuierend-reflektierender Glaube).

Zunächst sind Fowlers sechs Glaubensstufen zu skizzieren (6.1), sodann ist zu zeigen, wie er religiöse Persönlichkeiten heranzog, um seine Theorie zu illustrieren und die höchste Glaubensstufe zu klären (6.2). Im Anschluss kommen psychobiographische Studien zur Sprache, die sich an Fowlers Modell orientieren (6.3), worauf eine kritische Würdigung folgt (6.4).

6.1 Stufen des Glaubens nach James W. Fowler[3]

Glauben: Viele assoziieren damit: Für-wahr-halten, etwa dass das Grab nach Ostern leer war. Für Fowler ist Glaube aber wesentlich mehr: „faith" (Lebensglaube), und nicht „belief" im Sinne von Glaubensinhalten, die in den verschiedenen Religionen und Kulturen, ja selbst innerhalb einer Religionsgemeinschaft „unendlich vielfältig" und für viele ZeitgenossInnen ohnehin belanglos seien. Dem gegenüber sei Glaube „so fundamental, dass keiner von uns sehr lange gut ohne ihn leben kann".[4] Er habe wesentlich mit „Beziehung" zu tun, sei „Orientierung der ganzen Person", keine „ab-

---

[1] Aus Etzold 1993.
[2] Drewermann 1987, 430-440.
[3] Fowler 1989, 1991, ders. & Lovin 1980, ders. & Keen 1978; konstruktiv kritisch zu Fowler: Dykstra & Parks 1986, Astley & Francis 1992, Jardine & Viljion 1992, Slee 1996, Creamer 1996, Klappenecker 1998, Streib 2001 a, 2001 b, 2001 c.
[4] Fowler 1991, 23.

gesonderte Dimension des Lebens".[5] Infolgedessen griff Fowler bei der Operationalisierung von „faith" auf mannigfaltige Dimensionen des Menschseins zurück: Kognition, Rollenübernahme, Moral, soziale Perspektive, locus of control (Verortung der Autorität), Weltdeutung und Symbolfunktion.[6] Zudem bezog er sich auf die Theorie des Lebenslaufs bzw. der Identitätsentwicklung von Erikson und fügte auch das Selbst, wie von Kegan in seiner Genese beschrieben, in sein Stufenmodell ein.[7]

Stufe 0: Erster Glaube
Glaube ist vorsprachlich und besteht im Vertrauen, das dem Kleinkind geschenkt wird und ihm ermöglicht, seinerseits der Umwelt zu vertrauen.

Stufe 1: Intuitiv-projektiver Glaube
Die Glaubenswelt des Kindes wird von Intuitionen und Phantasievorstellungen dominiert; das Kind projiziert Wünsche und Emotionen vorzugsweise auf magische Symbolgestalten.

Stufe 2: Mythisch-wörtlicher Glaube
Der Realitätssinn des Kindes erstarkt. Religiöse Sprache und Symbole verstehe das Kind wörtlich, auch neige es zu Anthropomorphismen. Bedeutsam sind „stories", die ihm Lebenssinn verbürgen.

Stufe 3: Synthetisch-konventioneller Glaube
Der/die Jugendliche orientiert sich an den Glaubensinhalten anderer sowie an religiösen Gemeinschaften; er/sie synthetisiert eine erste Identität.

Stufe 4: Individuierend-reflektierender Glaube
Von seiner neu erreichten Individualität aus durchschaut der/die Heranwachsende den früheren Glauben kritisch und bezieht einen eigenständigen, auch symbol-kritischen Standpunkt.

Stufe 5: Verbindender Glaube
Der/die Erwachsene relativiert seine/ihre glaubensmäßige Position, erkennt und anerkennt andere mögliche Standpunkte und verbindet diese zu einem umfassenderen Glaubenssystem.

Stufe 6: Universalisierender Glaube
Der Glaube umgreift das gesamte Sein und Dasein. *Das* Symbol dafür sei das allumfassende „Reich Gottes".[8]

Fowlers empirischen Daten zufolge (N = 359) befinden sich Schulkinder auf den Stufen 1 und 2, Jugendliche zu gut 80 % auf der dritten, aber auch

---

[5] Ebd. 36.
[6] Jardine & Viljoen 1992, 79 vermissen die explizite Nennung der Affekte und Emotionen.
[7] Fowler 1989, 76-110; Kegan 1986.
[8] Dazu Fowler 1980 a.

junge Erwachsene zu gut der Hälfte. In der mittleren Lebensspanne herrscht Stufe 4 vor, wohingegen sich die Fünfzigjährigen und Älteren über die Stufen 3 bis 5 verteilen. Nur eine Person habe Stufe 6 realisiert.

6.2 Religiöse Persönlichkeiten in Fowlers Werk

Bedeutende religiöse Gestalten spielen in Fowlers Werk eine prominente Rolle, teils um seine Glaubensstufen zu illustrieren (6.2.1), teils um den normativen Endpunkt der Entwicklung zu erhellen (6.2.2). Auch legte er zwei „psychobiographische" Studien vor, eine zum schwarzen Befreiungs-kämpfer Malcolm X (1925-1965)[9] in »Trajectories in faith«, dem ersten Sammelband mit psychobiographischen Glaubensstudien,[10] und eine zum Begründer der methodistischen Kirche: John Wesley (1703-1791).[11]

6.2.1 Religiöse Gestalten als Exempla von Stufen und Stufenübergängen

Vom bekannten Theologen Harvey Cox berichtet Fowler, wie dieser als Jugendlicher oft die katholische Messe besuchte und die Kommunion emp-fing. Als er eine Mitternachtsmette gemeinsam mit einer Freundin besuchte und ihm diese vor der Kommunion zuflüsterte, diese sei *„ein primitives Totem-Ritual"*, in dem *„durch eine kannibalistische Handlung das Manna eines toten Gottes verzehrt"* werde, sei er in eine Glaubenskrise geraten.[12] Das Symbol, im synthetisch-konventionellen Glauben von „evokativer Kraft",[13] sei zerbrochen, was den Übergang auf Stufe 4 (individuierender Glauben) forciert habe, auf der Symbole vom Symbolisierten getrennt würden.

Auch an Paulus exemplifiziert Fowler einen Stufenübergang.[14] Als er nach Damaskus zog und von der Christusvision geblendet wurde, sei sein Glau-be individuierend-reflektierend gewesen (Stufe 4). Denn nach seiner Schu-lung bei Gamaliel habe er seine ganze Identität daran festgemacht, sich für das Judentum einzusetzen. Aufgrund der Konversion habe er die Struktu-ren des verbindenden Glaubens entwickelt, der ihn befähigte, fortan religi-öse Grenzen zu überschreiten und als Christ den Juden ein Jude, den Hei-den ein Heide zu sein (1 Kor 9,20).

---

[9] Fowler 1980
[10] Fowler & Levine 1980
[11] Fowler 1985, Fußnote 34 dieses Kapitels; vgl. Abschnitt 2.4, wo John Wesley von Erik-son her analysiert wird.
[12] Fowler 1991, 199.
[13] Ebd. 263.
[14] Ebd. 316.

Eine Konversion bewirkt nicht zwingend einen Stufenübergang. Dies exemplifiziert Fowler an der religiösen Entwicklung des schwarzen Farmers Nate Shaw.[15] Dieser schloss sich 1932 in Alabama den Kommunisten an, suchte standhaft einen Freund vor der ungerechtfertigten Vertreibung von dessen Farm zu schützen, trotz zwei Revolverkugeln, die ihm der Sheriff in den Oberschenkel gefeuert hatte, und wurde dafür zu zwölf Jahren Haft verurteilt. In dieser widerfuhr ihm ein beglückendes Bekehrungserlebnis:

> *„Und plötzlich trat Gott in meine Seele. Schreien und Jubeln – das ist gar nichts; mein Herz stand einfach in Flammen."* [16]

Trotz dieser Intensität sei die Konversion kein Stufenübergang, sondern „lateral": eine „Veränderung der Inhalte des Glaubens" und der existenziell relevanten Werte, nicht aber der Strukturen.[17]

Als Repräsentanten der Stufe 5 würdigte Fowler den Philosophen der docta ignorantia: Nikolaus von Kues (1401-1464).[18] Er habe erkannt, dass in Gott die Gegensätze zusammenfallen, sodass ihm gegenüber ein dialektisches oder komplementäres Denken am angemessensten sei. Helmut Reich hat die Genese des Denkens in Komplementarität untersucht und belegt, wie sehr religiöse Entwicklung durch diese Kompetenz gefördert werden kann.[19]

6.2.2 GipfelstürmerInnen im Glauben

Auf religiöse HeldInnen rekurrierte Fowler vor allem bei der Beschreibung der höchsten Stufe. Diese erfordere immense Aufmerksamkeit, weil sie der normative Endpunkt, ja „das normative Bild für alles menschliche Werden" sei.[20] Geradezu heroisch beschwor er die gleichsam Kanonisierten Gandhi, Martin Luther King jr., Mutter Theresa, Dag Hammerskjöld, Dietrich Bonhoeffer, Abraham Heschel, Thomas Merton als Gipfelstürmer der Glaubensentwicklung.[21] Mit Ausnahme der Ordensschwester in Kalkutta nominierte Fowler Männer, die zudem – Gandhi ausgenommen – in der biblisch-christlichen Tradition aufwuchsen. Aber alle vermochten radikal von sich selbst abzusehen, nahmen eine universale Perspektive ein und

---

[15] Ebd. 299-302.

[16] Ebd. 301.

[17] Ebd. 299-302. Geprägt wurde der Begriff von Fowlers Schüler Romney M. Moseley.

[18] Fowler 1989, 102; Fowler 1984, 64. Ebenfalls prototypisch für diese Stufe ist die in Abschnitt 5.2.3 bereits erwähnte Andrea Simpson aufgrund ihrer Insistenz darauf, dass sich gleiche religiöse Wahrheiten in den unterschiedlichsten religiösen Traditionen zeigen (Fowler 1991, 205-216). Kohlberg und Power ordneten die unermüdlich sozial Tätige, die sich in die großen Traditionen der Weltreligionen vertiefte, ihrer Stufe 7 zu.

[19] Reich 1992, Reich 2000, Reich & Schröder 1995.

[20] Fowler 1984, 72.

[21] Fowler 1991, 219; Fowler 1984, 71.

verschmolzen mit ihrer historischen Aufgabe. Sie hätten absolute „Kenosis" vollzogen, Leer- und Zunichtewerden, was Fowler mit einem Zitat von Gandhi erhellt:

> *„Es kommt eine Zeit, dass ein Mensch unwiderstehlich wird und sein Handeln eine alles durchdringende Wirkung hat. Dies kommt dann, wenn er sich selbst auf Null zurücknimmt."* [22]

Das Selbst, bisher organisierendes Zentrum des Individuums, werde „in den Grund des Seins hinein (entlassen)", sodass der Mensch zur Identifikation mit Gott gebracht und von diesem erfüllt werde.[23]

Für den universalisierenden Glauben sei nicht vorausgesetzt, dass Menschen vollkommen sind. So wird an Gandhi moniert, seine Frau Kasturba gedemütigt zu haben, weil sie die Toilettenabfälle beseitigen musste, was er selber nicht tat.[24] Aber von ihnen gehe eine faszinierende, subversive Wirkung aus. Dass viele eines gewaltsamen Todes stürben, verwundere nicht. Stufe 6 sei äußerst selten. Nur „durch Gottes Vorsehung und die Anforderungen der Geschichte" gelangten Menschen überhaupt dorthin.[25] Auf dieser Stufe, die Fowler mit dem jüdisch-christlichen Bild des Reiches Gottes verdeutlichte, habe sich auch Jesus befunden, indem er einen radikal monotheistischen Glauben lebte, der „Absolutheit beanspruchen darf".[26] Damit provozierte Fowler die Kritik, es sei „antipluralistisch und herablassend",[27] universalisierenden Glauben mit dem Kernsymbol nur *einer* religiösen Tradition zu exemplifizieren.[28] Ebenfalls die, das Reich Gottes, von Jesus auch den Kindern zugesprochen (Mt 18,3), einer kleinen Elite vorzubehalten.[29]

6.2.3 Die Pilgerreise des Malcolm X

Die erste Erinnerung des Schwarzenführers Malcolm X (1925-1965) war, dass Gewehrschüsse ihn aus dem Schlaf rissen und er mit seiner Familie aus dem Hause rennen musste, das Weiße in Brand gesteckt hatten und hinter ihnen zusammenstürzte. Als letztes sah er seinen Mörder Talmadge Hayer, der ihn am 21.2.1965 mit mehreren Schüssen massakrierte.

---

[22] Fowler 1984, 70 (übersetzt A.B.).

[23] Fowler 1989, 108.

[24] Fowler 1991, 220.

[25] Ebd.

[26] Fowler 1988, 33; vgl. Fowler 1980 a.

[27] Hoehn 1983, 79.

[28] Zur Kritik der Stufe 6: Parks 1988, 99 ff.; Klappenecker 1998, 174-183; zur Frage nach der Universalität der Fowlerstufen generell: Furushima 1992. Neuerdings verzichtet Fowler 1996, 57 auf einen universalen Geltungsbereich seiner Stufen.

[29] Oser 1988, 84.

Die Zeit dazwischen rekonstruierte Fowler als „Pilgerreise im Glauben", die den von ihm beschriebenen Stufen folgte.[30] Auf der ersten habe ihn das Beispiel seiner Eltern geprägt, die Mutter nachhaltiger als der Vater, obschon dieser Baptistenprediger war. Als Malcolm X sechs Jahre zählte, wurde sein Vater umgebracht. Er hinterließ eine Witwe mit acht Kindern, die es in der Wirtschaftskrise schwer hatte. Auf der Stufe des mythisch-wörtlichen Glaubens seien für Malcolm Hoffnungsgeschichten, zumal im Hinblick auf die Anerkennung der Schwarzen, prägend geworden.[31]

Auch begabten jungen Schwarzen standen in den dreißiger Jahren des 20. Jahrhunderts kaum Karrierewege offen. Malcolm X nahm zeitweise eine negative Identität an, schlug sich als Gelegenheitsarbeiter durch, beging kleine Delikte und gab sich den Übernamen „Satan". Sein Glaube sei insofern „konventionell" gewesen, als er die gängigen Ansichten – etwa über die hoffnungslose Situation der Schwarzen – zu den seinen machte.

Im Gefängnis erlebte er, ausgelöst durch die Schriften des Muslimen Elijah Muhammad, eine Bekehrung und erfolgte der Übergang zum individuierend-reflektierenden Glauben. Mit 28 Jahren schloss er sich der muslimischen Lost-Found-Nation an und begann seine Führerschaft im Kampf gegen die Diskriminierung durch die „weißen Teufel".[32] Von vielen Universitäten eingeladen, aber auch durch seine Reisen in den mittleren Osten und nach Afrika, erlangte er hohe Popularität. Weil zu liberal, geriet er in Konflikte mit seinen muslimischen Mitstreitern, die sich von ihm trennten. Malcolm X, nun auch Seite an Seite mit weißen BürgerrechtlerInnen kämpfend, habe den verbindenden Glauben entwickelt und schrieb:

> *„Mein Denken hat sich in Mekka weit geöffnet. Ich bin für die Wahrheit, und nichts anderes als die Wahrheit. Ich bin zu aller erst ein Mensch, und als solcher bin ich für alles, was der Menschheit als ganzer zum Nutzen gereicht. "* [33]

Damit überwand er rassistische und religiöse Grenzen und provozierte er den gewaltsamen Tod durch einen Fanatiker, der weit unter dieser Glaubensstufe stand.[34]

---

[30] Fowler 1980 b. Aus freudscher und marxistischer Sicht beleuchtete Wolfenstein 1981 die Entwicklung dieses Bürgerrechtskämpfers.

[31] Ebd. 47.

[32] Ebd. 53.

[33] Ebd. 56 (übersetzt A.B.)

[34] Fowler 1985 befasste sich auch mit der Glaubensentwicklung von John Wesley (vgl. Abschnitt 2.4). Er identifizierte alle sechs Stufen der Glaubensentwicklung: der intuitiv-projektive sei durch die Mutter Susanna genährt worden, deren autoritärer Erziehungsstil den Sinn für das mysterium tremendum schärfte, aber auch zu einem rigiden Über-Ich führte. Dem mythisch-wörtlichen Glauben seien die Bibelgeschichten entgegengekommen, die Susanne ihren Kindern schon früh erzählte (176 f.).

6.3 Unterschiedliche religiöse Einstellungen - gleiche Glaubensstufen: Merton, Bonhoeffer, Hutchinson, Moser

6.3.1 Vom präkonziliaren Katholizismus zum Dalai Lama: Thomas Merton

Raab legte das Schema von Fowler auf die Glaubensentwicklung des bekannten Konvertiten und spirituellen Schriftstellers Thomas Merton (1914-1968) an.[35] Mertons Kindheit in einer anglikanischen Familie war unglücklich, getrübt durch den frühen Tod der Mutter, verunsichert durch die häufige Abwesenheit des Vaters, und in religiöser Hinsicht leer:

> *„Wie unheimlich mag das einem Katholiken vorkommen – ein sechsjähriges Kind erkennt, dass seine Mutter im Sterben liegt, und es weiß nicht einmal, dass es für sie beten sollte! Erst zwanzig Jahre kam es mir endlich in den Sinn.“* [36]

Während seinen Studien an der Columbia-Universität lernte er Freunde kennen, die an Religion und Philosophie interessiert waren. Auch vertiefte er sich in die Werke von William Blake, Eckhart, Thomas von Aquin, worauf er, tief beeindruckt vor allem von John Henry Newman, zum Katholizismus konvertierte und 1941 in die Gethsemane-Trappistenabtei Kentucky eintrat, für ihn „Übertritt aus der Welt in ein neues Leben“.[37]

War diese Bekehrung ein Stufenübergang? Raab argumentiert, Merton habe in den Jahren seiner Bekehrung einen synthetisch-konventionellen

---

Während der Schulzeit in London habe sich Wesley auf der Stufe des synthetisch-konventionellen Glaubens befunden, der 1725, beim ersten Bekehrungserlebnis, herausgefordert wurde. Aber bis er den individuierend-reflektierenden Glauben ausbildete, habe er, eine „vom Über-Ich dominierte Persönlichkeit“ (183), lange kämpfen müssen, speziell gegen ein forderndes Vater-Imago bzw. ein skrupulöses Gewissen, das seine Beziehungen zu Frauen erschwerte.

Die Bekehrung von 1738 (nach dem Desaster in Georgia) war struktural und konsolidierte die Stufe 4, auf der sein Ego „exekutiv“ geworden sei und ihn zu seiner immensen Predigertätigkeit befähigte. In der Folge habe Wesley scheinbare Gegensätze wie Gesetz und Gnade, Freiheit des Christen und Determinierung durch die Erbsünde in ein ausgewogeneres Verhältnis gebracht, für Fowler Indizien für den verbindenden Glauben. Sätze wie „Der Christ ist voller Liebe zu allen seinen Nächsten: allumfassende Liebe, nicht begrenzt auf unsere Gemeinschaft oder Partei, nicht beschränkt auf jene, die mit uns in ihren Meinungen und in ihrer Frömmigkeit nicht übereinstimmen“, seien bezeichnend für den universalisierenden Glauben.

[35] Raab 1999; vgl. Kuld 1997, 203-224, der sich auf die autobiographische Darstellung von Mertons Konversion fokussiert; zur späteren religiösen Entwicklung: Maltis 1980; allgemein biographisch: Forest 1991. Primärtext: die Autobiographie: Merton 1985, die nach ihrem ersten Erscheinen (1948) in wenigen Monaten 600'000 mal verkauft wurde.
[36] Merton 1985, 21.
[37] Ebd. 387.

Glauben gelebt, weil er sich der Autorität der vorkonziliaren römisch-katholischen Kirche kritiklos unterordnete.[38] Tatsächlich habe es ihn erschreckt, als einer seiner Studenten behauptete, *„die Tugend der Demut sei ein Unsinn"*.[39] Und als er bei der ersten Anmeldung ins Noviziat mit der Begründung abgewiesen wurde, er sei noch zu wenig lange Katholik, deutete er dies als unantastbares *„Gottesurteil"*.[40] Der „locus of control" war noch nicht verinnerlicht, sondern bestand im „Konsens von geschätzten Gruppen und mit persönlich wertvollen Repräsentanten von Glaubens- und Werttraditionen".[41] Auch Mertons Konversion sei „lateral" gewesen.

Merton, der später die Freundschaft des Zenmeisters Suzuki und des Dalai Lama gewann, blieb nicht auf dieser Stufe stehen, sondern begann religiöse Autorität zu verinnerlichen, wobei die individuelle spirituelle Erfahrung zum Maßstab wurde. Er formierte den individuierend-reflektierenden Glauben, der sein „Verständnis von sich selbst und der Kirche revolutionierte".[42]

In der letzten Lebensdekade widmete er sich intensiv der Suche nach Wahrheit in den großen Weltreligionen. Er überwand die früheren Vorbehalte gegenüber den östlichen Religionen – als pantheistisch und immanentistisch – und erreichte die Stufe des verbindenden Glaubens. Aber auch diesen habe er, in der Zen-Meditation die völlige Leere suchend, überstiegen und damit universalisierenden Glauben ausgebildet. Als ihn 1968 auf einer Asienreise ein Stromschlag tötete, betrauerten Meditationsmeister wie Nhat Hanh und der Dalai Lama den Verlust eines echten Freundes.

Raab zieht den Schluss, Mertons Glaubensentwicklung – aus der Enge eines präkonziliären Katholizismus hin zu einer universalisierenden Sicht, ohne dass er aber aufgehört hätte, Katholik zu sein – lasse sich mit Fowlers Modell plausibel *beschreiben*.[43] Aber genau darin sieht er die Grenzen: Das *Warum* und das Wie der Entwicklung bleibe ungeklärt. Zwar verweist er auf die vielfältigen Begegnungen Mertons mit authentischen VertreterInnen anderer Religionen. Aber solche können auch den Effekt zeitigen, sich gerade nicht zu öffnen, sondern sich ab- und andere auszugrenzen oder in relativistische Zweifel zu fallen. Raab erklärt sich Mertons religiösen Werdegang mit dem „Geheimnis der Gnade", was theologisch adäquat sein mag, psychologisch aber wenig hergibt, es sei denn, es wird rekonstruiert, wie Merton selber die Wirkungen des Heiligen Geistes erfuhr und deutete.

---

[38] Raab 1999, 144 f.; dazu Creamer 1996, bes. 177 f.
[39] Merton 1985, 322.
[40] Ebd. 311.
[41] Fowler 1991, 263.
[42] Raab 1999, 147.
[43] Ebd. 141, 153.

6.3.2 „Glaube im vollen Diesseits": Dietrich Bonhoeffer

Einer der größten Theologen des 20. Jahrhunderts ist Dietrich Bonhoeffer, am 4.2.1906 in eine kinderreiche Akademikerfamilie geboren, am 9.4.1945 im Konzentrationslager Flössenburg hingerichtet. Eine biographische Skizze halten Lovin und Gosser für notwendig, um seinen standhaften Glauben unbeeinflusst vom Echo unserer eigenen Sichtweisen wahrzunehmen.[44]

Bonhoeffers Vater Karl stand Religion und Kirche distanziert gegenüber. Nicht aber die Mutter Paula, die großen Wert auf die Pflege religiösen Brauchtums in der Familie und auf biblische Geschichten legte. Dietrich interessierte sich schon als Siebenjähriger für philosophische Fragen, speziell das Leben nach dem Tod. Prägend war auch sein virtuoses Klavierspiel, in seiner mythisch-wörtlichen Glaubensphase *das* Sinnzentrum.[45] Sein Entschluss, Theologie zu studieren, und dies, gegen die Familiengepflogenheiten, erst noch nicht an der Alma mater des Vaters, sei auf der Stufe des synthetisch-konventionellen Glaubens erfolgt.[46] Denn er habe noch keine innere Zugehörigkeit zur Sache des Christentums aufgebaut. Den Entwicklungsschritt hin zum individuierend-reflektierenden Glauben verorten die Autoren erst in Bonhoeffers Engagement für die Bekennende Kirche, die eine radikale und alles andere als konventionelle Entscheidung verlange.[47] Eine solche traf Bonhoeffer auch im Juni 1939, als er nicht bei seinen New Yorker Freunden im Exil blieb, sondern nach Deutschland zurückkehrte, von wo aus wenige Wochen später die Geißel des Krieges auf Europa niederzuschlagen begann. Er konspirierte mit der Widerstandsbewegung von Schleicher und Dohnanyi. Weil er die verbindenden Gemeinsamkeiten der Kirche in den sicheren USA und jener im unterjochten Deutschland hervorhob, sei sein Glaube als „paradox-konsolidierend" (= verbindend) zu würdigen.[48]

Schon mehr als ein Jahr vor dem gescheiterten Putsch vom 20. Juli 1944 inhaftiert, schrieb er im Gefängnis die Betrachtungen und Gedichte, die unter dem Titel »Widerstand und Ergebung« herausgegeben und auch für viele katholische Theologiestudierende, von neoscholastischer Spitzfindigkeit gelangweilt, zu spirituellen Schlüsselerlebnissen wurden.[49] Sätze wie:

---

[44] Lovin & Gosser 1980, 148 (übersetzt, A.B.); *der* Bonhoeffer-Biograph: Bethge [7]1996.

[45] Ebd. 156.

[46] Ebd. 162.

[47] Ebd. 168.

[48] Ebd. 172. In früheren Fassungen seiner Theorie charakterisierte Fowler die Stufe 5 noch so; Fowler & Keen 1978, 79.

[49] Bonhoeffer [11]1980.

„Später erfuhr ich und ich erfahre es bis zur Stunde, dass man erst in der vollen Diesseitigkeit des Lebens glauben lernt. Wenn man völlig darauf verzichtet hat, aus sich selbst etwas zu machen." [50]

und Verse wie:

> *„Gott geht zu allen Menschen in ihrer Not,*
> *sättigt den Leib und die Seele mit Seinem Brot,*
> *stirbt für Christen und Heiden den Kreuzestod,*
> *und vergibt ihnen beiden."* [51]

seien Ausdruck eines universalisierenden Glaubens, der ihn befähigte, im Angesicht des Todes der Tröster anderer zu werden und gefasst zum Galgen zu schreiten.

6.3.3 Eine unerschrocken Gläubige: Anna Hutchinson

In strukturaler Hinsicht ebenso wie bei Bonhoeffer verlaufen sei, drei Jahrhunderte früher, die Glaubensgeschichte einer faszinierenden Frau: Anna Hutchinson, 1591 in der Familie Marbury in Bain, nördlich von Cambridge, geboren.[52] Sowohl der Vater, ein unkonformer Prediger, oft inhaftiert, als auch die Mutter praktizierten ein tief religiöses Leben. Dieses wurde für ihre Tochter Anna existenziell wichtig, als ihre geliebte Schwester Bridget starb:

> „Wir können sicher sein, dass ihre intuitiv-projektive Einbildungskraft starke Erfahrungen des Unheimlichen, Geheimnishaften, Phantastischen und Magischen ermöglichte. Zur Zeit von Bridgets Tod und Annas Schuleintritt, dürfen wir erwarten, dass sie den Übergang zum mythisch-wörtlichen Glauben vollzog."[53]

Prägnant zeigt sich, wie sehr eine Entwicklungstheorie die Rekonstruktion einer Biographie beeinflussen kann.

Nach der Übersiedlung nach London bildete sich Anna, nunmehr synthetisch-konventionell glaubend, zur Hebamme aus. Sie lernte William Hutchinson kennen, den sie 1612 heiratete, aber auch den Prediger John Cotton, für sie Schicksal und Verhängnis. Dieser Puritaner legte sich mit der Glaubensbehörde von Karl I. an und musste in die Neue Welt emigrieren. Anna Hutchinson, nun mehrfache Mutter, folgte ihm nach Massachusetts und stellte damit ihren individuierend-reflektierenden Glauben unter Beweis.

---

[50] Ebd. 183.
[51] Ebd. 182.
[52] Herzog 1980; zu Hutchinson: Lang 1987.
[53] Herzog 1980, 65.

Nachdem die Familie Hutchinson eine neue Existenz aufgebaut hatte, begann Anna mit religiös-charismatischen Treffen, die vor allem Frauen anzogen. Sich auf Eingebungen durch den Heiligen Geist berufend, geriet sie in Konflikte mit der religiösen Männerhierarchie, auch John Cotton. Demütigende Tribunale endeten mit ihrer Exkommunikation. Am übelsten wurde ihr der Anspruch genommen, im Namen des Heiligen Geistes zu sprechen; dies unterminierte das Rollenmuster der untertänigen Frau, die in der Kirche zu schweigen habe (1 Kor 14,34).

1638 übersiedelte Anna nach Rhode Island und entwickelte Wertschätzung den Indianern gegenüber – für Herzog ein Beleg für verbindenden Glauben.[54] Aber Indianer waren es auch, die am 20.8.1643 nicht nur ihr Leben auslöschten, sondern auch das von fünf ihrer Kinder – Rache für ein Massaker, das zuvor niederländische Polizisten angerichtet hatten.

Das Schicksal von Anna Hutchinson zeigt, dass individuierend reflektierender Glaube gefährlich werden kann, in einem streng reglementierten religiösen Milieu, wie es die amerikanischen SiedlerInnen geschaffen hatten, stärker als in der tolerant-gleichgültigen Postmoderne.[55]

6.3.4 Glaubensstufen der „Gottesvergiftung": Tilmann Moser

Fowlers Stufen wurden nicht nur zur Beschreibung einer schließlich mystischen Religiosität herangezogen (Thomas Merton), sondern auch als Stufen der „Gotteskrankheit", so von Kuld in seiner Analyse der Bücher von Tilmann Moser.[56] Seine »Gottesvergiftung«, von einer ganzen Generation Theologiestudierender gelesen, war ein reinigendes religionspädagogisches Gewitter und motivierte, religiöse Fehlentwicklung zu vermeiden. Bei Moser habe diese in der frühesten Kindheit begonnen, indem aufgrund der gestörten Beziehung zur Mutter ein „primärer Unglaube"[57] entstand, aus dem *„das vergrämte Madonnengesicht voll trauriger Auserwähltheit"* ins ganze weitere Leben hineindüsterte.[58]

In der Phase des intuitiv-projektiven Glaubens seien Moser entwicklungshemmende religiöse Emotionen ankonditioniert worden, die sich in Hass entluden: gegen das verlogenen Klima in der Familie, Gott, sich selbst. Angstphantasien seien auf der Stufe des mythisch-wörtlichen Glaubens aufgebaut worden: Angst vor dem alles sehenden Auge Gottes,[59] Höllenstrafen, Prädestination. In der Phase des synthetisch-konventionellen Glau-

---

[54] Ebd. 89.
[55] Fowler & Lovin 1980, 190.
[56] Kuld 1997, 224-244; Moser 1976, ders. 1979; dazu Ringele 1984.
[57] Kuld 1997, 234.
[58] Moser 1979, 91.
[59] Moser 1976, 13.

bens habe der heranwachsende Moser eine geradezu narzisstische religiöse Identität ausgebildet, indem er sich mit dem Heiland identifizierte[60] – psychologisch ein Abwehrmechanismus, um die durch die religiöse Erziehung hervorgerufene Minderwertigkeit zu kompensieren. Trotz der religiösen Traumatisierung habe Moser zum individuierend-reflektierenden Glauben gefunden, und zwar qua Psychoanalyse, durch die Ich werden soll, wo Gott war.[61]

Auch die an Fowler orientierten Psychobiographien sind kritisch zu würdigen.[62]

---

[60] Ebd. 47 ff., bes. 74.

[61] Kuld 1997, 243.

[62] Weitere Psychobiographien, die an Fowlers Stufen orientiert sind:

- Asen 1980 zum alttestamentlichen Propheten **Amos**, wobei er zwei Textschichten differenzierte: Amos selber, sodann spätere redaktionelle Bearbeitungen. Letztere entsprächen den Stufen 3 (synthetisch-konventionell) und 4 (individuierend-reflektierend), der Prophet selber hingegen, der mit Feuer vom Himmel drohte und massiv zwischen Recht- und Ungläubigen trennte, der Stufe 5 (verbindender Glaube).

- Dibble 1986 zum amerikanischen Baptisten und Erweckungspredigers **Will D. Campbell**, den er auch interviewte, und dessen letzte Glaubensform universalisierend gewesen sei.

- Morgan 1990 zu diversen Autobiographien, mit der Schlussfolgerung, dass solche die Interviewmethode ideal ergänzen.

- Majmudar 1996 zu **Gandhi** (1869-1947) mit dem Ergebnis, Glaube, wie von Fowler beschrieben, sei ein universales Phänomen des menschlichen Lebens und Konstruierens von Sinn, allerdings mit geringfügigen Modifikationswünschen hinsichtlich der westlichen Färbung einiger Stufen.

- Mahan 1980 zu **Pascal** (1623-1662). Der Verfasser der »Pensées« verlor, als er drei Jahre zählte, seine Mutter; diese Schutzlosigkeit erkläre auch sein lebenslanges, Schwindel erregendes Gefühl, einem unendlichen Universum ausgesetzt zu sein. Aufgrund des Einflusses seines Vaters sei er lange dem synthetisch-konventionellen Glauben verhaftet geblieben. Erst nach dem „Mémorial" habe er den individuierend-reflektierenden und schließlich den verbindenden Glauben entwickelt.

- Cady 1980 zu **Wittgenstein** (1889-1951). Auch das philosophische Werk dieses einflussreichen Philosophen drücke eine religiöse Dimension aus (119). Als er nach der Aufgabe seiner Philosophie-Professur (1947) die »Philosophischen Untersuchungen« niederschrieb, habe er sich auf der Stufe des paradox- konsolidierenden Glaubens (Stufe 5) befunden, weil er die Komplementarität unterschiedlicher Sichtweisen würdigte (142). Zu Wittgensteins Spiritualität: Zwergel 2002.

6.4 Kritische Würdigung[63]

Fowlers Theorie ist in vielem plausibel. Jede Glaubensgeschichte beginnt damit, dass Kinder in eine Umgebung hineinwachsen, die sie entweder hält und mit Vertrauen beschenkt, oder sie existenziell verstört. Unbestreitbar spielen im Glaubensleben jüngerer Kinder magische Symbolgestalten und Geschichten eine prägende Rolle. Plausibel scheint auch, dass die Bildung eines individuierend-reflektierenden Glaubens nichts für KonformistInnen ist. Und ebenfalls, dass Glaubensentwicklung vom sozialen Nahbereich zu einer immer umfassenderen, maximal kosmischen Perspektive führt.

Aber genau dies wirft die Frage auf, was sich entwickelt. Der Glaube als solcher? Die soziale Perspektive? Beides zugleich? Oder doch letztere, wodurch der Glaube zusehends mehr Reichweite gewinnt? An Fowler am massivsten kritisiert wurde denn auch das breite Konstrukt von „faith", der „everything" sei, dadurch aber in Gefahr stehe, „nothing" zu werden.[64]

Betrachtet man die Stufen im einzelnen, so zeigt sich, dass diese die multidimensionale Komplexität von „faith" nicht durchhalten. Vielmehr stellen sie eine Aneinanderreihung *unterschiedlicher* Aspekte – und damit nicht *des* Glaubens oder *der* Religiosität – dar. Im Zentrum der Stufe 1 stehen die Intuitionen und Projektionen des kleinen Kindes; Stufe 2 fokussiert auf wörtliches Verstehen und die Bedeutsamkeit von stories, etc.

Stufe 1	Stufe 2	Stufe 3	Stufe 4	Stufe 5	Stufe 6
Intuitionen, Projektionen	Wortwörtliches Verstehen, Relevanz von Geschichten	Synthetisierung, Identität, orientiert sein an anderen	Individualität, Reflexionen,	Interreligiöse Perspektive	Kosmisches Bewusstsein

Bestimmt man Glaube als existenzielle Überzeugung, auf ein Unbedingtes, Göttliches bezogen zu sein, das beschützt, leitet, Antworten auf die letzten Fragen ermöglicht, dann kann er sich im Rahmen verschiedener Fowler-Stufen ereignen – aber auch ausbleiben. Darauf insisitert Ford-Grabowsky in ihrer Reanalyse des bekannten Interviews, das Fowler mit „Mary", einer jüngeren Frau, führte. Nach einer turbulenten Jugend (Drogen, Promiskuität, Strafvollzug) bekehrte sie sich zu Christus.[65] Für Fowler repräsentiert sie die synthetisch-konventionelle Glaubensform.[66] Ford-Grabowsky hingegen, die zwischen der Entwicklung des Ich, des Selbst und des christlichen Selbst unterscheidet, habe die junge Christin, weil Christus ihr inner-

---

[63] Dykstra & Parks 1986, Nipkow u.a. 1988, Astley & Francis 1992, Klappenecker 1998.

[64] Fernhout 1986, 66; vgl. Avery 1990, 72; wohlwollender: Klappenecker 1998, 151-155.

[65] Ford-Grabowsky 1987.

[66] Fowler 1991, 260 f.

licher Mensch, ihr christliches Selbst geworden sei, die höchste Stufe der Glaubensentwicklung erreicht.

Kritisch zu befragen sind auch einige Stufenzuordnungen: Anne Hutchinson, als Jugendliche auf der gleichen Stufe (synthetisch-konventionell) wie der Theologiedozent Bonhoeffer, der sich immerhin entschieden hatte, das für seine Herkunftsfamilie unkonventionelle Theologiestudium zu absolvieren? Ebenso der konvertierte Thomas Merton, der ewige Gelübde ablegte: Ist das wirklich synthetisch-konventionell?

Auch fiel auf, dass bestimmte Glaubensstufen postuliert wurden, auch wenn keine entsprechenden Quellen vorlagen, so von Herzog, als sie formulierte, „wir können (bei Anna Hutchinson) sicher sein", dass sie einen intensiven intuitiv-projektiven Glauben lebte und als Schülerin „den Übergang zum mythisch-wörtlichen Glauben vollzog".[67]

Bringen Psychobiographien nur zu Tage, was an psychologischen Konzepten, Stufen etc. in Biographien hineingetragen wird? Abschließend ist nach dem Ertrag solcher Studien für die Erforschung religiöser Entwicklung zu fragen.

---

[67] Herzog 1980, 65.

Siebtes Kapitel

Psychobiographien und religiöse Entwicklung: Ertrag und Ausblick

Viele Lebens- und Glaubensgeschichten sind erzählt worden, unterschiedlich lang, aber stets im Lichte psychologischer Theorien. Die Reise begann mit den frühen psychiatrischen Diagnosen zur religiösen Entwicklung des Jesus von Nazareth (sie zeigten drastisch, wie anders diese auch gesehen werden kann: als Pathogenese) und führte über psychoanalytische und tiefenpsychologische Studien zu den umfangreichen Abhandlungen im Lichte des religiösen Urteils nach Oser und Gmünder, um mit Pilgerschaften gemäß den Glaubensstufen Fowlers zu enden. Diese Glaubensgeschichten tragen ihren Wert in sich selbst und lassen sich durch kein anderes Medium angemessen ersetzen.

Abschließend ist zusammenzufassen, welches die Relevanz von Psychobiographien zur Erforschung religiöser Entwicklung sein könnte:

1. Solche Studien bleiben wünschenswert, weil sie konkrete Einzelfälle auf allgemeine Theorien der religiösen Entwicklung beziehen, wodurch erstere ,erklärt', letztere hingegen (illustrativ) konkretisiert, gegebenenfalls auch modifiziert werden (7.1).

2. Biographien im allgemeinen, religiös relevante Lebensereignisse im speziellen sind offen für unterschiedliche religions- und entwicklungspsychologische Interpretationen. Dass Psychobiographien, von unterschiedlichen Vorverständnissen aus durchgeführt, zu spezifischen Ergebnissen gelangen, kann auch positiv gesehen werden (7.2).

3. Um den religiösen Werdegang einer Person umfassend und differenziert zu rekonstruieren, empfiehlt sich die Integration verschiedener Theorien, was am Beispiel von Edith Stein verdeutlicht wird (7.3).

4. Abschließend ist zu fragen, inwiefern Psychobiographien religiöse Entwicklung erklären (7.4) und den möglichen Zielpunkt derselben konturieren (7.5).

7.1 Psychobiographien: zwischen Individualität und Universalität

Von Psychobiographien einen verallgemeinerbaren Ertrag zu erwarten, ist problematisch und verfehlt letztlich ihre Intention. Denn sie zeigen: Jede Biographie, jede Glaubensgeschichte ist einzigartig und unvertretbar, von ihren ‚Hochzeiten' und Gipfelpunkten überragt, von ihren Schicksalsschlägen getrübt, von ihren Zweifeln gelähmt, ihren Gewissheitserfahrungen bestärkt.[1] Religiöse Biographien können kontinuierlich verlaufen, Jahrzehnte lang auf das gleiche Unbedingte, Heilige bezogen sein, so bei Zinzendorf von den Knabenjahren bis ins Greisenalter auf die Wunden Jesu. Oder bei Teilhard de Chardin, der schon mit fünf Jahren Ehrfurcht vor Steinen empfand und als Fünfzigjähriger die Liebe Gottes auch in der unbelebten Materie pries.

Religiöse Biographien können aber auch dramatische Kehrtwendungen vollziehen, sprichwörtlich bei Saulus, der zum Paulus wurde, oder bei Nietzsche, der als Neunjähriger mit dem frommen Jesusknaben verglichen wurde und später den »Antichrist« schrieb. Religiöse Biographien können kurz sein, so bei der heiligen Thérèse, die jung zu sterben wünschte, um mit Jesus vereinigt zu sein; aber auch geradezu biblisch lang, so bei John Wesley, der als Fünfjähriger knapp dem Flammentod entkam und noch im hohen Alter mit seinen Predigten begeisterte. Glaubengeschichten können geradezu gemächlich vor sich her laufen, ohne Turbulenzen, Krisen und Brüche, aber auch stürmisch, von Zweifeln und Anfechtungen hin- und her gerissen, so bei Martin Luther.

Diese Einmaligkeit und gleichzeitige Vielfalt von religiösen Entwicklungslinien ist zu würdigen, speziell theologisch, weil Gott mit jedem Menschen, der *eine* Welt ist, seinen Weg neu beginnt, sich je neu inkarniert. Religiöse Entwicklung, wie sie faktisch ist, „eingebettet ins Menschsein",[2] individuell und einzigartig, wird am angemessensten zur Darstellung gebracht, wenn sie erzählt wird, so konkret wie möglich, ohne Abstraktionen und Generalisierungen.[3] Die stumm leidende Frömmigkeit des jungen Rilke in der Militärschule wird authentisch, wenn gehört wird, wie er später davon in einem Brief an Ellen Key erzählte (Abschnitt 5.6.3). Gerade im Hinblick auf religiöses Erleben ist Runyan beizupflichten, wenn er nicht nur vom Nutzen narrativer Methoden spricht, sondern von ihrer Notwendigkeit.[4] Sie ermöglichen eine Lebensnähe und Authentizität, die anders nicht zu haben ist.

Warum dann aber, wenn doch jede Glaubensgeschichte einmalig ist, überhaupt psychobiographische Analysen, die darin bestehen, dass psychologische Theorien, auch mit universalem Geltungsanspruch, auf konkrete Bio-

---

[1] Dies unterstreicht – und würdigt – James 1978, 449 f. (erstmals 1902).
[2] Oser & Reich 1996.
[3] Zu Recht fordert Streib 2001, 148 eine „narrative Wende" in der Erforschung religiöser Entwicklung. Damit wird eingefordert, was bereits für James 1978 (erstmals 1902) 15 selbstverständlich war: religiöser Phänomene an persönlichen Dokumenten zu untersuchen. Zur Wiederkehr des Narrativen in der Geschichtswissenschaft: Stone 1981, 74-95.
[4] Runyan 1984, 67-69.

graphien angelegt werden? Wäre es nicht angemessener, eine erzählte religiöse Biographie ‚bloß' zu rekonstruieren, etwa gemäß dem erzählanalytischen Ansatz von Alfred Schütze, wie dies Stefanie Klein vordemonstriert hat?[5] Wie aufschlussreich solche Einzelfallanalysen auch sein mögen – weiterführend ist eine bekannt gewordene Formulierung der Persönlichkeitspsychologen Kluckhohn und Murray:

„Jeder Mensch ist in gewisser Hinsicht (a) wie alle anderen Menschen, (b) wie gewisse andere Menschen, (c) wie kein anderer Mensch."[6]

Auf die religiöse Entwicklung übertragen: Sicherlich verläuft diese in ihren individuellen Episoden bei jeder Person wie bei keiner anderen. Andererseits weisen Glaubensgeschichten bei vielen Menschen Gemeinsamkeiten auf, zumal wenn sie zur gleichen Zeit und im gleichen sozioreligiösen Milieu leben. Zu den quasi normativen Lebensereignissen gehört bei den Pfingstbewegten die erstmalige Glossolalie, das Zungenreden vor versammelter Gemeinde. Und in unseren Volkskirchen machen Heranwachsende gemeinsam ähnliche Erfahrungen, so bei Erstkommunion und Firmung, Konfirmation und Abendmahl. Jeder religiöse Entwicklungsgang weist Überlappungen mit demjenigen anderer Menschen auf, allein schon deswegen, weil religiöse Ausdrucksformen nicht je neu erfunden, sondern von anderen übernommen und gemeinsam praktiziert werden.

Und nicht zuletzt existieren religiöse Praktiken, in deren Vollzug jeder Mensch wie alle anderen Menschen ist. So im Gebet, ein Urphänomen, in allen Kulturen und Religionen praktiziert, auch das meditative Beten, das die Atem- und Pulsfrequenz verlangsamt, in Kalkutta ebenso wie in Paris oder Johannisburg.[7] Auch religiöse Urteilsstrukturen scheinen ein universales Phänomen zu sein, sodass mit einem epistemischen Subjekt sensu Piaget auch im Bereich des Religiösen zu rechnen ist, d.h. mit einem „kognitiven Strukturkern, der allen Subjekten ... gemeinsam ist".[8]

Ideographik und Nomothetik, Individualität und Universalität komplementär aufeinander zu beziehen, ist ein Gütezeichen in der Erforschung religiöser Entwicklung. Biographische Ausführungen entkräften den möglichen Einspruch, die lebendigen religiösen Phänomene in Abstrakta, Prozentwerte, Koeffizienten etc. aufzulösen. Der komplementäre Zuzug validierter Theorien, so der des religiösen Urteils, die in diesem Band bevorzugt konsultiert wurde, entschärft den möglichen Einwand, nur singuläre kontingente Aussagen machen zu können, aber keine interindividuell gültigen.

---

[5] Klein 1994.
[6] Kluckhohn & Murray 1953, 53, übersetzt A.B.
[7] Wulff 1991, 172-184; Spilka et al 1996, 193-198.
[8] Piaget 1973, 133; vgl. Oser & Gmünder [4]1996, 62-66 zum Konstrukt „religiöse Mutterstruktur"; kritisch dazu Grom 1992, 395.

Freilich wäre es höchst reduktionistisch, Biographien dafür zu instrumentalisieren, um Stufen „wie einen Schatz aufzustöbern, diesen wegzutragen und alles andere als Abfall zurückzulassen".[9] Dennoch kann es aufschlussreich und den analysierten Persönlichkeiten gegenüber vertretbar sein, die von ihnen durchlebten Transformationen ins Licht psychologischer Theorien zu stellen.

7.2 Vielfältige Deutungen: unumgänglich und bereichernd

Psychobiographien religiöser Entwicklung sind weiterhin wünschenswert, trotz eines gravierenden Einwands: Sie brächten nur zu Tage, was der/die Interpret/in zuvor schon gewusst und in die analysierten Persönlichkeiten hineingedeutet hat. In der Tat: Die religiöse Entwicklung mehrerer Persönlichkeiten wurde in verschiedenen Kapiteln von unterschiedlichen psychologischen Theorien[10] aus beleuchtet – und entsprechend unterschiedlich rekonstruiert. Bei Paulus als:

- Sublimierung libidinöser Impulse (Pfister),
- bedingt durch einen massiven Ödipuskomplex (Moxon),
- Integration eines rigiden Über-Ich in sein Selbst (Thilo),
- Finden von Identität aufgrund der Identifikation mit dem Auferstandenen (Klessmann),
- Individuation aufgrund der Integration des Schattens und der Begegnung mit *dem* Symbol des Selbst, Christus (C.G. Jung, Kaufmann),
- Formation eines verbindenden Glaubens (Fowler),
- Formation einer hohen religiösen Urteilsstufe (Bucher, nach Oser).

Auf den ersten Blick erscheint dies als beschämendes Eingeständnis, dass psychobiographische Zugänge zur religiösen Entwicklung, höchst selektiv und ‚arm', allenfalls zu Tage förderten, was in der psychologischen Theoriebildung ohnehin schon feststand. Bloße Illustration, Subsumtionslogik, kein psychologischer Erkenntnisgewinn!

Dieser Einwand ist ernst zu nehmen. Psychobiographien, ob von einem psychoanalytischen, lerntheoretischen, strukturgenetischen oder welchem Vorverständnis aus immer durchgeführt, eignet die Tendenz zu Affirmation und Selbstbestätigung.[11] Frühe Psychoanalytiker fanden in den Glaubensbiographien vornehmlich ödipale Regungen, Sexualsymbole, Subli-

---

[9] Day 2001, 179.

[10] Anderson 1978, 5 spricht, noch abschwächender, von bloßen Sichtweisen und Perspektiven und hält den Anspruch, es handle sich um Theorien, für überzogen.

[11] Gergen 1977, 142: „Die Ereignisse im Leben der meisten Menschen sind so bunt und mannigfaltig, dass praktisch jede theoretische Schablone validiert werden kann. Die Einzelfallstudie gewährt dem Forscher die Freiheit, die Fakten so zu arrangieren, dass sie seine vorgefassten Überzeugungen unterstützen." (übersetzt A.B.)

mierung; behavioristische Lernpsychologen hingegen Reaktionen auf negative oder positive Verstärkungen;[12] Erikson und seine Gefolgschaft Iden-
titätskrisen und die Phasen des Lebenslaufs; StrukturgenetikerInnen Stufen, Stufenübergänge als Strukturtransformationen und eine zumeist nur
*höher*führende Entwicklung.[13] Damit gehe die Tendenz einher, aus den
Lebens- und Glaubensgeschichten passende Zeugnisse herauszugreifen
und sperrige Dokumente zu übergehen, solche, die den Theorien wider-
sprechen, erst recht.[14]

Dennoch ist nicht auszuschließen, dass Psychobiographien zu kritischen
Anfragen an die herangezogenen Referenztheorien führen. In diesem Buch
geschah dies primär im Hinblick auf die Stufentheorie des religiösen Urteils, deren Stufe 3 sich bei Jean Calvin, aber auch Paulus offensichtlich so
nicht nachweisen lässt (5.7.2).

Dass religiöse Biographien in dem Maße unterschiedlich rekonstruiert
werden können, wie auch die Referenztheorien differieren, ist nicht zwingend als Schwäche zu kritisieren. Im Gegenteil: Jedes Lebensereignis ist
offen für unterschiedliche psychologische Erklärungen, weil es von mannigfaltigen psychischen und sozialen Faktoren beeinflusst wird.[15] In seiner
Psychobiographie von Van Gogh listet Lubin dreizehn mögliche Deutungen dafür auf, warum der geniale Maler am 23.12.1888 sein Ohr abschnitt
und dieses einer Dirne als Weihnachtsgeschenk brachte.[16] Weil ihm Gauguin eine dermaßen starke Frustration zugefügt hatte, dass sich diese als
Aggression gegen ihn selber richtete? Oder symbolische Selbst-Kastration?
Weil ‚inspiriert' von den Stierkämpfen, wie Van Gogh in Arles sie sah,
und bei denen die Matadoren das abgeschnittene Ohr des Bullen als Tro-
phäe erhielten?

Dass Lebensereignisse im Leben von verschiedenen InterpretInnen unterschiedlich gedeutet werden, überrascht nicht und spricht nicht a priori gegen Psychobiographien,[17] obschon ihnen nachgesagt wird, weder interne

---

[12] An der Lernpsychologie orientierte Psychobiographien sind selten. Taylor 1964 legt
schlüssig dar, dass Hitlers Expansionspolitik dadurch begünstigt wurde, dass auf Gewaltakte wie Besetzung des Rheinlandes, Anschluss von Österreich etc. keine negativen
Sanktionen folgten, sondern aggressives Verhalten vielmehr belohnt wurde. Eine „behavioristische" Studie zu Benjamin Franklin legten Mountjoy & Sundberg 1981 vor.

[13] Vergleichsweise selten widmeten sich Psychobiographien der kognitiven Entwicklung,
etwa: Wann erfolgte der Übergang in die formaloperatorische Stufe etc.? Beachtenswerte Ausnahme: Gruber 1981 zur kognitiven und wissenschaftlichen Entwicklung von
Charles Darwin.

[14] Runyan 1984, 48.

[15] Anderson 1981, 458 f.

[16] Lubin 1972.

[17] Runyan 1984, 34 f.

noch externe Validität beanspruchen zu können.[18] Vielmehr ist diese Vielfalt, hervorgerufen durch mannigfaltige theoretische Perspektiven, sogar ein Vorzug, weil Lebensereignisse facettenreicher in den Blick genommen werden können und dies faktisch auch sind[19] – davon abgesehen, dass das innere Selbst letztlich ohnehin verborgen bleibt.[20]

Auch bestehen Kriterien, um psychologische Deutungen biographischer Ereignisse auf ihre Angemessenheit hin zu prüfen und solche auszuscheiden, die wenig wahrscheinlich oder gar falsch sind.[21] Ein erstes Kriterium ist intern biographische Verifizierung. Van Goghs Selbstverstümmelung, weil von den Stierkämpfen ‚inspiriert' – dies ist unwahrscheinlich, solange nicht belegt ist, dass der Maler die Arenen besuchte.

Gemäß dem zweiten Kriterium sind Deutungen vorzuziehen, wenn sie ökonomischer sind und auf weniger (postulierten) Voraussetzungen beruhen. Luthers Eintritt ins Kloster, weil er sich wirklich vor Gott fürchtete, ist ökonomischer als die Deutung von Erikson, sein Vater habe ihn letztlich in diesen Entschluss getrieben, weil dafür belegt werden müsste, dass Hans Luder in der Tat ein so dämonischer Tyrann war (2.2).

Ein drittes Kriterium ist, ob die Deutung eines Lebensereignisses mit verallgemeinerbaren Erkenntnissen zum menschlichen Verhalten übereinstimmt bzw. ob die konsultierten psychologischen Theorien valide sind. Dass John Wesley nach seiner Bekehrung seinen früheren theologischen Lehrer William Law öffentlich ablehnte (2.4), ist mit der kognitiven Dissonanztheorie plausibler erklärt als mit ödipalen Mutmaßungen: Menschen, nachdem sie ihre Einstellungen verändert haben, lehnen Kognitionen, die früher konsonant waren, als dissonant ab, um das neu geschaffene kognitiv-affektive Gleichgewicht zu halten.[22] Psychobiographische Deutungen sind invalide, wenn dies auch die herangezogenen psychologischen Theorien sind, was insbesondere psychoanalytischen Konzepten vorzuwerfen war.[23]

7.3 Eine integrative Sicht, am Beispiel von Edith Stein

Dass Lebensereignisse, auch religiöse, unvermeidlich vielfältig gedeutet werden, spricht für einen komplementär-integrativen Ansatz, wie er im Hinblick auf religiöse Entwicklung mehrfach gefordert und versucht wur-

---

[18] Kratochwill 1978.
[19] Kwilecki 1999, 36 f.
[20] Anderson 1981, 475.
[21] Runyan 1984, 48-50.
[22] Festinger 1978.
[23] Abschnitt 1.6; vgl. Stannard 1980, 83-116.

de.[24] Um den religiösen Werdegang einer Person zu rekonstruieren, empfiehlt sich, mehrere Theorien und Deutungsmuster heranzuziehen: die von Oser und Gmünder speziell im Hinblick auf die Gottesbeziehung, Kern der Religiosität; die von Fowler im Hinblick auf Glaubensformen; soziale Lerntheorien dann, wenn ein religiöser Entwicklungsschub offensichtlich aufgrund einer Bezugsperson oder eines Vorbildes modelliert wurde.

Eine solche Studie liegt vor, und zwar zu Edith Stein, eine der bemerkenswertesten religiösen Frauengestalten des 20. Jahrhunderts, die am Jom Kippur (12. Oktober) des Jahres 1891 geboren wurde, und deren irdische Spur sich am 9. August 1942 nach ihrer Ankunft auf der Todesrampe in Auschwitz verliert.[25] Verfasst hat sie die Religionspädagogin Maria Petermeier, die Edith Steins Kindheitsautobiographie »Aus dem Leben einer jüdischen Familie« und ihre umfangreiche Korrespondenz ebenso heranzog wie ihre philosophischen Schriften. Für die Strukturierung von Edith Steins Leben orientierte sie sich an Erikson, weil dessen Modell

> „die Möglichkeit bietet, über das Grundvertrauen und die Identität hinaus auch seine übrigen Entwicklungsstufen für das Verständnis religiöser Entwicklung und Erziehung fruchtbar zu machen. Andere entwicklungspsychologische Modelle werden überall da angewandt bzw. angesprochen, wo sie den Sachverhalt erhellen oder die Untersuchung weiterbringen."[26]

Den ersten Lebensabschnitt Edith Steins legte Petermeier zwischen 1891 und 1897. Im Schoße einer jüdischen Familie in Breslau wuchs sie zur Volksschülerin heran. Bereits als Zweijährige verlor sie ihren Vater, worauf ihre Erziehung – ebenso das überschuldete Geschäft – in den Händen der Mutter lag, einer sehr frommen Frau, die das Gelingende in ihrem Leben stets Gott verdankte.[27] Trotz des Vaterverlusts habe Edith erfahren dürfen, unbedingt angenommen zu sein, wodurch sie Urvertrauen ausbildete. Da in ihrer Familie die jüdischen Frömmigkeitsbräuche praktiziert wurden, sei auch ihr intuitiv-projektiver Glaube genährt worden.[28]

Als zweiten Lebensabschnitt bestimmte Petermeier die Zeit von 1898 bis 1906. Edith besuchte, hoch begabt, die Viktoriaschule in Breslau, bis sie, ein Mädchen mit starkem Freiheitsdrang, nach Hamburg zu ihrer älteren Schwester übersiedelte. Dies ging damit einher, dass

> „ich meinen Kinderglauben verlor und .... anfing, mich als ,selbständiger Mensch' aller Leitung durch Geschwister und Mutter zu entziehen".[29]

---

[24] Schweitzer 1987, Worthington 1989, Oser & Reich 1992, Reich 1993.

[25] Aktuelle Biographie: Endres 1998.

[26] Petermaier 1998, 18.

[27] Ebd. 35.

[28] Ebd. 48.

[29] Aus ebd. 55.

Diesen Prozess deutet Petermaier als Formation der Stufe 3 nach Oser und Gmünder, weil der Bezug zu einem helfenden Gott durch das Streben nach persönlicher Freiheit abgelöst wurde.[30] Dem waren familiäre Schicksalsschläge vorausgegangen: Suizid eines Onkels, Krebstod einer Tante, wobei Edith Stein nicht eigens erwähnt, damals gebetet zu haben. Die Abkehr von der jüdischen Glaubenspraxis wurde erleichtert, weil sie in Hamburg in einem Haushalt lebte, in dem Religion kein Thema war.

Die folgenden Jahre (1907-1910) rechnete Edith Stein zur glücklichsten Zeit ihres Lebens. Sie brillierte als Gymnasiastin, pflegte Freundschaften und lebte ihre Unabhängigkeit aus, auch in religiöser Hinsicht: Sie gewöhnte sich das Beten ab, nahm am Religionsunterricht nicht mehr teil und festigte die Strukturen der Stufe 3 nach Oser und Gmünder,[31] bzw. den individuierend-reflektierenden Glauben nach Fowler.[32]

1911 immatrikulierte sich Stein an der Universität Breslau und belegte geradezu euphorisch Vorlesungen in Psychologie, Germanistik, Geschichte und Altphilologie, allerdings noch immer auf der Suche nach *„meinem Weg“*.[33] Zwei Jahre später wechselte sie nach Göttingen, wo – wie bei Millionen Anderen auch – alsbald der Krieg in ihr Leben einbrach. In einem Lazarett pflegte sie Seuchenkranke und erfuhr sie Tag für Tag Schmerz, Leid, Tod. Nach Göttingen zurückgekehrt, begegnete sie christlich eingestellten Persönlichkeiten, nicht nur Max Scheler, sondern auch dem Dozenten Adolf Reinach, dessen Tod an der Front sie schwer erschütterte.

Diese Kontingenzsituationen, speziell der Tod von Reinach, lösten in Edith Stein, mittlerweile Assistentin von Edmund Husserl, religiöse Suchbewegungen aus. Petermeier verweist auf kognitiv-religiöse Ungleichgewichte, „die den Menschen dazu motivieren, seine religiösen Urteilsstrukturen neu zu formulieren“.[34] Aber wie ein Transformationsprozess verläuft, hängt auch stark von äußeren Umständen ab, bei Edith Stein insbesondere von der Begegnung mit der jungen Witwe Reinach. Sie fürchtete, eine verhärmte Trauernde vorzufinden; aber ihr trat eine glaubensstarke und gefasste Christin entgegen, die sie bleibend beeindruckte:

> *„Es war dies meine erste Begegnung mit dem Kreuz und der göttlichen Kraft, die es seinen Trägern mitteilt ... Es war der Augenblick, in dem mein Unglaube zusammenbrach, das Judentum verblasste und Christus aufstrahlte.“*[35]

---

[30] Ebd. 55 f.
[31] Ebd. 70.
[32] Ebd. 63, 76.
[33] Ebd. 77.
[34] Ebd. 104, dies mit Verweis auf Oser & Gmünder [4]1996, 30, 220.
[35] Ebd. 136.

In der Folge habe Edith Stein die Stufe 4 des religiösen Urteils formiert, indem sie „Gott als Bedingung für Freiheit, Verantwortung und Hoffnung" anerkannte.[36] Ein weiteres Schlüsselerlebnis war die Lektüre der Autobiographie der heiligen Teresa von Avila. Edith Stein entschloss sich, Katholikin und nicht, wie ihre Lehrer und Freunde, evangelische Christin zu werden. Am 1. Januar 1922 wurde sie getauft.

Die folgenden zehn Jahre, zunächst als Lehrerin in Speyer, ab 1932 als Dozentin am Institut für Pädagogik in Münster, waren erfüllt von Generativität (Erikson).[37] Erich Przywara ermunterte sie, die oft auf internationalen Vortragsreisen war, ihre wissenschaftliche Tätigkeit, die sie vorerst als unvereinbar mit ihrem neuen Leben zurückgestellt hatte, wieder aufzunehmen.[38] Bei der Übersetzung von Werken des heiligen Thomas und von John Henry Newman erfuhr sie, dass auch Wissenschaft „Gottesdienst" sein kann. Heiliges und Profanes sind in eine hohe Gleichgewichtsform gebracht, sie bedingen und durchdringen sich. Petermeier verweist auf Stufe 5 des religiösen Urteils,[39] aber auch auf den verbindenden Glauben nach Fowler,[40] gemäß dem Symbole und Rituale, auf Stufe 4 reflexiv gebrochen (Symbolkritik), wieder hohe Wertschätzung erfahren und Gegensätze im Denken und in der Erfahrung zu vereinigen versucht werden.

In jenem Jahr, als die Nationalsozialisten die Macht übernahmen, trat Edith Stein in den Kölner Karmel ein und unterwarf sich einer Lebensordnung, die, von außen besehen, alles andere als ‚autonom' ist: „Nun war sie bereit, sich führen zu lassen."[41] Löste dies, gemäß religiöser Entwicklungstheorien, die dem Ideal der Autonomie verpflichtet sind, eine Regression aus? Keineswegs! Vielmehr mutmaßt Petermeier, Edith Stein habe in ihrem letzten Lebensabschnitt, in dem Lebens- und Glaubensgeschichte förmlich verschmolzen, die „höchstmögliche Glaubensstufe nach Fowler, die höchstmögliche Denkstruktur des religiösen Bewusstseins nach Oser/Gmünder" ausgebildet.[42] Universalisierenden Glauben insofern, als sie in ihrem Engagement für das Reich Gottes und in ihrer Solidarität für alle, die das Kreuz trugen, von sich gänzlich absah. Und die höchste Stufe des religiösen Urteils insofern, als sie Gott „als die Ermöglichung und Erfüllung absoluten Sinnes – vermittelt durch endliche Freiheit im fragmentari-

---

[36] Ebd. 137.
[37] Umfangreicher zu diesem Konzept, auch in christlicher Perspektive: Whitehead & Whitehead 1995 sowie Kotre 2001.
[38] Petermaier 1998, 169.
[39] Ebd. 173.
[40] Ebd. 153.
[41] Ebd. 184.
[42] Ebd. 206.

schen Geschehen von Ohnmacht und Liebe" – erfahren habe.[43] Aus Edith Steins letzten Lebensjahren sind mystische Zeugnisse überliefert:

„Die Hingabe unseres Willens ist das, was Gott von uns allen verlangt und was wir leisten können.. Sie ist zugleich die Bedingung der mystischen Vereinigung, die nicht in unserer Macht steht, sondern freies Geschenk Gottes ist."[44]

Selbst nicht mehr wollen – das war auch die Losung von Meister Eckhart,[45] der in den Kerkern von Avignon wahrscheinlich eines gewaltsamen Todes starb. Ebenfalls die Karmeliterin Stein, die bei der Verhaftung ihrer Schwester Rosa sagte: „Komm, wir gehen für unser Volk."[46]

Lebensabschnitt	Erikson	Fowler	Oser / Gmünder
1891-1897 Frühe Kindheit in Breslau	Urvertrauen	Erster Glaube Intuitiv-projektiv	Keine Angaben
1898-1906 Schulkindheit in Breslau und Hamburg	Initiative Werksinn	Mythisch-wortwörtlich, Relevanz von Geschichten	Stufe 2, „do ut des" Zerbrechen des Kinderglaubens, Stufe 3
1907-1910 Gymnasiastin in Breslau	Identität, Freundschaften	Individuierend-reflektierend	Stufe 3: Expliziter ‚Unglaube'
1911-1916 Studium und Kriegsdienst	Krise, Suchbewegungen		
1917-1922 Begegnung mit Witwe Reinach, Assistentin bei Husserl			Stufe 4: Das Kreuz als Kraftquelle
1923-1932 Lehrerin in Speyer, Wissenschaftlerin	Generativität	Verbindender Glaube	Stufe 5
1933-1942 Als Karmeliterin in Köln, später Holland	Integrität	Universalisierender Glaube	Stufe 6 Mystik

[43] Ebd.181, Zitat aus Oser & Gmünder [4]1996, 95.

[44] Ebd. 201.

[45] Eckehart 1979, 69: „Viele Leute sagen: ‚Wir haben einen guten Willen', sie haben aber nicht *Gottes* Willen; sie wollen *ihren* Willen haben und unsern Herrn lehren, es so oder so zu machen. Das ist kein guter Wille. Man soll bei Gott nach seinem allerliebsten Willen forschen. Darauf zielt Gott in allen Dingen, dass wir den Willen aufgeben."

[46] Ebd. 205.

Die von den konsultierten Theorien beschriebenen Stufen und Phasen zeigen sich prägnant. Zwar fehlt ein expliziter Hinweis auf Eriksons Stadium der Intimität, die aber nicht nur sexuell zu konnotieren ist; Edith Stein hat sich als junge Frau nicht isoliert, sondern ‚intime' (Brief-)Freundschaften gepflegt. Nicht eigens erwähnt wird auch die Stufe des synthetisch-konventionellen Glaubens. Aber plausibel sind vor allem die Synchronizitäten, speziell dass die Ich-Identität mit dem individuierenden Glauben sensu Fowler bzw. mit der Stufe 3 nach Oser und Gmünder einhergeht.[47] Auch Integrität, Universalität und die ‚höchste' religiöse Urteilsstufe sind miteinander gekoppelt. Akzentuiert hat Petermeier auch die Bedeutsamkeit religiöser Modelle bzw. Vorbilder. Wäre Edith Stein Christin geworden, wenn sie nicht der Witwe Reinach und anderen ChristInnen begegnet wäre? Religiöse Entwicklung ist ein interpersonales Geschehen.[48]

Wenn mehrere psychologische Referenztheorien herangezogen werden, ergibt sich ein umfassenderes und differenzierteres Bild der religiösen Entwicklung. Stufentheorien lassen sich hinsichtlich ihrer Entwicklungssequenz vergleichen: Bestehen Parallelen? Eine weitere Frage ist, ob auch psychoanalytische Interpretamente heranzuziehen sind, was Petermeier bei Stein unterlassen hat. Bewirkte der frühe Verlust des Vaters, dass Edith später keine eheliche Lebensgemeinschaft einging? Dass der Gott ihrer Herkunftsreligion in ihrer Jugend, ähnlich wie bei Freud, seine Relevanz verlor? Antworten wären so oder so spekulativ. Dennoch sind, wie auch bei Rilke und Nietzsche vorgeschlagen, neoanalytische Deutungsmuster nicht prinzipiell auszuschließen, sofern ausreichende Quellen vorliegen.[49]

7.4 Erklären Psychobiographien religiöse Entwicklung?

Psychobiographien sind Anwendungen psychologischer Theorien auf Lebensläufe, in diesem Buch fokussiert auf religiöse Entwicklung. Infolgedessen beanspruchen weniger die biographischen Studien selber das Phänomen religiöse Entwicklung zu erklären, sondern vielmehr die konsultierten Theorien. Psychobiographien können aber aufzeigen, welche Theorien plausibler und welche weniger erklärungskräftig sind.

Die in diesem Band zusammengestellten Psychobiographien unterstützen vor allem drei Ansätze: den genetischen Strukturalismus (1) sowie das soziale Lernen (am Modell) (2), die sich keineswegs ausschließen, sondern im symbolischen Interaktionismus ohnehin synthetisiert sind. Und nicht

---

[47] Dies bestätigte empirisch Tamminen 1994 an finnischen Erwachsenen, die im Mittel auf Stufe 3 nach Oser & Gmünder waren, aber auf Stufe 4 nach Fowler.

[48] Streib 2001, 144 f.

[49] Zur Integration von kognitiver (Entwicklungs-)Psychologie und Psychoanalyse: Furth 1990, Dornes 1993.

zuletzt: *Frühe* Erfahrungen mit Religiosität wirkten sich bei den meisten behandelten Persönlichkeiten prägend aus (3).

1. Gemäß dem genetischen Strukturalismus sensu Piaget sind es insbesondere Krisen, speziell kognitive Konflikte, die Strukturtransformationen initiieren. In diesem Buch ließ sich wiederholt zeigen, dass dies auch für die religiöse Entwicklung gilt, exemplarisch beim jungen Rilke, als er in der Militärschule den Glauben an einen tröstenden Gott verlor, nachdem trotz innigster Frömmigkeit die Linderung ausblieb (5.6.3). Auch der Bekehrung von John Wesley gingen langwierige Zweifel voraus (2.4), ebenso dem Turmerlebnis von Martin Luther (2.2), und ebenfalls der religiösen Neuorientierung des hospitalisierten Propheten (1.5.2). Insofern bestätigen die Studien die These von Oser und Gmünder, Stufenübergänge seien „durch eine Krisenhaltung geprägt",[50] was auch Fowler stark akzentuiert.[51] Piagets Grundannahme, dass Strukturen, wenn sie aus dem Gleichgewicht geworfen sind, dazu tendieren, sich durch Differenzierung und Integration zu äquilibrieren, gilt auch für Religiosität.[52]

2. Aber ebenso sehr hat sich gezeigt: Religiöse Entwicklung ist stets ein interpersonales Geschehen und wird maßgeblich von Modellen bzw. – so Sundén (Kap. 4) – von Rollen beeinflusst. Kwilecki zufolge ist das interaktionistische Axiom die einzige verallgemeinerbare Aussage über religiöse Entwicklung; ohne Interaktion mit Menschen und Kultur setze sie nicht ein.[53] In zahlreichen religiösen Biographien spielte die Lektüre von den Glaubenswegen anderer eine Schlüsselrolle. Wäre Edith Stein je in den Karmel eingetreten, wenn sie die Autobiographie der heiligen Teresa von Avila nicht gelesen hätte, jener Heiligen, die schon als Kind die Rolle anderer Heiliger verinnerlicht hatte? Besonders in Zeiten der Verunsicherung und des Suchens können Modelle, seien es literarisch gestaltete aus der Tradition, seien es Mitmenschen, religiöse Neuorientierung ermöglichen und einen Entwicklungsschub auslösen.

Religiöse Entwicklung ist infolgedessen nicht nur als Prozess *im* Individuum selber zu analysieren. Das ist die Schwäche tiefenpsychologischer Deutungen, speziell gemäß Jung (Kap. 3). Es wäre aber auch verkürzt, sich auf die Transformation religiöser Urteilsstrukturen *im* Individuum zu beschränken. Vielmehr sind diese Prozesse stets in das jeweilige sozioreligiöse Setting eingebettet und werden sie von Modellen oder anderen Personen beeinflusst, mitunter sogar ausgelöst. Der

---

[50] Oser & Gmünder [4]1996, 220.
[51] Fowler 1991, 119 u.ö.
[52] Triandis 1978, 7 f., recherchierte über Universalien im sozialen Verhalten und zählt dazu auch kognitive Konsistenz.
[53] Kwilecki 1999, 37 f.

Bekehrung von John Wesley gingen intensive Gespräche mit dem Herrenhutter Peter Böhler voraus (2.4). Und was wäre aus Luther geworden, wenn er Staupitz nicht begegnet wäre? Was aus Rilke ohne die Begegnung mit Lou? Solche Begegnungen sind zu-fällig; die faktische religiöse Entwicklung von Personen ist somit nie prognostizierbar.

Für die beiden Paradigmen spricht zudem, dass sie auch in überlieferten Dokumenten aufscheinen, die für psychobiographische Analysen aufschlussreich sind. Teresa von Avila (Abschnitt 4.2) berichtet in ihrer Autobiographie, wie wichtig ihr als Mädchen die Erzählungen über Heilige und Märtyrer waren; ebenfalls Ignatius von Loyola, als er von seiner Kriegsverwundung genas und Heiligenviten las. Dass religiöse Entwicklung auch an Vorbildern und Modellen orientiert ist, wurde nicht erst von Sundén erkannt. Auch eine Grundannahme der strukturgenetischen Erklärung religiöser Entwicklung – dass diese durch den Zweifel führt und auch darin besteht, frühere Selbstverständlichkeiten zu zerbrechen – wird wiederholt geschildert, so von den MystikerInnen, die für diese Erfahrungen auch die Bilder der Dunkelheit, der finsteren Nacht (Johannes vom Kreuz) verwendeten.[54] Oder von Rilke, der ausdrücklich vom Tod seines früheren Gottes spricht (Abschnitt 5.6.4).

3. In den meisten Psychobiographien zeigte sich, dass Religiosität ein Lebensthema war. Freilich ist dies auch dadurch bedingt, dass primär Gestalten ausgesucht wurden, die als religiöse ‚HeldInnen' in die Geschichte eingingen. Dennoch: Gerade in einem emotional so aufgeladenen Bereich wie der Religiosität spielen frühe Erfahrungen und Erlebnisse, vor allem aber Stimmungen eine prägende Rolle. Die Tatsache, dass viele KatholikInnen in der Kirche bleiben, obschon sie mit ihren Doktrinen nicht übereinstimmen, ja sie öffentlich als falsch verurteilen, ist am ehesten mit dem „Beharrungsvermögen früher emotionsdurchdrungener Erinnerungen" (etwa an das Kirchenjahr) zu erklären.[55] Rilke erlebte als Erwachsener die Weihnachtsfeste im Lichte seiner Kindheitserinnerungen und gestaltete auf der Höhe seines dichterischen Schaffens Motive, die ihm schon als Kind begegneten, etwa Engel und Puppe; trotz aller Kritik an der Kirche trat er nie aus ihr aus. Thérèse von Lisieux stand ihr ganzes (kurzes) Leben im Banne der frühkindlichen Frömmigkeit. Teilhard de Chardin entwickelte schon als Vorschulkind eine als religiös qualifizierbare Liebe zur Natur, selbst zu Steinen. Eine Ausnahme scheint Ignatius von Loyola gewesen zu sein; aber auch bei ihm besteht Kontinuität, indem er militärische Tugenden,

---

[54] Ruhbach & Sudbrack 1989, 24, 312 u.ö.

[55] Hill 1995, 364; Hunsberger & Brown 1984 haben nachgewiesen, dass ein religiöses Umfeld in der frühen Kindheit der stärkste Prädiktor dafür ist, dass Menschen nicht von ihrer Religionsgemeinschaft abfallen.

wie er sie schon als Junge spielerisch verinnerlichte, in seiner Societas Jesu umsetzte. Und nicht zuletzt hat Aberbach in einer beachtenswerten Studie über Trauer und Mystik aufgezeigt, wie viele bedeutende MystikerInnen, die die Vereinigung mit dem Göttlichen suchten und zuvor durch die „dunkle Nacht der Seele" (Johannes vom Kreuz) mussten, als Kleinkind einen Elternteil, zumeist die Mutter verloren hatten.[56] MystikerInnen wie Teresa von Avila, Johannes vom Kreuz, Martin Buber, Richard Maurice Bucke[57] hätten ein spirituelles Substitut für die verlorene Person gesucht und diesem nicht zufällig häufig mütterliche Attribute verliehen.

Viele der in diesem Band zusammengestellten Psychobiographien belegen damit auch *Kontinuität von Religiosität*, speziell des Interesses an ihr, oft über den ganzen Lebenslauf hinweg. Kontinuität lässt sich selbst bei Bekehrten feststellen, so Paulus, der sich, bevor er Christus verkündigte, in Galatien wie Korinth, für die Thora und die Verfolgung der ChristInnen verzehrt hatte. Kontinuität kann selbst bei Religionskritikern bestehen, etwa Nietzsche, in dessen Kindheit Religiosität eine Schlüsselrolle spielte, und der sich auch auf der Höhe seines Schaffens leidenschaftlich mit Religion auseinander setzte – um sie zu zerstören. Eine negative religiöse Identität kann ohnehin nur annehmen, wer einen religiösen Referenzrahmen verinnerlicht hat. Malcolm X, der sich als junger Erwachsener für den Satan hielt, wuchs in einem ausgesprochen gläubigen Elternhaus auf (6.2.3). Daraus ergibt sich für die Erforschung religiöser Entwicklung, das Augenmerk nicht nur auf Umbrüche und Transformationen zu richten, sondern auch auf *Kontinuitäten*, speziell auf religiöses Betroffensein als Lebensthema,[58] sei es in einem positiv empfundenen Sinn als praktizierte Spiritualität, sei es negativ, speziell als Religionskritik.

7.5 Klären Psychobiographien das Ziel religiöser Entwicklung?

Von Psychobiographien wurde auch erwartet, die Frage nach dem *Ziel* der religiösen (und moralischen) Entwicklung zu klären.[59] Die in diesem Band zusammengetragenen Studien zeigen, dass sich in konkreten Lebensgeschichten die subjektiv erlebten Gipfelpunkte der Religiosität massiv un-

---

[56] Aberbach 1987.

[57] Er veröffentlichte 1902 die Studie »Cosmic Consciousness«; seine Mutter verlor er mit sieben Jahren, den Vater wenig später.

[58] Kwilecki 1999, 50 fand in ihren biographischen Interviews über religiöse Entwicklung, dass die religiöse Intensität bei den meisten GesprächspartnerInnen über das gesamte bisherige Leben weitgehend stabil blieb.

[59] Bspw. Oser 1988, 61.

terscheiden können. Während es bei Paulus die Bekehrung war, die ihn später zu seiner Missionstätigkeit befähigte, waren es bei Maragaretha Ebner intensive körperlich-erotische Erfahrungen der Nähe von Christus. Während es bei der heiligen Thérèse die bedingungslose Unterwerfung unter Gottes Willen und die Krankheit war, die sie näher und näher zu Jesus brachte, so bei Van Gogh die rebellische Verwerfung des „Pfaffengottes" und das Erleben Gottes in der Natur und in der Malerei.

Psychobiographien, die sich an einer Entwicklungstheorie orientieren, tendieren dazu, das Ziel religiöser Entwicklung in der höchsten theoretischen Stufe zu bestimmen. Die meisten an Fowler orientierten Psychobiographien enden mit dem universalisierenden Glauben, so bei Bonhoeffer (6.3.2) und Gandhi, oder zumindest beim verbindenden Glauben, so bei Pascal und Anne Hutchinson (6.3.3). Dem gegenüber schöpfen etliche Studien, am religiösen Urteil nach Oser und Gmünder orientiert, nicht alle Stufen aus, so bei Freud (Stufe 3), Nietzsche (Stufe 3), Zinzendorf (vermutlich Stufe 2). Dennoch besteht auch bei dieser Theorie die Tendenz, die höchste Form religiöser Denkentwicklung vom Vorverständnis der höchsten Stufe aus zu betrachten.

Psychobiographien können *dann* einen weiterführenden Beitrag zur Klärung des Endpunkts religiöser Entwicklung leisten, wenn sie Erscheinungsweisen desselben zu Tage fördern, die von den Theorien nicht erfasst sind. Dies gilt bei der Theorie des religiösen Urteils zumindest zum Teil für die Mystik, obschon sie Oser schon vor mehr als zehn Jahren als Ziel religiöser Entwicklung andiskutiert hat.[60] Freilich, Mystik, ein populär gewordener Begriff, weil oft als Korrektiv dogmatistischer Religiosität gewürdigt,[61] assoziiert an unterschiedliche religiöse Erfahrungen: Versenkung, Ekstase, Verschmelzung, Einheit mit Gott. Religionspsychologisch wird sie unterschiedlichst gedeutet, von Freud als Regression zurück in die Oralität,[62] ähnlich von den Objektbeziehungstheoretikern als Regression zu den ersten Objekten (= Bezugspersonen),[63] aber bereits von James als religiöser Gipfelpunkt und Erweiterung des Bewusstseins.[64] Mystik, sofern an Meister Eckhart orientiert, lässt sich am angemessensten als Leer- und Ledigwerden charakterisieren, als sich selber lassen und ent-bilden.[65] Wenn

---

[60] Oser 1989, 246.; Oser 2002. Ohnehin zog Mystik seit der Etablierung der wissenschaftlichen Religionspsychologie das Interesse auf sich, bereits James 1978 (erstmals 1902), vgl. Albrecht [2]1990.

[61] Spilka et al 1996, 224.

[62] Freud SA IX, 205; dazu Spilka et al 1996, 229; Wulff 1991, 362 f.; vgl. auch Prince & Savage 1966, die, an Hartmanns Ich-Psychologie orientiert, Mystik als produktive Regression zurück in die Säuglingszeit deuten.

[63] Beit-Hallahmi 1995, 261.

[64] James 1978 (erstmals 1902), 358-398.

[65] Eckhart 1979, 55 f., 69, 156, 304 u.ö.; vgl. Stachel 1989: Mystik als Ent-bildung.

der Mensch nicht mehr hat, nicht mehr weiß und nicht mehr will, bildet sich Gott in die Seele hinein und wird diese zum „Tempel", „dem wirklich niemand gleich ist als der ungeschaffene Gott allein".[66]

Solche mystischen Erfahrungen werden von Oser als Ziel religiöser Entwicklung angesprochen, allerdings mit dem Vorbehalt, dass diese nicht in Worte gefasst worden können, „unaussprechlich" sind.[67] Auch Fowler dachte bei der sechsten Stufe in diese Richtung, als er schrieb, dass sich Menschen gar nicht auf den Weg machen, sondern förmlich hineingezogen werden[68] und ihr Selbst entlassen (vollständige Dezentrierung). Dadurch ergibt sich eine Identifizierung mit Gott, die von diesem selber herbeigeführt wird, und nicht vom Menschen.[69]

Mystik könnte genau deswegen die Erfüllung religiöser Entwicklung sein, weil sie unaussprechlich ist, eine radikale Existenzdichte, die der Mensch nicht als Objekt hat, sondern die er nur mehr *sein* kann. Dies erinnert an die Dialektik von Sein und Haben, wie sie der Psychologe Kegan anhand der Entwicklung des Selbst entfaltet hat.[70] Bevor ein Kind fähig wird, seine Emotionen zu verbalisieren, *ist* es – so im Trotz der impulsiven Phase – seine Emotion; erst später, in der Phase des souveränen Gleichgewichts, *hat* das Kind diese Impulse als Objekt der Reflexion. Mystische Religiosität ist gemäß diesem Denkmuster nicht mehr übersteigbar, aber auch nicht veroObjektivierbar und religionspsychologischem Zugriff letztlich entzogen.

Die in diesem Band zusammengestellten Psychobiographien haben gezeigt, dass die subjektiv erlebten Gipfelpunkte der Religiosität vielfältig sind. Dies spräche dafür, das Ziel religiöser Entwicklung nicht normativ zu fixieren, sondern den Glaubenswegen eine *„offene, individuelle Zukunft"* einzuräumen, „die keinem Zwang unterworfen werden darf, weder dem eines verbindlichen Zielbildes überhaupt, noch einer besonderen Denkform, weil Gott selbst der Grund *und* das Ziel, der Vollender, bleiben sollte".[71] Auch hat sich gezeigt, dass der Weg dorthin – sei es zur Mystik, sei es zu einem universalisierenden Glauben – von jedem Menschen selber gegangen werden muss und ihm Krisen, Zweifel, Enttäuschungen etc. nicht erspart bleiben.

---

[66] Ebd. 156.

[67] Oser 1989, 246; „unaussprechlich" stammt von Eckhart 1979, 353 u.ö.; auch James 1978 (erstmals 1902) 359, nannte als erstes Kriterium für Mystik „Unaussprechbarkeit". Für Ross 1975 ist das Unaussprechliche in der Mystik ein ‚Beleg' dafür, dass sie Regression in die vorsprachliche Säuglingszeit sei.

[68] Fowler 1991, 220.

[69] Fowler 1989, 108.

[70] Kegan 1986.

[71] Nipkow 1986, 34.

Zitierte Literatur

Aberbach, D. (1987): Grief and mysticism. In: International Revue of Psycho-Analysis 14, 509-526.

Abraham, K. (1912): Amenhotep IV. (Echnaton). Psychoanalytische Beiträge zum Verständnis seiner Persönlichkeit und des monotheistischen Aton-Kultes. In: Imago 1, 334-360. (Wieder abgedruckt in: J. Cremerius (Hg.): Neurose und Genialität. Psychoanalytische Biographien, Frankfurt/M. 1971, 35-70).

Abrams, J. & *Zweig*, C. (1997) (Hg.): Die Schattenseite der Seele. Wie man die dunklen Bereiche der Psyche in die Persönlichkeit integriert, München.

Achelis, W. (1921): Die Deutung Augustins, Bischofs von Hippo. Analyse seines geistigen Schaffens auf Grund seiner erotischen Struktur, Prien am Chiemsee.

Adams, E.C. (1977): Das Werk von Erik H. Erikson. In: Die Psychologie des 20. Jahrhunderts III: Freud und die Folgen, München & Zürich, 301-347.

Åkerberg, H. (1978): Attempts to escape. A psychological study on the autobiographical notes of Herbert Tingsten 1971-1972. In: T. Källstad (Ed.): Psychological studies on religious man, Stockholm, 71-92.

Albrecht, C. (^{2}1990): Psychologie des mystischen Bewusstseins, Mainz.

Allport, G.W. (1942): The use of personal documents in psychological science, New York.

Allwohn, A. (1926): Die Ehe des Propheten Hosea in psychoanalytischer Beleuchtung, Giessen.

Alt, F. (1989): Jesus - der erste neue Mann, München & Zürich.

Ammicht-Quinn, R. (2000): Körper – Religion – Sexualität. Theologische Reflexionen zur Ethik der Geschlechter, Mainz.

Amstutz, J. (1948): Die Seelsorge Rilkes, Bern.

Anderson, T.H. (1978): Becoming sane with psychohistory. In: The Historian 41, 1-20.

Anderson, J.W. (1981): The methodology of psychological biography. In: Journal of Interdisciplinary History 11, 455-475.

Andreas-Salomé, L. (1894): Friedrich Nietzsche in seinen Werken, Leipzig.

Andreas-Salomé, L. (1965): In der Schule bei Freud. Tagebuch eines Jahres: 1912/1913. Hg. von E. Pfeiffer, München.

Andreas-Salomé, L. (1974): Lebensrückblick. Hg. von E. Pfeiffer, Wiesbaden.

Andres, F. (1944): Das religiöse Leben und seine psychologische Erforschung. In: Zeitschrift für Aszese und Mystik 19, 39-42.

Angenendt, A. (1997): Geschichte der Religiosität im Mittelalter, Darmstadt.

Arlow, J.A. (1961): Ego psychology and the study of mythology. In: Journal of the American Psychoanalytical Association 9, 371-393.

Asen, B.A. (1980): Amos' faith: a structural-developmental approach. Unpublished Ph. D. dissertation, University of St. Louis.

Astley, J. & *Francis*, L. (1992) (Eds.): Christian perspectives on faith development, Leominster.

Augustin, G. (1936): Nietzsches religiöse Entwicklung, Stuttgart.

Augustinus, A. (1950): Bekenntnisse. Eingeleitet und übertragen von W. Thimme, Zürich.

Avera, W.O. (1990): A Lutheran examines James W. Fowler. In: Religious Education 85, 69-83.

Bachl, G. (1994): Der schwierige Jesus, Innsbruck.

Bachmann, C. (1994): Religion und Sexualität. Die Sehnsucht nach Transzendenz, Stuttgart.

Back, A. (1930): Das mystische Erleben der Gottesnähe bei der heiligen Theresia von Jesus. Eine religionspsychologische und religionsphilosophische Studie, Würzburg.

Baden, H.J. (1975): Der Glaube des Dichters, Hamburg.

Bakan, D. (1990): Augustin's Confessions: The unentailed self. In: D. Capps & E.J. Dittes (Eds.): The hunger of the heart : Reflections on the *Confessions* of Augustine. Society for the Scientific Study of Religion. Monograph Series 8, 109-116.

Bäumer, G. (1935): „Ich kreise um Gott". Der Beter Rainer Maria Rilke, Berlin.

Bainton, R.H. (1959): Luther. A psychiatric portrait. In: The Yale Review, 405-410.

Bainton, R.H. (1977): Psychiatry and history: An examination of Erikson's *Young Man Luther*. In: R. A. Johnson (Ed.): Psychohistory and religion. The case of young man Luther, Philadelphia, 19-56.

Balaguer, J.E. ([11]1984): Der Weg, Köln.

Balkenohl, M. (1976): Der Antitheismus Nietzsches. Fragen und Suchen nach Gott. Eine sozialanthropologische Untersuchung, München u.a.

Balmer, H. (1972): Die Archetypentheorie von C.G. Jung. Eine Kritik, Heidelberg.

Bandura, A. (1976): Lernen am Modell. Ansätze zu einer sozial-kognitiven Lerntheorie, Stuttgart.

Bangert, M. (1997): Entfremdet und entrückt. Ein Anweg zu Katharina Emmerick. In: Geist und Leben 70, 108-125.

Barth, K. (1976): Kirchliche Dogmatik, ausgewählt und eingeleitet von Helmut Gollwitzer, Zürich.

Barthes, S. (1964): Essais critiques: „Qu' est-ce que la critique?", Paris.

Bassermann, D. (1948): Der späte Rilke, Essen.

Baudouin, C. (1950): La sublimation des images chez Huysmans, lors de sa conversion. In : Psyche 4, 378-385.

Baumann, J. (1908): Die Gemütsart Jesu. Nach jetziger wissenschaftlicher, insbesondere jetziger psychologischer Methode erkennbar gemacht, Leipzig.

Baumann, G. (1990): Der archetypische Heilsweg. Hermann Hesse, C.G. Jung und die Weltreligionen, Rheinfelden.

Becke, A. (1999): Gandhi zur Einführung, Hamburg.

Becke, U: (1979): Eine hinterlassene psychiatrische Studie Paul Johann Reiters über Luther. In: Zeitschrift für Kirchengeschichte 90, 85-95.

Beile, H. (1998): Religiöse Emotionen und religiöses Urteil. Eine empirische Studie über Religiosität bei Jugendlichen, Ostfildern.

Beit-Hallahmi, B. (1995): Object relation theory and religious experience. In: R.W.Hood jr. (Ed.): Handbook of religious experience, Birmingham Alab., 254-268.

Beit-Hallahmi, B. (1996): Psychoanalytic studies of religion. A critical assessment and annotated bibliography, Westport & London.

Bellah, R. (1977): Young man Luther as portraiture: A comment. In: D. Capps et al (Eds.): Encounter with Erikson. Historical interpretation and religious biography, Missoula, 29-31.

Belzen, J. van (1995): On religious experience: Role theory and contemporary narrative psychology. In: N.G. Holm & J. Belzen (Eds.): Sundén's role theory, Abo, 47-76.

Belzen, J. van (2001) (Ed.): Psychohistory in psychology of religion. Interdisciplinary studies, Amsterdam-Atlanta.

Benker; G. (1999): Die »dunkle Nacht« der Ganzwerdung: C.G. Jung und der Mystiker Johannes vom Kreuz. In: Analytische Psychologie 30, 245-272.

Benn, G. (1975): Rilke. In: Ders.: Gesammelte Werke in acht Bänden: Hg. von D. Wellershoff. Band 7: Vermischte Schriften, München, 1734 f.

Benz, E. (1969): Die Visionen. Erfahrungsformen und Bilderwelt, Stuttgart.

Berendt, H. (1957): Rainer Maria Rilkes Neue Gedichte. Versuch einer Deutung, Bonn.

Berger, K. (1991): Historische Psychologie des Neuen Testaments, Stuttgart.

Bergius, R. (1959). Entwicklung als Stufenfolge. In: Handbuch der Psychologie 3: Entwicklungspsychologie, Göttingen, 104-195.

Bergmann, M.S. (1999): Moses und die Entwicklung von Freuds jüdischer Identität. In: Wege zum Menschen 51, 202-211.

Berguer, G. (1923): The life of Jesus. From the psychological and psychoanalytical point of view, London.

Berkely-Hill, O. (1921): A short study of the life and character of Mohammed. In: International Journal of Psychoanalysis 2, 31-53.

Berna-Glantz, R. (1980): Von der Adoleszenz zum Erwachsenenalter. In: Psyche 5, 430-448.

Bethge, E. ([7]1996): Dietrich Bonhoeffer. Eine Biographie, München.

Bettelheim, B. (1986): Ein Leben für Kinder. Erziehung in unserer Zeit, Frankfurt/M.

Betz, O. (1999): „Wir dürfen dich nicht eigenmächtig malen". Über die Religiosität Rainer Maria Rilkes. In: Geist und Leben 72, 273-290.

Beyerlin, W. (1975) (Hg.): Religionsgeschichtliches Textbuch zum Alten Testament, Göttingen.

Beyreuther, E. (1965): Nikolaus Ludwig von Zinzendorf. In Selbstzeugnissen und Bilddokumenten, Reinbek.

Biemer, G. (1989): John Henry Newman. Leben und Werk, Mainz.

Binet-Sanglé, Dr. (1929, [1]1908): La folie de Jésus, Paris.

Biser, E. (1962): »Gott ist tot«. Nietzsches Destruktion des christlichen Bewusstseins, München.

Biser, E. (1982): Gottsucher oder Antichrist? Nietzsches provokative Kritik des Christentums, Salzburg.

Bittlinger, A. (1995): Der Weg Jesu. Urbild unseres Weges. Tiefenpsychologie und Chakrenmeditation, München.

Blasi, A. (2000): Was sollte als moralisches Verhalten gelten? Das Wesen der ‚frühen Moral' in der kindlichen Entwicklung. In: W. Edelstein & G. Nunner-Winkler (Hg.): Moral im sozialen Kontext, Frankfurt/M., 116-145.

Blasig, U. (1990): Die religiöse Entwicklung des frühen Christoph Martin Wieland., Frankfurt/M.

Bleuler, E. ([15]1983) : Lehrbuch der Psychiatrie, Berlin.

Bloch, J. (1913): Die Sexualität Luthers. In: Die Neue Generation 9, 81-141.

Bloch, E. (1959): Das Prinzip Hoffnung, Frankfurt/M.

Blüher, H. (1917): Die Rolle der Erotik in der männlichen Gesellschaft, Jena.

Blum, H.P. (1991): Freud and the figure of Moses. In: Journal of the American Psychoanalytic Association 39, 513-535.

Blunck, R. (1953): Friedrich Nietzsche. Kindheit und Jugend, Basel.

Bohley, R. (1976): Über die Landesschule zu Pforta. Materialien aus der Schulzeit Nietzsches. In: Nietzsche-Studien 5, 298-320.

Bohley, R. (1980): Nietzsches Taufe. »Was, meinst du, will aus diesem Kindlein werden?«. In: Nietzsche-Studien 9, 383-405.

Bohley, R. (1987): Nietzsches christliche Erziehung. In: Nietzsche-Studien 16, 164-196.

Bollnow, O.F. (1951): Rilke, Stuttgart.

Bolterauer, L. (1975): Der Ligurinus Schock. In: Psyche 4, 316-354 sowie in: Psyche 5, 421-444.

Bonhoeffer, D. ([11]1980): Widerstand und Ergebung. Briefe und Aufzeichnungen aus der Haft, Gütersloh.

Bornkamm, H. (1969): Luther und sein Vater. Bemerkungen zu Erik H. Erikson, Young Man Luther. A study in psychoanalysis and history. In: Zeitschrift für Theologie und Kirche 66, 38-61.

Bouwsma, J. (1992): The spirituality of John Calvin. In: R. Gamble (Ed.): The biography of Calvin, New York & London, 108-123.

Bowdler, S. (1996): Freud and archaeology. In: Anthropological Forum 7, 419-438.

Bowlby, J. (1975): Bindung. Eine Analyse der Mutter-Kind-Beziehung, München.

Brabazon, M.J. (2000): Jung und das dreifaltige Selbst. In: Analytische Psychologie 31, 81-104.

Bradshaw, J. (1994): Das Kind in uns. Wie finde ich zu mir selbst, München.

Brecht, M. ([2]1983): Martin Luther: Sein Weg zum Reformator 1483-1521, Stuttgart.

Bringuier, J.C. (1977): Conversations libres avec Jean Piaget. Paris.

Brown, N.O. (1962): Zukunft im Zeichen des Eros, Pfullingen.

Brockmann, D. (1991): Ganze Menschen – ganze Götter: Kritik an der Jung-Rezeption im Kontext feministisch-theologischer Theoriebildung, Paderborn & Wien.

Bruder, K.J. (1999): Das postmoderne Subjekt. In: H.R. Leu & L. Krappmann (Hg.): Zwischen Autonomie und Verbundenheit. Frankfurt/M. 1999, 49-76.

Brumlik, M. (1991): Der Anti-Alt. Wider die furchtbare Friedfertigkeit, Frankfurt/M.

Brumlik, M. (1992): Die Gnostiker. Der Traum von der Selbsterlösung des Menschen, Frankfurt/M.

Brutzer, S. (1934): Rilkes russische Reisen, Königsberg.

Bucher, A.A. (1988): Religiöse Entwicklung im Lichte subjektiver Theorien. Perspektiven weiterführender Forschung im Umfeld der Theorie des religiösen Urteils. In: Religionspädagogische Beiträge 21, 65-94.

Bucher, A.A. (1990): Symbol – Symbolbildung – Symbolerziehung, Philosophische und entwicklungspsychologische Grundlagen, Sankt Ottilien.

Bucher, A.A. (1992): Bibel-Psychologie. Psychologische Zugänge zu biblischen Texten, Stuttgart.

Bucher, A. (1994): Stufe um Stufe? (Religiöse) Autobiographie im Lichte der strukturgenetischen Entwicklungstheorie nach Oser & Gmünder. In: Arbeitshilfe für den evangelischen Religionsunterricht an Gymnasien. Im Auftrage des Ev.-luth. Landeskirchenamtes Hannover 53, 172-182.

Bucher, A. (1996): Renaissance der Vorbilder? In: H. Schmidinger, H. (Hg.): Salzburger Hochschulwochen: Vor-Bilder. Realität und Illusion, Graz, 29-65.

Bucher, A. (1996 a): Bedingt kirchlich – massiv sinkend: Alterstrend in der Einstellung zu Religion und Christentum bei 2700 österreichischen Schülerinnen und Schülern. In: F. Oser & K.H. Reich (Hg.): Eingebettet ins Menschsein: Beispiel Religion, Lengerich, 147-172.

Bucher, A.A. (1997): Braucht Mutter Kirche brave Kinder? Religiöse Reifung contra kirchliche Infantilisierung, München.

Bucher, A. & *Reich*, K.H. (1989) (Hg.): Entwicklung von Religiosität. Grundlagen – Theorieprobleme – praktische Anwendung, Fribourg.

Büchner, P. ([3]1991): Vom Befehlen und Gehorchen zum Verhandeln. In: U. Preuss-Lausitz u.a. (Hg.): Kriegskinder – Konsumkinder – Krisenkinder, Weinheim, 196-212.

Bühler, Ch. (1959): Der menschliche Lebenslauf als psychologisches Problem. Zweite völlig veränderte Auflage, Göttingen.

Bühler, K. (1978): Die Krise der Psychologie, Frankfurt/M. u.a. (erstmals 1927).

Bürger, C. (1982): Textanalyse und Ideologiekritik: Rilkes erste Duineser Elegie. In: U. Fülleborn (Hg.): Rilkes Duineser Elegien, Zweiter Band: Forschungsgeschichte, Frankfurt/M., S.261-278.

Bürgin, D. (1980): Das Problem der Autonomie in der Spätadoleszenz. In: Psyche 5, 449-465.

Burggraf, J. (1996): Teresa von Avila. Humanität und Glaubensleben, Paderborn.

Burkhardt. J. (1962): Die Krisis der Dichtung als theologisches Problem, Zürich.

Burrell, D. (1970): Reading the Confessions of Augustie: An exercice in theological understanding. In: Journal of Religion 50, 327-351.

Bushman, R.L. (1966): Jonathan Edwards and Puritan consciousness. In: Journal for the Scientific Study of Religion 5, 383-396.

Bushman, R.L. (1977): Jonathan Edwards as great man: Identity, conversion and leadership in the great awakening. In: D. Capps et al (Eds.): Encounter with Erikson. Historical interpretation and religious biography, Missoula, 217-252.

Cady, L. (1980): The philosophical passion of Ludwig Wittgenstein. In: J.W. Fowler & R.W. Lovin (Eds.): Trajectories in faith, Nashville, 119-144.

Calvin, J. (1994): Calvin-Studienausgabe Band 1.1: Reformatorische Anfänge 1533-1541, Neukirchen.

Capps, D. (1977): Gandhi's truth as religious biography. In: ders. et al (Eds.): Encounter with Erikson. Historical interpretation and religious biography, Missoula, 123-139.

Capps D. (1977a): The myth of father Abraham: Psychosocial influences in the formation of Lincoln biography. In: D. Capps et al (Eds.): Encounter with Erikson. Historical interpretation and religious biography, Missoula, 253-280.

Capps, D. (1985): Augustinus as narcisst: Comments on Paul Rigby's "Paul Ricoeur Freudianism, and Augustine's Confessiones". In: Journal of the Americam Academy of Religion 53, 115-127.

Capps, D. (1990): Hunger of the heart: Reflections on the Confessions of Augustine, West Lafayette.

Capps, D. (2001): Sundén's role-taking theory – The case of John Henry Newmann and his mentors. In: J. van Belzen (Ed.): Psychohistory on psychology of religion. Interdisciplinary studies, Amsterdam & Atlanta, 41-67.

Capps, D. & *Dittes*, E.J. (1990) (Eds.): The hunger of the heart : Reflections on the *Confessions* of Augustine. Society for the Scientific Study of Religion. Monograph Series 8.

Carroll, M.P (1987): Praying the rosary: the anal-erotic origins of a popular catholic devotion. In: Journal for the Scientific of Religion 26, 486-489.

Carroll, M.P. (1987 a): Heaven-sent wounds: A Kleinian view of the stigmata in the catholic mystical tradition. In: The Journal of Psychoanalytic Anthropology 10, 17-38.

Carroll, M.P.: The Penitentes of New Mexiko and the meaning of discipline. In: J. van Belzen (Ed.): Psychohistory in psychology of religion. Interdisciplinary studies, Amsterdam & Atlanta, 173-203.

Chasseguet-Smirgel, J. (1986): Kreativität und Perversion, Frankfurt/M.

Chlewinski, Z. (1998): Search for maturity. Personality, conscience, religion, New York et al.

Clark, L.P. (1933): Lincoln. A psychobiography, New York.

Coles, R. (1975): On psychohistory. In: The Mind's fate. Boston.

Collins, B.I. (1997): Leonardo. Psychoanalysis & Art History, Evanstown.

Comenius-Institut (1993) (Hg.): Religion in der Lebensgeschichte. Interpretative Zugänge am Beispiel der Margret E., Gütersloh.

Conzen, P. (1996): Erik H. Erikson. Leben und Werk, Stuttgart.

Corbach, L. (1948): Rainer Maria Rilke und das Christentum, Lüneburg.

Coudris, R. & *Coudris*, M. (1989) : Im Trance-Dialog mit C.G. Jung. Oder Kontakte mit dem Unbewussten, Melsbach.

Cox, D. (1959): Jung and St. Paul. A study of the doctrine of justification by faith and its relation to the concept if individuation, London et al.

Creamer, D.G. (1996): Guides for the journey. John Macmurray, Bernard Lonergan, James Fowler, Boston & London.

Cremerius, J. (1971) (Hg.): Neurose und Genialität. Psychoanalytische Biographien, Frankfurt/M.

Cremerius, J. (1981): Die Rezeption der Psychoanalyse in der Soziologie, Psychologie und Theologie im deutschsprachigen Raum bis 1940, Frankfurt/M.

Dahlke, R. (^{5}1992): Mandalas der Welt. Ein Meditations- und Malbuch, München.

Dallimore, A.A. (2002): Susanna Wesley. Die Mutter von John und Charles Wesley, Holzerglingen.

Damon, W. (19909. Die soziale Welt des Kindes, Frankfurt/M. 1990.

Darroch, J. (1948): An interpretation of the personality of Jesus. In: The British Journal of Medical Psychology 21, 75-79.

Day, J.M. (2001): From structuralism to eternity? Re-imaging the psychology of religious development after the cognitive-developmental paradigm. In: The International Journal for the Psychology of Religion 11, 143-183.

Delacroix, H. (1908): Etudes d' histoire et de psychologie du mysticisme. Les grands mystiques chrétiens, Paris.

Deleuze, G. & *Guattari*, G. (1974): Anti-Ödipus. Kapitalismus und Schizophrenie, Frankfurt/M.

De Loosten (1905) (Pseudonym von Dr. Georg *Lomer*): Jesus Christus vom Standpunkt des Psychiaters, Bamberg.

Delumeau, J. (1989): Angst im Abendland. Die Geschichte kollektiver Ängste im Europa des 14. bis 18. Jahrhunderts, Reinbek.

De Mause, L. (1980): Hört ihr die Kinder weinen? Eine psychogenetische Geschichte der Kindheit, Frankfurt/M.

De Mause, L. (2000) : Was ist Psychohistorie ? Eine Grundlegung, Gießen.

Dettmering, P. (1974): „Engel" und „Puppe" in der Dichtung Rilkes. In: J. Cremerius (Hg.): Psychoanalytische Textinterpretation, Hamburg, 128-147.

Deussen, P. (1901): Erinnerungen an Friedrich Nietzsche, Leipzig.

Dibble, R.L. (1986): An investigative study of faith development in the adult life and works of Will D. Campbell. Unpublished Ed.D. dissertation, New Orleans Baptist Theological Seminary.

Dick, A. (1982): Drei transkulturelle Erhebungen des religiösen Urteils. Eine Pilotstudie. Unveröffentlichte Lizentiatsarbeit an der Universität Fribourg.

Di Loreto, O. & *Oser*, F. (1996): Entwicklung des religiösen Urteils und religiöser Selbstwirksamkeitsüberzeugung – eine Längsschnittstudie. In: F. Oser & K.H. Reich (Hg.): Eingebettet ins Menschsein: Beispiel Religion, Lengerich, 69-87.

Dimond, S.G. (1926): The psychology of the Methodist revival. An empirical and descriptive study, London.

Dittes, J.E. (1990): Continuities between the life and thought of Augustine. In: D. Capps & E.J. Dittes (Eds.): The hunger of the heart : Reflections on the *Confessions* of Augustine. Society for the Scientific Study of Religion. Monograph Series 8, 117-132.

Döbert, R. (1988): Oser/Gmünders Stadium 3 der religiösen Entwicklung im gesellschaftlichen Kontext: ein circulus vitiosus. In: K.E. Nipkow u.a. (Hg.): Glaubensentwicklung und Erziehung, Gütersloh, 144-162.

Dörig, B. (1998): Kraftquelle Mandala. Die eigene Mitte finden, Freiburg i.Br.

Dörner, K. & *Plog*, U. (^{6}1990): Irren ist menschlich. Lehrbuch der Psychiatrie/Psychotherapie, Bonn.

Doll, I. (1957): Rilke in religionsgeschichtlicher Betrachtung, Heidelberg.

Dornes, M. (1993): Der kompetente Säugling. Die präverbale Entwicklung des Menschen, Frankfurt/M.

Dreßen, W. (1982): Die pädagogische Maschine. Zur Geschichte des industrialisierten Bewusstseins in Preußen/Deutschland, Frankfurt/M.

Drewermann, E. (1984): Tiefenpsychologie und Exegese. Band I: Die Wahrheit der Formen. Traum, Mythos, Märchen, Sage und Legende, Olten & Freiburg i.Br.

Drewermann, E. (1985): Tiefenpsychologie und Exegese. Band II: Die Wahrheit der Werke und der Worte, Olten & Freiburg i.Br.

Drewermann, E. (1987): Das Markusevangelium. Erster Teil: Mk 1,1 bis 9,13, Olten & Freiburg i.Br.

Drewermann, E. (1989): Kleriker – Psychogramm eines Ideals, Olten.

Dubois, J. u.a. (1974): Allgemeine Rhetorik. München.

Ducret, J.-J. (1990): Jean Piaget. Biographie et parcours intellectuel, Neuchâtel / Paris.

Duff, I.F. (1930): Die Geschichte der Phantasie einer Heiligen. In: Imago 16, 486-501.

Duhm, E. (1959): Entwicklung und Differenzierung. In: Handbuch der Psychologie in zwölf Bänden, 3. Band: Entwicklungspsychologie, hg. von H. Thomae, Göttingen, 220-239.

Dulk, A. (1885): Der Irrgang des Lebens Jesu. In geschichtlicher Auffassung dargestellt, Stuttgart.

Dunde, S.R. (1993): Sexualität. In: Ders. (Hg.): Wörterbuch der Religionspsychologie, Gütersloh, 270-279.

Dundes, A. (1977): The hero pattern and the life of Jesus. Colloquy 25, Berkeley.

Dykstra, C. & *Parks,* S. (1986) (Eds.): Faith development and Fowler, Birmingham.

Easwaran, E. (1997): Der Mensch Gandhi. Sein Leben ist eine Botschaft, Freiburg i.Br.

Ebertz, M. (1997): Kirche im Gegenwind. Zum Umbruch der religiösen Landschaft, Freiburg i.Br.

Ebner, M. (1989): Offenbarungen. In: L. Gnädinger (Hg.): Deutsche Mystik, Zürich, 371-384.

Eckhart, Meister (1979): Deutsche Predigten und Traktate. Herausgegeben und übersetzt von J. Quint, Zürich.

Eisenstein, M. (1986): Selbstverwirklichung und Existenz – ethische Perspektiven pastoralpsychologischer Beratung unter besonderer Berücksichtigung S. Kierkegaards, St. Ottilien.

Eissler, K.R. (1975): The fall of man. In: Ders. (Ed.): The Psychoanalytic Study of the Child 30, 589-646.

Eissler, K.R. (1992): Leonardo da Vinci. Psychoanalytische Notizen zu einem Rätsel, Frankfurt/Basel.

Eissler, K.R. (1998): Freuds »Leonardo« - Trauma oder Idylle. Entgegnung auf Jan Philipp Reemtsma. In: Psyche 52, 405-414.

Elkind, D. (1971): The development of religious understanding in children and adolescents. In: M. Strommen (Ed.): Research on religious development: A comprehensive handbook, New York, 655-685.

Elkind, D. (1977): Egozentrismus in der Adoleszenz. In: R. Döbert, u.a. (Hg.): Die Entwicklung des Ichs, Köln, 170-178.

Ellenberger, H. (²1996): Die Entdeckung des Unbewussten. Geschichte und Entwicklung der dynamischen Psychiatrie von den Anfängen bis zu Janet, Freud, Adler und Jung, Zürich.

Ender, A. (1901): Die Geschichte der Katholischen Kirche, Einsiedeln.

Endres, E. (1998): Edith Stein. Christliche Philosophin und jüdische Märtyrerin, München.

Endres, R. (1986): Unglück einer Extremistin. In: Die Zeit Nr. 43, 49-51.

Englert, R. (2000): Haben wir die Theorien, die zu unserer Geschichte passen? Religionspädagogische Konzepte vor dem Hintergrund glaubensgeschichtlicher Erfahrungen. In: D. Dormeyer u.a. (Hg.): Lebensgeschichte und Religion, Münster, 221-236.

Epikur (1968): Von der Überwindung der Furcht. Eingeleitet und übertragen von O. Gigon, Zürich.

Erb, W. (1893): Über die wachsende Nervosität unserer Zeit, Heidelberg.

Erikson, E. (1968): Kindheit und Gesellschaft, Stuttgart.

Erikson, E. (1971): Gandhis Wahrheit. Über die Ursprünge der militanten Gewaltlosigkeit, Frankfurt/M.

Erikson, E. (1973): Identität und Lebenszyklus, Frankfurt/M. (am. Orig.

Erikson, E. (1973 a): Autobiographisches zur Identitätskrise. In: Psyche 27, 793-831.

Erikson, E. (1975): Der junge Mann Luther, Frankfurt/M.

Erikson, E. (1981): Jugend und Krise, Frankfurt/M.

Erikson, E. (1981 a): The Galilean sayings and the sense of ‚I'. In: R.S Wallerstein & L. Goldberger (Eds.): Ideas and identities: The life and work of Erik Erikson, Madison, 291-337.

Erikson, E. (1988): Der vollständige Lebenszyklus, Frankfurt/M.

Erikson, E. (2001): Reflections on Dr. Borg's life cycle. In: D. Capps (Ed.): Freud and Freudians on religion. A reader, Yale, 129-163.

Eschenröder, C. (1986): Hier irrte Freud. Zur Kritik der psychoanalytischen Theorie und Praxis, 2. erw. Auflage, München & Weinheim.

Etzold, E. (1993): Die Treppe mit den sechs Stufen. In: Deutsches Allgemeines Sonntagsblatt Nr. 11, 12.03.93, 10.

Evans, W.N. (1943): Notes on conversion of John Bunyan. In: International Journal of Psychoanalysis 24, 176.

Ewald, G. (1971): Die Stigmatisierte von Konnersreuth. Untersuchungsbericht und gutachtliche Stellungnahme, Darmstadt.

Eysenck, H.J. (1985): Sigmund Freud: Niedergang und Ende der Psychoanalyse, Hamburg.

Eysenck, H.J. & *Soueif*, M. (1973): Eine empirische Untersuchung der Theorie des Sexualsymbolismus. In: H.J. Eysenck & G.D. Wilson (Hg.): Experimentelle Studien zur Psychoanalyse Sigmund Freuds, Wien, 282-287.

Feldman, B. (1992): Die Kindheitsgeschichte C.G. Jungs und ihr Einfluss auf die Analytische Psychologie. In: Analytische Psychologie 23, 111-131.

Ferenczi, S. (1911): Über die Rolle der Homosexualität in der Pathogenese der Paranoia. In: Ders.: Bausteine zur Psychoanalyse I: Theorie, Frankfurt/M., Nachdruck 1984, 120-144.

Fernhout, J.H. (1986): Where is faith? Searching for the core of the cube. In: C. Dykstra & S. Parks (Eds.): Faith development and Fowler, Birmingham, 65-89.

Festinger, L. (1978): Theorie der kognitiven Dissonanz, Bern.

Fetz, R.L. & *Bucher*, A.A. (1986): Stufen religiöser Entwicklung? Eine rekonstruktive Kritik an Fritz Oser / Paul Gmünder. Der Mensch – Stufen seiner religiösen Entwicklung. In: Jahrbuch der Religionspädagogik 3, 217-230.

Fetz, R.L., *Reich*, K.H. & *Valentin*, P. (2001): Weltbildentwicklung und Schöpfungsverständnis. Eine strukturgenetische Untersuchung bei Kindern und Jugendlichen, Stuttgart.

Figl, J. (1984): Dialektik der Gewalt. Nietzsches hermeneutische Religionsphilosophie. Mit Berücksichtigung unveröffentlichter Manuskripte, Düsseldorf.

Finn, M. & *Gartner*, J. (1992) (Eds.): Object relations theory and religion: clinical applications, Westport.

Fischedick, H. (1992): Der Weg des Helden. Selbstwerdung im Spiegel biblischer Bilder, München.

Fischer, J.M. (1980) (Hg.): Psychoanalytische Literaturinterpretation. Aufsätze aus „Imago, Zeitschrift für Anwendung der Psychoanalyse auf die Geisteswissenschaften" (1912-1937), Tübingen.

Flammer, A. (1988): Entwicklungstheorien. Psychologische Theorien der menschlichen Entwicklung, Bern u.a.

Flournoy, T. (1902) : Psychologie religieuse. In: Archives de Psychologie, II (5), 33-57.

Focke, A. (1948): Liebe und Tod. Versuch einer Deutung und Auseinandersetzung mit Rainer Maria Rilke, Wien.

Förster-Nietzsche. E. (1912): Der junge Nietzsche, Leipzig.

Fondation Archives Jean Piaget (1989) (Hg.): Bibliographie de Jean Piaget. Genf.

Ford-Grabowsky, M. (1987): Flaws in faith-development theory. In: Religious Education 82, 80-93.

Forest, J. (1991). Living with wisdom. A life of Thomas Merton, Maryknoll NY.

Fortes, M. (1966): Totem and Taboo. Proceedings of the Royal Anthropological Institute of Great Britain and Ireland, 5-22.

Fowler, J.W. (1980 a): Stage six and the kingdom of God. In: Religious Education 75, 231-248.

Fowler, J.W. (1980 b): The pilgrimage of faith of Malcolm X. In: Ders. & R.W. Lovin: Trajectories in faith, Nashville, 38-58.

Fowler, J.W. (1984): Becoming adult, becoming christian. Adult development and christian faith, San Francisco.

Fowler, J.W. (1985): John Wesley's development in faith. In: M. Meeks (Ed.): The future of the Methodistic theological traditions, Nashville 172-192.

Fowler, J. (1988): Die Berufung der Theorie der Glaubensentwicklung. Richtungen und Modifikationen seit 1981. In: K.E. Nipkow u.a. (Hg.): Glaubensentwicklung und Erziehung, Gütersloh, 29-47.

Fowler, J.W. (1989): Glaubensentwicklung. Perspektiven für Seelsorge und kirchliche Bildungsarbeit, München.

Fowler, J.W. (1991): Stufen des Glaubens. Die Psychologie der menschlichen Entwicklung und die Suche nach Sinn, Gütersloh.

Fowler, J. (1994): Moral stages and the development of faith. In: B. Puka (Ed.): Moral development. A compendium 2: Fundamental research in moral development, New York & London 1994, 344-374.

Fowler, J.W. (1996): Faithful change. The personal and public challenges of postmodern liefe, Nashville.

Fowler, J.W. & *Keen*, S. (1978): Life maps. Conversation on the journey of faith, edited by J. Berryman, Minneapolis.

Fowler, J.W. & *Lovin*, R.W. et al (1980): Trajectories in Faith, Nashville.

Fraas, H.J. (1983): Glaube und Identität. Grundlegung einer Didaktik religiöser Lernprozesse, Göttingen.

Frank, G.H. (1965): The role of the family in the development of psychopathology. In: Psychological Bulletin 64, 191-205.

Franz, M.L. von (1989): Psychologische Märcheninterpretation. Eine Einführung, München.

Fredriksen, P. (1978): Augustine and his analysts: The possibility of a psychohistory. In: Soundings 61, 206-227.

Freeman, D. (1967): Totem and Taboo. A reappraisal. In: The Psychoanalytic Study of Society 8, 9-33.

Frenken, R. (1998) (Hg.): Psychohistorie und Biographik, Kiel.

Frenken, R. (1999): Kindheit und Autobiographie vom 14. bis 17. Jahrhundert, Kiel.

Frenken, R. (2000) (Hg.): Die Psychohistorie des Erlebens, Kiel.

Frenzel, I. (1966): Friedrich Nietzsche. Mit Selbstzeugnissen und Bilddokumenten, Reinbek.

Freud, S. (1960): Briefe 1873-1939, hg. von E.L. Freud, Frankfurt/M.

Freud, S. (1969ff.): Studienausgabe (SA), hg. von A. Mitscherlich u. a., Frankfurt
SA I: Vorlesungen zur Einführung in die Psychoanalyse 1969.
SA II: Die Traumdeutung 1972.
SA III: Psychologie des Unbewussten 1975.
SA V: Sexualleben 1972.
SA VII :Zwang, Paranoia und Perversion 1973.
SA VIII : Zwei Kinderneurosen 1969.
SA IX: Fragen der Gesellschaft. Ursprünge der Religion 1974.
SA X: Bildende Kunst und Literatur 1973.
Ergänzungsband: Studien zur Behandlungstechnik 1975.

Freud, S. & *Jung*, C.G. (1974): Briefwechsel, Frankfurt/M.

Frick, E. (1999): Bewusstwerdung des typologischen Umschwungs in den »Exerzitien« des Ignatius von Loyola. In: Analytische Psychologie 27, 89-118.

Friedlaender, S. (1978): History and psychoanalysis. An inquiry into the possibilities and limits of psychohistory, New York.

Frielingsdorf, K. (1992): Dämonische Gottesbilder. Ihre Entstehung, Entlarvung und Überwindung, Mainz.

Fromm, E. (1989 I): Gesamtausgabe, hg. von R. Funk, Band I: Analytische Sozialpsychologie, München.

Fromm, E. (1989 VII): Gesamtausgabe, hg. von R. Funk, Band VII: Aggressions-theorie, München.

Fromm, E. (1989 IX): Gesamtausgabe, hg. von R. Funk, Band XI: Sozialistischer Humanismus und humanistische Ethik, München.

Fuchs-Heinritz, W. (²2000): Biographische Forschung. Eine Einführung in Praxis und Methoden, Wiesbaden.

Fülleborn, U. (1983) (Hg.): Rilkes Duineser Elegien. Erster Band: Selbstzeugnis-se, Frankfurt/M.

Fülleborn, U. (1982) (Hg.): Rilkes Duineser Elegien, Zweiter Band: Forschungs-geschichte, Frankfurt/M.

Furlong, M. (1975): Puritan's Progress, New York, 141-202.

Furth, H.G. (1990): Wissen als Leidenschaft. Eine Untersuchung über Freud und Piaget, Frankfurt/M.

Furushima, R. (1992): Faith development in a cross-cultural perspective. In: J. Astley & L. Francis (Eds.): Christian perspectives on faith development, Leominster, 215-220.

Gablik, S. (1976): Progress in art, London.

Gamble, R. (1992) (Ed.): The biography of Calvin, New York & London.

Gandhi, M. (1960): Mahatma Gandhis Autobiographie oder Die Geschichte mei-ner Experimente mit der Wahrheit, Freiburg & München.

Garma, A. (1930): Eine obszöne Gebärde der heiligen Teresa. In: Die psychoana-lytische Bewegung 2, 339-347.

Garz, D. (1992): Die Diskussion um eine höchste Stufe der Moral. In: F. Oser & W. Althof (Hg.): Moralische Selbstbestimmung, Stuttgart, 256-292.

Garz, D. (1996): Lawrence Kohlberg zur Einführung, Hamburg.

Gay, V. (1986): Augustine: the reader as selfobject. In: Journal for the Scientific Study of Religion 25, 64-76.

Gay, P. (1989): Freud, Juden und andere Deutsche. Herren und Opfer in der mo-dernen Kultur, München.

Gebsattel, V.E. (1954): Prolegomena zu einer Medizinischen Anthropologie. Ausgewählte Aufsätze, Berlin u.a.

Gebsattel, V.E. (1968): Religion und Psychologie. Auseinandersetzung mit C.G. Jung. In: Ders. (Hg.): Imago hominis. Beiträge zu einer personalen Anthropologie, Salzburg, 237-266.

Gedo, J.E. (1972) The methodology of psychoanalytic biography. In: Journal of the American Association 20, 638-649.

Gergen, K.J. (1977): Stability, change, and change in understanding human de-velopment. In: N. Datan & H. Reese (Eds.): Life-span developmental psy-chology, New York, 135-158.

Gillis, J.R. (1980): Geschichte der Jugend. Tradition und Wandel im Verhältnis der Altersgruppen und Generationen, Weinheim.

Gilmore, W. (1976): The methodology of psychohistory: An annotated bibliogra-phy. In: The Psychohistory Review 5 (2), 4-33.

Girgensohn, K. (1930): Der seelische Aufbau des religiösen Erlebens. Eine religi-onspsychologische Untersuchung auf experimenteller Grundlage, Gütersloh.

Goethe, J.W. (1887): Weimarer Ausgabe, Weimar.

Goethe, J.W. (1977): Aus meinem Leben. Dichtung und Wahrheit, Artemis Ausgabe, Band 10, Zürich.

Goethe, J.W. (1977 a): Sämtliche Gedichte. Erster Teil: Die Gedichte der Ausgabe letzter Hand, Artemis Ausgabe, Band 1, Zürich.

Goldberg, P. (1861): Swedenborg und seine Anhänger. Ein psychiatrisches Gutachten. In: Wiener Medizinal-Halle 2, 270-272.

Goldman, R. (1964): Religious thinking from childhood to adolescence, London.

Goll, C. (1978): Ich verzeihe keinem, Bern & München.

Grabner, S. (1994): Mahatma Gandhi. Gestalt, Begegnung, Gebet, Freiburg i. Br.

Green, R. (1987): The ,Sissy Boy' Syndrom and the development of homosexuality, New Haven.

Greiffenstein, K. (1949): Der Engel und die Dimension des Unsäglichen bei Rainer Maria Rilke, Diss. Heidelberg.

Greve, W. (1996): Der Untergang des Ödipuskomplexes. Argumente gegen einen Mythos, Bern.

Grisar, H. (1911): Luther. Erster Band : Luthers Werden. Grundlegung der Spaltung bis 1530, Freiburg i.Br.

Grözinger, A. (1987): Praktische Theologie und Ästhetik. Ein Beitrag zur Grundlegung der Praktischen Theologie, München.

Grom, B. (1988): Die Archetypenlehre – eine Sackgasse. In: Stimmen der Zeit 113, 604-612.

Grom, B. (1992): Religionspsychologie, München & Göttingen.

Grossmann, E. (1958): Beiträge zur psychologischen Analyse der Reformatoren Luther und Calvin, Basel.

Gruber, H.E. (1981): Darwin on man. A Psychological study of scientific creativity, Chicago.

Grubrich-Simitis, I. (1991): Freud's Moses-Studie als Tagtraum. Ein biographischer Essay, Weinheim.

Grünbaum, A. (1988): Die Grundlagen der Psychoanalyse. Eine philosophische Kritik, Stuttgart.

Guarda, V. (1964): Das Glaubensproblem bei Nietzsche. Diss phil., Wien.

Guardini, R. (1918): Vom Geist der Liturgie, Freiburg i.Br.

Guardini, R. (1953): Rilkes Deutung des Daseins. Eine Interpretation der Duineser Elegien, München.

Guenther, W. (1952): Weltinnenraum. Die Dichtung Rainer Maria Rilkes, Berlin.

Gutting, E. ([7]1991): Nur die Liebe zählt. Die Mission der Theresia Martin. Ein Weg für alle, Leudesdorf am Rhein.

Haag, H. (1974): Teufelsglaube, Tübingen.

Haas, E. Th. (2000): Opferrituale und Behälter. Versuch der Rekonstruktion von Totem und Tabu: Weitere Übereinstimmungen im Seelenleben der Wilden und der Neurotiker. In: Psyche 56, 1110-1140.

Hager, F.P. (1994): Stufen der religiösen Entwicklung bei Pestalozzi. In: Ders. & D. Tröhler (Hg.): Philosophie und Religion bei Pestalozzi. Pestalozzi-Bibliographie 1977-1992, Bern, 7-46.

Haile, H.G.: (1980): Luther. An experiment in biography, New York.

Hall, C. (1973): Fremde in Träumen: ein empirischer Nachweise des Ödipuskomplexes. In: H. J. Eysenck & G.D. Wilson (Hg.): Experimentelle Studien zur Psychoanalyse Sigmund Freuds, Wien, 141-152.

Hall, G. St. (1923): Jesus, the Christ, in the light of psychology, New York & London.

Hammer, W. (1908): Über Beziehungen zwischen religiösem und geschlechtlichem Leben. In: Zeitschrift für Religionspsychologie. Grenzfragen der Theologie und Medizin 1, 338-344.

Hark, H. (1982): Der Traum als Gottes vergessene Sprache. Symbolpsychologische Deutung biblischer und heutiger Träume, Olten.

Hark, H. (^{2}1988): Religiöse Neurosen. Ursachen und Heilung, Stuttgart.

Harmon-Jones, E. (1999) (Ed.): Cognitive dissonance. Progress on a pivotal theory in social psychology, Washington.

Harrison, I.B. (1979): On Freud's view of the infant-mother relationship and of the oceanic feeling – some subjective influences. In: Journal of American Psychoanalytic Association 27, 399-421.

Harsch, H.E. (1994): Freuds Identifizierung mit Männern, die zwei Mütter hatten: Ödipus, Leonardo da Vinci, Michelangelo und Moses. In: Psyche 48, 124-153.

Hartmann, E. von (1882): Das religiöse Bewusstsein der Menschheit im Stufengang seiner Entwicklung, Berlin.

Hartmann, H. (1972): Ich-Psychologie und Anpassungsprobleme, Stuttgart.

Hartocollis, P. (1974): Mysticism and violence: The case of Nikos Kazantzakis. In: International Journal of Psychoanalysis 55, 205-213.

Hattingberg, M. von (1947): Rilke und Benvenuta. Ein Buch des Dankes, Wien.

Hay, S. (1977): Gandhi's first five years. In: D. Capps et al (Eds.): Encounter with Erikson. Historical interpretation and religious biography, Missoula, 67-112.

Heimbrock, H.G. (1984): Entwicklung und Erziehung. Zum Forschungsstand der pädagogischen Religionspsychologie. In: Jahrbuch der Religionspädagogik 1, 67-85.

Heidegger, M. (1961): Nietzsche. 2 Bände, Pfullingen.

Heiligenthal, R. (1997): Der verfälschte Jesus. Eine Kritik moderner Jesusbilder, Darmstadt.

Heinemann, E. (1989): Hexen und Hexenangst. Eine psychoanalytische Studie, Frankfurt/M.

Henke, D. (1961): Gott und Grammatik. Nietzsches Kritik der Religion, Pfullingen.

Henritz, C. (2001): Das Kind in der autobiographischen Kindheitserinnerung. In: I. Behnken & J. Zinnecker (Hg.): Kinder – Kindheit – Lebensgeschichte, Seelze-Velber, 182-198.

Hentschel, H. (1993): Erikson und der junge Mann Luther. Wandel der Persönlichkeit im Umbruch zur Moderne. In: H. Röckelein (Hg.): Biographie als Geschichte, Tübingen, 219-247.

Hermanns, L.M. (1984): John F. Rittmeister und C.G. Jung. In: H.M. Lohmann (Hg.): Psychoanalyse und Nationalsozialismus, Franfurt/M., 137-145.

Herms, E. (1985): ‚Antichrist' – Tiefenpsychologische Hintergründe eines klassischen Falles theologischer Polemik. In: Wege zum Menschen 37, 90-106.

Hersh, R.H. et al (1980): Models of Moral Education: An appraisal, New York

Herzog, A.K. (1980): Vision and boundaries: The faith of Anne Hutchinson. In: J.W. Fowler & R.W. Lovin (Eds.): Trajectories in faith, Nashville, 59-91.

Hill, P.C. (1995): Affective theory and religious experience. In: R.W. Hood jr. (Ed.): Handbook of religious experience, Birmingham Alab., 353-377.

Hirsch, W. (1910): Religion und Civilisation vom Standpunkte des Psychiaters, München.

Hitschmann, E. (1912): Swedenborg's Paranoia. In: Zentralblatt für Psychoanalyse und Psychotherapie 3, 32-36.

Hitschmann, E. (1947): New varieties of religious experience. From William James to Sigmund Freud. In: G. Roheim (Ed.): Psychoanalysis and the social sciences, New York, 195-233.

Hitschmann, E. (1956): Great men. Psychoanalytic studies, New York.

Hitschmann, E. (1971): Psychoanalytisches zur Persönlichkeit Goethes. In: J. Cremerius (Hg.): Psychoanalytische Biographien, Frankfurt/M., 151-182 (erstmals 1932).

Höhfeld, K. (1997): Individuation und Neurose. In: Analytische Psychologie 28, 188-202.

Hoehn, R.A. (1983): Rezension: James W. Fowler. Stages of faith. In: Review of Religious Research 25, Nr. 1, 77-79.

Hole, G. (1980): Psychiatrie und Religion. In: Die Psychologie des 20. Jahrhunderts, Band X: Ergebnisse für die Medizin (2), Psychiatrie, Zürich 1079-1097.

Holm, N.G. (1987): Sundén's role theory and glossolalia. In: Journal for the Scientific Study of Religion 26, 383-389.

Holm, N.G. (1990): Einführung in die Religionspsychologie, Basel.

Holm, N.G. & *Belzen*, J. (1995) (Eds.): Sundén's role theory: An impetus to contemporary psychology of religion, Abo.

Holthusen, H.E. (1982): Rilkes letzte Jahre. In: U. Fülleborn (Hg.): Rilkes Duineser Elegien. Zweiter Band: Forschungsgeschichte, Frankfurt/M., 130-146.

Holtzmann, O. (1903): War Jesus Ekstatiker? Eine Untersuchung zum Leben Jesu, Tübingen & Leipzig.

Homans, P. (1978): The significance of Erikson's psychology for modern understanding of religion. In: Ders. (Ed.): Childhood and selfhood. Essays on tradition, London, 231-263.

Hood, R.W. jr. et al (1991): Male commitment to the cult of the Virgin Mary and the passion of Christ as function of early maternal bonding. In: International Journal the Psychology of Religion 1, 221-231.

Horton, P.C. (1974): The mystical experience: Substance of an illusion. In: Journal of the American Psychoanalytic Association 22, 364-380.

Huc, A. (1921): Névrose et mysticisme. Sainte Thérèse relève-t-elle de la pathologie? In: Revue de Philosophie 21, 5-32, 128-154.

Huizinga, H. (1956): Homo Ludens. Vom Ursprung der Kultur im Spiel, Reinbek.

Hunsberger, B.E. & *Brown*, L.B. (1984): Religious socialization, apostasy, and the impact of the family background. In: Journal for the Scientific Study of Religion 23, 239-251.

Hutsch, R.A. (1991): Religious leadership. Personality, history and sacred authority, New York u.a.

Huxel, K. (2000): Die empirische Psychologie des Glaubens. Historische und systematische Studien zu den Pionieren der Religionspsychologie, Stuttgart.

Hyde, K.E. (1990): Religion in childhood and adolescence. A comprehensive review of research, Birmingham Alab.

Imhof, H. (1983): Rilkes „Gott". Rainer Maria Rilkes Gott als Spiegelung des Unbewussten, Heidelberg.

Jacobi, J. (1965): Der Weg zur Individuation, Zürich.

Jacobs, P: (1973): Prädestination und Verantwortlichkeit bei Calvin, Darmstadt.

James, W. (1979): Die Vielfalt religiöser Erfahrung. Eine Studie über die menschliche Natur, Olten & Freiburg i.Br. (erstmals 1902)

Janz, C.P. (1978/1979): Friedrich Nietzsche. Biographie in drei Bänden, München.

Jardin, M.M. & *Viljoen*, H.G. (1992): Fowler's theory of faith development: An evaluative discussion. In: Religious Education 87, 74-85.

Jaspers, K. (1957): Die großen Philosophen I, München.

Jaspers, K. (1998): Strindberg und van Gogh. Versuch einer vergleichenden pathographischen Analyse, Berlin (erstmals 1923).

Jens, W. (1986): Theologie und Literatur: Möglichkeiten und Grenzen eines Dialogs im 20. Jahrhundert. In: W. Jens u.a. (Hg.): Theologie und Literatur. Zum Stand des Dialogs, München, 30-56.

Jesse, H. (2000): Die retrospektive Widerspiegelung der Identitätsentwicklung Jugendlicher anhand autobiographischer Romane von Bernward Vesper, Christa Wolf und Thomas Bernhard. Unter dem Gesichtspunkt der Wechselbeziehung zwischen Identitätsentwicklung und der Entwicklung der Moralstufen nach Kohlberg, Frankfurt/M.

Johnson, R. A. (1977 a): Introduction. In: Ders. (Ed.): Psychohistory and religion. The case of young man Luther, Philadelphia, 1-18.

Johnson, R.A. (1977 b): Psychohistory as religious narrative: The demonic role of Hans Luther in Erikson's saga of human evolution. In: Ders. (Ed.): Psychohistory and religion. The case of young man Luther, Philadelphia, 127-161.

Jones, E. (1978): Die Theorie der Symbolik und andere Aufsätze, Frankfurt/M.

Jones, E. (1984 I): Sigmund Freud: Leben und Werk, Band 1: Die Entwicklung zur Persönlichkeit und die großen Entdeckungen, München.

Jones, E. (1984 II): Sigmund Freud: Leben und Werk, Band 2: Jahre der Reife, München.

Jones, E. (1984 III): Sigmund Freud: Leben und Werk, Band 3: Die letzte Phase, München.

Jones, J.W. (1991): Contemporary psychoanalysis and religion. Transference and transcendence, New Haven & London.

Journet, C. (1990): Der heilige Nikolaus von Flüe, Fribourg.

Jüttemann, G. (1987) (Hg.): Biographie und Psychologie, Berlin.

Jüttemann, G. (1992): Psyche und Subjekt. Für eine Psychologie jenseits von Dogma und Mythos, Reinbek.

Jüttemann, G. & *Thomae*, H. (1995) (Hg.): Biographische Methoden in den Humanwissenschaften, Weinheim.

Jung, C.G.: Gesammelte Werke:

- GW V: Symbole der Wandlung. Analyse des Vorspiels zu einer Schizophrenie, Olten & Freiburg 1973.
- GW VI: Psychologische Typen, Olten & Freiburg i.Br. 1971.
- GW VII: Zwei Schriften über Analytische Psychologie, Olten & Freiburg i. Br. 1964.
- GW VIII: Die Dynamik des Unbewussten, Olten & Freiburg i.Br. 1971.
- GW IX/2: Aion. Beiträge zur Symbolik des Selbst, Olten & Freiburg i.Br. 1976.
- GW X: Zivilisation im Übergang, Olten & Freiburg i.Br. 1974.
- GW XI: Zur Psychologie westlicher und östlicher Religion, Olten & Freiburg i.Br. 1963.
- GW XIII: Studien über alchemistische Vorstellungen, Olten & Freiburg i.Br. 1978.
- GW XVIII/2: Das symbolische Leben. Verschiedene Schriften, Olten & Freiburg i.Br. 1981.

Jung, C.G. (1951): Aion. Untersuchungen zur Symbolgeschichte. Mit einem Beitrag von Dr. phil. Marie-Louise von Franz, Zürich.

Jung, C.G. (1963): Erinnerungen, Träume, Gedanken von C.G. Jung. Aufgezeichnet und herausgegeben von Aniela Jaffé, Zürich.

Juva, S. (1939): Monsieur Vincent. Évolution d'un saint, Bourges.

Källstad, T. (1974): John Wesley and the Bible. A psychological study, Bjärnum.

Källstad, T. (1978): Ignatius Loyola and the spiritual exercises – a psychological study. In: Ders. (Ed.): Psychological studies on religious man, Stockholm, 13-45.

Källstad, T. (1987): The application of the religio-psychological role theory. In: Journal for the Scientific Study of Religion 26, 367-374.

Kantzenbach, F.W. (1970): Martin Luther psychoanalytisch. Liefert Erikson Umrisse eines neuen Lutherbildes? In: Lutherische Monatshefte 10, 86-90.

Kassel, M. (1980): Biblische Urbilder. Tiefenpsychologische Auslegung nach C.G. Jung, München.

Kassel, M. (1982): Sei, der du werden sollst. Tiefenpsychologische Impulse aus der Bibel, München.

Kassel, M. (1991): Traum, Symbol, Religion. Tiefenpsychologische und feministische Analyse, Freiburg i.Br.

Kassner, R. (1976): Rilke, Gesammelte Erinnerungen, Pfullingen.

Kaufmann, R. (1983): Die Krise des Tüchtigen. Paulus und wir im Verständnis der Tiefenpsychologie, Solothurn u.a.

Kegan, R. (1986): Die Entwicklungsstufen des Selbst. Fortschritte und Krisen im menschlichen Leben, München.

Keintzel, R. (1982): Individuation. Anthropologische und theologische Aspekte. In: G. Condrau (Hg.): Psychologie und Kultur 1: Transzendenz und Religion, München, 264-276.

Keintzel, R. (1991): C.G. Jung: Retter der Religion? Auseinandersetzung mit Werk und Wirkung, Stuttgart.

Kempis, T. (1994): Die Nachfolge Christi. Neu übersetzt und mit einer Nachlese und Anwendung zu jedem Kapitel von Johannes Goßner, Bielefeld.

Kernberg, O.F. (2000): Einige Überlegungen zum Verhältnis von Psychoanalyse und Religion. In: M. Bassler (Hg.): Psychoanalyse und Religion. Versuch einer Vermittlung, Stuttgart, 107-134.

Kesselring, M. (1919): Untersuchungen über Ideale im höheren Jugendalter. In: Zeitschrift für Pädagogische Psychologie und experimentelle Pädagogik 20, 12-37, 89-103.

Kesselring, T. (1988): Jean Piaget, München.

Kessler, M. (1995): Art. Deismus. In: Lexikon für Theologie und Kirche 3, Freiburg i.Br., 60-62.

Key, E. (1911): Rilke, ein Gottsucher. In: Dies.: Seelen und Werken, Berlin, 153-232.

Kiefel, F.X. (1917): Martin Luthers religiöse Psyche. In: Hochland 15, 1, 7-28.

Kielholz, A. (1919): Jakob Boehme. Ein pathographischer Beitrag zur Psychologie der Mystik, Leipzig & Wien.

Kielholz, A. (1954): Die Versuchung des Heiligen Antonius. Ein Beitrag zur Hagio-pathographie. In: Der Psychologe, 18-24, 66-70.

Kierkegaard, S. (1975): Entweder-Oder. Hg. von H. Diehm und W. Rest, München.

Kierkegaard, S. (1976): Die Krankheit zum Tode und anderes, hg. von H. Diehm & W. Rest, München.

Kim, B.O. (1973): Rilkes Militärschulerlebnis und das Problem des verlorenen Sohnes, Bonn.

Kindler, H.: Die Schule Bleuler. In: Psychologie des 20. Jahrhunderts, Band X. Ergebnisse für die Medizin (2), Zürich, 24-45.

Kinkel, J. (1927/1928): Mystizismus und Erotik. In: Zeitschrift für Sexualwissenschaft, Band XIV, 216-218.

Kippenberg, K. (1948): Rainer Maria Rilkes Duineser Elegien und Sonette an Orpheus, Insel Verlag (o.O.).

Kirkpatrick, L.A. (1995): Attachment theory and religious experience. In: R.W. Hood jr. (Ed.): Handbook of religious experience, Birmingham, 446-475.

Klages, I. (1964): Rainer Maria Rilke. Psychopathologische Studien zur Persönlichkeit. In: Studium Generale 17, 628-642.

Klappenecker, G. (1998): Glaubensentwicklung und Lebensgeschichte. Eine Auseinandersetzung mit der Ethik James W. Fowlers; zugleich ein Beitrag zur Rezeption von H. Richard Niebuhr, Lawrence Kohlberg und Erik H. Erikson, Stuttgart.

Klatt, F. (1948): Rainer Maria Rilke, Wien.

Klein, S. (1994): Theologie und empirische Biographieforschung. Methodische Zugänge zur Lebens- und Glaubensgeschichte und ihre Bedeutung für eine erfahrungsbezogene Theologie, Stuttgart.

Kleinbard, D. (1993): The beginning of terror. A psychological study of Rainer Maria Rilke's life and work, New York.

Klessmann, M. (1989): Zum Problem der Identität des Paulus. Psychologische Aspekte zu theologischen und biographischen Fragen. In: Wege zum Menschen 41, 156-172.

Kligerman, C. (1957): A psychoanalytic study of the confessions of St. Augustine. In: Journal of the American Psychoanalytic Association 5, 469-484.

Kline, P.: Zwanghafte Eigenschaften, Zwangssymptome und Analerotik. In: H.J. Eysenck & G.D. Wilson (Hg.): Experimentelle Studien zur Psychoanalyse Sigmund Freuds, Wien u.a., 111-122.

Kluckhohn, C. & *Murray*, H.A. (1953): Personality formation: The determinants. In: C. Kluckhohn et al (Eds.): Personality in nature, society and culture, New York, 53-67.

Kneib, P. (1908): Moderne Leben-Jesu-Forschung unter dem Einfluss der Psychiatrie. Eine kritische Darstellung für Gebildete aller Stände, Mainz.

Köhler, T. (1989): Abwege der Psychoanalyse-Kritik. Zur Unwissenschaftlichkeit der Anti-Freud-Literatur, Frankfurt/M.

König, H. (1963): Rilkes Mutter, Pfullingen.

Köster, F. (1986): Religiöse Erziehung in den Weltreligionen. Hinduismus, Buddhismus, Islam, Darmstadt.

Kohlberg, L. (1973): Moral psychology and the study of tragedy. In: Weintraub, S. & Young, P. (Eds.): Directions in literary criticism, Pennsylvania, 24-52.

Kohlberg, L. (1995): Die Psychologie der Moralentwicklung, Frankfurt/M.

Kohlberg, L. (2000): Die Psychologie der Lebensspanne, Frankfurt/M.

Kohlberg, L. & *Power*, C. (1980): Religion, morality, and ego development. In: C. Brusselmans (Ed.): Toward moral and religious maturity, Morristown, 343-372.

Kohlberg, L. & *Power*, C. (1981): Moral development, religious thinking, and the question of a seventh stage. In: Zygon 16, 203-258.

Kohlberg, L. u.a. (1986): Die Wiederkehr der sechsten Stufe: Gerechtigkeit, Wohlwollen und der Standpunkt der Moral. In: W. Edelstein & G. Nunner-Winkler (Hg.): Zur Bestimmung der Moral, Frankfurt/M., 205-240.

Kohlschmidt, W. (1953): Rilkes Religiosität. In: Ders.: Die entzweite Welt, Gladbeck, 77-87.

Kohlschmidt, W. (1975): Die große Säkularisierung. Zu Rilkes Umgang mit dem Wort „Gott". In: Ders.: Konturen und Übergänge, Bern, 71-85.

Kohn, H. (1979): Martin Buber, Dreieich.

Kohut, H. (1979): Die Heilung des Selbst, Frankfurt/M.

Kohut, H. ([6]1988): Narzissmus. Eine Theorie der psychoanalytischen Behandlung nerzißstischer Persönlichkeitsstörungen, Frankfurt/M.

Kopp, J.V. (1961): Entstehung und Zukunft des Menschen. Pierre Teilhard de Chardin und sein Weltbild, Luzern.

Kornbichler, T. (1989): Psychobiographie Band 1: Tiefenpsychologie und Biographik. Ein Beitrag zur Wissenschaftsgeschichte, Frankfurt/M.

Kornbichler, T. (1994): Psychobiographie 2: Adolf-Hitler-Psychogramme, Frankfurt/M.

Kotre, J. (2001): Lebenslauf und Lebenskunst. Über den Umgang mit der eigenen Biographie, München.

Krahe, S. (1991): Das riskierte Ich. Paulus aus Tarsos; ein autobiographischer Roman, München.

Krappmann, L. (1989): Probleme einer Stufentheorie religiösen Urteils: Eine Nachlese. In: A.A. Bucher & K.H. Reich (Hg.): Entwicklung von Religiosität, Fribourg, 227-238.

Kratochwill, T.R. (1978) (Ed.): Single subject research, New York.

Kraus, F. (1957) (Hg.): Vom Geist des Mahatma. Ein Gandhi Brevier, Zürich.

Kreft, J. (1982): Grundprobleme der Literaturdidaktik. Eine Fachdidaktik im Konzept sozialer und individueller Entwicklung und Geschichte, Heidelberg.

Kreft, J. (1986): Moralische und ästhetische Entwicklung im didaktischen Aspekt. In: F. Oser u.a. (Hg.): Moralische Zugänge zum Menschen – Zugänge zum moralischen Menschen, München, 257-280.

Kretschmer, E. ([23]1961): Körperbau und Charakter. Untersuchungen zum Konstitutionsproblem und zur Lehre von den Temperamenten, Berlin.

Kris, E. (1977): Die ästhetische Illusion. Phänomene der Kunst in der Sicht der Psychoanalyse, Frankfurt/M.

Kuld, L. (1997): Glaube in Lebensgeschichten. Ein Beitrag zur theologischen Autobiographieforschung, Stuttgart.

Krüll, M. (1979): Freud und sein Vater. Die Entstehung der Psychoanalyse und Freuds ungelöster Vaterkonflikt, München.

Kunisch, H. (1975): Rainer Maria Rilke. Dasein und Dichtung. Zweite, neu gefasste und stark erweiterte Auflage, Berlin.

Kwilecki, S. (1999): Becoming religious. Understanding devotion of the unseen, Lewisburg.

Läpple, A. (1981): Kleine Geschichte der Katechese, München.

Lagerborg, R. (1928): Zur Psychoanalyse des Geistersehers Swedenborg, Berlin/Köln.

Lahgercrantz, O. (1997): Vom Leben auf der anderen Seite. Ein Buch über Emanuel Swedenborg, Frankfurt/M.

Lakatos, I. (1970): Falsification and the methodology of scientific research programmes. In: I. Lakatos & A. Musgrave (Eds.): Criticism and the growth of knowledge, Cambridge, 91-196.

Lang, A.S. (1987): Prophetic woman. Anna Hutchinson and the problem of dissent in the literature of New England, Berkeley.

Lange-Eichbaum, W. ([7]1986 ff.): Genie, Irrsinn und Ruhm. Geniemythos und Pathographie des Geistes, 11 Bände, München & Basel.

Lange-Eichbaum, W. ([7]1987): Genie, Irrsinn und Ruhm. Geniemythos und Pathographie des Geistes. Band 4: Die Dichter und Schriftsteller I, München & Basel.

Lange-Eichbaum, W. ([7]1989): Genie, Irrsinn und Ruhm. Geniemythos und Pathographie des Geistes. Band 6: Die religiösen Führer. Siebente, völlig neu bearbeitete Auflage von Wolfgang Ritter, München & Basel (erstmals 1927).

Lange-Eichbaum, W. & *Kurth*, W. (1967): Genie, Irrsinn und Ruhm. Genie-Mythos und Pathographie des Geistes, München & Basel.

Langendorf, U. (1994): „Selbst ist der Mann". Individuation als Ideal – Muss die Jungsche Theorie der Individuation revidiert werden? In: Analytische Psychologie 25, 262-277.

Langer, W. (1972): The mind of Adolf Hitler. The secret wartime report, New York.

Lans, J. van (1987) The value of Sundén's role-theory demonstrated and tested with respect to religious experience in meditation. In: Journal for the Scientific Study of Religion 26, 367-374.

Laughlin, H. (1954): King David's anger. In: The Psychoanalytic Quarterly 23, 87-95.

Lee, R.S. (1963): Your growing child and religion. A psychological account, New York.

Leese, K. (1954): Recht und Grenze der natürlichen Religion, München.

Legewie, B. (1925): Augustinus. Eine Psychographie, Bonn.

Lehmann, J. (1980): Buddha. Leben, Lehre, Wirkung. Der östliche Weg zur Selbsterlösung, München.

Lehr, U. (1978): Das mittlere Erwachsenenalter – ein vernachlässigtes Gebiet der Entwicklungspsychologie. In: R. Oerter (Hg.): Entwicklung als lebenslanger Prozess, Hamburg, 147-177.

Lenz, S. (1973): Das Vorbild, Hamburg.

Leppin, P. (1926/1927): Der neunzehnjährige Rilke. In: Literatur XXIX, 630-634.

Leppmann, W. (1983): Rilke, sein Leben, seine Welt, sein Werk, Zürich.

Lerner, H.G. (1991): Das missdeutete Geschlecht. Falsche Bilder der Weiblichkeit in Psychoanalyse und Therapie, Frankfurt/M.

Leuba, J.H. (1925): The psychology of religious mysticism, New York.

Liedtke, M.(1968): Pestalozzi, Reinbek.

Lifton, R.J. (1967): Death in life: Survivors of Hiroshima, New York.

Lindbeck, G.A. (1977): Erikson's young man Luther: A historical and theological reappraisal. In: D. Capps et al (Eds.): Encounter with Erikson. Historical interpretation and religious biography, Missoula, 7-28.

Lombillo, J.R. (1973): The soldier saint – a psychological analysis of the conversion of Ignatius of Loyola. In: Psychiatric Quarterly 47, 386-418.

Lombroso, C. (1887): Genie und Irrsinn in ihren Beziehungen zum Gesetz, zur Kritik und zur Geschichte, Leipzig.

Lomer, G. (1913): Ignatius von Loyola. Vom Erotiker zum Heiligen. Eine pathographische Geschichtsstudie, Leipzig.

Loock, F. (1986): Adoleszenzkrise und Identitätsbildung. Zur Krise der Dichtung in Rainer Maria Rilkes Werk, Frankfurt/M. u.a.

Lovin, R.W. & *Gosser*, J.P. (1980): Dietrich Bonhoeffer: Witness in an ambiguous world. In: J.W. Fowler & R.W. Lovin (Eds.): Trajectories in faith, Nashville, 147-184.

Lowtzky, F. (1927): Bedeutung der Libidoschicksale für die Bildung religiöser Ideen („Das dritte Testament" von Anna Nikolajewna Schmidt). In: Imago 13, 83-121.

Lubin, A.J. (1961): Psychoanalytic view of religion. In: International Psychiatry Clinics 60, 49-60.

Lubin, A.J. (1961 a): Vincent van Gogh's ear. In: Psychoanalytic Quarterly 30, 351-384.

Lubin, A.J. (1972): Stranger on the earth: A psychological biography of Vincent Van Gogh, New York.

Lüdemann, G. (1995): Psychologische Exegese oder: Die Bekehrung des Paulus und die Wende des Petrus in tiefenpsychologischer Perspektive. In: F. Horn

(Hg.): Bilanz und Perspektiven gegenwärtiger Auslegung des Neuen Testaments, Berlin & New York, 91-111.

Luther, M. (1963): Ausgewählte Werke. Herausgegeben von H. H. Borcherdt & G. Merz, Ergänzungsreihe Dritter Band: Tischreden, München.

Luther, H. (1990): Das unruhige Herz. Über implizite Zusammenhänge zwischen Autobiographie, Subjektivität und Religion, Gütersloh, 360-385.

Mack, J.E. (1971): Psychoanalysis and historical biography. In: Journal of the American Psychoanalytic Association 19, 143-179.

Mahan, B. (1980): Toward fire and light. The faith of Blaise Pascal. In: J.W. Fowler & R.W. Lovin (Eds.): Trajectories in faith, Nashville, 92-118.

Majmudar, U. (1996): Mahatma Gandhis tractory in truth and Fowler's theory of stages of faith: A mutually critical correlational development study. Ph.D. Dissertation, Emory University.

Malinowski, B. (1962): Geschlecht und Verdrängung in primitiven Gesellschaften, Reinbek (erstmals 1927).

Mallet, C.H. (1990): Untertan Kind. Nachforschung über Erziehung, Frankfurt/M. u.a.

Maltis, E. (1980): The solitary explorer. Thomas Merton's transforming journey, San Francisco.

Mason, E. (1949): Der Zopf des Münchhausen. Eine Skizze im Hinblick auf Rilke, Einsiedeln.

Mason, E. (1964 a): Lebenshaltung und Symbolik bei Rainer Maria Rilke, Oxford.

Mason, E. (1964 b): Rainer Maria Rilke. Sein Leben und sein Werk, Göttingen.

Masson, J. (1984): Was hat man dir, du armes Kind, getan. Sigmund Freuds Unterdrückung der Verführungstheorie, Reinbek.

Maylan, Ch.E. (^{2}1929): Freuds tragischer Komplex. Eine Analyse der Psychoanalyse, München.

Mc Addams, D. (1988): Biography, narrative, and lives: An introduction. In: Ders. (Ed.): Psychobiography and Life Narratives, Duke, 1-18.

Meerwein, F. (1977): Neuere Überlegungen zur psychoanalytischen Religionspsychologie. In: E. Nase & J. Scharfenberg (Hg.): Psychoanalyse und Religion, Darmstadt 1977, 343-369.

Meerwein, F. (1985): Starb Rainer Maria Rilke seinen eigenen Tod? Eine psychoanalytische Studie über Rilkes leukämische Erkrankung. In: Psychoanalyse, hg. von der Schweizerischen Gesellschaft für Psychoanalyse, Neuchâtel, 123-196.

Meier, P. (1997): Ich Bruder Klaus von Flüe. Eine Geschichte aus der inneren Schweiz (Biographie), Zürich.

Meissner, W.W. (1977): Faith and identity. In: R.A. Johnson (Ed.): Psychohistory and religion. The case of young man Luther, Philadelphia, 97-126.

Meissner, W.W. (1992): Ignatius von Loyola: The psychology of a saint. New Haven (dtsch: Ignatius von Loyola. Psychogramm eines Heiligen, Freiburg i.Br. 1997).

Meissner, W.W. (1997): Vincent's religion – The search for meaning, New York.

Meissner, W.W. (2001): Belief in non-belief. The case of Vincent van Gogh. In: J.A. Belzen (Ed.): Psychohistory in psychology of religion. Interdisciplinary studies, Amsterdam & Atlanta, 65-89.

Mendl, H. (2000): Heldendämmerung. Peinliche Überbautypen oder Heilige der Unscheinbarkeit als Vorbilder in der religiösen und ethischen Erziehung? In: Religionspädagogische Beiträge 45, 3-26.

Meng, H. (1973) (Hg.): Psychoanalytische Pädagogik des Kleinkindes, München & Basel.

Merkle, S. (1929): Gutes an Luther und Übles an seinen Tadlern. In: A. von Martin (Hg.): Luther in ökumenischer Sicht, Stuttgart, 9-19.

Merton, T. (1985): Der Berg der sieben Stufen. Autobiographie, Zürich u.a.

Metelmann, V. (1985): Wahrheit und Illusion. Der Dialog zwischen Oskar Pfister und Sigmund Freud. In: Wege zum Menschen 37, 326-336.

Meyer, H. (1994): Sexualität und Bindung, Weinheim.

Meyer, G. (1995): Von der Archetypenlehre zur Wirkbilddidaktik. Eine religionspädagogische Auseinandersetzung mit der Jungschen Archetypenlehre, Mainz.

Meyer, C. (o.J.): Der Aberglaube des Mittelalters und der nächstfolgenden Jahrhunderte, Stuttgart (erstmals 1884).

Miller, A. (1980): Am Anfang war Erziehung, Frankfurt/M.

Miller, A. (1983): Das Drama des begabten Kindes, Frankfurt/M.

Mitscherlich, A. (1972) (Hg.): Psycho-Pathographien I. Schriftsteller und Psychoanalyse, Frankfurt/M.

Modgil, S. (1988): Lawrence Kohlberg. Consensus and controversy, Philadelphia.

Mönkemöller, Dr. (1908): Anna Katharina Emmerich, die stigmatisierte Nonne von Dülmen. In: Zeitschrift für Religionspsychologie. Grenzfragen der Theologie und Medizin 1, 254-268, 299-319.

Moller, H. (1965): Affective mysticism in Western civilzation. In: Psychoanalytic Review 52, 259-274.

Montinari, M. (1982): Nietzsche lesen, Berlin & New York.

Moore, R.L. (1979): John Wesley and authority. A pschological perspective, Missoula

Morgan, E.F. (1990): 'Journeys in faith': a narrative theological study of religious autobiographical quests, unpublished Ph. D. dissertation, University of Ohio.

Mountjoy, P.T. & *Sundberg*, M.L. (1981): Ben Franklin the protobehaviorist: Self –management of behavior. In: The Psychological Record 31, 13-24.

Moser, T. (1976): Gottesvergiftung, Frankfurt/M.

Moser, T. (1979): Grammatik der Gefühle. Mutmaßungen über die ersten Lebensjahre, Frankfurt/M.

Moxon, C. (1922): Epileptic traits in Paul of Tarsus. In: Psychoanalytic Review 9, 60-66.

Moxon, C. (1931): Freuds denial of religion. In: British Journal of Medical Psychology 11, 150-157.

Müller, N. (1964): Die Religiosität des Dichters Rainer Maria Rilke, Halle & Wittenberg.

Müller, S. (1999): Antonianer. Anton Unternährer. http://www.relinfo.ch/ antonianer/ info.html.

Müller-Braunschweig, C. (1929): Freuds „Zukunft einer Illusion". In: Zeitschrift für Sexualwissenschaft und Sexualpolitik 15, 55-58.

Mulack, C. (1987): Jesus – der Gesalbte der Frauen. Weisheit als Grundlage christlicher Ethik, Stuttgart.

Mummendey, H.D. (²1995): Psychologie der Selbstdarstellung, Göttingen.

Muralt, A. (1920): Ein Pseudoprophet. Eine psychoanalytische Studie, München.

Murray, H.A. & *Kluckhohn*, C. (1953): Outline of a conception of personality. In: Kluckhohn et al (Eds.): Personality in nature, society and culture, New York, 3-49.

Musgrave, A. (1979): Explanation, description and scientific realism, Milano.

Neugarten, B & *Datan*, N. (1978): Lebenslauf und Familienzyklus. In: L. Rosenmayr (Hg): Die menschlichen Lebensalter, München, 165-188.

Neumann, B. (1970): Identität und Rollenzwang. Zur Theorie der Autobiographie, Frankfurt/M.

Neumann, E. (1956): Die große Mutter. Eine Phänomenologie der weiblichen Gestaltungen des Unbewussten, Zürich.

Neumann, E. (1980): Herrschafts- und Sexualsymbolik. Grundlagen einer alternativen Symbolforschung, Stuttgart.

Neumann, J. (1952): Sören Kierkegaards Individuationsprozess nach seinen Tagebüchern. In: Zeitschrift für Psychotherapie und medizinische Psychologie 2, 152-168.

Neumann, J. (1968): Kierkegaards ‚Pfahl im Fleisch'. In: Zeitschrift für Individualpsychologie 18, 7-14.

Niederland, W.G. (1978): Der Fall Schreber. Das psychoanalytische Profil einer paranoiden Persönlichkeit, Frankfurt/M.

Nietzsche, F. (1955): Sämtliche Werke in drei Bänden. Herausgegeben von K. Schlechta, München.

Nipkow, K.E. (1983): Wachstum des Glaubens – Stufen des Glaubens. Zu James Fowlers Konzept der Strukturstufen des Glaubens auf reformatorischem Hintergrund. In: H.M. Müller & D. Rössler (Hg.): Reformation und Praktische Theologie, Göttingen, 161-89.

Nipkow, K.E. (1986): Lebensgeschichte und religiöse Lebenslinie. Zur Bedeutung der Dimension des Lebenslaufs in der Praktischen Theologie und Religionspädagogik. In: Jahrbuch der Religionspädagogik (JRP) 3, Neukirchen, 4-35.

Nipkow, K.E. u.a. (1988) (Hg.): Glaubensentwicklung und Erziehung, Gütersloh.

Noam, G. (1993): Selbst, Moral und Lebensgeschichte. In: W. Edelstein u.a. (Hg.): Moral und Person. Frankfurt/M., 171-199.

Norman, H.J. (1913): Emanuel Swedenborg: A study in morbid psychology. In: Journal of Mental Science 59, 286-305.

Nuber, U. (1995): Der Mythos vom frühen Trauma. Über Macht und Einfluss der Kindheit, Frankfurt/M.

Nunner-Winkler, G. (1989): Identität. Das Ich im Lebenslauf. In: Psychologie heute (Hg.): Das Ich im Lebenslauf, Weinheim, 83-106.

Nunner-Winkler, G. (1999): Moralische Motivation und moralische Identität. Zur Kluft zwischen Urteil und Handeln. In: D. Garz u.a. (Hg.): Moralisches Urteil und Handeln, Frankfurt/M., 314-339.

Nyberg, T. (1985): Birgitta von Schweden – die aktive Gottesschau. In: P. Dinzelbacher & D.R. Bauer (Hg): Frauenmystik im Mittelalter, Ostfildern, 275-289.

Nyssen, F. (1984): Lieben Eltern ihre Kinder? Quellendiskussion zur Geschichte der Kindheit, Frankfurt/M.

Nyssen, F. & *Janus*, L. (1997) (Hg.): Psychogenetische Geschichte der Kindheit. Beiträge zur Psychohistorie der Eltern-Kind-Beziehung, Gießen.

Obrist, W. (1993): Tiefenpsychologie und Theologie. Aufbruch in ein neues Bewusstsein: eine Einführung, Zürich.

Oehler, A. (1940): Nietzsches Mutter, München.

Oehler, M. (1939): Friedrich Nietzsches Ahnentafel, Weimar.

Oerter, R. (1996): Was ist Religiosität, und warum entwickelt sie sich? In: F. Oser & K.H. Reich (Hg.): Eingebettet ins Menschsein: Beispiel Religion, Lengerich, 23-40.

Oerter, R. (1993): Das Kinderspiel. Ein handlungstheoretischer Ansatz, München.

Oser, F. (1988): Genese und Logik der Entwicklung des religiösen Bewusstseins: Eine Entgegnung auf Kritiken. In: K.E. Nipkow u.a. (Hg.): Glaubensentwicklung und Erziehung, Gütersloh, 48-88.

Oser, F. (1988 a): Wieviel Religion braucht der Mensch? Erziehung und Entwicklung zur religiösen Autonomie, Gütersloh.

Oser, F. (1989): Stufen religiöser Entwicklung. Fakten oder Fiktionen? Ein Gespräch mit Fritz Oser. In: A.A. Bucher & K.H. Reich (Hg.): Entwicklung von Religiosität, Fribourg, 239-256.

Oser, F. (1992): Religiöse Entwicklung im Erwachsenenalter. In: M. Böhnke u.a. (Hg.): Erwachsen im Glauben, Stuttgart, 67-88.

Oser, F. (1994): Die emotionale Dimension der Entstehung Gottes im Kinde. In: V. Merz (Hg.): Alter Gott für neue Kinder, Fribourg, 136-157.

Oser, F. (2001): Acht Strategien der Wert- und Moralerziehung. In: W. Edelstein (Hg.): Moralische Erziehung in der Schule, Weinheim, 63-89.

Oser, F. (2002) Mystische und psychologische Stufen der religiösen Entwicklung: inkompatibel, analog, ergänzungsbedürftig? Ein spekulativer Vergleich. In: W. Simon (Hg.): meditatio. Beiträge zur Theologie und Religionspädagogik der Spiritualität, Münster, 67-80.

Oser, F. & *Althof*, W. (1992): Moralische Selbstbestimmung. Modelle der Entwicklung und Erziehung im Wertebereich, Stuttgart.

Oser, F. & *Bucher*, A. (^{5}2002): Religiosität, Religionen und Glaubens- und Wertgemeinschaften. In: R. Oerter und L. Montaga (Hrsg.), Entwicklungspsychologie. Ein Lehrbuch, Weinheim, 940-954.

Oser, F. & *Gmünder*, P. (1984): Der Mensch – Stufen seiner religiösen Entwicklung. Ein strukturgenetischer Ansatz. Zürich & Köln.

Oser, F. & *Gmünder*, P. (^{4}1996): Der Mensch – Stufen seiner religiösen Entwicklung. Ein strukturgenetischer Ansatz, Gütersloh.

Oser, F. & *Reich*, K.H. (1990): Moral judgment, religious judgment, world view: their relationship considered conceptually and as supported by empirical data. In: British Journal of Religious Education 12, 94-101, 172-181.

Oser, F. & *Reich*, K.H. (1992): Entwicklung und Religiosität. In: E. Schmitz (Hg.): Religionspsychologie, Göttingen 65-100.

Oser, F. & *Reich*, K.H. (1996) (Hg.): Eingebettet ins Menschsein: Beispiel Religion. Aktuelle psychologische Studien zur Entwicklung von Religiosität, Lengerich.

Oser, F. & *Reich*, K.H. (1996 a): Psychological perspectives on religious development. In: World Psychology 2, 365-396.

Oser, F. u.a. (1994): Development of Belief and Unbelief in Childhood and Adolescence. In: Gorveleyn, J. & Hutsebaut, D. (Eds.): Belief and Unbelief. Psychological Perspectives, Amsterdam / Atlanta, 39-62.

Paramelle, F. (1978): Die Autoren des Anti-Ödipus. Freudianer wider Willen. In: J. Chasseguet-Smirgel (Hg.): Wege des Anti-Ödipus, Frankfurt/M., 48-67.

Pargament, K.I. (1997): The psychology of religion and coping. Theory, research, practice, New York & London.

Parks, S. (1988): James Fowlers Theorie der Glaubensentwicklung. Eine Zusammenfassung der Hauptkritikpunkte. In: K.E. Nipkow u.a. (Hg.): Glaubensentwicklung und Erziehung, Gütersloh, 91-107.

Pasche, F. (1949): Kierkegaard et la psychopathologie. In: Évolution psychiatrie, 61-69.

Pasquale, G. (2000): Pater Pio – der Kapuziner mit den Wundmalen. In: Geist und Leben 73, 99-112.

Paul, S. (1979): Begegnungen. Zur Geschichte persönlicher Dokumente in Ethnologie, Soziologie und Psychologie, 2 Bände, Hohenschäftlarn.

Paulus, P. (1994): Selbstverwirklichung und psychische Gesundheit. Konzeptionelle Analysen und ein Neuentwurf, Göttingen.

Pearson, C.S. (1990): Der Held in uns. Die sechs Archetypen: Magier, Krieger, Märtyrer, Wanderer, Unschuldiger, Waise, München.

Perrez, M. (1979): Ist die Psychoanalyse eine Wissenschaft? 2. überarbeitete und erweiterte Auflage, Bern u.a.

Pestalozzi, J.H. (1954): Stanserbrief. In: Gesammelte Werke in zehn Bänden, hg. Von E. Bosshart, Band 9, Zürich 1954, 1-46.

Pestalozzi, J.H. (1977): Auswahl aus seinen Schriften 1, hg. von A. Brühlmaier, Bern u.a.

Petermeier, M. (1998): Die religiöse Entwicklung der Edith Stein. Eine Untersuchung zur Korrelation von Lebens- und Glaubensgeschichte, Frankfurt/M.

Petterson, O. (1978): Nills Gyllenstierna – A Swedish mystic in the 18th century. A synopsis of a study of religious development with special regard to mysticisms and to the religious tradition. In: T. Källstad (Ed.): Psychological studies on religious man, Stockholm, 47-70.

Peukert, H. (1978): Wissenschaftstheorie – Handlungstheorie – Fundamentale Theologie. Analysen zu Ansatz und Status theologischer Theoriebildung, Frankfurt/M.

Pfeil, H. (1975): Von Christus zu Dionysos. Nietzsches religiöse Entwicklung, Meisenheim.

Pfister, O. (1911): Hysterie und Mystik bei Margaretha Ebner (1291-1351). In: Zentralblatt für Psychoanalyse und Psychotherapie 1, 468-485 (wieder abgedruckt in: Pfister, O.: Zum Kampf um die Psychoanalyse, Leipzig 1920, 208-243).

Pfister, O. (1920): Die Entwicklung des Apostels Paulus. Eine religionsgeschicht-liche und psychologische Skizze. In: Imago VI, 243-290.

Pfister, O. (1920 a): Zur Psychologie des hysterischen Madonnenkultes. In: Ders.: Zum Kampf um die Psychoanalyse, Leipzig u.a., 196-207.

Pfister, O. (^{2}1925): Die Frömmigkeit des Grafen Ludwig von Zinzendorf. Eine psychoanalytische Studie. Zweite verbesserte Auflage, Leipzig und Wien.

Pfister, O. (1944): Das Christentum und die Angst, Zürich.

Piaget, J. (1909) : La Xerophila obvia au canton de Vaud. In: Le rameau de sapin: organe du Club jurassien 43, 13.

Piaget, J. (1914): Bergson et Sabatier. In: Revue chrétienne, 61 (4), 192-200.

Piaget, J. (1915): La mission de l'idée, Lausanne (1916 auf dem Titelblatt).

Piaget, J. (1918): Recherche, Lausanne.

Piaget, J. (1921): L'orientation de la philosophie religieuse en Suisse romande. In: La semaine littéraire, 29 (1443), 27. August, 409-412.

Piaget, J. (1923): La psychologie et les valeurs religieuses. In: Association Chrétienne d'Etudiants de la Suisse Romande (Hg.), Sainte-Croix 1922, Lausanne, 38-82.

Piaget, J (1926): Deux ouvrages récents de la psychologie religieuse. In: Revue de théologie et de philosophie, 14, 142-147.

Piaget, J. (1928): Immanence et Transcendence. In: Ders. & J. de la Harpe (Hg.). Deux types de d'attitude religieuse: Immanence et Transcendence, Genf, 5-40.

Piaget, J. (1930): Immanentisme et foi religieuse. In: Le Groupe romand des Anciens Membres de l'Association Chrétienne d'Etudiants (Hg.), Genf.

Piaget, J. (1973): Strukturalismus, Olten & Freiburg i.Br.

Piaget, J.: (1973 a): Das moralische Urteil beim Kinde, Frankfurt/M.

Piaget, J. (1976): Die Äquilibration der kognitiven Strukturen, Stuttgart.

Piaget, J. (1976 a): Autobiographie. Les sciences sociales avec et après Jean Piaget. In: Cahiers Vilfredo Pareto: revue européenne des sciences sociales 14 (38-39), 1-43.

Piaget, J. (1976 b): Autobiographie. In: Jean Piaget – Werk und Wirkung / mit den autobiographischen Aufzeichnungen von Jean Piaget und Beitr. von G. Busino et al, München, 15-60.

Piaget, J. (1979): Autobiographie. In: J. Pongratz u.a. (Hg.): Psychologie in Selbstdarstellungen, Bern & Stuttgart, 149-209.

Piaget, J. (1983) : Biologie und Erkenntnis. Über die Beziehungen zwischen Regulationen und kognitiven Prozessen, Frankfurt/M.

Pilgrim, V.E. (1989): Muttersöhne, Reinbek.

Polat, S. (2001): Luise Rinsers Weg zur mystischen Religiosität. Glaube erwach-sen aus Erfahrung. Mit einem Interview, Münster.

Pollock, J. (1990): John Wesley 1703-1791, Stuttgart.

Popper, K.R. (1969): Conjectures and refutations. The growth of scientific knowledge, London.

Porzelt, B. (1999): Jugendliche Intensiverfahrungen. Qualitativ-empirischer Zugang und religionspädagogische Relevanz, Graz.

Povah, J.W. (1925): The new psychology and the Hebrew Prophets, London.

Power, C. (1979): The moral atmosphere of a just community high school: A four year longitudinal study. Unveröffentlichte Dissertation, Cambridge: Harvard University

Prater, D.A. (1989): Ein klingendes Glas. Das Leben Rainer Maria Rilkes. Eine Biographie, Reinbek.

Precht, M. (1817): Seitenstück zur Weisheit Dr. Luthers, Sulzbach.

Prince, R. & *Savage,* C. (1966): Mystical states and the concept of regression. In: Psychodelic Review 1, 59-75.

Priskil, P. (1993): Infantiler Sexualkonflikt und Regression in Rainer Maria Rilkes Werk. In: System ubw 11, 5-62.

Pruyser, P.W. (1977): From Freud to Erikson: Developments in psychology of religion. In: R.A. Johnson (Ed.): Psychohistory and religion. The case of young man Luther, Philadelphia, 88-96.

Puka, B. (1994): Moral development. A compendium, 7 series, New York & London.

Raab, J. (1999): Encountering others: Interpreting the faith development of Thomas Merton in light of Fowlers "Stages of Faith" In: Religious Education 94, 140-154.

Raguse, H. (1994): Zur Psychoanalyse des Glaubens an den Teufel. In: Wege zum Menschen 46, 134-147.

Raguse, H. (1997): Psychoanalytische Gedanken zum theologischen Sprechen von Angst und Hoffnung. In: J. Fischer & U. Gäbler (Hg.): Angst und Hoffnung, Stuttgart, 167-186.

Rahner, H. (1966): Griechische Mythen in christlicher Deutung, Zürich.

Rahner, K. (1956): Priester und Dichter. In: Ders.: Schriften zur Theologie, Band III, Einsiedeln & Köln, 349-375.

Rancour-Lafferrier, D. (1998) : Tolstoy on the couch. Misogyny, masochism and the absent mother, Hampshire & London.

Rank, O. (1909): Der Mythos von der Geburt des Helden, Leipzig.

Rank, O. & *Sachs,* H. (1913): Die Bedeutung der Psychoanalyse für die Geisteswissenschaften, Wien.

Rasmussen, E. (1905): Jesus. Eine vergleichende psychopathologische Studie, Leipzig.

Rattner, J. (1990): Tiefenpsychologie und Religion, Frankfurt/M.

Rattner, J. (1990 a): Klassiker der Tiefenpsychologie, München.

Rattner, J. (1993): Kunst und Krankheit in der Psychoanalyse, München.

Rattner, J. (1998): Österreichische Literatur und Psychoanalyse, Würzburg.

Ray, R.E. & *McFadden,* S.H. (2001): The web and the quilt: Alternatives to the heroic journey toward spiritual development. In: Journal of Adult Development 8, 201-211.

Rebell, W. (1986): Gehorsam und Unabhängigkeit. Eine sozialpsychologische Studie zu Paulus, München.

Regnard, J. (1889/99): Génie et folie: refutation d'un paradox. In: Annals médicine-psychologiques, 56-57.

Reich, W. (1977): Die drei Grundelemente des religiösen Gefühls. In: E. Nase & J. Scharfenberg (Hg.): Psychoanalyse und Religion, Darmstadt, 75-82.

Reich, K.H. (1992): Kann Denken in Komplementarität die religiöse Entwicklung im Erwachsenenalter fördern? Überlegungen am Beispiel der Lehrformel von Chalkedon, und weiterer theologischer 'Paradoxe'. In: M. Böhnke u.a. (Hg.): Erwachsen im Glauben, Stuttgart, 127-154.

Reich, K.H. (1992 a): Religious development across the life span: Conventional and cognitive developmental approaches. In: D.L. Featherman et al (Eds.): Life span development and behavior 11, Hillsdale (NJ), 145-188.

Reich, K.H. (1993): Integrating different theories: The case of religious development. In: Journal of Empirical Theology 6, 39-49. (Wieder abgedruckt in: B. Spilka & D.N. McIntosh (Eds.): The psychology of religion. Theoretical approaches, Oxford 1997, 105-113).

Reich, K.H. (2000): Entstehung und Entwicklung einer Mensch-,Gott'-Beziehung. In: S. M. Daecke & J. Schnakenberg (Hg.): Gottesglaube - ein Selektionsvorteil? Religion in der Evolution, Gütersloh, 82-102.

Reich, K. H (2002): Developing the horizons of the mind. Relational and contextual reasoning and the resolution of cognitive conflict, Cambridge, UK / New York.

Reich, K.H. & *Oser*, F. (2002): Eine reifere Mensch-„Gott"-Beziehung und komplexeres Denken: Zwei Seiten der gleichen Entwicklung. In: E. Beckers u.a. (Hg.): Die Programmierung des kindlichen und des jugendlichen Gehirns (3. Symposium des Professorenforums), Gießen, 82-96.

Reich, K.H. & *Schröder*, A. (1995): Komplementäres Denken im Religionsunterricht. Ein Werkstattbericht über unser Unterrichtsprojekt. Rehburg-Loccum: Religionspädagogisches Institut Loccum, Loccumer Pelikan, Sonderheft 3.

Reichardt, M. (1999): Psychologische Erklärungen der paulinischen Damaskusvision? Ein Beitrag zum interdisziplinären Gespräch zwischen Exegese und Psychologie seit dem 18. Jahrhundert, Stuttgart.

Reik, T. (1912): Flaubert und seine „Versuchung des Heiligen Antonius". Ein Beitrag zur Künstlerpsychologie, Minden.

Reik, T. (1923): Der eigene und fremde Gott. Zur Psychoanalyse der religiösen Entwicklung, Leipzig.

Reiter, P.I. (1937/1941): Martin Luthers Umwelt, Charakter und Psychose, 2 Bände, Kopenhagen.

Reyburn, H. & *Hinderks*, H.E. (1946): Friedrich Nietzsche. Ein Denkerleben und seine Philosophie, Kempen.

Richter, H.E. (1969): Eltern, Kind und Neurose. Die Rolle des Kindes in der Familie, Reinbek.

Ricoeur, P. (1974): Die Interpretation. Ein Versuch über Freud, Frankfurt/M.

Rijnaarts, J. (1991): Lots Töchter. Über den Vater-Tochter Inzest, München.

Riklin, F. (1914): Franz von Assisi. In: Wissen und Leben 7, 45-59.

Ringel, E. & *Kirchmayr*, A. (1986): Religionsverlust durch religiöse Erziehung. Tiefenpsychologische Ursachen und Folgerungen, Freiburg i.Br.

Ringele, B. (1984): Tilmann Mosers „Gottesvergiftung". Über Ursprünge von Religion im frühen Kindesalter, Essen.

Ringler, S. (1995): Ebner, Margareta. In: Lexikon für Theologie und Kirche, Band 3, Freiburg i.Br., 433.

Ritter, G. (1985): Luther: Gestalt und Tat, Frankfurt/M.

Rittmeister, J. (1982): Voraussetzungen und Konsequenzen der Jungschen Archetypenlehre. In: Psyche 36, 1032-1044.

Ritzel, F. (1977): Der Weg der geistigen Kindheit. Wege des Vertrauens und der restlosen Hingabe, Jestetten.

Rivari, E. (1914): La mente et il carattere di Luthero, Bologna.

Rizzuto, A.M. (1979): The birth of the living God. A psychoanalytic study, Chicago.

Rizzuto, A.M. (1991): Religious development. A psychoanalytic point of view. In: F. Oser & W.G. Scarlett (Eds.): Religious development in childhood and adolescence. New Directions in Child Development 52, 47-62.

Rizzuto, A.M. (1998): Why did Freud reject God: A psychodynamic interpretation, New Haven & London.

Rizzuto, A.M. (2001): Freud's disrupted idealizations, religious unbelief, and his collection of antiquities. In: J.A. van Belzen (Ed.): Psychohistory in psychology of religion. Interdisciplinary studies, Amsterdam, 91-112.

Robo, E. (1955): Two portraits of St. Therese of Lisieux, Chicago.

Röckelein, H. (1993): Der Beitrag der psychohistorischen Methode zur „neuen historischen Biographie". In: Dies. (Hg.): Biographie als Geschichte, Tübingen, 17-38.

Roland, A. (1988): In search of self in India and Japan. Toward a cross-cultural psychology, Princeton.

Rolland, R. (1929): Das Leben des Ramakrishna, Leipzig.

Rollett, B. & *Kager*, A. (1999): Post-modern religiousness: A prerogative of the „New Religions"? Religious emotions and religious development. Findings of a pilot study. In: K.H. Reich et al (Eds.): Psychological studies on spiritual and religious development, Lengerich, 142-154.

Rorschach, H. (1927): Zwei schweizerische Sektenstifter. Nach Vorträgen in der Schweizerischen Gesellschaft für Psychoanalyse. In: Imago 13, 395-441.

Rosenbaum, R. (1999): Die Hitler-Debatte. Auf der Suche nach dem Ursprung des Bösen, München & Wien.

Rosenthal, G. (2001): Biographieforschung. In: H. Keupp & K. Weber (Hg.): Psychologie. Ein Grundkurs, Reinbek, 266-275.

Roskoff, G. (1987): Geschichte des Teufels. Eine kulturhistorische Satanologie von den Anfängen bis ins 18. Jahrhundert, Nördlingen.

Ross, N. (1975): Affect as cognition: With observations on the meaning of mystical states. In: Internation Review on Psycho-Analysis 2, 79-93.

Rucht, D. (1980): Erwachsenwerden. Identitätsprobleme von Gymnasiasten, München.

Ruh, K. (1993): Geschichte der abendländischen Mystik, Band 2: Frauenmystik und Franziskanische Mystik der Frühzeit, München.

Ruhbach, G. & *Sudbrack*, J. (1989): Christliche Mystik. Texte aus zwei Jahrtausenden, München.

Runyan, W.K. (1984): Life histories and psychobiography. Explorations in theory and method, New York & Oxford.

Rutschky, K. (1977): Schwarze Pädagogik. Quellen zur Naturgeschichte der bürgerlichen Erziehung, Frankfurt/M.

Ryan, J. (1972): Umschlag und Verwandlung. Poetische Struktur und Dichtungstheorie in Rainer Maria Rilkes Lyrik in der mittleren Periode, München.

Sack, A. (1995): Die religiöse Entwicklung Hermann Hesses. Diskutiert an seiner indischen Dichtung „Siddharta". Unveröffentlichte Magisterarbeit, Katholisch-Theologische Fakultät der Universität Wien.

Saffady, E. (1973): The effects of childhood bereavement and parental remarriage in Sixteenth century England: The case of Thomas More. In: History of Childhood Quarterly 1, 310-336.

Saffady, W. (1976): New develeopments in the psychoanalytic study of religion: A bibliographic survey of the literature since 1960. In: The Psychoanalytic Review 63, 291-299.

Salis, J.R. (1936): Rainer Maria Rilkes Schweizerjahre, Frauenfeld.

Sandvoss, E. (1978): Aurelius Augustinus. Ein Mensch auf der Suche nach Sinn, Freiburg i.Br.

Sanford, J. A. (1987): The man who wrestled with God. Light from the Old Testament on the psychology of religion, New York.

Scarlett, G.W. (1999): Spiritual development: Lessons from Lincoln. In: K.H. Reich et al (eds.): Psychological studies on spiritual and religious development 2, Lengerich, 25-49.

Scavullo, F.M. (1983): Leonard Feeney: The priest who was more Catholic than the Pope. In: D.A. Halperin (Ed.): Psychodynnamic perspectives on religion, sect and cult, Boston et al, 105-111.

Schäfer, A. (1938): Die Gottesanschauung Rainer Maria Rilkes. Versuch einer Entwicklungsgeschichte, Würzburg.

Schaefer, M. (1950): Die Psychose Swedenborgs, München.

Schär, H. (1950): Erlösungsvorstellungen und ihre psychologischen Aspekte, Zürich.

Schank, S. (1995): Kindheitserfahrungen im Werk Rainer Maria Rilkes. Eine biographisch-literaturwissenschaftliche Studie, St. Ingebert.

Scharfenberg, J. (1985): Luther in psychohistorischer Sicht. In: Wege zum Menschen 37, 15-27.

Schattner, S. (1996): Die religiöse Entwicklung André Gides. Unveröffentlichte Diplomarbeit an der Geisteswissenschaftlichen Fakultät der Universität Wien.

Scheel, O. (1917): Martin Luther. Vom Katholizismus zur Reformation II: Im Kloster, Tübingen.

Scheel, O. (^{3}1921): Martin Luther. Vom Katholizismus zur Reformation I: Auf der Schule und Universität, Tübingen.

Scheel, O. (1929): Dokumente zu Luthers Entwicklung, Tübingen.

Schjelderup, H. & *Schjelderup*, K. (1932): Über drei Haupttypen der religiösen Erlebnisformen und ihre psychologische Grundlage, Berlin & Leipzig.

Schmidinger, H. (1994): Der Mensch ist Person. Ein christliches Prinzip in theologischer und philosophischer Sicht, Innsbruck.

Schmidt, M. (1987 I): John Wesley: Leben und Werk. Band 1: Aufbruch und Veränderung, Zürich.

Schmidt, M. (1987 II): John Wesley: Leben und Werk. Band 2: Ruf in die Auseinandersetzung, Zürich.

Schmidt-Denter, U. (1988). Soziale Entwicklung. Ein Lehrbuch über soziale Beziehungen im Laufe des menschlichen Lebens, Weinheim.

Schmitz, S. (1988): In Menschen der Bibel sich wiederfinden. Tiefenpsychologische Zugänge, Olten & Freiburg i.Br.

Schmitz, E. (1992): Religionspsychologie. Eine Bestandesaufnahme des gegenwärtigen Forschungsstandes, Göttingen.

Schneider, M. (1993): Krisis. Zur theologischen Deutung von Glaubens- und Lebenskrisen. Ein Beitrag zur theologischen Anthropologie, Frankfurt/M.

Schneider-Flume, G. (1984): Die Identität des Sünders. Eine Auseinandersetzung theologischer Anthropologie mit dem Konzept der psychosozialen Identität Erik H. Eriksons, Göttingen.

Schroeder, T. (1908): Erotogenese der Religion. In: Zeitschrift für Religionspsychologie. Grenzfragen der Theologie und Medizin 1, 445-455.

Schroeder, T. (1977): Der psychoanalytische Zugang zur religiösen Erfahrung. In: E. Nase & J. Scharfenberg (Hg.): Psychoanalyse und Religion, Darmstadt, 54-74.

Schubart, W. (1966): Religion und Eros, hg. von F. Seifert, München.

Schur, M. (1977): Sigmund Freuds Leben und Sterben, Frankfurt/M.

Schwarzenau, P. (1984): Das göttliche Kind. Der Mythos vom Neubeginn, Stuttgart.

Schwarzenau, P. (1990): Das Kreuz. Die Geheimlehre Jesu, Stuttgart.

Schweitzer, A. (o.J.) ([1]1906): Geschichte der Leben-Jesu-Forschung, Tübingen.

Schweitzer, A. (1933): Die psychiatrische Beurteilung Jesu. Darstellung und Kritik. Zweite, photomechanisch gedruckte Auflage, Tübingen ([1]1913).

Schweitzer, F. (1987): Lebensgeschichte und Religion. Religiöse Entwicklung und Erziehung im Kindes- und Jugendalter, München.

Schweitzer, F. (1992): Die Religion des Kindes. Zur Problemgeschichte einer religionspädagogischen Grundfrage, Gütersloh.

Schweitzer, F & *Bucher*, A.A. (1989): Schwierigkeiten mit Religion. Zur subjektiven Wahrnehmung religiöser Entwicklung. In: A.A.: Bucher & K.H. Reich (Hg.): Entwicklung von Religiosität, Fribourg, 121-148.

Seiler, D. (1998): Zum Verhältnis von Psychoanalyse und Religion. Eine Literaturübersicht. In: Wege zum Menschen 50, 479-485.

Selman, R. u.a. (1982): Entwicklung der Fähigkeit zur Selbstreflexion bei Kindern. In: W. Edelstein & M. Keller (Hg.): Perspektivität und Interpretation Frankfurt/M. 375-421.

Shafranske, E.P. (1995): Freudian theory and religious experience. In: R.W. Hood jr. (Ed.): Handbook of religious experience, Birmingham, 200-230.

Shaley, V. (1989): „A girl, almost". Rainer Maria Rilke's false female self. In: Psychoanalytic Review 76, 425-446.

Sieber, C. (1932): René Rilke. Die Jugend Rainer Maria Rilkes, Leipzig.

Siggins, I. (1981): Luther and his mother, Philadelphia.

Silberer, H. (1914): Probleme der Mystik und ihrer Symbolik, Wien & Leipzig 1914.

Simenauer, E. (1953): Rainer Maria Rilke. Legende und Mythos, Frankfurt.

Simo, J. (1983): On Christianity and the Oedipal winner. In: Psychoanalytic Review 70, 321-329.

Simpson, E.L. (1974): Moral development research: A case study of scientific cultural bias. In: Human Development 17, 81-106.

Singer, J. (1973): Boundaries of the soul. The practice of C.G. Jung's psychology, London.

Siwek, P. (1954): The riddle of Konnersreuth. A psychological and religious study, Dublin.

Slee, N. (1996): Further on from Fowler: post-Fowler faith development research. In: L.J. Francis et al (Eds.): Research on Religious Education, Macon, 73-96.

Smith, P. (1913): Luther's early development in the light of psycho-analysis. In: American Journal of Psychology 24, 360-377.

Sommer, V. (1990): Wider die Natur? Homosexualität und Evolution, München.

Spangenberg, A.G. (1971): Leben des Herrn Nicolaus Ludwig Grafen und Herrn von Zinzendorf und Pottendorf, Band I/II, Hildesheim.

Sparn, W. (1990): Dichtung und Wahrheit. Einführende Bemerkungen zum Thema: Religion und Biographik. In: Ders. (Hg.): Wer schreibt meine Lebensgeschichte? Gütersloh, 11-29.

Spiegel, Y. (Hg.): Psychoanalytische Interpretationen biblischer Texte, München 1972.

Spiegel, Y. (1988): C.G. Jung unter den Theologen: Kritische Anfragen an die theologische Jung-Rezeption. In: Wege zum Menschen 40, 157-162.

Spinoza, B. (1966): Die Ethik. Schriften und Briefe, hg. von F. Bülow, Stuttgart.

Spiro, M.E. (1987): Collective representations and mental representations in religious symbol systems. In: B. Kilborne & L.L. Langness (Eds.): Culture and human nature, Chicago, 161-184.

Spitz, L.W. (1977): Psychohistory and history: The case of young man Luther. In: R.A. Johnson (Ed.): Psychohistory and religion. The case of young man Luther, Philadelphia, 57-87.

Spoerl, H.D. (1937): Preface to a psychological interpretation of Swedenborg. In: New Christianity 3, 14-17.

Spranger, E. ([2]1959): Pestalozzis Denkformen, Heidelberg.

Spunda, F. (1926): Die Religiosität des Paracelsus. In: K. Beth (Hg.): Religionspsychologie. Veröffentlichungen des Wiener Religionspsychologischen Forschungs-Institutes, Wien & Leipzig, 154-171.

Stachel, G. (1989): Gebet – Schweigen – Meditation. Schritte zur Spiritualität, Freiburg i.Br.

Stachel, G. (1989 a): Das »nicht« als Ziel der Bildung. In: R. Preul u.a. (Hg.): Bildung – Glaube – Aufklärung, Gütersloh, 61-73.

Stannard, D.E. (1980): Shrinking history: on Freud and the failure of psychohistory, New York.

Staude, J.R. (1981) : The adult development of C.G. Jung, Boston.

Steiner, J. (1967): Das Motiv der Puppe bei Rilke. In: H. Sembdner (Hg.): Kleists Aufsatz über das Marionettentheater. Studien und Interpretationen, Berlin, 132-170.

Steiner, J. (1969): Rilkes Duineser Elegien, Bern.

Stephens, A. (1982): „Alles ist nicht es selbst" – zu den Duineser Elegien. In: U. Fülleborn (Hg.): Rilkes Duineser Elegien. Zweiter Band: Forschungsgeschichte, Frankfurt/M., 307-348.

Stern, A. (1957): Zum Problem der Epilepsie bei Paulus. In: Psychiatria et Neurologia 133, 276-284.

Stern, W. (1981): Psychologie der frühen Kindheit und Psychoanalyse. In: J. Cremerius (Hg.): Die Rezeption der Psychoanalyse in der Soziologie, Psychologie und Theologie im deutschsprachigen Raum bis 1940, Frankfurt/M., 210-226.

Stierlin, H. (1975): Adolf Hitler. Familienperspektiven, Frankfurt/M.

Stietencron, H. (1991): Angst und Religion, Düsseldorf.

Stone, L. (1981): The past and the present, Boston.

Strachey, J. (1939): Preliminary notes upon the problem of Akhnaten. In: International Journal of Psychoanalysis 20, 33-42.

Streib, H. (2001): Faith development research at twenty years. Paper presented at the 14th Conference of the International Association for the Psychology of Religion, September 28 – 30, 2001 in Soesterberg, Netherlands.

Streib, H. (2001 b): Faith development theory revisited: the religious styles perspective. In: The International Journal for the Psychology of Religion 11, 143-158.

Streib, H. (2001 c): Is there a way beyond fundamentalism? Challenges for faith development and religious education. In: L.J. Francis et al (Eds.): The fourth R for the third millenium. Education in religion and values for the global future, Dublin, 177-199.

Sudbrack, J. (1992): Eugen Drewermann ... um die Menschlichkeit des Christentums, Würzburg.

Sullivan, E.V. (1977): Kohlberg's structuralism. A critical appraisal, Toronto.

Sundén, H. (1966): Die Religion und die Rollen. Eine psychologische Untersuchung der Frömmigkeit, Berlin.

Sundén, H. (1982): Religionspsychologie. Probleme und Methoden, Stuttgart.

Sundén, H. (1987): Saint Augustin and the psalter in the light of role-psychology. In: Journal for the Scientific Study of Religion 26, 375-382.

Suttie, I.D. (1932): Religion: Racial character and mental and social health. In: British Journal of Medical Psychology 12, 289-314.

Suttie, I.D. (1935): The origins of love and hate, London 1935.

Swedenborg, E. (1992): Himmel und Hölle. Visionen und Auditionen, Zürich.

Tamminen, K. (1994): Comparing Oser's and Fowler's developmental stages. On the basis of empirical studies among finish young adults and adults. In: Journal of Empirical Theology 7, 75-112.

Taylor, A.J.P. (1964): The origin of the Second World War, Harmondsworth.

Teichert, W. (1998): Der Kampf um die Anima. Konzepte von Weiblichkeit in der analytischen Psychologie. Eine männliche Perspektive. In: Wege zum Menschen 50, 284-293.

Teilhard de Chardin, P. (1978): Der Mensch im Kosmos, Zürich.

Theissen, G. (1983): Psychologische Aspekte paulinischer Theologie, Göttingen.

Theresa von Avila (1960): Sämtliche Schriften der hl. Theresia von Jesu. Erster Band: Leben von ihr selbst beschrieben, hg. von P. Aloysius Alkofer, München.

Therese vom Kinde Jesu (1964): Selbstbiographische Schriften. Authentischer Text, Einsiedeln.

Thilo, H.J. (1985): Paulus – Die Geschichte einer Entwicklung psychoanalytisch gesehen. In: Wege zum Menschen 37, 2-14.

Thomas, G. (2001): Implizite Religion. Theoriegeschichtliche und theoretische Untersuchungen zum Problem ihrer Identifikation, Würzburg.

Thurn & Taxis, M. von (1932): Erinnerungen an Rainer Maria Rilke, Leipzig.

Triandis, H.C. (1978): Some universals of social behavior. In: Personality and Social Psychology Bulletin 4, 1-16.

Trosman, H. (1977): After the Waste Land: Psychological factors in the religious conversion of T.S. Eliot. In: Revue Psychoanalysis 4, 295-304.

Tuchmann, B. (1989): Die Torheit der Regierenden. Von Troja bis Vietnam, Frankfurt/M.

Turiel, E. (1983): The development of social knowledge. Morality and convention, Cambridge.

Ulonska, H. (1989): Die Krankheit des Paulus und die ritualisierte christliche Demut. In: Wege zum Menschen, 356-367.

Unternährer, A. (1917): Hier ist der Herr. Das vollkommene Testament der heiligen Schrift. Gesammelt von Anton Grissen, Bümpliz.

Unterste, H. (1977): Theologische Aspekte der Tiefenpsychologie von C.G. Jung, Düsseldorf.

Utsch, M. (1998): Religionspsychologie. Voraussetzungen, Grundlagen, Forschungsüberblick, Stuttgart.

Valentine, C.W. (1942): The psychology of early childhood – A study of mental development in the first years of life, London.

Valtin, R. (1982): Probleme der Erfassung sozial-kognitiver Fähigkeiten – analysiert am Beispiel der Perspektivenübernahme und der verbalen Kommunikation. In: D. Geulen (Hg.): Perspektivenübernahme und soziales Handeln, Frankfurt/M., 270-297.

Van der Sterren, D. (1986): Ödipus. Nach den Tragödien des Sophokles. Eine psychoanalytische Studie, Frankfurt/M.

Van Gogh (1977) in seinen Briefen. Von Paul Nizon, Frankfurt/M.

Vergote, A. (1970): Religionspsychologie, Olten.

Vergote, A. (1978): Dette et désir. Deux axes chrétiens et la dérive pathologique, Paris.

Vergote, A. (2001): Chancing figures and the importance of demonic possession. In: J.A. van Belzen (Ed.): Psychohistory in psychology of religion, Amsterdam & Atlanta, 21-40.

Vidal, F. (1987): Jean Piaget and the liberal protestant tradition. In: M.G. Ash & W.K. Woodward (Eds.): Psychology in twentieth-century thought and society, Cambridge, 271- 294.

Vitz, P. (1995): Der Kult ums eigene Ich. Psychologie als Religion, Basel & Giessen.

Vogt, R. (1990): Zur »archaischen Matrix des Ödipuskomplexes«. In: Psyche 44, 915-952.

Vorberg, G. (1926): Martin Luthers skatologische Ausdrucksweise und ihre Beziehung zur Persönlichkeit. In: Fortschritte der Sexualwissenschaft und Psychoanalyse 2, 526-528.

Vorwahl, H. (1928/29): Die Sexualität bei Luther. In: Zeitschrift für Sexualwissenschaft und Sexualpolitik 15, 334-337.

Wagener, H.J. (2002): Entwicklung lebendiger Religiosität. Die psychodynamische Basis religiöser Entwicklung – unter besonderer Berücksichtigung des strukturgenetischen Ansatzes von Fritz Oser/Paul Gmünder, Ostfildern.

Wagner, H. (2001): Art. Zinzendorf. In: Lexikon für Theologie und Kirche, Band X, Freiburg i.Br., 1461 f.

Wahl, H. (1999): Der Mann Freud und sein monotheistischer Moses. In: Wege zum Menschen 51, 221-240.

Walser, H. (1976): Psychoanalyse in der Schweiz. In: Die Psychologie des 20. Jahrhunderts, Band II: Freud und die Folgen (I), Zürich, 1192-1218.

Wangh, M. (1989) Die genetischen Ursprünge der Meinungsverschiedenheit zwischen Freud und Romain Rolland über religiöse Gefühle. In: Psyche 45, 40-66.

Weber-Kellermann, I. (1985): Der Kinder neue Kleider. Zweihundert Jahre deutsche Kindermode und ihre Zeichensetzung, Frankfurt/M.

Wehr, G. (1968): Martin Buber, Reinbek.

Wehr, G. (1975): C.G. Jung und das Christentum, Olten.

Wehr, G. (1990): Tiefenpsychologie und Christentum. C.G. Jung, Augsburg.

Wehr, G. (1993): Der innere Christus. Zur Psychologie des Glaubens, Zürich.

Weidel, K. (1910): Augustins Konfessionen. In: Zeitschrift für Religionspsychologie 4, 42-58 und 86-100.

Weigert, E. (1972): Sören Kierkegaards Gemütsschwankungen. In: A. Mitscherlich (Hg.): Psycho-Pathographien I, Schriftsteller und Psychoanalyse, Frankfurt/M., 214-226.

Weisl, W. (1928): Zwischen Religion und Krankheit. Das Problem der stigmatisierten Jungfrau Therese Neumann von Konnersreuth. In: Religionspsychologie. Veröffentlichungen des Wiener Religionspsychologischen Forschungs-Institutes 4, 1-50.

Weiß, E. (1993): Die Bedeutung der Psychoanalyse in der biographischen Forschung. In: H. Röckelein (Hg.): Biographie als Geschichte, Tübingen, 63-88.

Weitlauff, M. (1988): Margareta Ebner. In: J. Thiele (Hg.): Mein Herz schmilzt wie Eis am Feuer: die religiöse Frauenbewegung des Mittelalters in Porträts, Stuttgart, 160-175.

Welsch, W. (^{5}1997): Unsere postmoderne Moderne, Berlin.

Werbick, J. (1983): Glaube im Kontext. Prolegomena und Skizzen zu einer elementaren Theologie, Zürich & Köln.

Werner, M. (1948): Psychologisches zum Klostererlebnis Martin Luthers. In: Schweizerische Zeitschrift für Psychologie, 1-18.

Werner, E. & *Smith*, R. (1982): Vulnerable, but invincible. A longitudinal study of resilient children and youth, New York.

Wesley, J. (2000): Das Tagebuch John Wesleys. Zusammengestellt von Percy Livingstone Parker, Holzgerlingen.

Wheeler, E.A. et al (2002): Lifespan development revisited: African-centered spirituality throughout the life cycle. In: Journal of Adult Development 9, 71-78.

Whitehead, E.E. & *Whitehead*, J.D. (1995): Christian life patterns. The psychological challenges and religious invitations of adult life, New York.

Wichner, F. (1930): Nietzsches Vater. In: Deutscher Almanach für das Jahr 1931. Leipzig.

Wiesenhütter, E. (1977): Religion und Tiefenpsychologie. Echnaton – Mose – Christus – Freud, Gütersloh.

Wild, J. (1936): Rilkes Weg zu Gott, Zürich & Leipzig.

Willers, U. (1988): Friedrich Nietzsches antichristliche Christologie. Eine theologische Rekonstruktion, Innsbruck.

Winnicott, D.W. (^{2}1979): Vom Spiel zur Kreativität, Stuttgart.

Winterstein, A. (1936): Swedenborgs religiöse Krise und sein Traumtagebuch. In: Imago 22, 292-338.

Wittels, F. (1924): Sigmund Freud. Der Mann. Die Lehre. Die Schule, Leipzig u.a.

Wittmann, D. (1998): Tiefenpsychologische Zugänge zu Arbeitsfeldern der Kirche, Frankfurt/M.

Wollbold, A. (1994): Therese von Lisieux. Eine mystagogische Deutung ihrer Biographie, Würzburg.

Wolfenstein, E.U. (1981): The victims of democracy: Malcolm X and the black revolution, Berkeley.

Wolff, H. (^{2}1976): Jesus der Mann. Die Gestalt Jesu in tiefenpsychologischer Sicht, Stuttgart.

Wolff, H. (1978): Jesus als Psychotherapeut. Jesu Menschenbehandlung als Modell moderner Psychotherapie, Stuttgart.

Wolff, H. (1981): Neuer Wein – Alte Schläuche. Das Identitätsproblem des Christentums im Lichte der Tiefenpsychologie, Stuttgart.

Wolff, J. (1972): Rilkes Grabschrift. In: Blätter der Rilke-Gesellschaft I.

Wolpe, J. & *Rachmann*, S. (1973): Psychoanalytischer »Beweis«: Eine Kritik anhand von Freuds Fall des Kleinen Hans. In: H.J. Eysenck & G.D. Wilson (Hg.): Experimentelle Studien zur Psychoanalyse Sigmund Freuds, Wien u.a., 379-407.

Worthington, E.L. jr. (1989): Religious faith across the life span. Implications for counseling and research. In: The Counseling Psychology 17, 555-612.

Wulff, D. (1991): Psychology of religion. Classic and contemporary views, New York.

Wydenbruck, N. (1949): Rilke, man and poet. Biographical study, London.

Wyss, D. (^{6}1991): Die tiefenpsychologischen Schulen von den Anfängen bis zur Gegenwart, Göttingen.

Yarom, N. (1992): Body, blood and sexuality. New York.

Yarrow, L.J. (1973): Die Beziehungen zwischen nutritiver Saugerfahrung im Säuglingsalter und non-nutritiver Saugerfahrung während der Kindheit. In: H.J. Eysenck & G.D. Wilson (Hg.): Experimentelle Studien zur Psychoanalyse Sigmund Freuds, Wien u.a., 35-50.

Zaehner, R.C. (1959): A new Buddha and a new Tao. In: Ders. (Ed.): The concise encyclopedia of living faiths, New York, 402-412.

Zeligs, D.F. (1974): Psychoanalysis and the Bible. A study in depth of seven leaders, New York.

Zenetti, L. (1987): Das Jesuskind. Verehrung und Darstellung, München.

Zimbardo, P.G. (⁶1995): Psychologie, Berlin.

Zimmer, E. (1982): Der Aberglaube des Jahrhunderts. In: Die Zeit, Nr. 45, 5. 11. 1982, 17-21.

Zimmer, E. (1986): Tiefenschwindel. Die endlose und die beendbare Psychoanalyse, Reinbek.

Zinzendorf, N.L. von (1965): Sammlung einiger von dem seligen Ordinario Fratrum während seines Aufenthalts in den Teutschen Gemeinden von Anno 1755 bis 1757 gehaltenen Reden an die Kinder. In: Ders.: Ergänzungsbände zu den Hauptschriften, Ergänzungsband VI, hg. von E. Beyreuther & G. Meyer, Hildesheim.

Zock, H. (1990): A psychology of ultimate concern: Erik H. Erikson's contribution to the psychology of religion, Amsterdam.

Zwergel, H. (1989): Höchste Stufen religiöser Entwicklung: Kritische Rückfragen. In: A.A. Bucher & K.H. Reich (Hg.): Entwicklung von Religiosität, Fribourg, 51-64.

Zwergel, H. (2002): Sehen lernen, was sich zeigt – Ludwig Wittgensteins Ringen um Sinn. In: W. Simon (Hg.): meditatio. Beiträge zur Theologie und Religionspädagogik der Spiritualität, Münster, 189-210.

Verwendete Abkürzungen

B	Rainer Maria *Rilke*: Briefe, Herausgegeben vom Rilke-Archiv. In Verbindung mit Ruth Sieber-Rilke. Besorgt durch Karl Altheim, Insel Verlag 1980.
BAW	Friedrich *Nietzsche*: Werke und Briefe. Historisch-kritische Gesamtausgabe. Herausgegeben von Joachim Mette, München 1934 ff.
Br. 1902-1906	Rainer Maria *Rilke*: Briefe aus den Jahren 1902-1906. Herausgegeben von Ruth Sieber-Rilke und Carl Sieber, Leipzig 1930.
Brw. R.-Lou	Rainer Maria *Rilke* und Lou Andreas-Salomé: Briefwechsel. Mit Erläuterungen und einem Nachwort herausgegeben von Ernst Pfeiffer, Zürich & Wiesbaden 1950.
Fr. Tgb.	Rainer Maria *Rilke*: Tagebücher aus der Frühzeit, Leipzig 1942.
GB 1-6	Rainer Maria *Rilke*: Gesammelte Briefe, Herausgegeben von Ruth Sieber-Rilke und Carl Sieber, Leipzig 1936-1939.
GW:	Carl Gustav *Jung*: Gesammelte Werke, Zürich & Stuttgart sowie Olten & Freiburg i.Br. 1958 ff.
KGW	Friedrich *Nietzsche*: Kritische Gesamtausgabe: Werke. Herausgegeben von G. Colli und M. Montinari, Berlin 1967 ff.
SA	Sigmund *Freud*: Studienausgabe. Herausgegeben von A. Mitscherlich u.a. Frankfurt/M. 1969 ff.
SW I bis VI	Rainer Maria *Rilke*: Sämtliche Werke, Herausgegeben vom Rilke-Archiv in Verbindung mit Ruth Sieber – Rilke durch Ernst Zinn, Insel Verlag 1955 ff.
W	Friedrich *Nietzsche*: Werke in drei Bänden. Herausgegeben von Karl Schlechta, München 1956.

Namensregister

Aufgelistet sind die Namen jener Persönlichkeiten, deren religiöse Entwicklung erörtert wird, * hinter der Seitenzahl: Angaben in den Fußnoten.

Reto Luzius Fetz
Karl Helmut Reich
Peter Valentin

Weltbildentwicklung
und
Schöpfungsverständnis

Eine strukturgenetische Untersuchung
bei Kindern und Jugendlichen

2001. 384 Seiten
mit 6 Abbildungen
und 4 Tabellen
Kart. € 29,60
ISBN 3-17-017092-9

Weltentstehung und Gottesfrage hängen sowohl in der Menschheitsgeschichte als auch in der Entwicklung des Einzelnen eng
miteinander zusammen. Die hier vorgelegte interdisziplinäre Untersuchung verknüpft bewusst Ideen- und Individualgeschichte. Neue
Wege werden bei der theoretischen und empirischen Erschließung
der Individualentwicklung beschritten. Geklärt wird, wie sich die
Reflexion entwickelt, das Wirklichkeitsverständnis ausbildet sowie
Religion und Naturwissenschaft aufeinander bezogen werden. Fallstudien vermitteln einen umfassenden Einblick in die Entwicklung
des Weltbildes von Kindern und Jugendlichen. Praktische Konsequenzen werden für Philosophie- und Religionsunterricht gezogen.

DIE AUTOREN

Professor Dr. **Reto Luzius Fetz** lehrt Philosophie an der Katholischen
Universität Eichstätt, Dr. **Karl Helmut Reich** forscht auf dem
Gebiet kognitive und religiöse Entwicklung an der Universität
Freiburg/Schweiz, Dr. **Peter Valentin** ist Psychologe und arbeitet
als Managementberater in Bern.

W. Kohlhammer GmbH
70549 Stuttgart · Tel. 0711/7863 - 7280 · Fax 0711/7863 - 8430